中国金融四十人论坛

CHINA FINANCE 40 FORUM

致力于夯实中国金融学术基础，探究金融领域前沿课题，
引领金融理念突破与创新，推动中国金融改革与发展。

金融的谜题

德国金融体系比较研究

张晓朴 朱鸿鸣 等◎著

中信出版集团 | 北京

图书在版编目（CIP）数据

金融的谜题：德国金融体系比较研究 / 张晓朴等著
. -- 北京：中信出版社，2021.6（2021.9重印）
ISBN 978-7-5217-2503-2

Ⅰ . ①金… Ⅱ . ①张… Ⅲ . ①金融体系—对比研究—德国 Ⅳ . ① F835.161

中国版本图书馆 CIP 数据核字（2020）第 237368 号

金融的谜题：德国金融体系比较研究

著　　者：张晓朴　朱鸿鸣　等
出版发行：中信出版集团股份有限公司
（北京市朝阳区惠新东街甲 4 号富盛大厦 2 座　邮编　100029）
承 印 者：宝蕾元仁浩（天津）印刷有限公司

开　　本：787mm×1092mm　1/16　　印　　张：26.75　　字　　数：350 千字
版　　次：2021 年 6 月第 1 版　　印　　次：2021 年 9 月第 5 次印刷
书　　号：ISBN 978-7-5217-2503-2
定　　价：79.00 元

中国金融四十人论坛书系

CHINA FINANCE 40 FORUM BOOKS

"中国金融四十人论坛书系"专注于宏观经济和金融领域，着力金融政策研究，力图引领金融理念突破与创新，打造高端、权威、兼具学术品质与政策价值的智库书系品牌。

中国金融四十人论坛是中国最具影响力的非官方、非营利性金融专业智库平台，专注于经济金融领域的政策研究与交流。论坛正式成员由40位40岁上下的金融精锐组成。论坛致力于以前瞻视野和探索精神，夯实中国金融学术基础，研究金融领域前沿课题，推动中国金融业改革与发展。

自2009年以来，"中国金融四十人论坛书系"及旗下"新金融书系""浦山书系"已出版150余部专著。凭借深入、严谨、前沿的研究成果，该书系已经在金融业积累了良好口碑，并形成了广泛的影响力。

目　录

序　言　中国金融发展应当重视德国经验

张晓朴研究员等花费了两年半时间，十易其稿，终于完成了一部研究德国金融体系的专著，名为《金融的谜题：德国金融体系比较研究》。值此书付梓之际，晓朴希望我写几句话，我毫不犹豫便答应了。之所以"毫不犹豫"，当然首先与作者有关。晓朴作为我国金融研究领域颇有建树的专家，一直活跃在我国金融实务、学术研究、金融监管和改革方案设计领域的前沿，他出版过多部论著，其中不乏不同凡响者。如今他与同伴们又出新成果，我当然愿意先睹为快，并且愿向读者诸君引荐。另一个原因与本书的论题有关。作为在发达经济体中独具特色的金融制度安排，德国金融体系一直是我比较关注且希望做些深入研究的领域，无奈一直杂务缠身，蹉跎至今，未能如愿。如今得到这样一部凝聚几位专家学者智慧的最新研究成果，我当然不愿放过学习的机会。

一

在我看来，与类似的论著相比，《金融的谜题：德国金融体系比较研究》的突出特点之一，就是贯穿始终的问题导向。这些"问题"绝非概念化的教义，而是在 40 余年乃至 70 年中国金融改革和发展过程中反复出现但迄今未能得到解决的体制机制性问题。毫无疑问，这些问题是未来我国金融发展面临的难点、疼点、堵点，是我们需要通过进一步深化改革来攻克的难关。

问题导向作为主线，在全书中一咏三叹。

在内容十分充实的“前言”中，这些问题以“德国金融印象”之题首次集中展现，并进行了初步梳理，发挥了为全书导读的作用。在继之而来的第一章中，该主题则以醒目的“德国金融谜题”之称再现，而这次出现的角度则主要立足德国自身，概括的是第二次世界大战结束以来德国金融发展的主要特点，并与美英为首的西方“主流”发达经济体的实践及其理论概括进行了比较分析。做了这些铺垫之后，全书后续的九个章节，浓墨重彩地再现了问题导向的主题，顺次从金融与实体经济关系、低杠杆率、维持物价稳定的货币政策铁律、金融与房地产市场的良性循环、银行“雨天少收伞”的亲客户特征、中小企业融资安排、金融运行中政策性因素与商业性因素的有机互补、信用社的独特作用，以及股票市场发展相对滞后之谜等几个方面，向我们全面展示了德国金融体系、货币金融政策乃至宏观经济政策的图景。最后，作者用“德国金融的十个启示”作为全书的总结，再次从中国金融改革的角度回看了德国金融体系，并提炼出若干可能为中国金融改革提供借鉴的方面。

这种安排，既便利读者由浅入深地把握德国金融体系的全貌，又凸显了德国金融体系的特色。就专著的布局谋篇而言，这本书显然是成功的。

二

以中国的问题为牵引来研究德国金融，当然意在从这项研究中获取借鉴。我以为，这是该书又一值得关注的地方。

如所周知，中国金融的改革和发展始终伴随着对发达经济体的学习过程。在我的记忆中，最先进入改革设计者视野的是中国香港，其主要经验就是：市场经济条件下，“银行多于米店”。于是内地就兴起一轮大办银行（主要是储蓄所）和其他金融机构的浪潮。然而，中国香港毕竟只是一个城市经济体，其经验难与大国相匹，于是，学习的视野自然便转移到我们一衣带水的邻国日本，于是就有了大机构、专业银行体制、产融结合、主办银行制等在 20 世纪 80 年代的推广。但是，中国经济的高速发展，很快就把建立更先进的金融体系的任务摆在中国改革者的面前。这个更先进的金融体系，不仅能够继续为大规模工业化进程提供长期资金的支持，还应能为改善中国企业的资本结构提供助力，更能为着眼未来但充满了风险的创业资本提供激励。于是，学习的目光最终落在金融业最发达的美国头上。毋庸讳言，20 世纪 90 年代以来我国的金融改革，无论是相继设立资本市场（主板）、中小板市场、创业板市场，还是兴办“真正的”投资银行，乃至金融机构治理机制的设计，或多或少都有美国的影子。

然而，令人遗憾的是，20 余年下来，我国金融体系中固然引入了诸多美国因素，但是，我们最希望引入中国的若干制度安排，包括“发展多层次资本市场”“提高直接融资比重”，以及“完善风险投资机制”等，似乎都没有在中国扎下根来，这些机制和市场都为我们急需，以至于我们一次次地在金融改革方案中重复这些诉求。

这一事实令我们反思。近年来，越来越多严肃的研究者开始质疑这种制度诉求的合理性：如果那些总是位列榜首的改革目标历经 20 余年都成效甚微，我们是不是应当重新审视这些目标的合理性呢？

令人欣喜的是，新的探索已经出现。大致说来，新的探索沿着两条路径展开。第一条路径是植根于中国特色社会主义经济体制，认真且深入地思考，对于中国这种独具特色的体制机制，对于中国这个历史悠久、文化独特的东方国度，我们究竟需要怎样的金融体系？或者说，怎样的金融体系才更契合中国特色社会主义经济体系？才更有利于社会主义市场经济体制逐步走向成熟？第二条路径则是拓展向发达经济体学习、借鉴的范围——我们不再仅仅面向美国，不再仅仅面对盎格鲁－撒克逊传统，还将我们的视野投向德国、日本这些具有其他文明传统的市场经济国度。在我看来，这本书主要是沿着第二条路径开展研究的，然而，由于其明确的中国问题导向，其中又蕴含着第一条路径的深刻寓意。在这个意义上，《金融的谜题：德国金融体系比较研究》值得关心中国金融改革、货币金融政策，乃至关心金融理论发展的人们一读。

特别值得指出的是，这种比较研究，在方法论上也有可称道之处。《金融的谜题：德国金融体系比较研究》不像过去一些从事比较分析的论著那样，以宣示某种教义或最佳实践为能事，而是透过那些在作者看来值得学习的德国的制度安排或做法，致力于挖掘使这些制度安排或做法得以生成、发展、稳定发挥作用的更深层次的体制机制条件。下了如此深入的“有机体解剖”的功夫之后，作者事实上进一步告诉读者：德国的经验，哪些是我们可以学得来的，哪些是需要我们创造若干前提条件方可借鉴实施的，哪些是我们可望而不可即的。我认为，从“解剖肌体”这种理念出发，以这样的分析为铺垫，我们当可避免陷入类如号召大力“发展直接融资”20余年而收效甚微的困境。当然，由于同样的原因，读了这本书之后，我更强化了需要向德国学点什么的愿望，毕竟，中国以银行融资为主的金融体系，集体主义至上、追求公平的社会精神等，使得中德之间似乎更有共通之处，基于这些民族精神和社会背景，我们学习德国发展金融业的经验似乎更有条件一些。

三

正是因为全书的研究和写作是带着“中国问题”的，所以，《金融的谜题：德国金融体系比较研究》对于若干困扰我国金融改革和发展的问题均进行了比较深入的探讨。我相信，每位读者都会从这本书中寻得自己感兴趣的内容，我则对金融服务实体经济和房地产金融市场有浓厚的兴趣。

（一）关于金融服务实体经济

近年来，“金融应当服务实体经济”几乎成为国内所有财经文件、会议、文章以及媒体的箴言。然而，遗憾的是，迄今为止，这个命题显然并未很好地得到落实，否则它就不会数年来总是占据着我国金融发展和改革任务的头条。作为研究金融问题的专著，这本书自然不会缺少对这一问题的探讨。

正如我早在几年前就曾指出的，“金融服务实体经济”这个命题，并不像一望之下的那么简单明了。稍一深究便可发现，要想把其中的道理阐述清楚，其实相当困难。问题在于，在大多数人的认知中，所谓金融服务实体经济，就是为企业的生产和投资活动提供资金。秉着这种认知，倘若企业的融资需求得不到满足，金融机构便很容易被说成是“不服务实体经济”的。

然而，只要不是心怀偏见且具有正常的判断力，人们都不会认同这种判别方法。任谁都知道，企业有优劣之别，正常的经济发展，恰正是一个企业不断优胜劣汰的过程。显然，如果不加甄别地为那些注定要被经济发展所淘汰的企业提供资金，金融部门肯定要承担失职之责。纵观世界各国，这个问题具有相当的普遍性，所以我们看到，为了在“应该支持”和“不应该支持”之间找到一个能被普遍接受的标准，各国当局，甚至世界银行都费尽心思，其中最典型的努力便是编制各种类型的“拒贷率”（其对应便是“放贷率”），用来为金融部门的贷款行为划定合理界限。然而，在实践中，哪怕指数编制得再精细，各种影响因素考虑得再全面，用之来评判金融部门的行为时，始终难以在借、贷双方之间找到共识。作为研究者，我还当真曾经身陷此等窘境之中。那是1999年底，正是亚洲金融危机肆虐之时。受危机影响，国内经济急剧下行，优良客户急剧减少，很多企业被银行停贷、断贷甚至抽贷。在此局面下，货币当局在各种讨论经济形势的会议上，自然成为众矢之的。作为专业且负责任的宏观调控机构，央行始终坚持自己严防金融风险的立场，但是急切之间却难以找到强有力的论据来反驳各方的汹汹指责。在这种情势下，央行委托我们做了一项课题——编制中国的“有效信贷需求指数”，希望能够通过这一指数，将那些真正需要信贷支持，并能够真正生产出为社会所需（而不是过剩）的产品的企业准确识别出来，以防止贷款错配给那些不符合贷款条件的企业。课题的结果可以想见，我们只是将过去若干年一些银行申请贷款和未获贷款的户数以及金额做了个统计分析，得出“在经济下行时期有效信贷需求急剧下降”，而“在经济上行阶段有效信贷需求逐步增加”的结论。其实，这种结论充其量也只是聊胜于无。

显然，要对金融服务实体经济的效能进行较为切近且能获得各方认同的刻画，我们还须另辟蹊径。越来越多的研究者认为，从金融功能入手分析，或许能引导我们走出困境。如所周知，关于金融功能，罗伯特·默顿已经给出了比较完备的解说。在他看来，金融的功能有多个方面，广泛涉及便利储蓄投资、支付清算、促进社会分工、防范和化解风险、改善资源配置效率、协调非集中化的决策过程、降低交易成本等。金融功能多种多样，金融工具林林总总，金融活动种类繁多，其根本目的，就是在市场经济运行中作为媒介配置资源。因此，所谓“金融要服务实体经济”，根本要求就是有效发挥其媒介资源配置的功能；所谓为实体经济提供更好的金融服务，根本要求就是降低流通成本，提高金融的中介效率和分配效率，助力企业创造利润。

我们看到，《金融的谜题：德国金融体系比较研究》正是沿着这样的思路展开分析的。在书中，金融业增加值的高低是度量金融中介成本的标尺，从而构成评价金融是否服务实体经济的重要指标。“金融规模及其之于实体经济的相对规模，体现的是金融在整个经济生活中的地位和影响力，可以作为观察金融与实体经济的关系，度量金融化的重要视角。在全球金融化浪潮中，德国的金融规模并未急剧膨胀，长期处于主要经济体的最低行列。美国、英国和中国等国金融业增加值占比超过 7% 的情形从未在德国出现过。2017 年，德国金融业增加值占 GDP 比重仅为 4%，分别比同期美国和英国低 3.6 个和 3 个百分点，2019 年该比例进一步降至 3.9%。”

书中的分析非常重要，因为它理顺了金融与实体经济的关系，提出金融部门是不从事物质生产的部门，它的功能只是服务于资本形式的转化。因此，维持这个部门的费用构成社会生产的“纯粹流通费用”，显然，这种费用当然是越低越好。同样显然的是，这个部门的成本越低越好。

讨论了金融服务实体经济的金融侧，我们还需讨论该命题的企业侧。我们看到，在德国，金融是否为实体经济服务这个命题，似乎没有我们这里炒得凶，仔细想一想，在发达经济体那里，这个问题远不像我们这里，动辄就会登上头条，甚至有时引起高层关注。其根本原因在于，发达经济体的企业发展资金对外源融资并没有过高的依赖。这种状况显然是符合现代公司金融理论的，或者毋宁说，现代公司金融理论根本就是根据发达经济体的企业实践概括提炼出来的。根据该理论，可以把企业的融资渠道和方式分为内源融资（利润积累）和外源融资，其中外源融资又分为股权融资和债务融资两大类。企业理性的融资优先次序为：内源融资、债务融资和股权融资。所以我们看到，在成熟的发达经济体中，内源融资无不占据主导地位。资料显示，发达经济体的企业杠杆率始终保持在较低水平。日本企业在发达经济体中杠杆率最高，2000 年为 117.7%，2019 年年底已降至 101.6%；美国企业的杠杆率在发达经济体中较低，2000 年为 64.1%，此后逐渐攀升，到 2019 年年底达到 75.7%；德国企业在发达经济体中杠杆率最低，2000 年为 58.8%，2019 年年底也才微弱提升至 59.1%，几乎没有变化。很明显，如果说中国的经济体制相对于发达经济体还有多少差距，则企业的融资结构便是其中重要的一条。

当然，中国企业资本金不足，以及负债率和杠杆率过高，有其历史原因。在传统体制下，企业的主要资金来自政府拨款，只有流动资金由银行提供。那时，企业的负债率、杠杆率均处于很低的水平。由于企业利润纳入国家财政，企业基本上没有内源融资的能力。改革开放之后，由于国民经济一度极其困难，国家财政也陷入“两个比重下降”（财政收入占国民收入、中央财政收入占整个财政收入的比重下降）的困境，加之国有企业面临历史性的改革，有关部门遂决定推行“拨改贷”改革，即对企业的资金支持，从主要由财政拨款，改变为主要由银行贷款。我国企业的负债率和杠杆率立即急剧飙升。20 世纪末，由于企业债务负担过重，有关部门又推出“贷改投”改革，将一些对企业（主要是国企）的贷款转换为对企业的投资（权益），同时还伴有“债转股”的安排，希冀由此降低企业的负债率，减少企业的债务成本支出。然而，此次改革进展并不顺利，我国企业的债务率、杠杆率以及债务支出均一直保持在相当高的水平。在这种情况下，我国企业内源融资的渠道非常不畅，对外源融资的过度依赖亦成必然。

这种格局，使得我国金融、实体两大部门之间的矛盾较其他国家更为突出。

总结以上，我以为，《金融的谜题：德国金融体系比较研究》为我国破解“金融服务实体经济”困局提供了颇有思想性和可操作性的改革思路，这个思路可以归结为两大要点：一是以降低金融中介成本为根本方向，理顺金融部门与实体经济部门的关系；二是以建立现代企业制度为根本方向，强固企业的内源融资能力。

（二）住房制度及住房金融制度

在大多数国家中，房地产都是国民经济的支柱产业，相应地，房地产金融也构成多数国家金融体系的重要组成部分。正因为占据如此重要的地位，房地产市场和房地产金融的剧烈波动，都强烈影响着一国宏观经济的运行。20 世纪末期以来，房地产市场的扭曲、房地产金融市场的波动，甚至成为导致多数国家宏观经济波动和经济长期衰退的主要因素。

日本堪称这方面的典型。20 世纪 90 年代，日本房地产市场下泻造成国民经济一蹶不振，遂有“失去的二十年”甚至“失去的三十年”之说。美国的情况也许更为严重，20 世纪八九十年代，美国发生了绵延十余年的“储贷危机”。据中金公司的估计，为了救助危机，美国的公共部门和私营部门总共付出了 3 180 亿美元的成本，相当于 1995 年美国 GDP 的 4.2%！ 2007 年，“储贷危机”的阴影尚未完全褪去，美国又以“次贷危机”的方式，再次在房地产金融市场中爆发危机，并由此引发了美国、欧洲乃至全球的金融危机。可以说，在 20 世纪 80 年代以来全球主要的经济金融危机中，房地产市场和房地产金融的动荡难辞其咎。

然而，如果有少数国家可以自外于这个趋势的话，那就是德国。

德国可能是唯一没有受到房地产市场和房地产金融波动的重要的发达经济体——房地产市场基本上没有成为引发经济波动的主要因素，其国民经济的波动亦未对房地产市场产生重要影响，更没有出现国民经济总体和房地产市场相互影响、彼此“绑架”的情况。

德国之所以能在发达经济体乃至全球各国中独树一帜，原因可以从房地产市场和房地产金融两个侧面加以分析。

在房地产市场方面，德国长期坚持租房为主、购房为辅。截至2020年，德国居民自有住房率仅为43%，租赁住房则占57%。如所周知，能够在市场上被炒作的，只有自有住房，而租赁住房的产权性质和物理性质则决定了其基本进入不了市场炒作的范围。因此，确定租赁住房为主的“国策”，从根本上弱化了房地产市场与金融体系的相互关系，杜绝了两者之间相互加强的恶性循环。不仅如此，在租赁住房市场上，政府对租金也实施了严格且周到的管理，更进一步加强了对房地产市场的管理。

作为比较，我国居民的自有住房率在2020年达到89.84%，远超69%的世界平均水平。因此，基于这种房地产市场结构，要贯彻“房住不炒”的方针，实在十分困难。

在房地产金融一侧，德国也极具特色。《金融的谜题：德国金融体系比较研究》对德国的住房金融体系做了精练的概括，即：以审慎的住房金融制度对住房金融市场进行有效控制；固定利率主导，较好地隔离了货币政策变动对房地产市场的扰动；基于MLV（抵押贷款价值）方法进行抵押物价值评估、审慎的再融资制度设计、低贷款价值比以及以MLV为基准计算贷款价值比，可以避免金融与房地产市场顺周期性叠加，阻断房价上涨与房贷扩张的螺旋式循环。

在德国，对资产增值抵押贷款的管理颇具特色。这本书甚至认为，正是对资产增长抵押贷款实施严格管理，相当程度上阻断了房地产市场与金融市场的正反馈关系，使得房地产市场和房地产金融不至于成为扰乱整体经济和金融运行的主要因素。

所谓资产增值抵押贷款指的是，在房产升值的情况下，可以基于房产升值部分增加抵押贷款额度或进一步安排新的贷款。加抵押、转抵押、房屋净值贷款等是其主要形式。在实践中，由于此类贷款存在杠杆，因而是在金融体系和房地产市场之间传导信息、放大政策效应的重要渠道，自然地，对此类贷款施以管理，可以有效地防止房地产市场和金融市场共振。在德国，虽然法律和监管并未禁止此类贷款，但金融系统在从事此类贷款业务时均持十分谨慎的态度。另外，任何机构如果要发行潘德布雷夫抵押债券，必须具有充足的担保，而且在发行潘德布雷夫抵押债券时，抵押贷款用作担保物时不得超过房产 MLV 的 60%。这一比例远低于西班牙（80%）、葡萄牙（80%）、爱尔兰（75%）等国的水平。这种安排，事实上发挥了抑制高贷款价值比的贷款发放的作用。同时，德国的贷款价值比通常为 70%，也比美国、日本、英国、法国等国低。另外，德国住房贷款市场在计算贷款价值比时，所适用的房屋评估价低于即时市场价值的 MLV。这意味着，与广大使用房产市场价值计算贷款价值比的其他国家相比，德国的实际贷款价值比还要更低。显然，在住房金融领域，德国通行的是金融业中的审慎原则。

总之，正是因为重重设防，房地产市场中天然存在的投机因素被降至最低，从而使得德国成为所有发达国家中唯一没有受到房地产市场干扰的国家，进而，在房地产市场中不可避免的不公平因素，也大大消弭了。

论及德国的房地产金融，其房地产金融市场的结构也值得关注。截至 2019 年，德国住房资金的来源，储蓄银行占 32.1%、商业银行占 24.7%、信用社占 23.8%、建房互助协会则占 10%。这种结构大大弱化了房地产金融的商业色彩，也对抑制德国房地产市场和房地产金融市场的泡沫产生了积极的作用。

总之，在房地产制度上坚持租赁住房为主，在房地产金融市场中坚持审慎原则，同时，在金融产品设计上尽可能阻断房地产市场与金融体系的正反馈效应，是德国住房制度和住房金融制度的成功之处。在我看来，如果中国真正想从德国借鉴些什么的话，住房制度和住房金融制度应是首选。

李　扬
国家金融与发展实验室理事长
中国社科院原副院长

前　言　德国金融印象

为什么要研究德国金融体系？有四个明确的、令人印象深刻的事实吸引我开展这项研究。一是德国较好地处理了金融与实体经济的关系。作为业已实现现代化的发达经济体，德国制造业增加值占 GDP（国内生产总值）比重长期保持在 20% 以上，制造业占比位居主要发达经济体最高水平，而 2018 年金融业增加值占 GDP 比重仅为 3.7%。二是德国保持了长期的金融稳定。二战以来德国几乎没有发生大的金融危机。特别是2008—2012年尽管德国身处美欧金融危机的旋涡中心，但在这一轮危机中仍然展现了较好的韧性，主流学者和媒体鲜有提及所谓的德国“金融危机”或“债务危机”。在新冠肺炎疫情冲击下，2020 年德国金融业总体稳定，经济收缩幅度小于欧盟多数成员国。三是德国与中国在经济金融发展道路和制度安排上存在较多相似性。例如，中德两国金融体系的银行主导特征都十分明显，国有或公共金融机构比重高，两国都重视实体经济发展，出口导向型特征明显，两国都实行大陆法系，等等。四是国内对英美日的研究较多，对德国金融体系的研究和关注较少。关于德国金融体系的中文文献并不多，不少文献分析性不够，甚至存在事实描述不准确的问题，可能产生误导。

当然，直接驱使我们研究德国金融体系的动因，还是强烈的问题意识。我国经济进入高质量发展阶段，正在加快形成以国内大循环为主体、国内国际双循环相互促进的新发展格局，对金融体系的适应性、竞争力和普惠性提出了更高要求。我国金融体系有能力胜任新的使命吗？如何才能胜任？在金融发展改革监管的过程中，我们如何科学借鉴国际良好实践，英美以市场为主导的金融模式，哪些可以学，哪些学不了？如何把一国金融发展放在政治、经济、社会、文化、历史的大视角下考察，从而得出客观结论？在金融制度演进过程中，需要夯实哪些基础、克服哪些惯性？诸如此类的问题都是我国建设现代金融体系所必须回答的。

从金融改革开放走过的道路看，我国采取的是实用主义和拿来主义，在早期借鉴了日德模式，通过大力发展银行体系，大规模动员储蓄并将其稳定地转化为投资以支持工业化，强调金融服务实体经济。过去 20 年来，则越来越青睐英美模式。例如，努力扩大直接融资，格外强调发展资本市场，强调金融业本身的国际竞争力和现代性等。中国特色的金融发展道路似乎并非主要由理论驱动，而是在不断解决实际问题和攻克困难的实践中形成的。事实上经济压缩式增长过程中，本就容不得细细考量，这是很多必然和偶然、发展中“缺什么”和“有什么”等综合作用的产物，是有意与无意的混合体。2003—2016 年，我国金融市场化进展迅速，经济金融化程度大幅提高，但回到 2003 年恐怕很少有人会想到，中国既不同于英美，也不同于日德，走了一条以影子银行、表外业务、同业业务迅速发展为主要特征的市场化道路，同时也出现了金融业急剧扩张，金融与实体经济失衡，金融风险大量累积等问题。作为这一历程的亲历者、参与者，我一方面对金融制度和金融体系演进的内生性有了更深刻的认识和思考，另一方面也想更深入地探究银行主导型金融体系的进化过程，以及驱动这一进化的内外部力量。

为此，我逐渐把目光转向了德国，以借鉴其有益经验解决我们自身的问题。从国际比较研究看，德国金融体系非常有特色，很“德国”，讲求秩序感，总体结构稳定、层次分明，演进过程保持了其自身的特色。同时，德国金融体系成功与失败之处都耐人寻味，可以为探索中国的金融发展道路带来很多启发。为此，本书从问题导向和目标导向出发，辅之以与美国、英国、日本、中国及欧元区金融体系的比较分析，力求在弄清德国金融体系基本事实和内在运行逻辑的基础上，为中国金融改革如何借鉴德国经验提供启示。

被忽视的德国金融体系

德国不仅是一个“诗人和思想家的国度”，也是一个以金融著称且受益于金融的现代化国家。无论是 19 世纪 70 年代实现统一后引领第二次工业革命，还是二战后实现“经济奇迹”，都离不开金融的基础性作用。德国经济的成功总是铭刻着德国金融的荣耀。在金融体系的比较研究中，日德模式也被认为是与英美模式比肩的另一类主要金融体系构建方式，成为许多国家纷纷效仿、大量学者争相研究的对象。

20 世纪 90 年代后，美国经济强势，经济增速大幅领先其他发达国家。德国、日本却日渐式微，德国意外沦为“欧洲病夫”，日本更是经历了“失去的二十年”。1990 年，德国、日本经济规模与美国之比分别为 26.8% 和 52.5%，到 2019 年已降至 18.0% 和 24.0%。经济增长绩效的巨大差异极大地影响了人们对于两种金融模式的价值判断，英美模式越来越被认为是最佳实践，日德模式则出现边缘化迹象。这种变化不仅体现在中国金融改革开放借鉴样板的转向上，也体现在德国金融体系努力向英美模式转型的尝试中。德国金融体系及其可取之处一度被忽视。国际金融危机和欧债危机爆发后，德国金融体系的稳健性在美欧独树一帜，人们这才开始重视德国金融体系在避免金融、房地产与实体经济失衡，控制宏观杠杆率，维护金融稳定方面的良好实践。

除了中国和德国在经济金融发展道路和制度安排上有较多相似性，更让人感兴趣的是，中国金融发展过程中出现的诸多问题，有一些恰恰在德国得到了很好的解决或规避。弄清德国金融体系的基本事实和内在运行逻辑，发掘德国金融体系的可取之处，对中国建设现代金融体系大有裨益。遗憾的是，国内对美国、英国金融体系的研究较多，但对德国金融体系的关注甚少，一些文献甚至存在基本事实描述不准确、以讹传讹的问题。比如，大部分文献都将德国的储蓄银行视为国有银行，实际上储蓄银行是一类由市政当局托管（Municipal Trusteeship）、治理结构特殊的公共银行，市政当局不持有储蓄银行股份，无权出售储蓄银行。又如，有作者把德国的银行持有某些工商企业股权的现象误解为工商企业可以拥有银行的控制性股权，并以此作为产业控股银行的例子。再如，德国合作金融体系已于2016年调整为“中央合作银行－地方信用社”的二级架构，但大部分文献仍然将其描述为“中央合作银行－区域性信用社－地方信用社”的三级架构。还如，流行观点认为，在银企关系融洽的德国，银行放贷主要依靠双方长期合作形成的互信而不是抵押物，但实际上，德国银行尤其是与企业关系最密切的管家银行，依然比较依赖抵押物。为此，在研究过程中，我们特别强调对第一手资料和外文文献的掌握，重视不同文献之间的交叉验证，尽量避免在基本事实描述和基本机制分析上以讹传讹，为读者的进一步研究提供可信、可用的参考文献。

充满谜题的德国金融体系

德国金融体系个性鲜明，谜一般的魅力激发了我们的好奇心。例如，20世纪80年代以来，面对席卷全球的金融化和私有化浪潮，处于资本主义中心地带的德国金融体系却置身事外。回过头来看，德国金融体系的这种特立独行并不是顽固守旧，而是展现了金融功能定位和金融内在结构的稳定性、抗干扰性，这根源于德国独有的政治、经济、文化环境和历史传承。

避免了经济金融化的浸染，维持着“小金融、大实体”格局。与美国、英国金融业增加值占GDP比重趋势性上升而制造业比重大幅下降相反，德国始终维持着较小的金融规模和庞大的制造业部门，金融业比重长期低于5%，制造业比重则始终高于20%。在非金融企业的收入结构中，食利性收入份额保持稳定，生产要素“脱实向虚”的现象不突出。

长期保持低杠杆率，形成了发达国家的宏观杠杆率“大分流”。过去20多年来，受金融化浪潮和应对国际金融危机的影响，美国等发达国家宏观杠杆率大幅上升。与此相反，德国宏观杠杆率不升反降，与其他发达国家和全球趋势形成了强烈反差。2019年年底，德国宏观杠杆率仅为180.6%，不仅低出主要发达国家70个百分点以上，甚至还低于新兴经济体的平均水平。

隔离于私有化浪潮，保有大量非利润最大化导向的银行。在全球私有化浪潮的大背景下，受储蓄银行市政托管体制、联邦主义等因素影响，德国几乎没有出现公共银行（储蓄银行、州立银行、政策性银行）和信用社的私有化，与美国、英国、欧洲其他国家和大多数转轨经济体形成了强烈反差。由于银行业隔离于私有化浪潮，无论是按机构数还是资产规模计算，私营性质的商业银行部门均不占据主导，起主导作用的是非利润最大化导向的银行。与此相关，在公司治理领域，股东利益最大化的全球性浪潮在德国的影响也有限。

讲究秩序感的德国金融体系

德国善于借助金融或在金融中规范政府与市场的关系，建立符合社会市场经济理念的秩序。二战后德国执着于货币稳定，坚守中小银行区域经营原则，强调政策性银行竞争中立，维持实体经济占优的报酬结构，体现的便是德国在处理政府与市场、金融与实体经济、金融体系内部关系时对秩序的追求和维护。

战后两次大通胀淋漓尽致地展现了价格不稳定对政府与市场关系和竞争秩序的巨大破坏力，在德国人心中深深地播下了恐惧通胀的种子。为此，联邦德国坚决引入社会市场经济理念、推行币制改革，德国央行成为全球驯服通胀最成功的主要中央银行。有效的价格信号建立和维护了市场竞争秩序，系统性地减少了国家对市场和价格的干预。德国人对通胀的恐惧和德国央行对货币的执着保护也被称为稳定文化，其本质是一种秩序文化。

金融与实体经济之间的报酬结构也是一种秩序。报酬结构决定要素配置，进而决定经济增长绩效。如果我们将金融活动总体视为非生产性活动，将实体经济活动视为生产性活动，那么经济可持续增长所需要的秩序便是实体经济占优的报酬结构。与20世纪80年代以来美国、英国报酬结构发生逆转不同，德国始终维持着实体经济占优的报酬结构，呈现出实体经济高收益、金融业低收益的特征。2005—2018年，德国银行业净资产收益率平均仅为7.7%，而非金融企业平均超过20%。这种收益率的显著差异，也被称为“强企业、弱金融”。

在金融体系内部，德国对竞争秩序的强调甚于竞争本身。在德国，大部分银行都需要严格遵循区域经营原则，不能跨区经营，甚至并购都只能发生在地理位置临近的银行之间。这种“画地为牢”的做法尽管受到不少批评，似乎限制了银行的经营自主性，阻碍了银行业内部的竞争，但坚持区域经营原则给中小银行提供了“保护地”，避免了银行业的过度竞争，维护了德国银行体系的多样性。

高度稳定的德国金融体系

德国金融体系表现出异乎寻常的稳定，这既体现为金融结构和金融文化的延续性，也体现为难得的长期金融稳健。

银行业长期维持三支柱框架。从历史演进特征看，德国金融体系呈现出了惊人的延续性。自 19 世纪中后期形成商业银行（私人所有的银行）、储蓄银行部门（国有或公共银行）和信用社（合作制银行）的三支柱框架后，德国银行业结构经历两次世界大战、德国“经济奇迹”、全球私有化浪潮后，依然保持基本稳定，而西班牙、意大利、法国、比利时等欧洲许多国家的三支柱框架已经消失。此外，规模较大的政策性银行部门也得以延续。三支柱框架的延续性而非三支柱框架本身，才是德国银行业结构最重要的特征。

金融的亲实体经济属性长期得以保持。我们将德国金融体系与企业之间的长期密切互动称为金融的亲实体经济属性。19 世纪后半期，德国金融体系发展出了可以为企业和产业发展提供长期资本的银行体系，成为德国在第二次工业革命中的关键优势之一。管家银行关系是德国金融亲实体经济属性的集中体现，在中小银行与中小企业之间仍广泛存在。在管家银行模式下，银行为企业提供隐性长期融资承诺，承担长期融资提供者、流动性保险提供者和金融救助积极主导者等角色。部分得益于此，德国银行“雨天收伞”的现象并不突出。

金融体系长期保持稳健。二战后，德国并没有像美国、日本和英国等国一样发生大规模金融危机。货币稳定、住房（金融）市场稳定和企业自立是德国金融稳健的三大支撑因素。其中，住房（金融）市场稳定或金融与房地产的良性循环受益于德国央行对货币的保护、发达的住房租赁市场和审慎性住房金融制度。住房金融制度的审慎性集中体现为基于 MLV（抵押贷款价值）的抵押物价值评估、贷款价值比低且以 MLV 为基准计算贷款价值比、固定利率占主导、再融资以不出表的潘德布雷夫抵押债券模式为主。MLV 是对房产价值的保守评估，其评估值通常是经济周期内的最低价格。这些制度设计，有助于隔离货币政策变动对房地产市场的扰动，弱化金融与房地产市场顺周期性叠加，避免房价上涨与房贷扩张的螺旋式循环。

艰难转型的德国金融体系

在经济变迁和全球金融潮流影响下，德国金融体系在保持延续性的同时，也发生了诸多变化。

股票市场“大逆转”。这是过去 100 多年来德国金融体系发生的最重大的变化。19 世纪后期至 20 世纪初，德国股票市场曾一度与美国相媲美。受纳粹德国管制政策等因素影响，德国股票市场在 20 世纪 30 年代急速衰落。20 世纪 80 年代以来，英国、美国、法国、日本股票市场规模快速膨胀，证券化率（上市公司市值与 GDP 之比）显著提升。德国着力推动股市发展，但相对差距进一步拉大。德国股票市场的发展之所以长期滞后，有体制、政策甚至文化方面的原因，但更多是实体经济的影响。与第二次工业革命时期相比，21 世纪以来，德国企业的行为已趋于保守，德国经济的主角已让位于传统产业和已上市的大企业。股票市场“大逆转”削弱了德国金融的现代性。

银企亲密关系被削弱。强势金融文化对德国也并非毫无影响。英美模式的光环效应和德国大企业融资需求的下降，使德国大银行从 20 世纪 90 年代起开始转型，业务模式由关系型融资的管家银行转向保持距离型融资的交易银行和投资银行。叠加税改、法律调整等因素，大银行卖出了大部分企业股权，在大企业的监事会席位和代管股票表决权也大幅下降，延续了 100 多年的“大银行 – 大企业”模式趋于瓦解。德国大银行的资产结构随之发生了根本性变化，企业贷款占资产总额比重已降至不足10%。

公共银行私有化破冰。2018年，德国北方银行（HSH Nordbank）被私有化，成为德国第一家被私有化的公共银行。德国北方银行被私有化，是该银行采用了有限责任公司法律形式、经营出现严重亏损和欧盟国家援助规则等因素共同作用的结果。虽然具有标志性意义，但考虑到其他公共银行采用的是公法机构的法律形式，储蓄银行经营稳健，这一事件并不代表德国开启了公共银行的私有化浪潮。

具有启示意义的德国金融体系

德国金融体系并不完美，存在着风险投资和股票市场发展滞后、为未来融资能力不足等问题。同时，德国金融体系的政治、经济、文化背景也与中国存在很大差异。尽管如此，其存在本身就极具启发性，它向我们展示了现代金融体系的多样性和大国金融体系的独特性。

德国金融体系至少给予我们十点启示。一是建设适合国情、适应发展的现代金融体系。德国金融体系200多年的独特演进道路和在现代化进程中的独特作用，核心在于适合国情和适应发展需要。二是推动金融与实体经济报酬结构再平衡。德国的实践表明，过度金融化和金融业在报酬结构中占优并非历史演进的必然，金融在报酬结构中不占优并不必然影响金融作为现代经济核心的功能发挥。三是把促进经济良性循环与去杠杆有机结合。德国的实践表明，维持低宏观杠杆率不应只是金融部门的事，国民经济良性循环带来的企业部门、居民部门、政府部门低杠杆率对于降低宏观杠杆率更为重要。四是维护金融多样性和竞争秩序。德国的实践表明，金融高效、稳定地服务中小企业的秘诀在于金融的多样性，在于使多样性得以维持的竞争秩序。多样性的结构内含着稳定器机制，可以避免金融机构行为同质化和顺周期性叠加，使金融体系保持韧性。五是发展关系型融资和耐心资本。德国的实践表明，关系型融资和在此基础上的耐心债务资本是银企关系共济、富有韧性的秘诀所在。德国式关系型融资并未使银行沦为日本式“僵尸银行”，这与德国避免了房地产泡沫、银行重视抵押物、企业自立等因素相关。六是确保住房金融的稳健发展。德国的实践表明，住房金融具有系统重要性，住房（金融）市场稳定是金融稳定的基石，审慎和节制是住房（金融）市场稳定的关键。七是完善国有银行的现代公司治理机制和法治基础。德国的实践表明，公共银行的效益并不一定低，可以成为银行体系的稳定器，但其前提是必须具备有效的公司治理机制和法治保障，必须有效避免政府不当干预。八是推动企业自立和内源性资本补充。德国的实践再次表明，“只有关注到公司部门，对一国金融系统的探讨才具有完整性”。德国金融与实体经济之间的良性关系，是金融和企业相向而行的结果，在一定程度上是由企业自立或重视内源性资本补充所决定的。这种自立性，是企业强劲竞争力和自我约束的统一。九是一国无法靠货币超发创造繁荣。德国关于货币的正反两方面经历表明，币值稳定对竞争秩序、经济繁荣和人民福祉极其重要。不能仅仅将货币政策视为进行逆周期调节的短期工具，要更多关注货币政策对竞争秩序的基础性影响。在现代货币理论风头日盛的今天，德国的经验更显得弥足珍贵。十是有耐心地坚定发展股票市场。德国在股票市场的正反两方面的经历揭示了股票市场发展的重要性、艰巨性和前提条件。

当然，德国金融体系的相对保守与稳定，也使其在支持创新发展方面力不从心，这对于一国技术进步和长期可持续发展不得不说是一种致命的缺陷。我们在借鉴其长处的同时，需要认真分析，取其精华。

全书共分十二章，分别对应十二个专题，采用的是“总—分—总”

结构。其中，第一章、第二章和第十二章为“总”，分别是对德国金融基本事实和内在逻辑的概括，对 200 年德国金融史的梳理，对德国金融体系启示意义的总结。其余各章为“分”,其设定原则是问题导向，包括金融与实体经济的关系、银企关系、经济去杠杆、货币政策、住房金融、中小企业融资、政策性银行、合作金融和股票市场等中国建设现代金融体系必须处理好的议题。此外，我们还对德国的综合经营、公司治理、金融科技、资产管理进行了研究，但感到相关研究尚不扎实，暂未将相关内容放入本书。我们尽可能保证各章内容的完整性和论述的充分性，以便读者在阅读本书时可以直接阅读感兴趣的章节（顺便提一下，这是提高阅读效率的最佳方法之一），这也使得一些章节的内容存在少量（但必要的）重复。

除第一章、第二章和第十二章外，其余各章的体例基本分为三个部分，即典型性事实（基本事实）、典型性事实的原因（运行逻辑）、思考和借鉴（政策建议）。其中，我们的政策建议总体上较为“写意”，并没有画出“工笔画”。一方面，固然是因为一些研究还不深入，不能贸然下结论。另一方面，或者说更重要的是，我们认为，每位读者都有自己“心中的哈姆雷特”，都会从德国金融体系中受到各种各样的启发，我们期待读者提出自己的建议。在经济金融学研究中，我们经常会使用国际比较的研究方法来获得别国经验，但由于国情不同、发展的逻辑起点不同，应该特别注意防止犯照搬照抄的错误。

有必要特别强调，本书的写作目的是为各方面研究与讨论德国金融提供一个基础和概念性框架，关于德国金融对中国金融改革发展的启示，我们不主张过于简单地得出“德国是如何做的，因此，中国也应该如何做”之类的论断。我国现代金融体系建设，需要立足国情，坚持问题导向，在深入思考、严谨研究的基础上，只有下一番苦功夫，才能找到适合我们自己的道路和模式。

我们欣喜地看到，2018 年新一届国务院金融稳定发展委员会成立以来，已在探索适合我们自己的道路和模式方面取得突破性进展。第一，金融适应性明显增强，金融功能由失调到正常，金融服务实体经济的政策体系不断健全。坚定不移地督促引导金融业以服务实体经济为出发点和落脚点，从货币金融、财政税收、产业行业、监管政策等多个角度，牵引资金流向实体经济。不断完善相关激励约束政策，对金融支持实体经济尤其是小微、“三农”等薄弱环节提供制度保障。第二，基本形成了既保持定力又灵活稳健的货币金融调控政策框架。货币政策工具运用的自主性加强，利率传导机制更趋完善，政策手段始终没有偏离调控目标。即使面对新冠肺炎疫情的大冲击，也不盲从量化宽松和现代货币理论，而是在稳增长、促改革、调结构、防风险、惠民生中寻求适合自身的调控体系。第三，“多层次、广覆盖、差异化”的金融机构体系持续完善。金融机构分层更为合理，金融服务覆盖所有县域，乡镇及以下层级基础金融可得性大幅提升，通过规范竞争秩序获得较大的社会效益。第四，金融基础性制度建设得到前所未有的重视和推进，影响将是持续和深远的。股票市场注册制改革全面推进，坚持建制度、不干预、零容忍，资本市场的韧性、功能、活力显著增强，为在金融领域处理“政府与市场的关系”提供了新的范式。制度经济学家诺斯在《西方世界的兴起》中提出的“有效率的经济组织是经济增长的关键，一个有效率的经济组织在西欧的发展正是西方兴起的原因所在”，同样可以用来描述制度建设在中国金融体系发展中的重要性。第五，金融风险从发散到收敛，金融秩序由乱到治。经过三年多的努力，防范化解重大风险取得决定性成就，金融杠杆、政府债务和大中型企业债务、影子银行、不良资产、金融违法犯罪行为等历史上积累的问题得到有效控制。与德国类似，我们高度关注房地产泡沫化倾向，坚持“房子是用来住的，不是用来炒的”定位，稳定资产价格。

对于金融领域脱实向虚、资金空转等问题予以坚决打击。第六，现代金融监管体系框架初步形成，金融监管协调性显著加强，守底线能力明显提升。这些探索和进展将对我国金融体系建设产生基础性、长期性、深远性影响。

改革开放以来我国经济社会发展的成功，很重要的一条经验就是，我们坚持立足国情，从实际出发，注重吸收借鉴其他国家的经验教训，走出了一条适合自己的道路。未来我们要继续走向成功，还要靠这一条。我始终坚信，我国未来的金融体系，既不同于美国和英国，也不同于德国和日本，必定是在市场与监管的博弈互动中，在金融与实体经济的相互适应中，在中国政治、经济、文化背景的深层次影响下形成的，一定会走出中国自己的特色。

张晓朴

2021 年春节于北京

▶▶ 第一章

德国金融的七个谜题

如果一个国家拥有这样的金融体系，它会是一个现代化强国吗？

- 相较于实体经济，金融处于“弱势地位”，利润率低，相对规模小，金融业增加值占 GDP 比重长期低于 5%。
- 金融结构为银行主导型，资本市场不发达，证券化率长期低于中国。
- 大多数银行并不追求利润最大化，公共银行的占比达到 40% 左右。
- 企业资金来源主要依靠自我积累，外源融资比重低。
- 金融深化程度或宏观杠杆率甚至低于新兴经济体平均水平。

……

很多人凭第一印象会感觉这是一个欠发达国家，其金融体系可能是受到抑制的，甚至是落后的。

你可能很难想象，这个国家就是德国！之所以如此出乎意料，可能源于认知上的偏差。我们往往把资本市场高度发达的英美金融体系等同于现代金融体系。对德国金融体系的以上描述与英美金融体系差异如此之大，以至于我们不自觉地将其置于现代金融体系之外。实际上，类似于市场经济体制的多样性，内嵌于市场经济的现代金融体系必然也具有多样性。一旦超越金融产品、金融结构和金融制度的层面，将视野扩展到整个经济系统，从金融服务实体经济这一本源出发，就会发现现代金融体系本质上是适应现代化的金融体系。德国是业已实现现代化的国家，其金融又在现代化进程中发挥了举世公认的积极作用，我们并没有太多理由认为德国金融体系不是现代金融体系。

德国金融体系在诸多方面区别于英美金融体系。比如：过去 40 年，面对席卷全球的金融化浪潮和金融机构私有化浪潮，德国置身事外，保有大量公共银行，宏观杠杆率与主要发达国家出现“大分流”；二战后，德国的货币金融和房地产市场保持了高度稳定，未发生房地产泡沫和大的金融危机；等等。从与其他发达国家流行趋势相悖和与英美金融体系迥异的特质中，我们概括提炼出德国金融的七个谜题，即反金融化之谜、反私有化之谜、“大分流”之谜、“大稳定”之谜、“大逆转”之谜、融资 DIY 之谜和协调性之谜。

反金融化之谜

20 世纪 80 年代以来，金融化成为全球性浪潮，金融深度、金融规模、金融对经济社会生活的影响力都大幅提升。尽管德国也以金融著称，被称为“以工艺技巧、金融和工业组织以及物质进步为公共生活的显著特征的民族”，[①] 但却置身金融化浪潮之外，维持“小金融、大实体”格局，食利性收入占比稳定，与美国、英国、法国、

① 科佩尔 · S. 平森，德国近现代史，商务印书馆，1987 年，第 301 页。

中国等主要经济体形成了鲜明对比。我们将德国金融这种逆金融化潮流而动的表现称为“反金融化”。

德国金融是“小金融”。金融规模及其之于实体经济的相对规模，体现了金融在整个经济生活中的地位和影响力，可以作为观察金融与实体经济关系，度量金融化的重要视角。在全球金融化浪潮中，德国金融规模并未急剧膨胀，长期处于主要经济体的最低行列。美国、英国和中国等国金融业增加值占 GDP 比重超过 7% 的情形从未在德国出现过。1991 年以来，德国金融业增加值占比超过 5% 的年份仅有 5 个。2017 年，德国金融业增加值占 GDP 比重仅为 4%，分别比同期美国和英国低 3.6 个和 3 个百分点，2019 年该比例进一步降至 3.9%。若以金融资产与 GDP 之比来衡量，德国的金融规模在主要发达经济体中也处于最低行列。

德国呈现出“小金融、大实体”格局。我们将 5% 的金融业增加值占比作为区分金融规模大与小的标准，将 20% 的制造业增加值占比作为区分实体经济规模大与小的标准。根据金融业和制造业[①]的相对规模，我们尝试将主要经济体金融与实体经济的关系划分为四种类型（见图 1.1）[②]。一是“小金融、大实体”，规模相对较小的金融体系服务于庞大的实体经济部门，典型代表是德国。二是“小金融、小实体”，实体经济部门的规模相对较小，金融体系规模

① 从理论上看，虽然制造业并不是实体经济的全部，但却是实体经济最核心的组成部分，可以理解为狭义的实体经济（黄群慧，2017）。从中国的实践看，推动制造业高质量发展和建设制造强国被视为振兴实体经济的关键，金融资源向制造业配置比重下降被认为是金融服务实体经济存在的突出问题。

② 若将金融业增加值占比标准提高至 6%，制造业增加值占比标准降至 15%，德国和日本与美国和英国仍是两种不同类型。

同样较小，代表国家是法国。三是“大金融、大实体”[①]，庞大的实体经济部门和庞大的金融体系并存，代表国家是中国和韩国。四是“大金融、小实体”，金融体系庞大但实体经济部门的规模相对较小，代表国家是美国[②]和英国。在这四种类型中，金融化程度由低到高分别为“小金融、大实体”、“小金融、小实体”、“大金融、大实体”和“大金融、小实体”（见图 1.2）。“小金融、大实体”金融化程度低，金融规模小，实体经济占据明显优势地位；“小金融、小实体”次之，金融规模小但实体经济并不占优势；“大金融、大实体”再次之，金融规模大但不占据明显优势地位；“大金融、小实体”的金融化程度最高，金融规模大且占据优势地位。按照这种分类法，德国的“小金融、大实体”与美国和英国的“大金融、小实体”形成了鲜明对比。需要特别指出的是，美国和英国的“大金融、小实体”之所以可以存续，是因为它们有全世界实体经济的滋养，其金融机构的收入大量来自直接或间接为境外企业和金融机构服务。德国的“小金融、大实体”反映了德国金融较高的服务强度。2017 年，德国占 GDP 比重仅为 4.0% 的金融部门服务了占比达 22.8% 的制造业部门，金融服务制造业的强度系数为 5.7（金融服务制造业的强度系数 = 制造业增加值占 GDP 比重 / 金融业增加值占 GDP 比重 = 制造业增加值 / 金融业增加值），高于日本的 5.0、中国的 3.8、法国的 2.7，更远远高于美国的 1.5 和英国的 1.4。[③]

---

① 庞大金融规模与庞大实体经济难以长期共存，“大金融、大实体”并不是一种稳态，要么继续金融化从而蜕化为“大金融、小实体”，要么停止金融化向“小金融、大实体”演化。

② 尽管美国制造业规模明显高于韩国，但 2017 年美国制造业占 GDP 比重仅为 11.6%，明显低于韩国的 29.5%。根据以上定义，韩国为大实体，美国为小实体。

③ 美国和英国拥有国际金融中心，其金融业服务国外的比重更高。即便考虑这一因素，两国金融服务制造业的强度系数仍然明显低于德国。

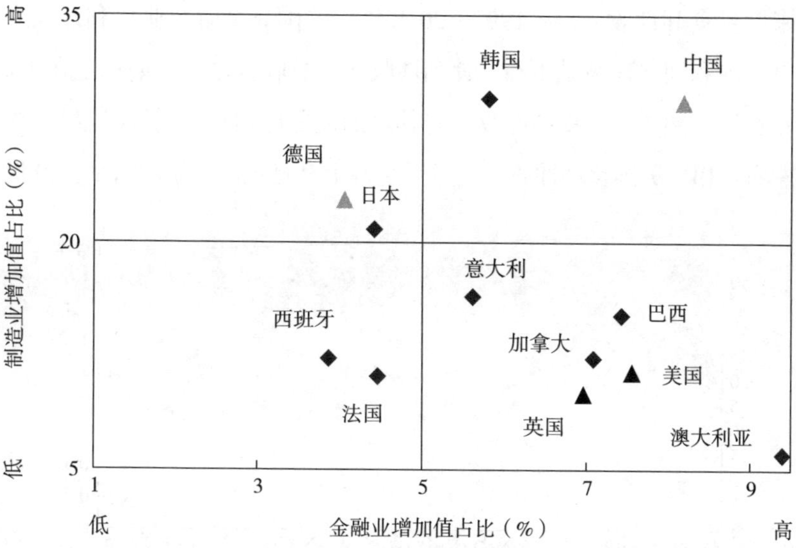

注：加拿大数据为 2016 年数据。

图 1.1 2017 年主要经济体金融业与制造业相对规模

数据来源：经合组织（经济合作与发展组织的简称），中国国家统计局。

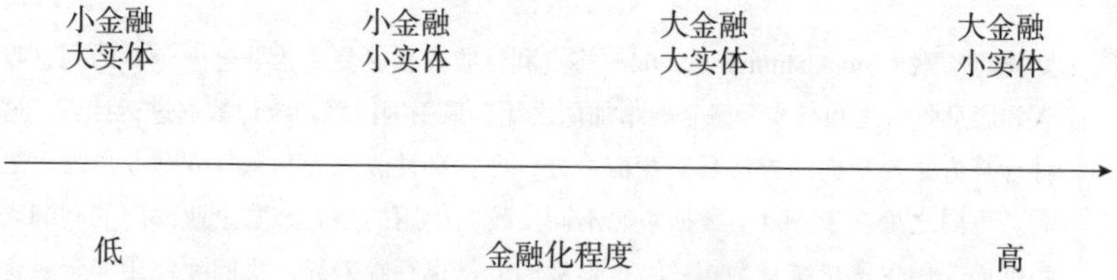

图 1.2 不同类型金融与实体经济相对规模的金融化程度

德国非金融企业食利性收入比重总体稳定。学术文献主要用食利性收入比重来度量金融化程度（Stockhammer，2004；Power，Epstein and Abrena，2003a，2003b）。食利性收入比重越高，金融化程度越高，食利性收入比重增幅越大，金融化越明显；反之亦然。过去 20 年来，从德国非金融企业收入结构看，食利性收入比重并没有明显上升。我们用投资收入（含利息收入和长期股权性投资收入）

来度量食利性收入。[①] 1997—2018 年，德国非金融企业食利性收入与税前利润之比波动下行，食利性收入与总收入之比长期稳定在 1% 左右（见图 1.3），食利性收入与其增加值之比相对较低且稳定在 3% 左右。相反美国食利性收入比重系统性上升且远高于德国水平。20 世

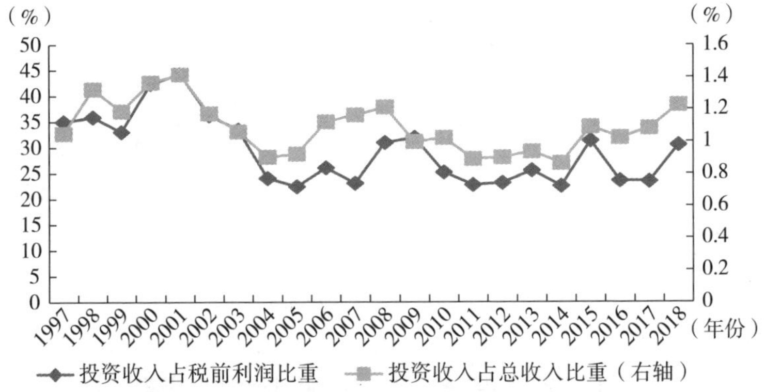

注：2018 年为预计数。

图 1.3 德国非金融企业食利性收入比重

资料来源：德意志联邦银行"1997—2018 年德国企业财务报表推算结果"。

① 斯托克哈默（Stockhammer，2004）将食利性收入份额界定为非金融企业的利息收入和股息收入之和与非金融企业增加值之比，采用国民账户统计数据进行计算。这种计算方法与我们的方法具有相似之处，即食利性收入为利息收入和股息收入之和。不同之处在于：（1）数据来源不同，我们使用的是非金融企业部门的利润表数据而非国民账户统计数据；（2）指标的分母也存在差异，我们除使用非金融企业增加值外，还使用利润表中的营业收入和税前利润。鲍尔、爱泼斯坦和阿布雷那（Power，Epstein and Abrena，2003a，2003b）和爱泼斯坦和贾亚德夫（Epstein and Jayadev，2005）则沿用波兰经济学家米哈尔·卡莱斯基（Kalecki，1990）对食利性收入的界定方法（拥有金融机构和金融资产的主体的收入），认为食利性收入是以下三类收入之和：主要从事金融中介业务的企业的收入，非金融私营部门利息收入，非金融私营部门的资本利得收入；食利性收入份额为食利性收入与扣除掉政府部门增加值之外的 GDP 之比。鲍尔、爱泼斯坦和阿布雷那（Power，Epstein and Abrena，2003a）与斯托克哈默（Stockhammer，2004）及我们的方法存在的主要区别在于，前者考虑了金融部门、非金融企业部门和居民部门，而后两者只考虑了非金融企业部门。此外，敦豪普特（Dünhaupt，2010）也提出了不同的计算方法。

纪 70 年代之前，美国非金融企业食利性收入与其增加值之比也在 4% 以下，但此后大幅上升至 6% 以上，最高一度超过 9%。(见图 1.4)。

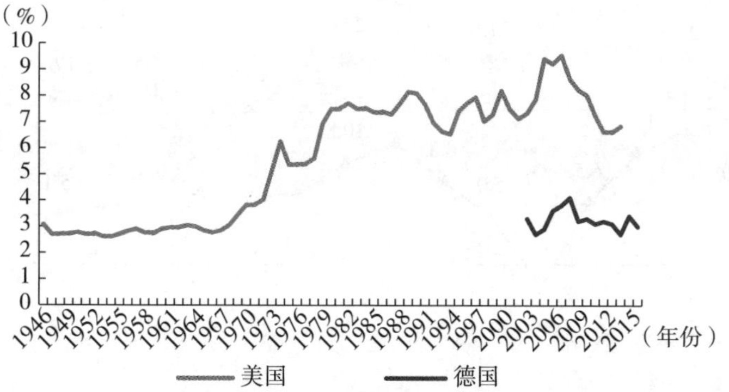

注：德国 2010—2016 年非金融企业增加值数据来源于《经合组织国家国民账户 2017》，2005—2009 年数据来源于《经合组织国家国民账户 2013》，2003—2004 年数据来源于《经合组织国家国民账户 2011》；美国数据来自美联储资金流量表。

图 1.4　德国与美国非金融企业食利性收入与其增加值之比

资料来源：德意志联邦银行“1997—2018 年德国企业财务报表推算结果”，经合组织，美联储。

在全球金融化浪潮中，德国为什么可以超然物外？任何发展方式都是一种动力机制的塑造和利益分配体制的安排（刘鹤，2012）。在德国的实体经济、金融结构、房地产市场和文化背景中，我们可以寻找到反金融化的力量。

德国实体经济在报酬结构中占优，企业内源融资能力强。与大多数主要经济体显著不同，德国行业报酬结构的特征是金融服从实体经济，实体经济占优，非金融企业利润率长期并大幅高于银行业（见图 1.5）。实体经济占优，强化了崇尚实业的经济激励和社会氛围，避免了包括资本、人才和企业家才能在内的大量生产要素过度配置到金融业。实体经济高收益率带来了大量利润和留存收益，强化了内源融资能力，降低了企业经营活动对金融体系的依赖。在其他国家重复演绎着的金融化循环链条，被德国强势的实体经济阻断。

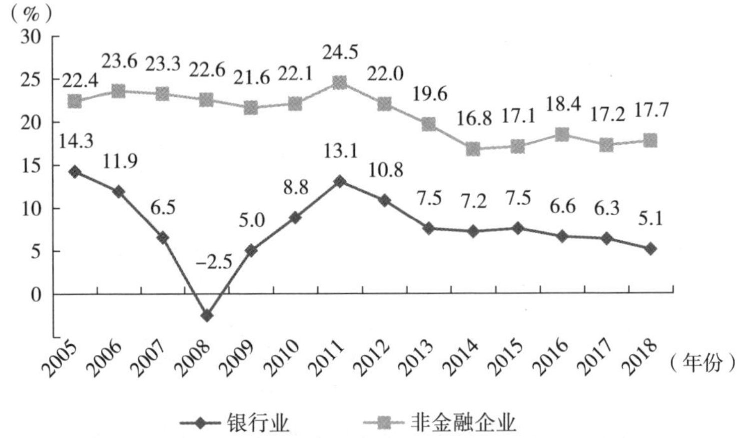

注：IMF（国际货币基金组织）FSI 数据库对净资产收益率的计算公式是：净资产收益率 = 息税前利润 / 净资产。

图 1.5　德国银行业与非金融企业净资产收益率

资料来源：IMF FSI 数据库。

德国银行业利润导向度低，膨胀动力不强。低利润导向度是德国金融体系区别于美英乃至中国金融体系的重要特征。在德国，储蓄银行、信用社坚持商业化经营原则但并不以利润最大化为目标，政策性银行更不以营利为目的，以利润最大化为目标的商业银行占比不高。低利润导向度下，银行体系并不追求规模扩张和利润最大化，能接受长期低收益。这进一步强化了实体经济占优的报酬结构。相对于美国、英国乃至中国，德国金融机构的低利润导向度，从源头上切断了金融膨胀的内在动力。

德国房地产市场保持长期稳定。金融化在一定程度上源于房地产市场的金融化。从全球范围看，金融体系的功能均在发生变异，从为生产性投资机会提供融资转向越来越多地为存量资产的交易提供融资（阿代尔·特纳，2016），住房金融市场的繁荣和居民部门债务的快速增长成为金融膨胀和金融化的重要驱动力。受德国审慎的住房金融制度、长期保持稳定的货币、发达的住房租赁市场和多中心城市发展格局等因素影响，德国房地产市场和住房金融长期保持稳定，避免了房地产金融化驱动的金融化。

德国文化具有反金融化的色彩。崇尚实业的社会氛围发挥着黏合剂作用，使德国企业更有耐心、更有意愿坚守实体经济，更不易“脱实向虚”。此外，德语中的“债务”（Schuld）一词，既指债务，也指罪责、罪孽。德国俗语“一切罪孽都会受到现世报应”（Alle Schuld rächt sich auf Erden），用的就是 Schuld 这个有债务含义的词。将举债视为一种罪责的文化现象，可能对德国企业部门、居民部门和政府部门的举债行为产生心理约束，从需求层面避免了金融膨胀和过度金融化。

反私有化之谜

金融机构私有化是另一股全球性浪潮。在“华盛顿共识”下，无论是原来国有银行占比较高的发达国家，如意大利、澳大利亚、挪威、芬兰、希腊，还是中东欧转轨经济体，如波兰、匈牙利、保加利亚、罗马尼亚、斯洛伐克，抑或是东南亚新兴经济体，如印度尼西亚、菲律宾，其国有银行比重都出现了大幅降低，不少国家或地区在国际金融危机前降至零（见表 1.1）。

尽管也面临巨大私有化压力（弗兰克·芬策尔和彼得·图伊，2002），德国公共银行却隔离于私有化浪潮。长期以来，德国公共银行的比重总体稳定，进入 21 世纪后，在发达经济体内部处于最高水平，远高于其他发达经济体。2015 年年底，德国的公共银行，即州立银行、储蓄银行和政策性银行的机构数达 442 家，资产总额约为3.1万亿欧元，占银行业机构数和资产规模的比重分别为24.9%和39.7%，占比与20世纪90年代初和50年代初的水平相比变化不大（见表1.2）。

表1.1　国有银行资产规模占比：国际比较　单位：%

		1995	1999—2001	2008	2010
发达国家	德国	27	42	35	32
	英国	0	0	1	26
	意大利	34	14	0	0
	西班牙	3	0	0	0
	澳大利亚	44	0	0	0
	瑞士	21	15	13	16
	丹麦	1	0	1	1
	卢森堡	6	5	4	5
	奥地利	22	2	5	12
	挪威	32	0	0	0
	希腊	86	18	10	11
	芬兰	32	11	0	0
转轨经济体	波兰	80	34	17	22
	匈牙利	61	6	3	4
	斯洛伐克	84	15	1	1
	保加利亚	70	18	2	3
	罗马尼亚	89	56	6	8
	俄罗斯	54	52	38	41
	拉脱维亚	25	3	11	16
东亚及东南亚新兴经济体	韩国	29	35	22	22
	印度尼西亚	64	44	38	38
	菲律宾	29	12	13	12
	马来西亚	3	0	0	0

注：世界银行将德国的储蓄银行归为国有银行。

资料来源：World Bank（2018）。

表 1.2　德国公共银行机构数和资产规模

年份	机构数（家）					公共银行占比（%）
	银行业	州立银行	储蓄银行	政策性银行	公共银行合计	
1950	3 621	15	882	13	910	25.1
1960	3 796	14	866	25	905	23.8
1970	3 601	12	832	17	861	23.9
1980	3 334	12	599	16	627	18.8
1990	4 638	12	772	20	804	17.3
2000	2 740	13	562	13	588	21.5
2010	1 919	10	429	18	457	23.8
2015	1 775	9	414	19	442	24.9
年份	资产规模（亿德国马克 / 亿欧元）					公共银行占比（%）
	银行业	州立银行	储蓄银行	政策性银行	公共银行合计	
1950	391	45	80	45	170	43.5
1960	2 525	341	561	261	1 163	46.1
1970	8 179	1 272	1 876	690	3 838	46.9
1980	23 513	3 825	5 190	1 495	10 509	44.7
1990	52 438	7 618	10 808	4 996	23 421	44.7
2000	61 483	12 227	9 539	4 608	26 375	42.9
2010	83 523	14 635	10 829	8 982	34 446	41.2
2015	77 083	9 473	11 448	9 699	30 620	39.7

注：（1）2000 年以前资产规模的单位为亿德国马克，2000 年及以后为亿欧元。（2）本表中德国公共银行资产比重与表 1.1 的国有银行数据不一致，原因可能是世界银行（2018）的口径与本表口径（储蓄银行部门和政策性银行）不同。（3）2010 年后公共银行资产规模占比下降的主要原因是州立银行在国际金融危机后陷入困境，资产规模持续萎缩。（4）百分比数值四舍五入，保留一位小数。

资料来源：德意志联邦银行。

德国隔离于私有化浪潮的关键，在于储蓄银行顶住了私有化压力。德国的储蓄银行历史悠久，在德国银行体系中长期占据重要地位。最早的一批储蓄银行由社会贤达和地方协会于 18 世纪末创建，目的是为低收入市民提供安全的储蓄渠道，以提高其财务自由度。整个 19 世纪，城市、县、镇等层面的地方政府大量创立储蓄银行并将其作为政府附属组织，储蓄银行经营范围也从最初的吸收储蓄扩展至向中小企业放贷，其资产规模在 1913 年已位居各类银行之首，在德国工业化进程中发挥过重要作用（Lehmann - Hasemeyer and Wahl，2021；Edwards and Ogilvie，1996）。1931 年，储蓄银行成为公法机构，在法律上和经济上完全独立于市政当局。公共使命（Public Mandate）、公法机构（Public Law Institution）、市政托管、区域经营（Regional Principle）、分散化集团（Decentralized Gruop）是德国储蓄银行的五大特色（DSGV，2012）。储蓄银行承担公共使命，肩负为当地居民和中小企业提供普惠金融服务、促进储蓄，以及将部分利润用于社会发展的责任。绝大多数储蓄银行为公法机构，既确保了储蓄银行在法律上和经济上的独立性，也确保了其监事会构成对公共利益的代表性，即由市议会代表、当地市民代表和当地员工代表组成。储蓄银行在市政托管框架下运营，市政当局是储蓄银行的托管人或负责任的公共机构（Responsible Public Body），但不是其所有者。因此，与流行观点相悖，德国的地方政府并不拥有储蓄银行的股份，储蓄银行不是国有银行[①]，不是德国地方政府的资产。在市政托管框架下，储蓄银行监事会主席通常由当地政府行政长官担任（见表 1.3）。这并不影响储蓄银行经营的专业性，由专业

① 在德国并不能将公共银行与国有银行画等号。公共银行既包括政策性银行和州立银行等国有银行（它们由联邦政府或地方政府全资持有或控股），也包括市政托管的储蓄银行。

人士组成的管理层而非监事会负责储蓄银行的日常运营。储蓄银行严格遵循区域经营原则，其经营区域范围仅限于其市政托管人辖区。在区域经营原则下，储蓄银行致力于将当地存款就地转化为当地贷款，服务当地经济发展。储蓄银行均为储蓄银行金融集团（Savings Banks Finance Group）的成员，拥有 Sparkasse 的统一商标。储蓄银行金融集团为各储蓄银行提供信息技术、产品开发、员工培训、互助存款保险等服务，使其享有规模经济和范围经济。该集团并不是一个控股集团或储蓄银行的股权联合体，而是一个相对松散的联合会，并不影响集团成员在法律上和经营上的独立性。

表 1.3　德国地方政府行政长官担任储蓄银行监事会主席情况

州	行政区域数量	地方政府行政长官担任监事会主席的储蓄银行数量	占比（%）
巴伐利亚	96	94	98
勃兰登堡	18	17	94
黑森	26	24	92
北莱茵－威斯特法伦	53	38	72
莱茵兰－普法尔茨	36	33	92
萨尔	6	6	100
石勒苏益格－荷尔斯泰因	15	11	73
图林根	23	23	100
小计	273	246	90

资料来源：Jonas Markgraf，Nicolas Véron，Germany's Savings Banks Are Uniquely Intertwined with Local Politics，PIIE，https://piie.com/blogs/realtime-economic-issues-watch/germanys-savings-banks-are-uniquely-intertwined-local-politics，July 17，2018.

储蓄银行没有大规模明显私有化，是其经营稳健、特定的法律形式及治理结构、联邦主义传统等因素共同作用的结果。储蓄银行的经营绩效明显优于私有性质的商业银行。20 世纪 90 年代末以来，储蓄银行平均净资产收益率远高于商业银行且波动性低，整体上从未出现过亏损，成本收入比明显更低，而商业银行在 2003 年、2004 年、2008 年和 2009 年曾四次出现过亏损。根据德国央行的数据，1997—2018 年储蓄银行税后净资产收益率平均为 6.55%，商业银行仅为 3.41%；储蓄银行成本收入比平均为 67.5%，而商业银行高达 78.5%（见表 1.4）。特别是，面对国际金融危机的冲击，储蓄银行并未出现倒闭和被救助的案例，商业银行中的大银行则先后陷入困境，甚至不得不寻求政府的大规模救助。在如此鲜明的对比下，私有化显著提升银行效率的观点在德国并没有太多市场，国际金融危机后更加式微。不过，州立银行受国际金融危机冲击严重，经营绩效并不高。

储蓄银行的法律形式和治理结构对私有化构成了实质性障碍。作为公法机构，储蓄银行的私有化需要经历一个两阶段的过程，即法律形式的股份制化和股权结构的私有化。从现实实践看，公法机构这一法律形式似乎已成为储蓄银行私有化不易逾越的护堤。1990 年以来，德国鲜有储蓄银行实现法律形式的股份制化。同时，市政托管下的储蓄银行，没有具体的所有者①，市政当局虽然对储蓄银行有影响力，但并不是股东，无权出售储蓄银行。这与其他国家通过出售国有银行的政府股权便可实现私有化不同。储蓄银行金融集团内部的互助保险机制赋予了储蓄银行互助义务，也降低了私人股东投资储蓄银行的积极性。此外，德国的联邦主义传统使地方政府倾向于保持公共性质的储蓄银行，以便其履行公共职能（Susanne Lütz，2000）。

① 德国储蓄银行的这一治理结构特征类似于基金会。

表 1.4　储蓄银行、信用社和商业银行经营绩效对比　　单位：%

税后净资产收益率	1997 年	2003 年	2008 年	2010 年	2015 年	2018 年	1997—2018 年平均
储蓄银行	6.66	4.00	2.12	7.07	6.54	4.82	6.55
信用社	5.82	5.24	3.98	8.02	7.36	5.51	6.92
商业银行	6.65	–6.57	–15.05	2.01	2.18	1.54	3.41
成本收入比	1999 年	2003 年	2008 年	2010 年	2015 年	2018 年	1999—2018 年平均
储蓄银行	67.0	67.5	70.2	63.0	68.3	69.9	67.5
信用社	74.0	74.2	74.9	64.5	69.8	67.4	71.2
商业银行	80.4	87.0	68.6	77.8	76.4	82.0	78.5

注：1997—2018 年税后净资产收益率平均值以及 1999—2018 年成本收入比平均值为该期间所有年份数值的平均值，并不仅仅是表格中所列示年份的平均值。

资料来源：德意志联邦银行。

2018 年 11 月，州立银行德国北方银行（HSH Nordbank）① 被几家美国私募基金收购并更名为汉堡商业银行（Hamburg Commercial Bank），成为第一家被私有化和外资化的州立银行。不过，德国公共银行部门仍隔离于私有化浪潮。德国北方银行私有化事件是该行股份制法律形式、巨额亏损、政府金融救助和欧盟国家援助限制政策综合作用下的一个特例，并不符合绝大多数德国公共银行的情况。德国北方银行于 2003 年合并设立时便采用了股份制的法律形式（IMF，2016），从一开始就不是公法机构，私有化的法律障碍少。德国北方银行在国际金融危机中遭受巨额亏损，随后又因全球航运

① 德国北方银行于 2003 年由汉堡州立银行（Hamburgische Landesbank）和石勒苏益格 – 荷尔斯泰因州州立银行（Landesbank Schleswig-Holstein）合并而成，国际金融危机前是全球领先的船舶融资银行。2008—2013 年，德国北方银行有 5 年亏损，累计亏损额达 47.5 亿欧元。尽管 2009 年获得汉堡和石勒苏益格 – 荷尔斯泰因州 30 亿欧元的注资和 100 亿欧元的担保，以及特别金融市场稳定基金（SoFFin）170 亿欧元的流动性担保，德国北方银行并未能走出困境。

市场不景气而长期亏损，不得不依赖汉堡和石勒苏益格－荷尔斯泰因州的持续救助。在欧盟国家援助限制政策下，对德国北方银行进行的持续救助，需要接受欧盟关于该国援助是否与欧盟内部市场相容的审查并获得欧盟的认可。2016 年，德国做出了在 2018 年 2 月底之前私有化或清算德国北方银行的承诺，并以此获得了欧盟对德国实施金融救助的支持。德国绝大多数公共银行不存在巨额亏损，不需要政府救助和接受欧盟的国家援助审查，不存在德国北方银行私有化时面临的情形。

隔离于私有化浪潮的另一面，是德国三支柱银行框架的稳定性。所谓三支柱，是指德国银行体系的三个主要组成部分，即私人所有性质的商业银行、公共或国有性质的储蓄银行部门、合作制性质的信用社。欧洲许多国家，如西班牙、意大利、比利时、法国、奥地利的银行体系都曾具有三支柱特征，但受储蓄银行部门及信用社私有化浪潮的影响，这一特征在过去 20 年左右的时间里已经消失或大大弱化（Schmidt，Bülbül and Schüwer，2014；Behr and Schmidt，2015）。德国由于避免了储蓄银行部门以及信用社的私有化，三支柱框架才得以维持。

“大分流”之谜

德国宏观杠杆率[①]长期保持稳定并处于低水平，与其他发达国家形成了“大分流”（见图 1.6）。1998 年年底，德国宏观杠杆率为 183.2%，略低于同期美国、法国和意大利的水平，略高于同期

① 宏观杠杆率是指非金融部门债务余额与国内生产总值之比，各部门杠杆率为各部门债务余额与国内生产总值之比。

英国的水平。2019 年年底，德国宏观杠杆率为 180.6%，不仅大幅低于美国、日本、英国、法国等发达国家，甚至低于新兴经济体 194.2% 的平均水平（见图 1.7）。分部门来看，德国各部门杠杆率在发达国家中均处于最低水平行列。2019 年年底，德国政府部门、居民部门和企业部门[①] 杠杆率分别为 66.3%、54.5% 和 59.7%，低于发达国家平均水平 43.0 个、19.0 个和 32.0 个百分点。这一时期，德国宏观杠杆率不仅没有上升，还下降了 2.6 个百分点。

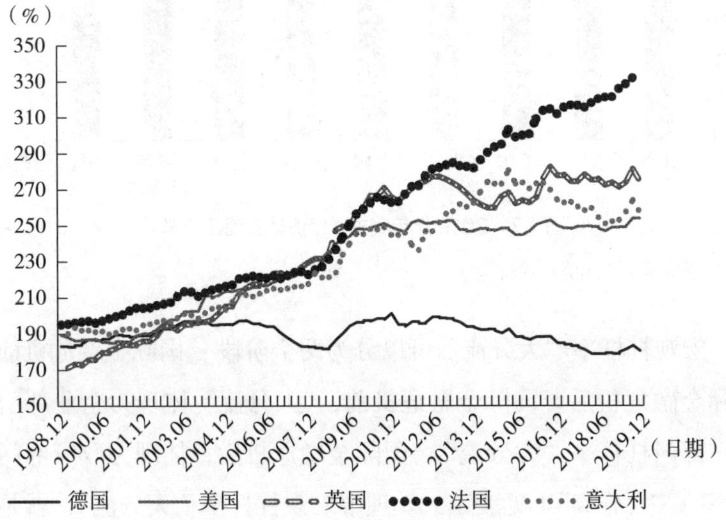

图 1.6　主要发达经济体宏观杠杆率变化态势

资料来源：国际清算银行。

相反，受金融化和反危机政策的轮动影响，其他主要发达国家和新兴经济体的宏观杠杆率均出现了大幅攀升。1998—2019 年，美国、日本、英国、法国宏观杠杆率的增幅分别为 64.8 个、77.8 个、103.3 个、132.2 个百分点；新兴经济体平均水平也在 2001—2019

① 在本书中，若非特别说明，企业部门杠杆率均指非金融企业部门杠杆率。

年上升了83.8个百分点。同期，中国宏观杠杆率上升了143.4个百分点，宏观杠杆率由比德国低67.9个百分点变为超出德国78.1个百分点（见图1.7）。

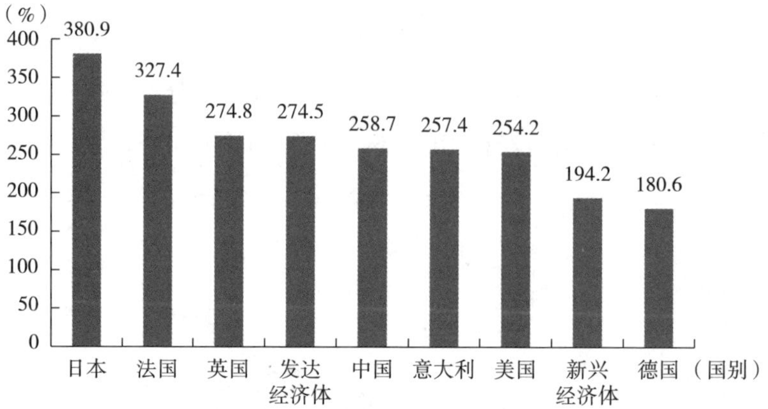

图1.7　2019年年底主要经济体宏观杠杆率

资料来源：国际清算银行。

宏观杠杆率“大分流”可以分为两个阶段：国际金融危机前和国际金融危机后。国际金融危机前，“大分流”体现为企业部门和居民部门杠杆率“大分流”；国际金融危机后，体现为政府部门杠杆率的“大分流”（见表1.5）。理解宏观杠杆率“大分流”，就是要分析为什么德国在国际金融危机前避免了经济金融化浸染，之后又避免了反危机政策对政府部门杠杆率的抬升效应。国际金融危机前，欧元区红利下实体经济竞争力强、金融机构低利润导向度不高和住房金融市场稳定等抑制金融化的因素，使德国有效避免了企业部门和居民部门杠杆率快速上升，是驱动“大分流”的主要原因。国际金融危机后，欧元区红利下德国实体经济竞争力强和国际金融危机前住房金融市场稳定仍是“大分流”的主要原因。欧元区红利下，德国经常账户盈余占GDP比重得以长期保持在6%左右甚至更高，既确保了德国企业部门的高收益率、高内源融资能力和低杠杆率，还推动了德国经济快速反弹和快速退出反危机政策，使政府部门杠杆率能够在快速上升后仍可回落至国际金融危机前的水平。同期，意大利、美国、法国和英国经济内生动力不足，难以像德国一样较快退出财政刺激政策。国际金融危机前稳定的住房金融市场使德国避免了房地产泡沫，增强了产业竞争力，维持了宏观经济金融的韧性，降低了危机救助成本和对逆周期调控政策的依赖。

表 1.5 国际金融危机前后主要经济体各部门杠杆率涨幅 单位：百分点

国家	1998 年第四季度至 2008 年第三季度			2008 年第四季度至 2019 年第四季度		
	政府部门	居民部门	企业部门	政府部门	居民部门	企业部门
德国	4.3	−7.4	2.3	1.4	−5.4	2.1
美国	2.1	30.7	12.2	39.4	−22.4	2.7
英国	2.4	33.9	28.8	63.9	−8.6	−15.2
法国	1.1	14.9	20.2	43.9	13.9	37.5
意大利	−17.1	19.9	28.3	43.9	1.9	−10.0

注：表中 1998 年第四季度至 2008 年第三季度英国和意大利政府部门杠杆率的增幅实际上为 1999 年第一季度至 2008 年第三季度的增幅。

资料来源：国际清算银行。

“大稳定”之谜

德国金融体系一向以稳定著称。二战后，德国并没有像美国、日本和英国等国一样发生大规模金融危机。尽管一些研究（Laeven and Valencia，2018）也将 2008—2009 年德国金融体系所遭受的冲击视为一次金融危机，但其规模或耗费的救助成本远低于美国、英国、日本等发达国家的金融危机（见表 1.6）。我们将德国这种长期维持金融稳定的状态称为“大稳定”。货币稳定、住房（金融）市场稳定、银行系统性风险低既是“大稳定”的组成部分，也是“大稳定”的原因。在一定程度上，甚至可以认同这样一个公式：德国金融稳定=货币稳定+住房（金融）市场稳定+银行系统性风险低。

表 1.6　主要国家金融危机的规模或成本

国家	德国	美国	英国	日本	法国	意大利
危机起止年份	2008—2009	2007—2011	2007—2011	1997—2001	2008—2009	2008—2009
产出损失（%，与 GDP 之比）	12.3	30	25.3	45.0	23.3	32.2
财政成本（%，与 GDP 之比）	2.7	4.5	8.8	8.6	1.3	0.7
财政净成本（%，与 GDP 之比）	0.7	0.6	3.8	8.5	1.1	0.7
财政成本（%，与金融业资产之比）	0.9	2.2	5.8	3.2	0.3	0.3
最高不良贷款率（%）	3.7	4.7	4.0	35	4.5	18.0
公共债务增幅（百分点，与 GDP 之比）	16.2	21.9	27.0	41.7	15.9	8.6

资料来源：Systemic Banking Crises Revisited by Luc Laeven and Fabian Valencia（2018）。

德国央行致力于维护德国马克的币值稳定，实现了令全世界瞩目的持续低通胀（见表 1.7）。这为德国央行赢得了国内外的广泛赞誉，“不是所有的德国人都相信上帝，但他们全都信任德国央行”。二战后，德国的平均通胀率在七国集团中最低（Weidmann，2017）。欧洲央行成立后，承袭了德国央行维护价格稳定的传统，认为“物价稳定是货币政策能够为经济增长和就业创造所做的最大贡献”，继续确保了德国的长期低通胀。在 1997 年 1 月至 2019 年 6 月的 270 个月里，德国调和消费物价指数超过 2.5% 或低于零的月份有 32 个，占比仅为 11.9%。2008 年以后，为应对国际金融危机、欧债危机以及通缩风险，欧洲央行实施了量化宽松、负利率等非常规货币政策。目前看来，这些非常规货币政策尚未对价格稳定产生威胁。

德国货币的“大稳定”，是文化、经济、政治、法律和国际环境等多种因素共同作用的结果，生于历史灾难的遗产，成于自身的努力与苛求。战后两次大通胀在德国人心中深深地播下了恐惧通胀的种子，在全民中形成了稳定文化。社会市场经济体制强调依靠物价稳定形成竞争秩序，成功驯服了通胀，呵护着稳定文化。由法律保障独立性的德国央行倡导和传承着稳定文化，以保护货币为己任。布雷顿森林体系的美元本位制和固定汇率制，为已本能地不再相信任何货币的德国人打开了信任货币的窗口。

表 1.7　德国和其他主要国家通胀率　　单位：%

	德国	瑞士	美国	日本	法国	英国	意大利
1949—1996	2.8	3.1	4.1	4.4	5.9	6.6	7.0
1949—1960	1.1	1.1	2.1	2.9	6.2	4.3	2.7
1960—1972	2.9	3.7	2.8	5.6	4.4	4.5	3.8
1973—1979	4.9	4.7	8.2	10.1	10.2	14.7	15.5
1980—1996	2.8	3.2	4.7	2.0	5.2	6.1	8.6
1996 年年底币值（1949 年为 100）	27.3	23.8	15.2	13.3	6.7	5.3	4.2

资料来源：德意志联邦银行。

德国房地产市场保持长期稳定，避免了宏观经济失衡。住房问题关系民生福祉，关系宏观经济（韩文秀，2020）。1990—2007年，德国房价总涨幅仅为17.3%，年均涨幅仅为0.9%。这与同期英国、西班牙和美国等国房地产市场快速泡沫化形成了鲜明对比，后者的涨幅分别高达317.4%、212.8%和128.7%。得益于此，德国维持了房地产、金融与实体经济的良性循环，避免了房地产泡沫破灭带来的金融危机。审慎的住房金融制度、货币的“大稳定”、发达的租房市场共同支撑了德国住房市场的“大稳定”。审慎的住房金融制度使住房金融市场保持稳定，避免了信贷泡沫。1980—2007年，德国住房贷款平均增速仅为3.5%，1990—2007年和2000—2007年，平均增速更是只有1.5%和0.9%。德国住房金融制度的审慎性集中体现为固定利率占主导、基于MLV的抵押物价值评估、贷款价值比低且以MLV为基准计算贷款价值比、再融资以不出表的潘德布雷夫抵押债券（Mortgage Pfandbrief）模式为主。以固定利率为主导较好地隔离了货币政策变动对房地产市场的扰动。基于MLV方法进行抵押物价值评估、审慎的再融资制度设计、低贷款价值比以及以MLV为基准计算贷款价值比有效地避免了金融和房地产市场顺周期性叠加，避免了房价上涨与房贷扩张的螺旋式循环。2010年以来，尽管德国房价特别是德国一线城市的房价出现了较快上涨，但主要不是金融因素使然，其居民住房贷款与GDP之比以及居民部门杠杆率维持平稳，这与近年来中国和国际金融危机前美国和英国居民部门债务攀升导致房价快速上涨不同。

德国银行体系系统性风险相对较低。银行不良贷款率相对较低，并未发生全行业信贷紧缩和系统性银行业危机。这与德国住房市场稳定、银行利润导向度低和三支柱银行框架相关。住房贷款占德国银行业的非金融部门贷款比重超过50%，住房市场稳定确保了银行基础资产质量。尽管大银行利润导向度高、扩张动力强，但大量低利润导向度银行的存在使德国银行业的扩张保持在相对较低水平，从而避免了信贷泡沫。三支柱银行框架则通过多样性给德国银行体系带来了稳定性。尽管在全国乃至全球运营的大银行和州立银行在国际金融危机中遭受重创，严格遵循区域经营原则且经营审慎的储蓄银行和信用社却发挥了稳定器作用，确保了德国银行体系的整体稳定。

当然，德国金融的"大稳定"，也离不开实体经济层面的因素。金融是实体经济的镜像反映。一旦实体经济不能保持足够的韧性，就不可能长期保持金融稳定。德国实体经济的韧性是多种因素综合作用的结果，其中富有德国特色的劳动力市场制度尤其值得一提。比如，德国的缩时工作制（Kurzarbeit）使德国企业在政府补贴支持下，在经济低迷期不是解雇员工而是培训员工。这既避免了大量失业和大规模个人债务违约，减少了经济冲击从实体经济向金融体系的传染，还避免了在经济反弹时投入额外的时间和精力去重新招募和培训员工，有利于在国际竞争中抢占先机。有观点认为，2008 年国际金融危机后德国企业之所以能够抢占美国企业在亚洲的市场份额，缩时工作制是一个重要原因（Foroohar, 2020）。

"大逆转"之谜

德国股票市场经历了"大逆转"。可能令很多人惊诧不已的是，德国股票市场在一战前高度发达（Fohlin, 2007），一度与美国旗鼓相当，与同期德国银行业相比也毫不逊色。从上市公司数量看，1900 年柏林证券交易所上市公司超过 700 家，1913 年达到 922 家，远高于同期纽约证券交易所的水平（Burhop，Chambers and Cheffins，2016）。从证券化率看，1913 年德国上市公司市值与 GDP 之比为 44%，高于同期美国 39% 的水平（Rajan and Zingales，2003）。从融资功能看，1870—1913 年，通过股票市场筹集的资金占企业总融资（股票市场融资 + 银行贷款）的比重达到了 43%，德国兼具银行主导型和市场主导型特征（Burhop，Chambers and Cheffins，2016）。但是，一战后或最晚于 20 世纪 20 年代后，德国股票市场发展水平明显倒退，出现了“大逆转”。此后，德国股票市场长期并显著落后于美国，2018 年证券化率为 43.9%，比美国同期水平低 104.6 个百分点。新经济的发展应以资本市场为依托（刘鹤，2001）。德国股票市场大逆转和长期发展滞后，对于其新经济的发展不得不说是一种致命的缺陷。

德国股票市场在一战前后的“大逆转”并不难理解。毕竟，在一战前夕，全球金融达到了一个顶峰后，金融发展的“大逆转”是个世界性现象，仅美国等少数国家未经历这一过程（Rajan and Zingales，2003）。从德国的情况看，我们也不难看出纳粹德国的管制政策与股市发展停滞之间的强关联性。让人奇怪的是，20 世纪 90 年代以来，尽管德国进行了诸多股票市场改革，但股票市场始终不见起色。上市公司数量不多，证券化率依然很低，与美国股票市场的差距越来越大。

对于德国股票市场不发达或发展缓慢的现象，常见的观点是“工业化模式论”、“银行挤出论”和“大陆法系论”。“工业化模式论”认为，银行主导型金融体系与德国后发追赶型的工业化模式更匹配，能更快、更大规模地筹集资本。“银行挤出论”或“机构替代市场论”认为，银行和股票市场作为两类不同的融资渠道，具有功能上的相互替代性，强调德国股票市场不发达的原因是：发达的全能银行体系或大银行[①]与大企业之间的紧密联系导致银行对股票市场形成了替代，产生了挤出效应（Tilly，1989；Calomiris，1995；Edwards and Ogilvie，1996；Tilly，1998）。“大陆法系论”遵循法与金融理论（La Porta et al.，1997，1998）的传统，将市场主导型金融体系与英美法系或普通法系相关联，将银行主导型金融体系与大陆法系相关联，认为德国股票市场不发达的原因在于德国是大陆法系国家，其法律不利于投资者保护。

一旦引入历史视角，这些观点便难以让人信服。毕竟，德国一度发达的股票市场，恰恰是在一战前的那段追赶型工业化时期得到快速发展的。毕竟在一战前，德国已具备大陆法系的特征，而德国资本市场丝毫不弱于采用普通法系的美国。[②]毕竟在一战前，德国全能银行已经高度发达，而全能银行能与股票市场和谐共存[③]（Folin，2007；Burhop et al.，2016），甚至全能银行或大银行在股票市场发展中还发挥了积极作用（Lehmann，2014）。

我们认为，德国股票市场掉队的症结可能不在金融层面，而在实体经济层面。如果原因仅在金融层面，即德国股票市场对上市公司吸引力不足，那么考虑到全球股票市场的开放性，我们可以合理地预期众多德国企业会“进口”国外的股票市场服务，正如大量中

① 在德国，“大银行”（Big banks，Großbanken）是指私人所有性质的大型商业银行，需同时满足所有制标准和规模标准，并不一定是整个银行业规模最大的前几家银行。比如，2017 年德国最大的五家银行分别是德意志银行、德国复兴信贷银行、德国商业银行、裕宝银行和德国中央合作银行（DZ Bank）。其中，排名第二和第五的德国复兴信贷银行和德国中央合作银行均不属于“大银行”。

② 20 世纪 90 年代以来，同为大陆法系的法国，其股票市场规模或证券化率快速提高，2018 年末，法国证券化率达到 85.2%。

③ 参与承销的银行获取了大量的手续费和佣金，有时甚至占到其年收入的一半（Folin，2007）。

国企业赴美国上市一样。而实际情况却是，德国企业不仅比较少在德国国内股票市场上市，登陆美国股票市场的德国上市公司更是寥寥无几。截至 2020 年 2 月 20 日，在美国上市的德国企业仅为 12 家，远少于中国的 184 家、英国的 73 家、瑞士的 32 家和荷兰的 25 家（见表 1.8）。显然，我们需要将目光更多地转向实体经济层面。德国企业崇尚节制和适度，缺乏扩张和进行股票融资的动力，经营行为趋于保守化。1997—2017 年，德国中小企业净资产收益率平均保持在 20% 以上，但营业收入年均增速仅为 2.3%，远低于大型企业 3.8% 的增速。高盈利性和低成长性的组合，体现的是德国中小企业的利润率导向而非扩张导向。我们很难奢望一个企业非扩张导向的经济体会涌现大量上市公司。

表 1.8　2019 年年底德国与可比经济体在美国上市的公司数量　　单位：家

	纳斯达克交易所	纽约交易所	美国交易所	合计
德国	8	4	0	12
法国	10	4	0	14
英国	42	31	0	73
瑞士	18	14	0	32
荷兰	12	13	0	25
韩国	1	8	0	9
日本	0	10	0	10
印度	3	8	0	11
中国	143	36	5	184

资料来源：纳斯达克网站。

德国企业表现出的这种保守倾向，与德国经济结构或企业结构固化相关。19 世纪 70 年代至一战前，德国深度参与甚至引领了第二次工业革命，电力、化学、汽车、制药等新经济蓬勃发展，新企业不断涌现并发展壮大，企业纵向流动性强，经济充满活力。二战后，德国虽然收获了经济奇迹，但参与第三次工业革命的程度有限，计算机、软件、通信、互联网等新兴产业发展滞后、新创企业或小企业难以成长为大企业，企业纵向流动性大幅丧失。[①] 在德国，我们能看到大量百年老店，却很难发现新崛起的明星企业。根据创投研究机构 CB Insights 的数据，德国“独角兽”公司数量远少于美国、中国、印度、英国等国家。由于缺乏企业纵向流动性，中小企业缺乏向上成长的通道，其行为趋于保守，这进一步固化了企业结构的格局。很多德国本土的学者对此也深感担忧（Thurow，2005）。

德国股票市场“大逆转”，或更确切地讲，德国股票市场仍然未摆脱“大逆转”，其主要原因是德国经济结构的大逆转，是“新经济”地位的大逆转。在 19 世纪末前后成为德国经济主角的新经济、新产业和快速成长的新创企业，在过去 20 多年里早已让位于大企业和传统产业。

融资 DIY 之谜

20 多年来，德国企业不仅较少在信贷市场上融资，也不热衷于上市融资，而是偏好内源融资或自我融资，普遍采取 DIY（Do It Yourself，自己动手做）的融资策略。根据德策尔和海因（Detzer and Hein，2014）的估算，2001—2005 年，德国企业资本形成中内源融资占比接近 100%；2006—2010 年更是超过 100%，外源融资

① 运用鲍莫尔等（2008）提出的资本主义划分框架，一战前德国的经济体制是企业家型资本主义，具有创新精神的企业家占据主导地位；而二战后以及 20 世纪 90 年代德国致力于发展股票市场时，德国经济体制已经演变成大企业型资本主义，具有创新精神的企业家已不占据主导地位。

的贡献为负[①]。这与中国企业（包括国有企业）普遍依赖外源融资，存在“融资饥渴症”形成了反差。受此影响，德国企业部门杠杆率基本维持在 60% 以下，显著低于其他主要经济体；中国企业部门杠杆率则大幅上升至高位（见图 1.8）。

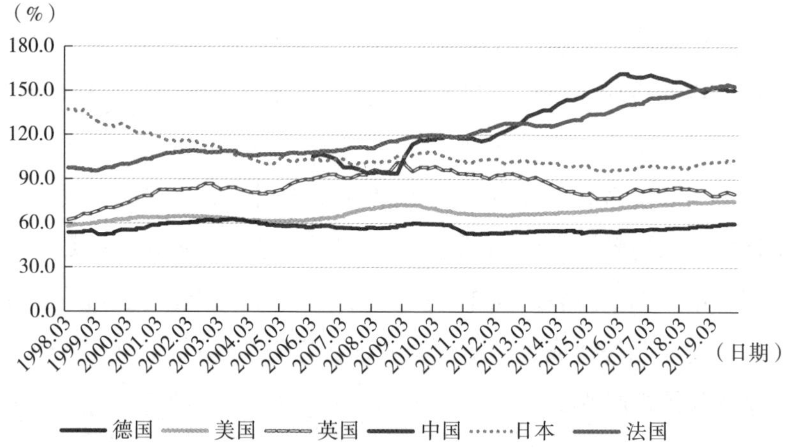

图 1.8　1998 年以来主要经济体企业部门杠杆率

资料来源：国际清算银行。

偏好自我融资或对外源融资依赖度不高，基本前提是其强劲的盈利能力。受欧元区红利、产业竞争力强等因素影响，德国长期保持巨额贸易盈余，非金融企业持续维持强劲盈利能力，净资产收益率常年在 17% 以上（见图 1.5），具备强大的自我造血能力。与此

① 需要说明的是，基于净额资金流量计算的净外源融资是非金融企业部门扣除掉所持金融资产的外源融资数。比如，净贷款融资 = 贷款额 – 持有的存款和现金，净债券融资 = 债券发行 – 持有的债券，净股票融资 = 股票发行 – 股票回购（Corbett and Jenkinson，1997）。因此，净外源融资对非金融企业部门资本形成的贡献为负，并不意味着当期非金融企业外源融资总额为负。根据资金流量表的数据，2006—2010 年非金融企业的外源融资总额超过 4 000 亿欧元。这些外源融资可能被用于支撑非金融企业金融资产的扩张。

同时，德国企业特别是中小企业强调节制和适度，规模扩张倾向不强，融资需求不高。1997—2017 年，德国非金融企业营业收入年均增速为 3.1%，略高于同期德国名义 GDP 增速（2.6%）。造血能力强和融资需求弱的组合，意味着德国企业仅靠内源融资就能基本满足融资需求，对外源融资需求不高。这也是德国股票市场规模虽小，但企业部门杠杆率却能比美英等资本市场主导型经济体更低的原因。

德国家族企业众多，对经营独立性的偏好也使它们倾向于自我融资。在德国的公司治理模式下，无论是债权融资还是股权融资，都意味着融资企业需要部分让渡控制权或经营独立性。德国银行深度参与融资企业的公司治理，对企业经营决策具有实质影响力。根据德国复兴信贷银行对拒绝贷款的中小企业的调查，超过 80% 的受访企业将保持公司独立性作为不贷款的原因（KfW，2018）。赫尔曼·西蒙（2015）指出，德国“隐形冠军”对上市仍持保留态度，它们普遍认为，相较于快速增长，企业独立性显然更重要。

德国企业融资 DIY 也意味着企业部门主动去杠杆。德国企业对自我融资的偏好并不是信贷可获得性不足下的被动选择，而是主动为之，以强劲盈利能力和金融供给充沛为前提。同时，我们也能观察到德国企业的去杠杆行为，其资产负债率呈现出趋势性下降。根据德国央行的数据，2018 年年底德国非金融企业资产负债率为 53.7%，较 1997 年年底下降了 5.5 个百分点。

协调性之谜

德国金融体系是银行主导型金融体系，银行业占金融机构资产总额的比重和银行贷款占企业外源融资的比重均为 60% 左右。在银行主导型金融体系下，金融服务实体经济的方式主要是银行服务实体经济，金融与实体经济的关系主要表现为银企关系。与美国、英国、中国乃至欧洲其他国家不同，德国的银行“雨天少收伞”，中小企业融资环境稳定性强，银企关系具有明显的协调性和共济性特征。德国金融与实体经济的协调性，是协调性经济体制、管家银行制度和企业自立性三方面因素共同作用的结果。

协调性经济体制。资本主义多样性理论（Hall and Soskice，2001）将经济体制分为自由市场经济和协调性市场经济两类。德国经济体制属于协调性经济体制，包括银行和企业在内的市场主体更依赖于用非市场关系来协调自身行为和实现与其他经济主体的互动，更依赖于用合作性关系而非竞争性关系来构建竞争力。德国式银企关系本身就是协调性经济体制的重要构成部分。正因为如此，德国金融体系也被称为协调性金融体系（Culpepper，2005）。在协调性经济体制中，金融机构（特别是银行）和非金融企业之间的合作模式更多地表现为长期战略性互动，而非保持距离型（Arm’s Length）的合作。这有利于银行更便利地获取企业的内部信息，与企业建立长期信任关系，在长周期内进行风险与收益的跨期配置，实现从信息到信任、从信任到信用的转化，从而大幅减少“雨天收伞”现象。

管家银行制度。德国银企之间的互动素来以长期性和紧密性著称，以至于银行被称为管家银行①。“一个德国银行将陪伴一个工业企业兴衰变迁的全过程，从摇篮到坟墓，从建立到清算”（格申克龙，2012，第 19 页）就是这种关系的生动写照。在大银行转型、

① “House bank”德语为“Hausbank”，国内有翻译为“管家银行”“主持银行”“开户银行”“家庭银行”等，本书将其翻译为“管家银行”。

互联网银行发展、企业对金融服务透明度要求提升的背景下，管家银行模式虽然受到了冲击，但其重要性总体上没有变（冯兴元，2017 年）。管家银行模式既与美国和英国的保持距离型模式迥然不同，也与同为银行主导型经济体的中国差异明显。管家银行制度是协调性经济体制在金融领域的体现，其特色表现为两个方面。

特色之一是，为企业提供隐性长期融资承诺。从银企关系的视角看，德国银行的本质特征在于为企业和产业发展提供长期资金，与企业和产业保持长期紧密联系。隐性长期融资承诺可分解为三种角色：长期融资提供者、流动性保险提供者和金融救助积极主导者。在企业经营正常的常规时期，管家银行扮演着长期融资提供者角色。从企业贷款的期限结构看，5 年及以上的长期贷款占比维持在 60% 左右甚至更高（见图 1.9），这一比重远高于美国和英国。在企业经营面临困难的非常规时期，管家银行被认为负有一种特殊责任。这种特殊责任在企业暂时性经营困难时体现为流动性保险提供者角色，即当企业出现流动性困难或资信等级出现一定幅度下降时，管家银行表现出与非管家银行不同甚至相反的行为，增加或不减少信贷投放（Elsas and Krahnen，1998）。[①] 在企业面临严重财务困境时，这种特殊责任体现为金融救助积极主导者角色。[②] 为协调不同债权银行或不同银行持有的非抵押债权，一种常见的制度安排是设立银行池（Bank Pool），即债权银行之间达成协议，将非抵押类贷款的追索权集中在一起形成一个“池子”，同进共退。以上三种角

① 与此同时，埃尔萨斯和克拉嫩（Elsas and Krahnen，1998）也发现，这种流动性保险并非无条件的，一旦企业资信等级下降幅度过大，管家银行与非管家银行一样，均减少了信贷支持（Elsas and Krahnen，1998，2003）。这意味着，德国管家银行模式助长“预算软约束”（Dewatripont and Maskin，1995）乃至陷入持续支持僵尸企业的困境的风险并不大。

② 相对于英美银行业，德国的非管家银行在参与金融救助方面也表现得更为积极。

色相互作用、相互补充，银行与企业同舟共济，既可“同甘”也可“共苦”，银行既提供耐心资本又很少“雨天收伞”，银企之间呈现出共济性关系，在面临经济金融环境的负面冲击时体现出了充分的韧性。

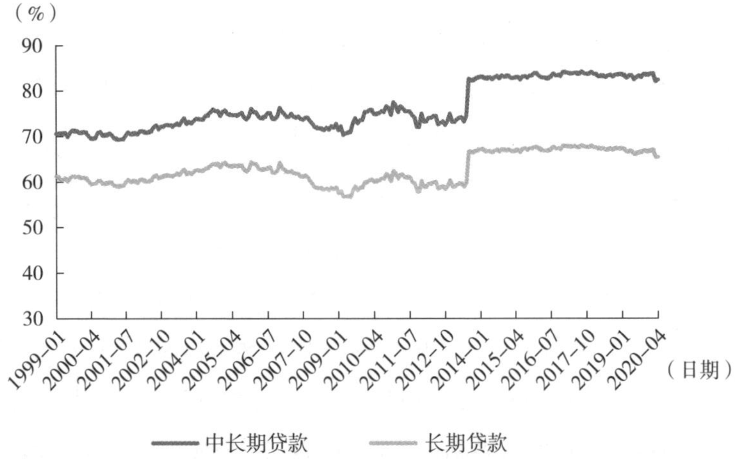

图 1.9　德国企业贷款中长期贷款占比

资料来源：德意志联邦银行。

特色之二是，深度参与公司治理，对企业经营行为进行监督和约束。长期以来，德国银行业主要通过三种方式参与公司治理：直接持有股权（Direct Equity Stakes）、拥有代管股票表决权（Depository Voting Rights）和享有监事会席位（Supervisory Board Representation）。德国银行可以持有非金融企业股权，历史上一度达到较高比例，以至于有“德国银行拥有德国产业”的说法。德国银行拥有大量代管股票表决权，且该表决权远超直接持有企业股权所获得的表决权。所谓代管股票表决权，是指非金融企业股东将股份存放在银行并委托银行行使的表决权。德国银行通常还拥有非金融企业监事会席位，银行在监事会的代表通常也是监事会主席

（Chirinko and Elston，2006）。德国的监事会相当于中国的董事会，而董事会则类似于中国的经理层。不过，以上三种公司治理方式在进入 20 世纪后均有明显减弱，但仍对企业行为构成了实质性约束。许多德国中小企业不申请贷款，就是为了保持公司独立性（KfW，2018）。

企业自立。能否构建健康的银企关系，既取决于银行，也取决于企业。前文曾论及德国企业特别是大量的中小企业自立性强，偏好自我融资，举债时保持节制和适度。企业的自立性有助于企业保持适度杠杆，既赋予了银行和企业平等的市场地位，也避免了过度杠杆对银行稳定的冲击，从而使得协调性银企关系具有可持续性，避免了银企利益共同体关系蜕变为“僵尸企业—僵尸银行”式的恶性循环关系。

▶▶ 第二章

200 年德国金融史

在 19 世纪以来的 200 多年里，德国金融体系经历了波澜壮阔、跌宕起伏的变迁。在已有文献研究的基础上，我们不妨将其划分为五个时代：大孕育时代（19 世纪初至德国统一前）、大发展时代（德国统一至一战前）、大逆转时代（两次世界大战期间）、大稳定时代（二战后至两德合并前）和大转型时代（两德合并以来）。纵观 200 年德国金融史，其演进中的“变”与“不变”、“同”与“不同”、“合意”与“不合意”，呈现出演进过程的非线性、演进模式的独特性和延续性、演进成效的总体适应性等典型性事实。金融不是悬空而立的，而是具体政治、经济、社会环境中的产物。国际政治格局、利益集团、联邦主义等政治因素，经济赶超、协调性经济体制、社会市场经济和欧元区红利等经济因素，高效率司法体系、风险规避文化和崇尚实业理念等社会因素，对德国金融体系的演变产生了深刻影响。

德国金融的变迁

19 世纪初，德国开启了工业化进程，金融体系开始在德国经济社会发展中发挥重要作用。在此后 200 多年的时间里，德国金融机构、金融市场、金融管理、金融与实体经济关系以及金融发展程度不断演变。总体来看，德国金融体系已经经历了大孕育时代、大发展时代、大逆转时代和大稳定时代，正在经历大转型时代。① 普鲁士统一德国、一战爆发、二战结束、两德合并等对世界历史进程产生重大影响的事件是德国金融发展阶段划分的关键节点。

大孕育时代

19 世纪前 70 年是德国金融的大孕育时代。这一阶段，与产业高度关联的股份银行、三支柱银行体系、资本市场、保险业和中央银行等当前德国金融体系的基本要素已具雏形并得到了初步发展。

三支柱银行体系初具雏形。商业银行方面，传统私人银行长期占据主导地位，股份银行得到了较快发展。传统私人银行是家族性质的私人银行，主要由贝特曼、罗斯柴尔德和布莱希罗德等私人银行家控制（Baum and Gruon，1993），汉堡、科隆、法兰克福、柏林是主要的银行业中心。传统私人银行在这一时期的基础设施（如铁路）和产业融资中占主导地位，直到 1860 年，其资产总额占德国金融机构资产总规模的比重仍超过 1/3（见表 2.1），占银行业资产规模比重则接近 1/2。19 世纪 50 年代，德国涌现了第一波股份银

---

① 这一阶段划分与德策尔等人（Detzer et al.，2017）的划分大致相似。不过，德策尔等人（Detzer et al.，2017）并未对一战前的德国金融发展进行细分，且仅研究了两德合并前德国金融体系的发展，无本书中的第五个阶段。

行设立浪潮，贴现公司（Disconto-Gesellschaft）、达姆施塔特银行（Darmstädter Bank）和柏林商业公司（Handelsgesellschaft）等代表性股份银行分别于 1851 年、1853 年和 1856 年成立。1857 年的经济金融危机终结了这一浪潮。1860 年，股份银行资产比重已达到 9.2%。储蓄银行在此期间从无到有，初具规模。储蓄银行设立的最初目的是为穷人和工人提供安全的储蓄渠道。德国最早的储蓄银行成立于 1778 年，第一家市政储蓄银行成立于 1801 年。1815 年后，储蓄银行数量开始快速增加，1850 年已超过 291 家（见表 2.2），1860 年储蓄银行资产规模比重已达到 12%，高于同期股份银行的份额（见表 2.1）。储蓄银行的第一家中央性银行即州立银行也于 19 世纪中期出现。信用社出现的时间相对较晚。第一家信用社成立于 19 世纪 50 年代左右，[①] 与股份银行第一波浪潮的时间相近。信用社主要是自我雇佣的手工业者或农民的信用联合，主要分为城市信用社（Volksbank，即大众银行）和农村信用社（Raiffeisenbank，即雷发巽银行）两类。城市信用社起步早于农村信用社，在 1860 年已有 300 家（见表 2.3）。信用社规模小，1860 年资产规模比重仅为 0.2%（见表 2.1）。

表 2.1 德国各类金融机构资产份额 单位：%

<table>
<tr><th colspan="2"></th><th>1860 年</th><th>1880 年</th><th>1900 年</th><th>1913 年</th></tr>
<tr><td colspan="2">中央银行及其他发行货币的银行</td><td>22.4</td><td>11.6</td><td>6.3</td><td>4.4</td></tr>
<tr><td rowspan="2">信贷银行</td><td>大银行</td><td rowspan="2">9.2</td><td rowspan="2">10</td><td rowspan="2">17.2</td><td>9.2</td></tr>
<tr><td>区域银行</td><td>15</td></tr>
</table>

① 1848 年革命失败后，越来越多的德国进步人士转而采用具体的、非政治手段来帮助穷人和工人阶级（Guinnane，2011），这是德国信用社运动在 19 世纪 50 年代兴起的重要原因。

续表

		1860年	1880年	1900年	1913年
私人银行		35.3	18.5	8.6	4.4
专业性商业银行		—	—	—	1.1
储蓄银行部门	地方性	12	20.6	23.3	22.9
	中央性	—	—	—	1.9
信用社部门	地方性	0.2	4.4	4.1	6.3
	中央性	—	—	—	0.5
按揭银行	私营	0.9	13.7	18.5	14.9
	公共	16	13	10	7.9
保险公司	寿险	1.6	3.3	6	6.2
	财险	—	2.6	2	2.3
社会保险组织		—	—	2.1	2.7
其他		2.4	2.3	1.7	0.3
合计		100	100	99.8	100

注：信贷银行（Kreditbanken）即股份银行。按德意志联邦银行统计口径的调整，1999年后私人银行和信贷银行均被统计为商业银行。中央性储蓄银行为州立银行，中央性信用社为区域性信用社。按揭银行即 Mortgage Banks，德文为 Realkreditinstitute。

资料来源：Edwards and Ogilvie（1996），转引自 Goldsmith（1969）。

表 2.2　德国储蓄银行部门机构数　　单位：家

	1850年	1880年	1910年
普鲁士州	234	1 191	1 711
萨克森州	57	175	361
巴伐利亚州	N/A	262	376
德国	N/A	N/A	3 072

注：N/A 表示缺乏数据。

资料来源：Guinnane（2011），转引自 Ashauer（1991）。

表 2.3　德国信用社机构数　　单位：家

	1860 年	1870 年	1880 年	1890 年	1900 年	1910 年
城市信用社	300	1 278	1 895	N/A	1 900	2 103
农村信用社	N/A	70	600~700	1 729	9 793	15 517

注：N/A 表示缺乏数据。

资料来源：Guinnane（2011），转引自 Arnd Kluge（1991）。

资本市场和保险业得到初步发展，货币统一性明显提升，中央银行的雏形初步建立。到 1850 年，法兰克福交易所已发展成政府债券交易中心。1869 年，柏林证券交易所已有 72 家上市公司（Borght，1883）。互助保险、公共保险、商业保险和再保险等各类保险机构均已出现，提供交通保险、火灾保险、寿险、再保险等多种保险服务。通过 1837 年《慕尼黑货币协议》、1838 年《德累斯顿货币协议》和 1857 年《维也纳货币协议》，德国货币的统一性明显提升。1868 年 10 月举行的第四届德意志商业会议明确要求加速德国货币统一，放弃银本位制，实施金本位制。普鲁士银行（Bank of Prussia）于 1846 年获得银行券发行权，成为普鲁士的中央银行，是德意志帝国银行（Reichsbank）的前身。

大发展时代

从普鲁士统一德国至一战前，是全球经济的第二次工业革命时代，是德国经济崛起赶超的时代，也是德国金融大发展时代。沿着大银行勃兴、三支柱银行体系形成、股票市场快速发展三条主线，德国金融体系的基本框架得以确立，德国金融独特性的底色得以抹就，金融发展达到了一个高峰。这一时期，金融成为德国经济社会发展的鲜明特色，德国“从一个‘诗人和思想家’的民族转变为以工艺技巧、金融和工业组织以及物质进步为公共生活的显著特征的民族”。

第一条主线是股份银行壮大和大银行勃兴。与产业高度关联的股份银行，被认为是德国快速工业化和实现经济赶超的秘诀（格申克龙，2012）。整个大发展时代，就是股份银行替代传统私人银行的过程。法国巨额战争赔款带来了充足资金来源，“1870 年公司法”降低了股份公司的设立门槛和银行发行证券的门槛。受此影响，19 世纪 70 年代初出现了第二次股份银行设立浪潮（Guinnane，2011）。这一时期设立的代表性股份银行包括德意志银行（Deutsche Bank，1870 年）、德国商业银行（Commerz-und Disconto-Bank，1870 年）、德累斯顿银行（Dresdner Bank，1872 年）。这些银行都深受法国动产信贷银行模式影响，致力于为产业发展提供信贷，因此也被称为产业银行。有意思的是，除德累斯顿银行外，德意志银行和德国商业银行的设立初衷是为对外贸易提供支持，但设立不久后均转向为产业提供长期信贷。相反，不少法国银行的设立初衷是为产业提供信贷，但随后却在不同程度上转向为公司提供短期商业贷款和从事外国债券的投机活动（艾伦和盖尔，2002，第 30 页）。1913 年，传统私人银行的份额已经降至 4.4%，股份银行则升至 24.2%（见表 2.1）。在股份银行规模快速扩张的同时，行业内部不断兼并重组，[①] 催生了一批大银行。这些银行大都将总部设在或搬迁至柏林，最大的八家银行有“柏林八大行”之称，分别为德意志银行、德累斯顿银行、贴现公司、达姆斯塔特银行、沙夫豪森申银行、柏林

---

① 1873 年经济金融危机推动了一波股份银行兼并潮，其中德意志银行合并了柏林银行（Berliner Bank-Verein）和柏林德意志联合银行（Deutsche Union-Bank，Berlin），并于 1876 年成为德国第一大银行。

商业公司、德国商业银行和德意志国民银行。[①] 前四家大银行的首字母均以 D 开头，也被称为 D 银行（D-banks）。到 1913 年，德国资产规模最大的三家公司均为银行，前 25 大公司中有 17 家为银行（Feldenkirchen，1991；Guinnane，2011；Detzer et al.，2017）。尽管如此，德国银行业的集中度并不高，1913 年大银行资产总额占金融业资产比重为 9.2%（见表 2.1），占银行业比重也仅为 10.9%，占商业银行比重略超过 30%。

第二条主线是商业银行、储蓄银行部门和信用社三支柱银行体系形成。在股份银行壮大的同时，储蓄银行部门和信用社也得到了快速发展。储蓄银行部门资产总额占比于 1913 年达到 24.8%，与同期商业银行（即股份银行和私人银行）的总份额大体相当（见表 2.1），机构数在 1910 年已超过 3 000 家（见表 2.2）。信用社的资产规模明显小于商业银行和储蓄银行部门，1913 年其资产总额占金融机构资产规模比重为 6.8%（见表 2.1）。不过，信用社数量众多，1880 年已达到 2 500 家左右（见表 2.3）。1889 年《信用社法》允许信用社向社员提供短期贷款，这使信用社从贷款协会转变为组织化的银行。受此影响，信用社尤其是农村信用社数量快速增加，1900 年接近 10 000 家，1913 年更是超过 15 000 家（见表 2.3）。

第三条主线是股票市场大发展。在许多人的印象中，德国金融体系是银行主导型金融体系，股票市场一直不发达。但历史事实是，19 世纪末 20 世纪初，德国的股票市场与美国旗鼓相当。[②] 柏林证

---

① 1910 年，八家银行的资本分别达到 2 亿马克、1.8 亿马克、1.7 亿马克、1.54 亿马克、1.45 亿马克、1.1 亿马克、8 500 万马克和 8 000 万马克（金德尔伯格，1991）。

② 不过与英国之间存在比较大的差距。根据邓拉维和韦尔斯科普（Dunlavy and Welskopp，2007）的研究，1900 年柏林证券交易所上市公司市值不到伦敦证券交易所的 1/2。根据迪姆松等人（Dimson et al.，2016）的研究，1900 年德国股票市场市值占全球股票市场规模的 13.5%，明显低于英国的 25%。

券交易所是这一时期德国最主要的股票市场。[①] 德国统一后，“1870年公司法”在整个德国实施，大量股份公司集中设立。1870—1874年设立的股份公司数多达857家，远远超出1851—1870年的295家（卡森，1987，第302页）。与此同时，投资者保护相关的法律和制度不断强化，如“1884年公司法”要求股份公司均设立监事会，1896年通过的证券交易法强调加强股东保护。随着大量新设股份公司和其他证券交易所上市公司在柏林证券交易所挂牌上市，1873年柏林证券交易所上市公司已达441家（Engel，1875），1900年超过700家，[②] 1913年则达到922家（Burhop，Chambers and Cheffins，2016），上市公司数远多于1900年纽约证券交易所的123家（Dunlavy and Welskopp，2007）。证券化率则至少与美国相当。根据邓拉维和韦尔斯科普（Dunlavy and Welskopp，2007）的研究，1900年柏林证券交易所上市公司市值与GNP（国民生产总值）之比为14%，[③] 纽约证券交易所为15%。根据拉詹和津加莱斯（Rajan and Zingales，2003）的研究，1913年德国上市公司市值与GDP之比为44%，高于美国39%的水平；每百万人上市公司27.96家，高于美国的4.75家。股票市场大发展使得股票市场在德国企业融资中发挥了几乎不逊色于银行的作用。1870—1913年，通过股票市

① 1871年德国统一之前，法兰克福证券交易所是德国最主要的证券交易所，但主要是以发行和交易政府债券为主。到1913年，德国有柏林证券交易所、法兰克福证券交易所和汉堡证券交易所等9家主要证券交易所。其中，柏林证券交易所上市公司市值占德国股票市场市值的50%左右（Rajan and Zingales，2003）。

② 根据邓拉维和韦尔斯科普（Dunlavy and Welskopp，2007）的研究，1900年在柏林证券交易所上市的公司有719家，布尔霍普、尚贝尔和柴芬斯（Burhop，Chambers and Cheffins，2016）的数据为714家。

③ 布尔霍普、尚贝尔和柴芬斯（Burhop，Chambers and Cheffins，2016）的研究数据显示，1900年柏林证券交易所上市公司市值与GDP之比为28%。

场筹集的资金占企业总融资（股票市场融资 + 银行贷款）的比重达到 43%（Burhop，Chambers and Cheffins，2016）。

这一时期，德国金融在货币调控、金融监管、保险业和金融国际化等方面也有长足发展。货币调控方面，普鲁士统一德国后，实现了货币统一，发行了金马克，由银本位制改为金本位制。1875 年，德国借鉴英格兰银行模式，在普鲁士银行的基础上设立德意志帝国银行作为中央银行，后者于 1876 年开始运营。在金本位制下，德意志帝国银行的货币发行以黄金储备为基础，货币增速总体平稳。1878—1913 年，仅有 1 年的货币增速超过了 10%（McGouldrick，1984；见表 2.4）。物价平均增速低，时常出现通货紧缩。根据 Jordà，Schularick and Taylor（2017）的研究，1870—1913 年德国消费者价格指数年均增速仅为 0.6%，其中消费者价格指数为负的年份多达 13 个（Jordà，Schularick and Taylor，2017），① 占比达到 1/3。德意志帝国银行还提供贴现便利，由于额度没有上限，这实际上为银行提供了可靠的流动性来源（Detzer et al.，2017），降低了银行的流动性风险，使德国银行较其英国同行更容易向企业提供长期贷款。金融监管方面，1875 年德国银行法颁布，特定银行被赋予了发行货币权。1905 年，货币发行权被限制在德意志帝国银行的 4 家地区性贴现行。这一阶段，银行并不接受特别的监管，与非银行类公司一样接受通用性法律的监督。保险业方面，一战前德国已有 962 家寿险公司、48 家财产和意外伤害保险公司和 101 家消防和建筑保险公司（Maurer and Somova，2005）。1913 年德国保险公司资产总额占金融机构资产总额比重达到 8.5%，明显高于 1860 年 1.6%

---

① 其中，1875 年、1877—1879 年、1881 年、1883—1886 年、1892—1894 年、1907 年消费者价格指数为负。

和 1880 年 5.9% 的水平（见表 2.1）。19 世纪末 20 世纪初，德国已成为保险服务的净出口国，1902 年顺差达到 2 600 万金马克（Robin Pearson，2002）。金融国际化方面，柏林在 19 世纪末 20 世纪初已经成为重要的国际金融中心，不过逊于伦敦和巴黎。

表 2.4　1878—1913 年德国广义货币增速分布

货币增速	年份数
低于或等于 0	0
0.1%~2%	3
2.1%~4%	7
4.1%~6%	12
6.0%~8%	6
8.1%~10%	7
超过 10%	1

资料来源：McGouldrick（1984）。

大逆转时代

两次世界大战期间是德国金融体系的大逆转时代，其金融化程度出现了明显倒退。根据拉詹和津加莱斯（Rajan and Zingales，2003）的研究，1938 年德国上市公司市值与 GDP 之比为 18%，远低于 1913 年的 44%，银行存款总额与 GDP 之比为 25%，远低于 1913 年的 53%。这一阶段的主要事件包括 1921—1923 年恶性通胀、1931 年金融危机、股票市场“大逆转”。

1919—1923 年恶性通胀。一战爆发后，德国为筹集巨额军费，放弃金本位制，发行不与黄金储备挂钩的纸马克，导致货币发行失控，物价飞涨。1914—1918 年，德国广义货币和消费者物价指数年均增速分别达到 22.6% 和 25.6%，而 1871—1913 年仅为 6.4% 和

0.6%（Jordà，Schularick and Taylor，2017）。巨额军费支出给德国带来了沉重的财政负担，一战结束时，德国政府债务的利息支出高达 1913 年德国财政收入的 4 倍（Holtfrerich，1986）。德国战败后被施加的巨额赔款进一步使德国雪上加霜。由于税收收入难以偿还债务和支付赔款，德国诉诸巨额财政赤字，1919—1923 年赤字率每年均超过 50%。这些财政赤字主要通过德意志帝国银行发行货币进行融资，导致货币发行进一步失控，通胀率急剧攀升，出现了恶性膨胀。① 1913 年，德国的货币总量为 60 亿马克，而到 1923 年 11 月，柏林一块面包和一千克黄油的价格分别达到 4 280 亿马克和 6 000 亿马克。从第一次世界大战结束到 1924 年，德国价格水平上涨了近万亿倍（Hetzel，2002）。为抑制恶性通胀，魏玛政府实施了财政货币改革，于 1923 年发行地产抵押马克② 以替换纸马克，并于 1924 年发行帝国马克。价格水平在 1924 年之后终于得以稳定。恶性通胀给德国人烙下了难以磨灭的稳定文化印记。为避免再次陷入大通胀，德国于 1924 年通过《银行法》，赋予了德意志帝国银行独立于联邦政府的地位，对政府向德意志帝国银行的借款进行严格限制。不过，随着 1933 年《银行法修正案》赋予联邦政府总理委任德意志帝国银行行长和董事会的权限，以及 1937 年联邦政府总理获得直接领导董事会的权力（郑春荣，2013），恶性通胀后的制度成果即德意志帝国银行的独立性，完全丧失。

1931 年德国金融危机。恶性通胀严重冲击了包括大银行在内的德国银行业，导致银行的资本被通胀严重侵蚀，大储户存款

① 德国一战后的恶性通胀实际上包括两个阶段。第一阶段是一战后至 1920 年 2 月。1920 年 2 月零售价格指数达到 1913 年水平的 17 倍。第二阶段为 1921 年 5 月至 1923 年 11 月。两个阶段之间的这段时期，价格指数一度保持稳定。

② 地产抵押马克是以土地和工业固定资产抵押发行的马克，也称列登马克。

流失国外。到1924年，德国大银行的资本和储备的实际价值仅为1913年的1/3。作为应对，德国大银行不断合并或收购规模较小的银行。这一期间著名的并购案包括1922年达姆施塔德银行（Darmstradler）与国民银行（Nationalbank）合并组建达纳特银行（DanatBank）。恶性通胀结束后，德国经济进入了扩张期，大量外国银行进入德国。面对竞争的加剧，德国大银行特别是达纳特银行大肆开展高风险业务，在成为德国第二大银行的同时也积累了大量风险。1931年，达纳特银行在经历了近10年的快速扩张后倒闭，引发了德国金融危机。为了避免银行体系崩溃，德国于1931年7月14日至8月5日关闭了所有银行，推动达纳特银行和德累斯顿银行合并，并直接或通过德国黄金贴现银行（Deutsche Golddiskontbank）间接接管大银行，一度拥有德累斯顿银行91%的股权、德国商业银行69%的股权、德意志银行（Deutsche Bank–Disconto Gesellschaft）[①] 35%的股权（Balderston，1991）。1936—1937年，政府股权退出。储蓄银行部门和信用社在1931年金融危机中也受到冲击，但危机后却实现了较快的发展。1933—1938年，储蓄银行部门和信用社的存款规模分别增长了68%和62%，远高于同期大银行39%的增速（Detzer et al.，2017）。这一阶段，德国汇兑中心（Deutsche Girozentrale）于1918年设立，使得德国各地区储蓄银行拥有了相互联结的清算系统；储蓄银行和州立银行于1931年获得了独立性，地方政府不再能动用储蓄银行部门的储备金；储蓄银行部门业务放宽，成为全能银行。

股票市场“大逆转”（Rajan and Zingales，2003；Burhop，Cham-

① Deutsche Bank–Disconto Gesellschaft 由德意志银行与贴现公司于1929年合并设立，Commerz and Privatbank 由德国商业银行和 Mitteldeutsche Bank 合并成立。

bers and Cheffins，2016）。一战战败虽然给股票市场发展带来了较大冲击，但由于股票被认为具有抗通胀的性质（Henning，1992；Feldman，1993），恶性通胀引发了一波股票发行热潮。1923 年柏林证券交易所 IPO（首次公开发行）数量多达 95 家（Burhop，Chambers and Cheffins，2016），为两次世界大战期间的最高值。20 世纪 20 年代，德国股票市场仍总体保持活跃，IPO 数量达 241 家，略低于同期美国的 297 家；股票市场市值与 GDP 之比也一度接近一战前水平。[①] 但是，进入 30 年代和 40 年代后，股票市场出现明显倒退，IPO 市场几乎冻结，德国全部 IPO 数量仅分别为 1 家和 3 家，远远低于同期美国的 105 家和 141 家。柏林证券交易所上市公司数量大幅减少，1930 年、1932 年和 1938 年分别减少至 767 家、659 家和 469 家（Burhop，Chambers and Cheffins，2016），主要原因是上市公司并购带来大量退市，同时新的 IPO 急剧萎缩。可以说，在经历一战前股票市场大发展后，德国股票市场遭受了一次"阉割"（Michie，2006）。

金融监管得到强化。作为对 1931 年金融危机的政策反映，德国颁布了 1934 年银行法（Kreditwesengesetz，KWG），引入了牌照监管和强制性监管，设立了信贷事务监管办公室（Aufsichtsamtfsi das Kreditwesen），建立了统一监管规则，将商业银行、储蓄银行部门和信用社纳入同一监管体制下。保险业方面，受德国工业遭到破坏、在协约国资产被没收和恶性通胀的三重打击，德国保险机构数大幅减少，1924 年寿险公司已减少至 691 家。这一时期，政府强化了对保险业的影响力。1931 年保险法强化了政府对私人保险公

① 根据布尔霍普、尚贝尔和柴芬斯（Burhop，Chambers and Cheffins，2016）的研究，1926 年和 1928 年柏林证券交易所上市公司市值与 GDP 之比分别为 26% 和 25%，与 1913 年的 27% 基本持平。

司的影响力。此外，针对汽车拥有者和手工艺人的强制性保险制度也在这一时期被引入（Maurer and Somova，2005）。

大稳定时代

二战后至两德合并，是德国经济复兴并创造经济奇迹的时代，是德国金融的大稳定时代。这一时期，货币改革取得了巨大成功，物价长期保持稳定，稳定文化得以形成和巩固。三支柱银行体系得以延续，金融结构稳定。金融发展水平大体保持稳定，几无大规模金融风险发生。

货币改革取得巨大成功，社会市场经济的伟大实践开启。二战后，德国物价再次出现快速上涨，经济迅速恶化为以货易货经济，帝国马克的货币职能近乎丧失。“危机只有发展到最困难的阶段，才有可能倒逼出有效的解决方案，这一解决方案往往是重大的理论创新”（刘鹤，2013）。在弗莱堡学派理念下，“西占区”即美占区、英占区和法占区于1948年6月实施货币改革，用德国马克替代帝国马克，兑换比例为10：1，除勾销政府机构债务外，其他债务按同比例缩减（鲁茨，2019），减少货币供应量。同时，辅之以放开价格管制、引入市场经济、采取激励生产的税收政策等措施，以及德意志诸州银行（Bank deutscher Länder，BDL）货币政策的配合，德意志货币改革取得了巨大成功。长期累积的通胀压力得到平稳释放，生产秩序和生产能力迅速恢复，这使德国民众重拾货币稳定的信心。同时，这些措施还消除了通胀的供给端因素，为德国保持货币长期稳定和战后“经济奇迹”奠定了基础。时至今日，德国人仍将1948年货币改革视为20世纪50年代经济奇迹的根源（阿贝尔斯豪塞，2018，第212页）。

通胀长期保持稳定，稳定文化得以形成和巩固。二战后，德国央行经历了一个从分解到重建的过程。二战后，德意志帝国银行停止了业务。在原德意志帝国银行分支机构基础上，占领国在德国各州共组建了 11 家州中央银行（Landeszentralbanken）。1948 年，为推行货币改革，在 11 家州中央银行之上建立德意志诸州银行，负责货币发行、政策协调、外汇管理等。1957 年，根据《德意志联邦银行法》，德意志诸州银行、州中央银行和柏林中央银行合并设立德意志联邦银行（Deutsche Bundesbank），履行德国中央银行职能。无论是德意志联邦银行还是其前身德意志诸州银行，都致力于维护德国马克的币值稳定，实现低通胀（见表 1.6），赢得了广泛赞誉。这一时期，德国的平均通胀率在七国集团中最低（Weidmann，2017）。德国通胀率长期维持稳定，还使稳定文化得以延续甚至强化。在德国，稳定文化并不是常态，如果得不到中央银行的维护，其也是脆弱的（诺曼，2012）。如果说德国人在 1921—1923 年恶性通胀和 1936—1948 年被压制的通货膨胀中遭受的痛苦体验，为稳定文化或反通胀文化播下了种子，那么德国央行在维护价格稳定和宣传价格稳定方面的卓越表现则培育了稳定文化，使之不仅贯穿了大稳定时代，还一直延续至今。

三支柱银行体系保持稳定，但内部结构不断调整。一方面，大银行经历了分解、重建和角色弱化的演进历程。二战后，作为盟国努力拆散德国为数众多的卡特尔的重要成果之一，[①] 德国大银行被分解和分散化，德意志银行、德累斯顿银行和德国商业银行等三大银行于 1947—1948 年共被分解为 30 家银行，每家银行只允许在一个地区经营（弗尔布鲁克，2018）。1952 年，每家大银行被分解出

① 占领国认为卡特尔在德国战争经济中发挥了重大作用，消除卡特尔组织成为占领国的头号目标（阿贝尔斯豪塞，2018）。

的 9~11 家银行又分别合并成三家银行，并于 1957 年和 1958 年再次合并组建新的德意志银行、德累斯顿银行和德国商业银行（见表 2.5）。重建后的三大银行被重新允许在全国范围内经营，大银行“死而复生”。三家大银行的重建，并未改变大银行在银行体系中地位下降的态势，大银行资产规模占银行体系份额长期维持在 10% 左右。不过，大银行在股票承销市场仍占据绝对主导地位。另一方面，储蓄银行部门和信用社的重要性上升。由于这两类银行在二战中并未扮演帮凶角色，它们并没有过多受到政治上的影响，其份额与大银行和商业银行的份额呈此长彼消的态势。到 20 世纪 70 年代，储蓄银行部门资产总额占比已超过 38%。与此同时，储蓄银行部门中的州立银行的规模不断扩大，1975 年前十大银行中州立银行已占据四席（Detzer，2017）。信用社部门自 20 世纪 70 年代后也有快速发展。1974 年，信用社可以向非社员提供服务。到 1988 年，信用社份额已达 12.3%，较 1960 年高 6.5 个百分点（见表 2.6）。这一时期，信用社成为全能银行。

表 2.5　二战后三家大银行的分解、整合与重建

年份	德意志银行	德累斯顿银行	德国商业银行
1947/1948	同盟国占领区德意志银行被分解为 10 家银行	同盟国占领区德累斯顿银行被分解为 11 家银行	同盟国占领区德国商业银行被分解为 9 家银行
1952	合并为三家银行：NorddeutscheBank，Rheinisch-Westfälische Bank，Süddeutsche Bank	合并为三家银行：Rhein-MainBankAG，HamburgerKreditbankAG，Rhein-RuhrBankAG	合并为三家银行：BankvereinWestdeutschlandAG，Commerz- und Disconto-Bank AG，Commerz- und Credit-Bank AG
1957	三家银行合并成立新的德意志银行	三家银行合并成立新的德累斯顿银行	—
1958	—	—	三家银行合并成立新的德国商业银行

资料来源：德意志银行，德国商业银行，不列颠百科全书。

表 2.6　德国各类银行资产份额　　单位：%

	1950	1960	1970	1977	1988
全能银行					
商业银行	36.4	24.4	24.9	24.9	23.6
大银行	19.1	11.3	10.2	10.4	8.9
区域银行	12.8	10.4	10.7	10.9	11.4
外资银行	—	—	1.5	1.9	1.8
其他银行	4.5	2.7	2.5	1.7	1.5
储蓄银行部门	30.8	35.7	38.4	38.5	37.3
州立银行	10.8	13.5	15.6	16.5	15.6
储蓄银行	20	22.2	22.9	22	21.7
信用社部门	12.4	8.6	11.5	14	16.9
区域性信用社	3.7	2.8	3.8	4.2	4.6
信用社	8.7	5.8	7.7	9.8	12.3
专业银行					
按揭银行	5.9	17.2	13.6	13	13.9
政策性银行	—	10.2	8.4	6.5	6.7
邮政银行	—	2.4	1.9	2.0	1.5

资料来源：Edwards and Fischer（1994），转引自 Detzer（2017）。

证券化率保持相对稳定。相对于两次世界大战期间的大逆转，这一阶段股票市场活力有所恢复。20 世纪 50 年代、60 年代、70 年代和 80 年代，IPO 数量分别为 38 家、26 家、34 家和 141 家，但与同期美国和英国相差悬殊[①]（Burhop，Chambers and Cheffins，2016）。从证券化率即上市公司市值与 GDP 之比看，这一阶段股票市场相对规模虽有波动，但大体稳定。此外，伴随着德国的“经济

① 根据布尔霍普和尚贝尔（Burhop and Chambers，2016）的研究，同期美国 IPO 数量分别为 447 家、2 661 家、1 640 家和 4 866 家，同期英国也分别达到了 348 家、548 家、267 家和 762 家。

奇迹”，德国马克的国际化取得了一定进展，成为最受欢迎的欧洲货币。

大转型时代

两德合并后，面对国际政治、经济环境的巨大变化，德国金融面临巨大的转型压力，进入了大转型时代。在顺应和推进欧洲一体化过程中，德国实现了金融管理的转型，货币调控、金融监管和宏观审慎政策均形成了国家层面和欧盟层面的双层次管理体制。更为重要的是，在美国、英国经济表现突出而德国陷入“欧洲病夫”窘境的反差下，德国金融全面向美国、英国看齐，试图从股票市场和大银行两方面全力向盎格鲁－撒克逊模式转型，发展股东导向的资本市场和利润最大化导向的银行业。尽管银行业资产占比已降至60%左右，但转型效果并不明显，“新市场”关闭，证券化率仍然不高，转型后的大银行在国际金融危机后也陷入困境。考虑到新工业革命对股票市场发展的需求，以及德国经济相对于美国的弱势表现，[①] 德国金融的大转型时代可能还将持续较长一段时间。

德国金融管理实现了向双层次架构的转型。货币调控方面，两德合并以来，德国加快了与法国共同推进货币联盟的进程。1998年，欧洲央行在法兰克福成立，德意志联邦银行将货币决策权让渡给欧洲央行，但仍保留了货币政策操作执行权和银行业的相关监管权，货币调控框架转变为“欧洲央行－德意志联邦银行”的双层次架构。新成立的欧洲央行延续了德意志联邦银行维护价格稳定的传统。

---

① 国际金融危机之后，尽管德国经济在欧洲表现较好，但仍明显不如美国。根据IMF的数据，2009—2019年，德国GDP年均增速为1.2%，显著低于美国的1.8%。2019年德国GDP为美国的19.2%，低于2009年的25.5%。

1999 年 1 月，欧元正式发行并于 2002 年 1 月 1 日作为单一货币在欧元区流通，德国正式放弃深受德国人喜爱的德国马克。金融监管方面，2002 年德国联邦金融监管局成立，承接了原联邦银行监管局、原联邦保险监管局和原联邦证券监管局的各项监管职责，德国金融监管体制由分业监管调整为综合监管。国际金融危机后，欧盟层面设立欧洲银行业监管局、欧洲保险和养老金管理局以及欧洲证券和市场监管局，分别负责欧盟层面银行业、保险和养老金、证券业的微观审慎监管，与德国联邦金融监管局和德意志联邦银行一起构成了德国的双层次金融监管架构。其中，欧盟层面的监管机构主要负责制定规则，德国层面的监管机构负责具体监管。欧债危机后，作为银行业联盟的第一支柱，欧洲单一监管机制（SSM）于 2014 年生效。根据欧洲单一监管机制，德国境内的系统重要性银行由欧洲央行直接监管，非系统重要性银行则由德联邦金融监管局和德意志联邦银行监管，但欧洲央行保留直接监管权力，银行业监管架构演变为“欧洲央行及欧盟银行业监管局 – 德国金融管理机构”组成的双层次架构。宏观审慎政策方面，欧盟层面于 2010 年成立的欧洲系统性风险委员会（ESRB）负责欧盟宏观审慎管理，对德国宏观审慎管理机构提出警告和建议，但不具有强制性。德国层面则成立了金融稳定委员会，该委员会与德国联邦金融监管局共同负责德国层面的宏观审慎管理。金融管理的双层次结构推动着德国金融监管规则和行为与欧盟或欧元区层面趋同。

全力推动金融结构向资本市场主导型转型。两德合并后不久，德国出乎意料地进入了长时间的经济平庸期，经济增速大幅低于美国和英国，甚至不如法国和意大利，被称为“欧洲病夫”。1993—2005 年，德国 GDP 年均增速仅为 1.2%，而美国、英国分别高达 3.4% 和 3.1%，法国、意大利也分别达到了 2.1% 和 1.4%。德国和英美在经济绩效上的差异，以及美国IT（信息技术）产业大爆发带来的示范效应，驱动着德国金融全力向盎格鲁–撒克逊模式转型，包括持续推进资本市场改革，强化股东导向，限制银行权力，增加市场透明度和设立支持创新的"新市场"。1990年，德国出台了历史上第一部统一的资本市场法——"金融市场第一促进法"（Erstes Finanzmarktförderungsgesetz），首次将投资者保护作为目标，并废除了股票市场交易税。1994年，德国出台了"金融市场第二促进法"（Zweites Finanzmarktforderungsgesetz），用以拓宽风险投资基金的法律形式、禁止内部人交易和设立联邦证券交易监督办公室①。1997年3月，德国设立了类似于美国纳斯达克的"新市场"。1998年，德国出台了"金融市场第三促进法"（Drittes Finanzmarktförderungsgesetz），致力于提升透明度、提高监督效率，并聚焦股东利益、允许股票回购，允许以股票期权支付高管薪酬。2002年，德国出台了"金融市场第四促进法"（Viertes Finanzmarktförderungsgesetz），进一步强化了投资者保护，提升了市场一体化水平和透明度。2002年后，德国又颁布了大量与促进资本市场发展相关的法律，如2004年的"投资现代化法""投资者保护改进法"，2005年的"管理层薪酬披露法"，2007年的"房地产投资信托基金法"，等等（Detzer et al.，2013）。在监管法律框架大调整背景下，德国资本市场取得了较快发展，20世纪90年代和21世纪头10年，IPO数量分别达到了352家和504家，远高于20世纪80年代，证券化率在波动中趋势性上升，资本市场透明度明显提升。但总体而言，转型效果并不明显，证券化率显著低于

① 2002年，联邦证券交易监督办公室与联邦银行监督办公室、联邦保险监督办公室合并成立德国联邦金融监管局（BaFin）。

主要发达国家水平（见图 2.1），“新市场”昙花一现，泡沫破灭后于 2003 年 6 月被关闭。德国金融体系的银行主导型特征虽有弱化，但与美国、英国乃至法国相比，远未实现向资本市场主导型的转变。

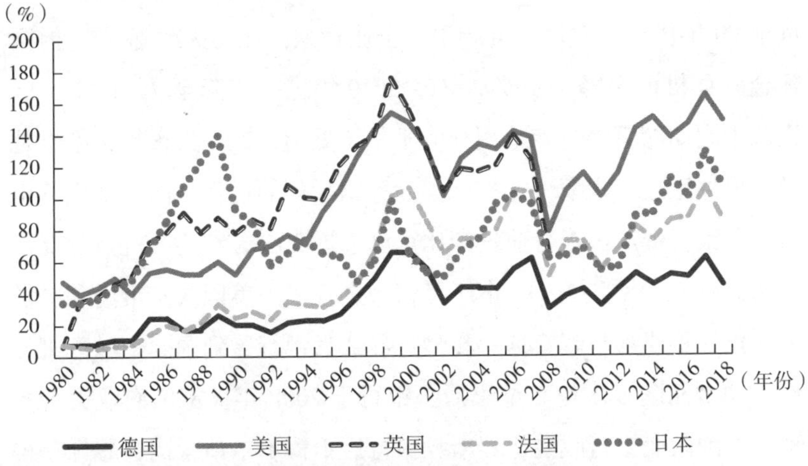

图 2.1　德国与其他主要经济体证券化率

资料来源：世界银行。

大银行的转型、扩张与陷入困境。从 20 世纪 90 年代起，面对传统大企业客户融资需求的放缓，大银行为寻求新的利润增长点，着力发展投资银行业务，推动业务模式由关系型融资的管家银行向保持距离型融资的交易银行和投资银行转型。比如，德意志银行分别于 1990 年和 1998 年收购伦敦投资银行摩根建富（Morgan Grenfell）和纽约投资银行信孚银行（Bankers Trust），于 1993 年收购澳大利亚投资银行——贝恩公司，并成为全球领先的国际化投资银行。德累斯顿银行也分别于 1995 年和 2000 年收购伦敦投资银行克莱沃特 - 本森（Kleinwort Benson）和美国投资银行沃塞斯特恩 - 皮瑞拉（Wasserstein Perella）。在向投资银行转型的同时，受 2002 年开始实施的税改（废除 50% 资本利得税）等因素激励，大银行卖出了大部分此前持有的大企业股权，在大企业的监事会席位大幅减少，代管股票表决权也大幅下降，大银行与大企业之间的管家银行关系几乎已不复存在，延续了100多年的“大银行－大企业”模式瓦解。伴随着转型，大银行的资产结构发生了根本性变化。20世纪90年代初，大银行资产中，企业贷款占比为30%左右，但国际金融危机前夕降至10%左右，2019年进一步降至7%以下，已远低于同期储蓄银行和信用社的水平（见图2.2）。大银行转型也是经营更加激进、规模快速扩张和业务国际化的过程。国际金融危机前，大银行资产占银行业资产比重已接近20%，约为20世纪90年代初的两倍（见图2.3）。由于经营激进且成为美国次贷市场和次贷证券化的重要参与者，这一转型也导致大银行受到国际金融危机的严重冲击而陷入困境。德累斯顿银行于2008年被德国商业银行并购。德国商业银行收购德累斯顿银行后不得不申请救助，累计获得特别金融市场稳定基金182亿欧元的注资。注资后，德国商业银行被部分国有化，德国联邦政府持股25%外加1股股票，直到2018年德国联邦政府持股比例仍然超过15%。德意志银行虽然没有寻求政府救助，[①]但2015年后时常陷入巨额亏损、巨额罚单和大量裁员的丑闻。储蓄银行和信用社则与大银行相反。它们坚守传统贷款业务、传统管家银行模式和国内业务，虽然资产规模占银行业比重出现较明显下降，但资产质量保持稳定，并没有受到国际金融危机的明显冲击。

① 德策尔等人（Detzer et al.，2013）指出，德意志银行之所以没有在国际金融危机期间向政府求助，可能是因为它掩盖了在可疑债券方面的巨大损失。

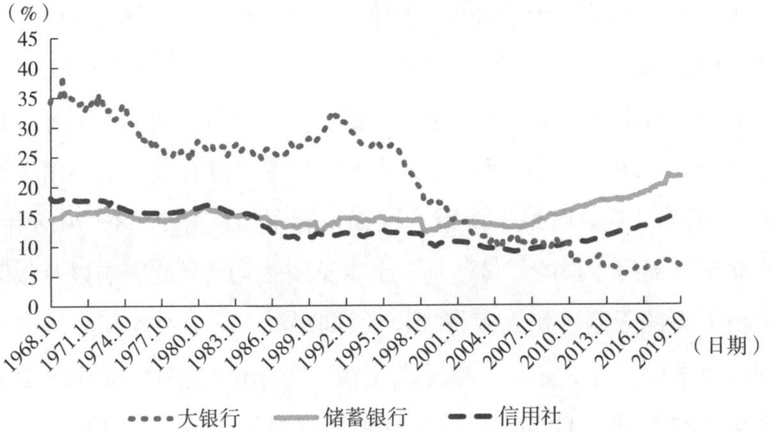

图 2.2　德国不同类别银行企业贷款占其总资产比重

资料来源：德意志联邦银行。

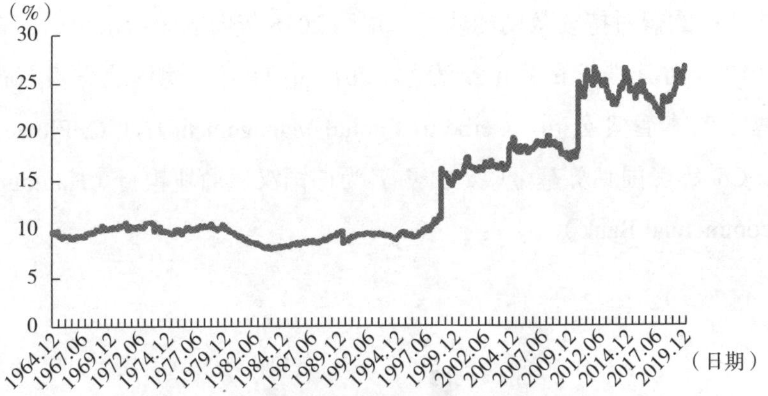

图 2.3　德国大银行资产总额占银行业比重

资料来源：德意志联邦银行。

州立银行的扩张、收缩和首次私有化。国际金融危机前，州立银行也强化了经营的利润导向，实施国际化扩张并投资了大量美国次贷资产，资产规模快速增长。两德合并以来至国际金融危机爆发前，州立银行资产规模增长 2.8 倍，略低于大银行的 3.1 倍，但远高于储蓄银行的 1 倍和信用社的 1.2 倍。由于州立银行大量投资美国次贷市场，国际金融危机严重冲击了州立银行，巴伐利亚州立银行（BayernLB）、德国北方银行和西德意志州立银行（WestLB）等州立银行出现巨额亏损，整个州立银行部门随后长期陷入困境。有意思的是，20世纪20年代不少美国银行曾因持有大量以德国城市名义发行的债券而损失惨重（埃森格林，2011）。2008—2018年，州立银行部门亏损的年份达到8个（见图2.4）。受此影响以及救助重组方案的限制，州立银行规模大幅收缩，至2019年年底，资产规模已萎缩一半左右，占银行业比重已由国际金融危机前的20%降至10%以下。此外，德国北方银行成为德国第一家被私有化的州立银行。受国际金融危机和全球航运不景气影响，德国北方银行长期亏损，不得不依赖政府的持续救助。为满足欧盟国家援助政策并获得欧盟对持续救助的认可，德国2016年向欧盟做出承诺，在2018年对其进行私有化或清算。2018年11月，德国北方银行被博龙资本管理公司（Cerberus Capital Management）、J. C. Flowers & Co. 等美国私募基金收购并更名为德国汉堡商业银行（Hamburg Commercial Bank）。

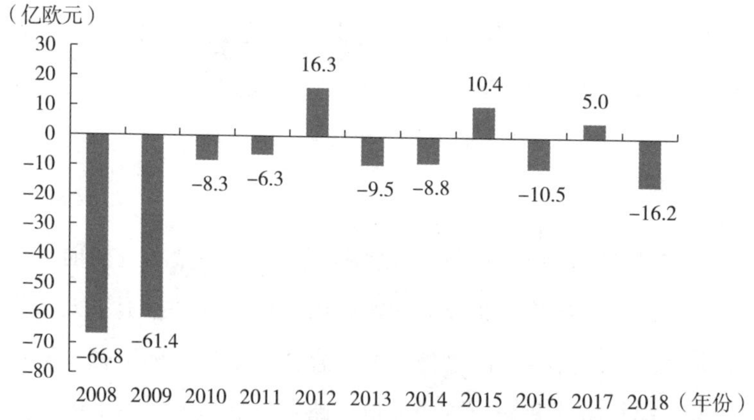

图2.4　德国州立银行利润情况

资料来源：德意志联邦银行。

保险业和养老金也有较大发展。2018 年年底，德国保险公司总资产为 2.21 万亿欧元，占金融业资产比重达到 17.2%，较 2005 年提高了 2.2 个百分点；养老金规模达到 6 630 亿元，占金融业资产比重提高至 5.1%，较 2005 年提高了 2.4 个百分点。

德国金融变迁的五个特征

在 200 多年的历史演进中，德国金融体系既有“变”也有“不变”，与其他国家相比既有“同”也有“不同”，在适应和支撑经济发展方面既有“合意”也有“不合意”，具有演进模式的独特性和延续性、演进过程的非线性、演进成效的总体适配性等典型性事实。

独特性：演进方向具有鲜明的德国特色

德国金融体系的演进并没有遵循主流模式或遵循同时代主导性国家的演进模式，而是呈现出比较强的独特性，走的是一条具有德国特色、堪称德国模式的演进道路。

一战前发展出了与英国截然不同的银行体系。在 19 世纪的大部分时间里，英国是世界第一经济强国，英国金融体系被认为是最领先的。但是，德国并没有遵循英国的模式，而是沿着“传统私人银行—股份银行—大银行”的路径演化出了产业银行体系。这一体系通常被认为与英国银行体系截然相反（Goldsmith，1955）。从与企业和工业化的关系看，德国银行的本质特征不是综合经营或全能银行，而是产业银行，即为企业和产业发展提供长期资金，与企业或产业保持长期紧密联系。这与英国银行体系主要提供短期信贷资金、同企业或产业保持距离的模式形成了鲜明对比。正如格申克龙

（2012）所言，“一个德国银行将陪伴一个工业企业存在的兴衰变迁的全过程，从摇篮到坟墓，从建立到清算”，“在本质上为短期资本融通服务的英国银行和为经济的长期投资需要融资的银行之间，存在着一个完整的鸿沟”。卡森（1987，第 315 页）也指出，“德国银行的最大特点，就是‘生产信贷’业务超过‘货币信贷’业务”。在德国，银行与企业的这种紧密关系被称为管家银行关系，而英国式银企关系被称为保持距离型关系。

保有大量公共银行。20 世纪 90 年代以来，“华盛顿共识”成为主流意识形态，私营性质的、严格利润导向的机构被认为是市场经济的标准模式乃至理想模式，银行私有化浪潮席卷全球。无论是原来国有银行占比较高的发达国家，如意大利、澳大利亚、挪威、芬兰、希腊，还是中东欧的转轨经济体，如波兰、匈牙利、保加利亚、罗马尼亚、斯洛伐克，抑或是东亚、东南亚的新兴经济体，如印度尼西亚、菲律宾，其国有银行比重都出现了大幅降低，不少国家或地区甚至在国际金融危机前降至零。相反，德国的储蓄银行部门和政策性银行未受私有化浪潮波及，公共银行比重保持总体稳定并在 21 世纪以来处于发达经济体最高水平（见表 1.1）。2015 年年底，德国的公共银行，即储蓄银行部门银行和政策性银行为 442 家，占银行机构数量的比例接近 1/4，略低于 1950 年的水平但明显高于 1990 年的水平；资产总额约为 3.1 万亿欧元，占银行业比重接近四成，虽出现下降但降幅并不显著（见表 1.2）。

宏观杠杆率与其他主要发达国家出现“大分流”。德国金融体系所处的大转型时代，从全球范围看，是金融化和应对国际金融危机冲击的时代，美国、日本、法国、英国、意大利等主要发达国家都经历了明显的金融化和宏观杠杆率的大幅上升。但是，德国宏观杠杆率的变化态势却与主要发达国家出现了“大分流”。1998—

2019 年德国宏观杠杆率不仅未出现明显攀升，反而还有所下降（见图 1.7）。2019 年年底，德国宏观杠杆率不仅大幅低于发达国家的平均水平，甚至还低于新兴经济体的平均水平。与“大分流”相关，德国经济的金融化程度也明显低于美国、英国等经济体，金融业增加值占 GDP 比重长期低于 5%。

延续性：金融结构和亲实体经济属性保持稳定

在大发展时代形成现代金融的基本框架后，尽管股票市场出现了“大逆转”，且银行体系的内部结构也发生了不少变化，但其核心或本质特征却一直延续，具有很强的稳定性。

银行业三支柱框架长期保持稳定。自 19 世纪中后期形成商业银行、储蓄银行部门和信用社的三支柱框架以来，德国金融体系在整个 20 世纪以及 21 世纪以来的时间里，均保持了框架的基本稳定，储蓄银行部门和信用社没有被大规模私有化。与欧洲许多国家，如西班牙、意大利、比利时、法国、奥地利相比（Behr and Schmidt，2015），这种稳定性更加难得。欧洲许多国家的银行体系都曾具有三支柱特征（Schmidt，Bülbül and Schüwer，2014），但在过去 30 年左右的时间里受私有化浪潮的影响，三支柱特征已经消失或大大弱化。此外，规模较大的政策性银行部门也得以延续。考虑到两德合并后德国非金融国有企业的私有化浪潮，三支柱框架以及政策性银行的维持更体现了德国金融系统的超稳定特征。

亲实体经济属性一以贯之。可以将德国金融与企业或产业之间的长期紧密联系称为金融的亲实体经济属性。在大发展时代，金融与实体经济主次关系有过根本性改变。在 19 世纪七八十年代，产业缺乏资本特别是长期资本，银行在为企业和产业提供长期资本的同时也通过持有股权、享有大多数监事会席位等方式，对企业的公司治理施加重大影响。这种影响力非常大，以至于格申克龙（2012）认为“银行对于工业企业的支配达到了可怕的程度，它已经远远超出了对企业的和管理的决策实施金融控制的范围”。到19世纪末20世纪初，德国资本已经充裕，“原先那种主－仆关系已经让位于双方之间合作的关系，甚至变成颠倒过来的主－仆关系”（格申克龙，2012）。无论主次关系是否发生颠倒，不变的是两者关系的紧密性。在大转型时代，尽管大银行转向投资银行业务，大量卖出持有的企业股权，大银行与大企业之间的管家银行关系瓦解，但管家银行关系在中小银行和中小企业之间得以延续，管家银行在德国金融体系中的地位没有变（Memmel，Schmieder and Stein，2007）。这也是德国金融体系面对国际金融危机和欧债危机的冲击而富有韧性的重要原因。

非线性：一战前曾达到高度发达水平

通常认为，金融发展水平是随时间单调递增的，即随着时间的演进而不断提高。不过，过去200多年间德国金融的发展水平并未遵循这种模式，并不是所处时期距离现阶段越近，金融发展水平就越高。若以存款总额与GDP之比、上市公司市值与GDP之比、人均上市公司数等指标衡量德国金融发展水平（Rajan and Zingales，2003），过去200多年，德国金融体系经历了“发展—倒退—稳定—再发展”的迂回曲折过程。19世纪70年代至一战前，是德国金融的大发展时代，德国现代金融体系的基本框架逐渐形成，金融发展水平快速提高。两次世界大战期间是“大逆转”时代，金融发展水平较一战前夕出现全方位的倒退。二战后至两德合并是大稳定时代，金融发展水平总体变化不大。两德合并以来是大转型时代，主要金融发展指标又出现明显上升（见表 2.7），超过了一战前的水平。

表 2.7 德国金融发展水平

	1913	1929	1938	1950	1960	1970	1980	1990	1999
存款余额与 GDP 之比	0.53	0.27	0.25	0.15	0.23	0.29	0.30	0.32	0.35
上市公司市值与 GDP 之比	0.44	0.35	0.18	0.15	0.35	0.16	0.09	0.20	0.67
每百万人上市公司数（家）	27.96	19.73	10.91	13.22	11.33	9.07	7.46	6.53	12.74

资料来源：Rajan and Zingales（2003）。

比较过去 100 年左右的金融发展水平，可以发现，1913 年曾是德国金融发展的一个高峰。1913 年，存款余额与 GDP 之比为 0.53，每百万人上市公司数为 27.96 家，这两个数值直到 1999 年仍未被超过；上市公司市值与 GDP 之比为 0.44，这一水平直到 1999 年才被超过（见表 2.7）。特别值得强调的是，德国股票市场经历了一个由发达到不发达的过程。在大多数人的印象中，德国股票市场一直不发达。法与金融理论（La Porta et al.，1997，1998）也支持这种印象。德国是大陆法系国家，对投资者特别是中小投资者保护力度不足，其股票市场似乎就应该不发达。然而，实际情况是，德国股票市场曾一度十分发达，与美国旗鼓相当。

德国金融体系的这种非线性的变迁模式并非特例，而是在全球具有相当程度的普遍性。拉詹和津加莱斯（Rajan and Zingales，2003）发现，大多数衡量金融发展水平的指标均显示，除美国和英国外的许多国家，其金融发展水平在 20 世纪大部分时间里出现过倒退，1913年的金融发达水平高于1980年。这种现象被称为“大逆转”。

适应性：金融与经济社会发展要求总体适应

金融体系总体上契合经济社会发展的需要，能通过演进维持其适应性，这也是德国金融体系历史变迁的重要特征。在大发展时代，德国缺乏长期资本而又需要长期资本大规模集中投入的情况下，德国金融体系演化出能提供长期资本的产业银行，支撑了德国在第二次工业革命中的异军突起，使德国在20世纪初一跃超过英国。在大稳定时代，德国金融体系既成为支撑德国经济奇迹的重要因素，又形成了央行的价格稳定传统，成为德国社会市场经济模式的重要基石。在大转型时代，德国金融体系避免了过度金融化和房地产金融泡沫，维持了金融和实体经济、房地产和实体经济、房地产和金融的良性循环，经受住了国际金融危机和欧债危机的冲击，避免了严重金融危机的发生。

值得强调的是，德国金融体系演进在适应性上也存在明显的不合意之处，突出体现为股票市场和风险投资的发展不尽如人意，当前德国金融体系支持新兴产业和新创企业的效率不高。在新工业革命孕育勃兴的背景下，这一不足可能会成为制约未来德国经济发展的重大桎梏。

奇异性：大银行已脱离经典的德国金融模式

从历史演进特征看，德国金融体系在呈现出稳定性的同时，也出现了一些变异，集中体现为大银行的变异。19世纪后期形成的德国大银行模式，即与大企业联系紧密的大银行，曾被视为德国模式的典型特征。这一特征一直延续到 20 世纪 90 年代中后期。20 世纪 50 年代至 70 年代早期，每家大银行大约有 60% 的贷款投向制造业（Tilly，1996）。20 世纪 90 年代，大银行还通过直接持有股权、行使代管股票表决权、拥有监事会席位以及为大企业提供长期贷款等方式，对大企业保持很强的影响力。但进入 21 世纪后，尽管大银行占银行业资产比重快速提高至历史最高水平，但由于已经脱离了经典的大银行模式，现在的大银行已“物是人非”，不再是德国金融体系的代表。

一方面，大银行的构成发生了显著变化。2019 年年底，被列入大银行统计的有四家银行，分别为德意志银行、德国商业银行、裕宝银行[①]（Bayerische Hypo–und Vereinsbank AG）与德意志银行私人和企业客户银行（DB Privat–und Firmenkundenbank）[②]。其中裕宝银行与德意志私人和企业客户银行为新晋“大银行”。与在第二次工业革命期间成立的德意志银行和德国商业银行等老牌大银行不同，裕宝银行与德意志银行私人和企业客户银行并购的德国邮政银行从来就没有实质性参与大企业的融资和公司治理，根本不具备德国金融大转型时代之前大银行的产业基因。

另一方面，德意志银行等原有大银行向投资银行转型，更加强调利润最大化导向，与大企业的管家银行关系已趋于瓦解，其业务结构发生了根本性改变，企业贷款占比已降至 7% 以下。国际金融

① 2005 年被意大利裕信银行收购，为非德资控股银行。

② 德意志私人和企业客户银行为德意志银行子公司，由德意志私人和商业客户银行（Deutsche Bank Privat- und GeschäftskundenAktiengesellschaft）于 2018 年并购德国邮政银行（Deutsche Postbank）成立。并购前，德意志私人和商业客户银行被纳入区域性商业银行统计；德国邮政银行自 2004 年 12 月起被纳入大银行统计。

危机以来，受投资银行业务拖累，德意志银行经营陷入了困境，资产规模大幅萎缩。在2008—2019年的12个年份里，德意志银行累计亏损40.9亿欧元，资产规模累计萎缩了41.1%。这并不意味着德国金融模式的溃败，也不意味着全能银行的消亡。实际上，大银行之所以陷入困境，除了微观经营上过度扩张、“大而不能管”等原因，宏观上恰恰是因为其脱离了与实体经济的紧密联系这一德国金融的核心，成为德国金融体系的“异类”。德意志银行陷入困境，反映了大银行转型中面临的巨大挑战。同样作为全能银行的储蓄银行部门和信用社，由于继续坚持了与实体经济的紧密联系，即便经济受到国际金融危机的冲击，其经营仍保持稳健。

德国金融变迁的政治经济社会背景

德国发展出颇具德国特色的金融体系，并在演进过程中呈现出稳定的特征，有其政治、经济、社会根源。

国际政治格局、利益集团和联邦主义

“如果仅从经济角度认识问题而忽视了其政治属性，就会犯重大的判断性错误”（刘鹤，2013）。政治对德国金融体系的影响显而易见。① 19世纪70年代统一货币、建立统一的中央银行，19世纪后期金融中心由法兰克福转移到柏林，这些都是德国统一并定都柏林的结果。一战的爆发直接终结了德国金融的大发展时代，金本位

---

① 政治对金融体系的形塑不仅体现在德国。在美国，这种影响也很明显（艾伦和盖尔，2002年，第6页）。

制也宣告破产。1921—1924 年的恶性通胀与一战的巨大消耗和战败后被索要过多赔款有关。二战后，德意志银行、德累斯顿银行和德国商业银行等三家大银行被分解，与德国战败和大银行在二战中扮演了帮凶角色有关。20 世纪 70 年代之前对布雷顿森林体系的维护和两德合并前对德国马克国际化的约束，则与德国需要扮演“顺从的盟国”相关。两德合并后放弃德国马克和支持使用欧元，也能找到二战的根源和政治逻辑。埃森格林（2011）指出，欧洲货币联盟从一开始就是一项政治工程，德国配合法国积极推动货币联盟是对法国支持两德合并的补偿，是配合法国以一种和平方式将德国锁定在欧洲。德国人放弃钟爱的德国马克是为了向世人证明愿意做好的欧洲人（弗尔布鲁克，2018，第 463 页）。除以上显而易见的事例外，大发展时代大银行模式的孕育和发展，20 世纪 50 年代大银行的“死而复生”，一战和二战后货币稳定性的迥然不同，全球私有化浪潮下甚少发生储蓄银行部门私有化并维持三支柱框架，也与政治因素息息相关。

大银行的演进深深地打下了国际政治格局和大国竞争的烙印。普鲁士取得普法战争胜利后，法国的巨额赔款为德国第二波股份银行设立浪潮提供了充足的资金来源。与此同时，德国所处的地缘政治环境使得统一后的德国面临在大国竞争中争取生存空间的压力。这种压力强化了德国对大银行的需要，使德国从一开始就缺乏对大银行产生美国式恐惧[①]的土壤。二战结束之初，对卡特尔式大银行的恐惧使战胜国推动了对大银行的分解。但是，随着“冷战”和美苏争霸格局的明朗化，从 1947 年夏天开始，美国的对德政策转变

① 艾伦和盖尔（2002，第 41 页）指出，在美国，“对大型金融机构所拥有的强权的极度不信任导致了分散化的银行系统”。

为支持“西占区”德国经济复兴，认为“一个有序、繁荣的欧洲需要一个稳定的、有生产力的德国的经济贡献”。在这一背景下，原本被分解的德意志银行、德累斯顿银行和德国商业银行得以重新组建。此外，大国竞争还形塑了德国参与国际金融治理的行为。二战后，德国在经济上创造奇迹的同时，作为战败国，致力于强化西方阵营坚定成员国的形象，在政治上做一个“顺从的盟国”，将与美国的合作放在首位（埃森格林，2011）。为此，德国积极配合美国维护布雷顿森林体系并约束德国马克的国际化，与作为二战战胜国的法国的行为反差明显。

利益集团的存废决定了两次世界大战后通胀水平的巨大差异。一战和二战都以德国战败告终，这导致德国累积了巨额债务。但是，一战后德国出现了恶性通胀，而二战后德国的通胀则要温和许多。金德尔伯格用利益集团的存废来解释两者的差异。他认为，造成差异的原因主要不在于两个时期经济与金融设计者专业知识的差异，而在于利益集团的存与废。“1923 年有一大批权势集团熬过了战争，拼命要减少其应承担的负担，1945—1948 年政治与经济集团都瓦解了，它们无力保护自己，造成了一种政治真空，从而得以实施符合整体利益的政策”（金德尔伯格，1991，第 565 页）。

联邦主义使具有公共银行性质的储蓄银行和三支柱银行体系得以保留。无论是发达国家还是发展中国家，它们历史上都有过国有银行或公共银行。二战后至 20 世纪 80 年代，许多政策制定者和学者都认为市场变幻无常、不可靠，将国有银行视为金融体系的必要组成部分。20 世纪 90 年代以来，德国式资本主义“似乎陷入了防守地位，只能在与一种所谓更好的全球标准化资本主义模式的斗争中艰难生存”（阿贝尔斯豪塞，2018），德国的储蓄银行部门持续面临很大的私有化压力（Schmidt，2009）。早在 1992 年，德国垄断委员会就呼吁对储蓄银行部门进行私有化。20 世纪 90 年代中期德国银行协会[①]就储蓄银行部门享有的政府担保向欧盟委员会投诉，认为不符合欧盟法律，造成了不公平竞争优势，这最终导致德国于 2005 年取消了对州立银行的隐性担保。国际货币基金组织（IMF，2003）主张将储蓄银行由公法机构变成股权可以自由交易的私人机构，以便德国的商业银行和外资银行能够购买储蓄银行的股权。面对私有化压力，避免德国储蓄银行部门私有化的重要因素是德国的联邦主义，地方政府希望尽可能地保留其对储蓄银行部门的影响力，以便更好地执行其产业政策（Susanne Lütz，2000）。

赶超、协调、社会市场经济和欧洲一体化

作为德国经济体系的组成部分，德国金融体系演进的大背景是德国经济发展历程和德国的经济体制。可以发现，19 世纪中后期的经济赶超或快速工业化、工业化以来形成的协调性经济体制、二战后的社会市场经济体制、20 世纪 90 年代以来欧洲一体化带来的欧元区红利，都对德国金融体系变迁起到了塑造性的影响，是德国金融体系变迁具有独特性和延续性的基础性甚至决定性原因。

德国大银行、三支柱框架、亲实体经济金融属性都深深烙下了后发追赶型工业化模式的印记。在 19 世纪绝大部分时间里，英国是全球最发达的国家，但作为后发追赶型国家的德国并没有效仿英

---

① 德国银行协会只是德国私人性质的商业银行的行业协会，并不代表德国整个银行业。除德国银行协会外，德国银行业还有其他四大协会，分别为代表德国公共银行的德国公共银行协会（VÖB）、代表信用社的德国大众银行和雷发巽银行联邦协会（BVR）、代表储蓄银行部门的德国储蓄银行协会（DSGV）、代表按揭银行的德国按揭银行协会（VDP）。

国的以提供短期融资为主的银行制度，而是发展出了为产业提供长期融资的银行体系。造成这种差异的根源不在其他，恰恰在于德国是个后发追赶型国家。[①] 正如格申克龙（2012）所强调的，这种银行体系是“源自一个相对落后经济的特定条件的产物”。

英国是先发国家，德国是后发国家。这种差异决定了两国在工业化模式、融资需求规模和资金来源方面的显著不同。就工业化模式而言，英国是先发性、渐进式工业化，德国则是追赶型、压缩式工业化。技术进步速度、工业化速度和经济增长速度取决于技术前沿的拓展速度。英国是技术创新前沿国家，工业化模式总体上是渐进的。德国经济相对落后，具有后发优势，可以通过学习借鉴或利用英国技术的扩散效应来加速技术进步、工业化和经济增长，其工业化模式和经济增长总体上是压缩式的。1871—1913 年，德国年均经济增速为 2.8%，明显高于英国 1.9% 的水平（见表 2.8）。当然，德国工业和经济增长的压缩式特征也有政治方面的原因——德国面临大国竞争压力，有追求国富民强的国家意志。就融资需求规模而言，与渐进式工业化相比，压缩式工业化对资金的需求规模更大。更快的工业化速度和经济增长速度，必然需要更大规模的资金支持。英国的企业或产业已占据了领先位置，德国要想赢得竞争优势，必须在短期内形成规模优势，以更大的工厂规模来赢得竞争优势。这进一步加大了德国工业化和经济发展对资金的大规模需求。就资金来源而言，英国资本丰裕，在先期经济发展过程中已通过贸易、农业以及工业本身的盈利形成了非常可观的资本积累，内源融资能力强，对长期性外源融资的需求不迫切。相反，德国作为后发国家，

---

① Tilly（1998）强调了最后贷款人制度的作用。1847 年设立的普鲁士银行和 1876 年设立的德意志帝国银行在危机情况下承担最后贷款人职能，为银行提供流动性，使德国的银行更愿意为产业提供长期信贷。

在先前并无多少产业性资本积累，资本短缺且分散，内源融资能力不足，对长期外源融资需求迫切。

表 2.8　1871—1913 年德国和英国经济增速　　单位：%

	德国	英国
1871—1880 年	1.8	1.9
1881—1890 年	2.9	2.2
1891—1900 年	3.5	2.1
1901—1910 年	2.6	1.1
1911—1913 年	4.1	2.7
1871—1913 年	2.8	1.9

资料来源：麦迪森数据库（2010）。

也就是说，发展出为产业发展提供长期融资的银行体系，是德国在相对落后的背景下快速推进工业化的结果，是来自压缩式工业化的呼唤。相对落后[①]的起点决定了德国采取压缩式工业化模式，压缩式工业化模式产生了大规模资金需求，无法通过先期自我积累满足大规模资金需求的现状催生了能够提供大规模长期融资的银行体系。这样的银行体系也成为德国推进追赶型、压缩式工业化的特殊手段，成为德国经济体制的重要特色。压缩式工业化催生提供长期融资的银行的现象不仅发生在德国，也发生在同一时期作为后发国家的法国、比利时、奥地利等国。实际上，19 世纪 50 年代成立的以提供长期信贷为目的的法国动产信贷银行，就是德国大银行的先驱和榜样。需要说明的是，为什么同样具有追赶型、压缩式工业化特征的美国，并没有演化出与德国类似的银行体系。主要原

① 格申克龙（2012）特别强调落后的相对性，即落后状态尚未超过某种限度。

因在于，美国自建国以来就有对大银行保持戒备甚至敌视的政治传统（西蒙·约翰逊和郭庚信，2010）。这种敌视大银行的政治基因，足以淹没压缩式工业化对大银行的呼唤。

压缩式工业化还是德国三支柱银行体系形成的重要经济背景。追赶型、压缩式工业化要求工业化和资本向该阶段的主导产业集中，其他产业则受到忽视。正如格申克龙（2012）所言："煤矿、钢铁生产、电气和通用工程、重化工业产品成为德国银行业务活动的主要领域。纺织工业、皮革工业、食品加工业处于银行兴趣的边缘地带。用现代的术语来说，银行更关注的是重工业，而不是轻工业。"格申克龙提及的银行，实际上是私营性质的大银行（Guinnane，2011）。由于大银行或商业银行主要为重工业、大企业提供融资，轻工业和中小企业的融资需求就催生了州政府或城市政府有影响力的、公共法人性质的储蓄银行部门。

协调性经济体制是德国金融体系延续性的体制根源。尽管20世纪90年代以来德国致力于推动向资本市场主导型转型，但是德国金融体系银行主导型的特征没有变，关系型融资的重要性总体上没有变（Memmel，Schmieder and IStein，2007），金融体系的协调性特征总体保持稳定（Culpepper，2005）。关于这种稳定性的原因，资本主义多样性理论（Hall and Soskice，2001）提供了线索。该理论将资本主义经济体制分为协调性市场经济体制和自由市场经济体制。从制度互补性看（Aoki，1994；Hall and Soskice，2001），协调性市场经济体制与银行主导型金融体系互补，自由市场经济体制与资本市场主导型金融体系互补。在协调性经济体制没有发生根本变化的情况下，单纯依靠改变法律环境和发展金融市场并不一定能奏效，除非银企关系中的主要互动参与者被集体说服，认识到之前的认知和行为是错误的（Culpepper，2005）。也就是说，除非德国现有协调性金融体系出现重大问题，如累积大量不良贷款或爆发严重金融危机，除非德国在未来科技产业竞争中处于明显劣势而改变协调性经济体制，否则就难以彻底转向英美式资本市场主导型金融体系。

社会市场经济是二战后德国货币金融的基础性因素。它是德国经济哲学中很重要的一个思想流派，主张经济自由和社会平衡相结合，强调竞争原则、社会原则、稳定经济的原则、与市场一致的原则（冯兴元，2013）[①]。从社会市场经济的缘起看，其出发点并不是引入政府或社会因素。相反，其目的是更多地引入市场经济因素，避免陷入统制经济，通过价格稳定塑造竞争秩序，以实现经济繁荣和提升民众福利。在社会市场经济的理念和政策推动下，德国通过货币改革成功驯服了通货膨胀，并在社会市场经济体制下维持了价格的长期稳定。在价格长期稳定的背景下，人们对未来的预期趋于

---

① 根据冯兴元（2013），竞争原则强调“维持竞争秩序，其核心原则包括维护一个有运作能力的价格体系，币值稳定，开放的市场，私人产权，契约自由，责任（经济主体为其自身的投入和行为承担责任），以及经济政策的前后一致性（Walter Eucken，1944）”。社会原则强调“市场竞争本身就在实现着社会的功能。比如欧肯认为，竞争秩序本身就能解决大部分的社会不公平问题，因为大量生产要素的投入者通过市场及其竞争秩序获得回报。这种回报是符合人的尊严的，是‘社会’的。虽然有效的竞争政策可以避免由市场权力引起的收入分配的紊乱，但是国家可以发挥提供辅助性支持的作用，在社会政策的范围内，通过社会救济、保险、津贴等形式进行再分配（哈尔德斯等，1993）”。稳定经济的原则强调，“相对于财政政策，货币政策具有首要性，其着眼点在于币值稳定（Eucken，1944）”。与市场一致的原则强调，“这一原则适用于一切国家措施。国家的措施要尽可能与市场一致，即与市场经济的框架条件和基本原则保持一致。应尽可能少地干扰市场过程，特别是价格的形成。根据欧肯的观点，若要遵循与市场一致的原则，过程政策即国家干预政策应遵循三条原则（盖瑞特，1994）：国家必须限制利益集团的权力；所有的国家干预必须面向维护经济秩序，而不是面向市场过程；经济与社会方面的干预政策必须是系统性的，而不能是特定性的或者选择性的”。

长期化，这对金融运行产生了系统性的影响。通胀的可预期性和预期的长期化，有利于银行向企业提供长期贷款，维持银企之间长期稳定的关系，从而使管家银行模式得以持续；有利于减少住房的投资属性和房地产市场的投机性，有助于维持固定利率主导的审慎性住房贷款制度，从而维护房地产贷款市场和房地产市场的稳定运行。在价格稳定、银企关系稳定、房地产金融稳定的综合作用下，德国也得以在二战后长期保持金融稳定。

德国宏观杠杆率的“大分流”和低金融化程度受益于欧元区红利。1998 年以来，德国宏观杠杆率与发达经济体的“大分流”，与德国出口部门长期的强劲竞争力和非金融企业的高盈利能力有关。[①] 非金融企业保持高收益率，内源融资能力强，对外源债权融资依赖度低，这些导致企业部门杠杆率低。由于出口部门保持了竞争力和企业保持了高盈利能力，德国受国际金融危机冲击后因外需的恢复而快速复苏，既降低了反危机政策对政府债务的负担，也促使财政收入保持了增长。德国出口部门保持了竞争力，这在一定程度上是德国 1998 年以来享受欧元区红利的结果。欧元区红利增强了德国对欧元区内其他国家的出口竞争力。由于实施单一的货币政策和对外单一汇率，欧元区内对德逆差国缺乏解决对德贸易逆差的有效手段，德国对欧元区内国家的贸易盈余得以长期维持。在欧盟内部，关于德国向其他国家输出贸易逆差和债务杠杆的批评声音一直不绝于耳。欧元区红利也增强了德国对非欧元区国家的出口竞争力。国际金融危机后特别是欧债危机后，尽管德国经济保持了较为强劲的增长，但由于欧元区经济长期不振，欧元汇率只能反映整个欧元区

---

① 1998 年以来，德国经常账户盈余占 GDP 比重长期保持在 5% 以上，非金融企业净资产收益率长期保持在 20% 以上。

的产业竞争力而不是德国的竞争力，这导致了欧元持续疲软，从而增强了德国对非欧元区国家的竞争优势。

高效率司法体系、风险规避文化和崇尚实业

包括法律、文化等在内的社会因素也对金融体系及其变迁产生了影响。在德国金融体系的历史变迁背后，我们可以发现德国有效率的司法体系、风险规避文化和崇尚实业的社会氛围的影子。

从法律角度理解，金融就是契约，是一系列债权债务合同、股权交易合同等金融交易契约。如果一国民商法体系健全、合同执行良好，金融交易的成本就比较低，金融发展的效率和质量就会比较高。如果缺乏契约精神，社会信用就会遭到破坏，很容易出现违约或者逃废债务等情形，金融发展就会失序。从历史上看，特别是二战以后，德国建立起了严格的司法执法体系，并逐渐在全社会培育起了较强的契约精神，德国特别对有担保的债权人建立起了强大的法律保护制度。莱文等人（Levine et al.，1999）认为，德国高质量的大陆法系促进了银行主导型金融体系。

风险规避文化也有利于银行主导型金融体系的维持（Tadesse and Kwok，2006）。国民风险规避程度影响该国投资者的资产配置行为。如果国民风险规避程度高，则投资者倾向于将资产配置到收益率相对较低但收益率确定且本金受到保障的存款中；如果国民风险规避程度低，则投资者倾向于将资产配置到收益率不确定但预期收益率高的股票中。前者对银行体系的发展形成支撑，后者则为股票市场的发展提供保障。德国人风险规避程度相对较高，资产更多地被配置到银行体系，这促进了银行主导型金融体系的形成和维持。二战后的长期低通胀强化了德国居民的这一金融资产配置行为。长

期低通胀或币值水平的高度稳定，给德国社会创造了一个相对确定的环境，确保了德国人将资产配置到存款始终是一种合意的、利益不受损的选择。此外，在阅读德国政治家、经济学家的著述时，我们能够感受到德国文化不掩盖问题，而是直面问题、暴露问题。这有助于风险的及时化解和出清，与一些东亚国家形成鲜明对照。

崇尚实业理念有利于避免过度金融化。19 世纪后期以来，德国一直是制造大国、制造强国，实体经济发达，制造业占比高，具有重商主义的传统和崇尚实业的社会氛围。欧元区成立之后，德国出口主导型经济发展模式进一步强化，经常账户盈余占 GDP 比重和实体经济收益率保持在高水平，这使得实体经济在报酬结构中相对于金融业占优，进一步强化了崇尚实业的社会氛围。这种崇尚实业、依靠出口驱动经济增长的观念甚至被指责为“制造业拜物教”（Cassidy，Tower and Wang，2014）。崇尚实业以及实体经济竞争力的维持，抑制了实体企业“脱实向虚”，提升了企业内源融资能力，从根本上避免了宏观杠杆率上升和金融规模膨胀。

▶▶ 第三章

德国如何实现金融与实体经济良性循环

德国金融与实体经济的密切互动和良性循环，堪称后发国家经济赶超史上的典范。在工业化进程中，特别是在第二次工业革命赶超英国期间，德国银行业在提供长期资金、支撑德国工业快速扩张并形成竞争优势方面发挥了十分重要的作用（Jeidels，1905；Riesser，1911；Hilferding，1910；Gerschenkron，1962），是德国经济赶超的重要秘诀。二战后，德国金融又助推了德国经济奇迹，使德国一跃成为欧洲第一大经济体。近三四十年来，面对全球金融化浪潮、国际金融危机和欧债危机的轮番冲击，德国没有出现明显的金融与实体经济失衡，银企关系富有韧性，长期保持了金融稳定。两者之间形成良性循环的秘诀在于金融服从并服务于实体经济，在于报酬结构上的服从和金融功能上的服务。美中不足的是，德国金融在服务新兴产业和新创企业（本书所说的类型Ⅱ实体经济）方面短板明显。在新工业革命浪潮下，这一不足若不能被及时有效弥补，德国金融与实体经济关系的合意性将黯然失色，德国金融的适应性将存在重大结构性缺陷。

典型性事实

德国金融与实体经济关系的本质特征在于，金融始终服从和服务于实体经济发展。德国金融服从于实体经济发展，实体经济在报酬结构中占优，金融化程度有限，制造业比重持续保持在较高水平。同时，德国金融较好地服务了实体经济发展，呈现出低成本、高可得性、富有韧性和有约束力等特征，即以较小的金融规模或较低的金融成本解决了中小企业融资难问题，“雨天收伞”现象相对较少且银行通过参与企业治理对企业具有约束力。值得强调的是，德国金融在服务新兴产业和新创企业方面存在能力不足的短板，这也是过去 30 年左右时间里德国金融谋求转型的原因。

实体经济占优的报酬结构

金融服从于实体经济，不是管理学意义上的“遵从”，不是要求金融不遵循金融规律，无条件地满足实体经济的需求；而是经济学意义上的服从，金融与实体经济报酬结构上的“服从”，不对要素配置产生“喧宾夺主”的效应。报酬结构决定要素配置，要素配置结构决定经济发展绩效（Baumol，1990）。遵循区分生产性和非生产性活动的传统[①]（Baumol，1990；Murphy，Shleifer and Vishny，1991），金融与实体经济应有主次之分，有服从和被服从之分。金融作为一种非生产性活动，是产业的“侍女”而不是“国王”。金融在报酬结构上服从于实体经济，意味着“金融－实体经济”报酬

① 生产性—非生产性活动的两分法至少可以追溯到亚当·斯密的《国富论》。欧文·费雪的《利息理论》和《繁荣与萧条》也使用了这一两分法。

结构不能失衡和倒置，[①]不能呈现金融业收益率长期明显高于实体经济的格局，不能诱导生产要素“脱实向虚”。德国金融的这种服从关系，主要表现为以下三个方面。

一是金融业收益率长期大幅低于实体经济。20 世纪 80 年代至国际金融危机之前的美国和英国、国际金融危机之后的中国，行业报酬结构均出现倒置，金融高利润问题突出，金融业收益率长期显著高于实体经济。与之相反，德国呈现出实体经济占优的格局。2005—2018 年，德国银行业净资产收益率平均仅为 7.7%，且波动幅度大，2008 年国际金融危机期间曾降至 –2.5%。非金融企业净资产收益率则基本维持在 17% 以上，平均值高达 20.6%，且波动幅度小，最低值高于银行业收益率的最高值（见图 1.5）。德国非金融企业与银行业收益率的这种差异，甚至可以被称为“强企业、弱银行”（Braun and Deeg，2019）。

二是企业金融化程度有限。非金融企业是凝聚企业家才能、资本和人才等各类生产要素的载体。受报酬结构金融占优影响，美国、英国和中国等主要经济体均出现过企业金融化、生产要素“脱实向虚”的情况，但德国却很好地避免了这一情况。过去 20 年来，在

① 从宏观上判断金融与实体经济是否失衡，取决于对金融和实体经济自身属性的认识。遵循鲍莫尔（Baumol，1990）与墨菲、施莱弗和维什尼（Murphy，Shleifer and Vishny，1991）的传统，我们将金融活动归为非生产性活动，而将实体经济的活动归为生产性活动。经济增长和创新的绩效取决于生产性活动和非生产性活动的相对报酬结构以及由此决定的创新要素在生产性活动和非生产性活动之间的配置结构。在“生产性—非生产性活动”二分法框架下，金融与实体经济失衡这一概念是非对称性的。当金融报酬率明显高于实体经济并引发创新要素过度向金融业配置时，存在金融与实体经济失衡；不过当金融业报酬率明显低于实体经济，创新要素主要向实体经济配置时，则不被认为存在金融与实体经济失衡。也就是说，是否失衡要基于经济增长视角来判断，不利于实体经济和创新的报酬结构与资源配置结构才是失衡。

德国非金融企业收入结构中，食利性收入份额并没有明显上升。若用利息收入和长期股权性投资收入来度量食利性收入，1997—2016年德国非金融企业食利性收入与税前利润之比整体下行；食利性收入与总收入之比基本保持不变，长期稳定在1%左右（见图1.3）；食利性收入与非金融企业增加值之比变化也不大，基本维持在3%左右（见图1.4）。

三是制造业始终保持了较大的规模。1995—2018年，德国制造业比重维持基本稳定，而英国、法国、美国以及日本则出现了大幅下降（见表3.1）。2018年，德国制造业比重为23.1%，明显高于同期日本、美国、法国和英国的水平。与金融业相比，德国制造业的规模较大。按增加值衡量，2018年德国制造业是金融业的6.3倍，远高于同期日本（5.0倍）、中国（3.8倍）、法国（3.2倍）、美国（1.6倍，2017年）和英国（1.5倍）的水平（见图3.1）。

表3.1　德国等主要经济体制造业增加值占GDP比重　　单位：%

国家	1991年	1995年	2000年	2005年	2010年	2015年	2018年	平均
德国	27.4	22.8	23.0	22.4	22.2	23.0	23.1	22.9
美国	N/A	N/A	15.5	13.3	12.5	12.3	N/A	13.5
英国	17.0	17.3	14.5	11.0	9.9	10.1	10.0	12.6
日本	N/A	23.6	22.5	21.6	20.9	20.9	18.8	21.4
法国	17.7	16.6	16.1	13.6	11.5	11.7	11.1	14.0
中国	N/A	N/A	N/A	31.8	32.2	29.4	29.4	31.0
韩国	27.2	27.8	29.0	28.3	30.7	29.8	N/A	28.5

注：中国数据来源于中国国家统计局，其他国家数据来源于经合组织；德国、英国、法国平均值的时间段为1991—2019年，中国为2004—2019年，美国为1997—2017年，日本、韩国为1994—2018年。

资料来源：经合组织，中国国家统计局。

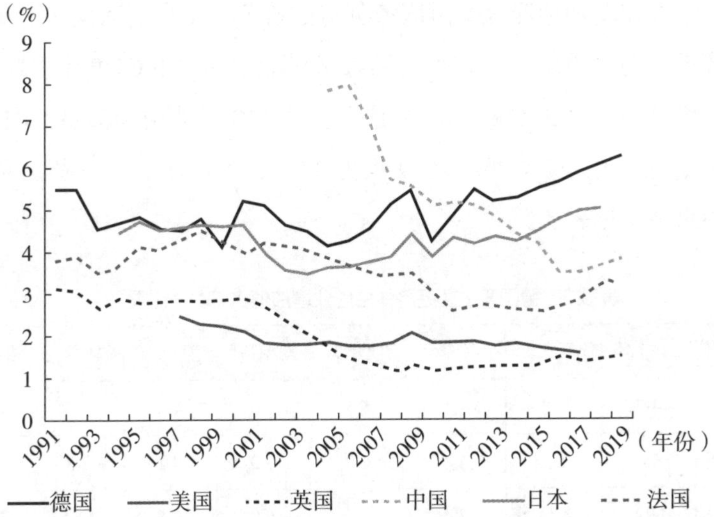

图 3.1 德国等主要经济体制造业相对规模：制造业增加值 / 金融业增加值

资料来源：经合组织，中国国家统计局。

融资可得性高的小金融

金融相对于实体经济的规模，既影响着两者关系，也是两者关系的一种体现。与主要经济体相比，德国金融业的规模较小[①]，金融业增加值占 GDP 比重低，宏观杠杆率低，企业融资可得性高。这意味着，德国金融服务实体经济具有低成本、无债务积压、高覆盖率等特征。

金融业增加值占 GDP 比重低，实体经济承担的金融总成本较

① 金融机构资产规模与 GDP 之比也常常被用来反映金融规模，2016 年德国金融机构（含央行）资产规模与 GDP 之比为 4.45，虽高于中国（4.38）的水平，但低于同期美国（4.83）、法国（5.99）、日本（6.81）和英国（10.18）的水平。不过，由于难以反映金融相对于实体经济的规模，金融机构资产规模与 GDP 之比并不是金融与实体经济关系意义上的金融规模。

低。金融业增加值测度金融服务创造的价值，也从侧面反映了实体经济承担的金融总成本。通常而言，金融业增加值占 GDP 比重越高，实体经济所支付的金融总成本越多。德国金融业增加值占 GDP 比重长期保持在 5% 以下，2019 年为 3.9%，远低于美国、英国和中国的水平（见表 3.2）。

表 3.2　德国等主要经济体金融业增加值占 GDP 比重　　单位：%

国家	1991 年	1995 年	2000 年	2005 年	2010 年	2015 年	2019 年	平均
德国	4.7	4.6	4.5	5.5	5.0	4.4	3.9	4.7
中国	5.4	5.2	4.8	4.0	6.2	8.2	7.8	5.8
美国	N/A	N/A	7.4	7.6	6.8	7.6	N/A	7.2
英国	5.4	6.2	5.1	7.4	8.2	7.0	6.6	6.7
日本	N/A	5.0	4.9	5.9	4.8	4.5	N/A	5.0
法国	4.7	4.0	4.1	3.8	4.5	4.5	4.0	4.1

注：德国、中国、英国、法国平均值的时间段为 1991—2019 年，美国为 1997—2017 年，日本为 1994—2018 年。

资料来源：经合组织。

宏观杠杆率低，实体经济不存在债务积压问题。宏观杠杆率具有二重性，在不太高时是金融深化指标，当指标值过高时，则是债务积压指标。2019 年年底，德国宏观杠杆率和企业部门杠杆率仅分别为 180.6% 和 59.7%，不仅远低于日本和中国等银行主导型经济体，也远低于英美等资本市场主导型主要经济体（见表 3.3）。低宏观杠杆率意味着，德国金融体系未向非金融部门特别是实体经济过度供给债务，实体经济整体上不存在债务积压问题。

表 3.3　德国等主要经济体宏观杠杆率和企业部门杠杆率　　单位：%

		1998 年年底	2008 年第三季度末	2019 年年底	1998—2019 年年底平均值
宏观杠杆率	德国	183.2	182.4	180.6	190.3
	中国	115.3	139.7	258.7	178.1
	美国	189.4	234.5	254.2	228.2
	英国	171.5	234.6	274.8	237.3
	日本	303.1	307.8	380.9	336.7
	法国	195.2	231.4	327.4	253.9
企业部门杠杆率	德国	55.3	57.6	59.7	57.2
	中国	N/A	93.9	149.3	130.3
	美国	60	72.2	74.9	67.3
	英国	66.5	95.3	80.1	85.7
	日本	131.6	102.2	103.9	105.6
	法国	95.5	115.7	153.2	120.7

注：表中英国 1998 年年底宏观杠杆率为 1999 年第一季度末数据。中国企业部门杠杆率平均值的计算时间段为 2006—2019 年。平均值为季度数据平均值。

资料来源：国际清算银行。

中小企业融资可得性高且融资环境相对稳定。德国金融相对规模小并不意味着金融供给能力不足和实体经济融资难。相反，德国中小企业融资可获得性高于欧洲平均水平，同时，这种可获得性在受国际金融危机和欧债危机冲击时保持了相对较高的稳定性（ECB，2019）。

富有韧性的银企关系

德国是银行主导型经济体，金融与实体经济关系首先体现为银企关系。在企业部门融资结构中，银行贷款占主导地位。1999—2019 年，银行贷款占新增外源融资比重为 60.1%[①]，2009—2018 年，这一比重升至 68.6%。

德国银企关系具有明显的关系型融资特征。[②]关系型融资是信息密集型融资，其融资供给依赖银企之间的长期动态互动。这种互动可以形成以信任为核心的关系，也可以获得大量非公开信息。可见，虽然关系型融资通常与银行融资相关联，但并不是所有银行提供的融资都能被称为关系型融资，关系型融资更不是依靠疏通与银行或银行从业人员的关系进行融资。德国的关系型融资集中体现为富有德国特色的管家银行模式。在德国，多头借贷，即企业同时有多个银行债权人，也是普遍现象，但相当比例的企业特别是中小企业会选择一家银行为管家银行。在学术文献中，管家银行通常是贷款企业的首要融资银行，较非管家银行拥有更多信息，且更忠诚于其客户（Elsas and Krahnen，1998）。这意味着管家银行与贷款企业之间的关系通常具有四个特征。首先，管家银行通常是第一大授信银行，在企业的银行融资中所占份额最高[③]（Elsas and Krahnen，1998；Behr and Schmidt，2015）。其次，管家银行是信息优势银行，

① 我们关注的是金融类外源融资，包括银行贷款、债券融资、股市融资、保险、养老金和标准化担保，以及衍生品和员工持股计划，不包括应收款项和非股市融资的股权融资。这与德国金融账户统计中的外源融资口径存在差异，该口径还包括应收款项和非股市融资的股权融资。

② 关系型融资与保持距离型融资相对应。银行体系与实体经济的融资关系更多地体现为关系型融资，银企长期交往所形成的关系和所共享的非公开融资软信息在融资中发挥着重要作用。资本市场与实体经济的融资关系则体现为保持距离型融资，主要依赖公开信息。

③ 在埃尔萨斯和克拉嫩（Elsas and Krahnen，1998）提供的样本中，管家银行提供的融资占企业债务融资的比重为 46%。

较非管家银行拥有更多更相关更及时的信息。[①] 再次，管家银行是长期合作银行，与企业之间保持长期的合作关系，[②] 在企业面临突发性、暂时性困难时倾向于继续提供融资。最后，管家银行并非独家垄断银行，它的存在虽然会减少企业的合作银行数，但并不意味着企业只接受该银行的独家垄断服务，并不排斥多头借贷[③]。

管家银行为企业提供隐性长期融资承诺，银企关系富有韧性。隐性长期融资承诺意味着管家银行的三种角色：长期融资提供者、流动性保险提供者和金融救助积极主导者。三种角色相互作用、相互补充，使银企之间形成了共济性关系，在面临不利经济金融环境冲击时体现出了足够的韧性（详见第一章）。

有意思的是，虽然这种长期紧密互动关系降低了信息不对称性并强化了银企互信，但管家银行并未降低对抵押品的要求。相反，管家银行发放的贷款中抵押贷款的比例更高（Elsas and Krahnen，2002）。实际上，就整个银行业而言，德国的信贷文化也是传统的，抵押贷款占主导地位（IMF，2016）[④]。为什么在银企关系和谐、中小企业融资顺畅的德国，银行发放企业贷款仍然高度依赖于抵押物？这是因为，抵押物不仅可以缓解信息不对称和道德风险，是保护银行资产安全的一种机制，有助于避免出现日本式“僵尸银行”；而

① 在银行与企业保持了长期紧密互动关系的背景下，企业会倾向于披露或显露出更多的信息（Bhattacharya and Chiesa，1995；Yosha，1995），同时银行也更有动力在互动中获取更多信息（Caminal and Matutes，1997；Greenbaum and Thakor，1995）。

② 值得注意的是，埃尔萨斯和克拉嫩（Elsas and Krahnen，1998）强调，合作期限长并不是管家银行的本质特征，对于以合作期限作为管家银行或关系型融资代理变量的研究的结论应持谨慎态度。

③ 埃尔萨斯和克拉嫩（Elsas and Krahnen，1998）发现，有管家银行的企业，其合作银行的平均数量为 4.8 家，明显低于无管家银行企业的合作银行数量（8.5 家）。

④ 这与德国贷款市场的结构相关。德国贷款市场由储蓄银行和信用社主导，而其客户主要是零售客户和中小企业（IMF，2016）。

且具有协调债务风险处置的功能，是多头借贷下保护债务人免于被银行挤兑的一种机制，有助于避免“雨天收伞”。在有抵押物且抵押覆盖率较高的情况下，债权人的债权能够得到较好保护，从而避免出现债权人“挤兑”企业的情况。

需要说明的是，受金融全球化、竞争加剧等因素影响，20世纪90年代以来德国银行体系也在转型，大银行的利润导向明显增强，业务模式趋于交易银行化，其与企业之间的管家银行关系已明显弱化甚至消失。不过，由于大银行并不是企业贷款供给的主体部分，德国银行业总体上仍是关系型融资，管家银行模式的重要性总体上没有变（Memmel，Schmieder and Stein，2007）。

对债务企业的有效约束

德国金融与实体经济的关系特别是银企关系，并不限于融资关系。与美国式金融体系不同，德国银行业还通过直接持有股权、拥有监事会席位和行使代管股票表决权等方式深度参与非金融企业的内部公司治理。比如，二战后，德意志银行、德累斯顿银行和德国商业银行曾在非金融企业的公司治理中居于关键地位，[①] 以至于一度被称为“德国工业的监督人”（卡尔·哈达赫，1984）。金融机构深度参与企业内部公司治理，对企业经营行为进行监督和约束，这使金融与实体经济关系具有嵌入式特征。

银行可以直接持有企业股权，不过持股比重已趋势性下降至低水平。与中国和美国不同，德国的银行可以直接持有非金融企

① 1960年，德意志银行、德累斯顿银行和德国商业银行控制着400家大企业的70%的股东大会（卡尔·哈达赫，1984，第158页）。

业公司股权。其持有范围广泛，以至于一度流行着“德国银行拥有德国产业”的说法。21 世纪以来，德国银行直接持有非金融企业的股权已出现趋势性下降。根据德策尔等人（Detzer et al.，2013）的研究，银行业持有的非金融企业股权由 1999 年的 13% 下降至 2011 年的 4.5%（见表 3.4）。根据德国央行的研究（Deutsche Bundesbank，2014），德国 DAX 指数上市公司银行所持股份比重由 2005 年的 6.3% 一度下降至 2010 年的 2%（见表 3.5）。2015—2019 年，在德国上市公司的股票融资中，银行净卖出规模累计达 74 亿欧元（见图 3.2）。税收因素和金融监管因素是银行持有企业股份趋势性下降的两大主因。税收方面，2002 年年初，德国正式实施税改，废除了 50% 资本利得税（Kengelbach and Roos，2006；Höpner and Krempel，2006；Beschwitz and Foos，2018），消除了银行出售或减持所持股权的税收成本。金融监管方面，1988 年以来，根据巴塞尔银行监管委员会有关资本协议规定，银行持有非金融企业股权为高资本消耗型资产，大幅提高了银行的持股成本。

表 3.4　德国非金融企业股权持有结构：按持有者主体　　单位：%

	1991	1995	1999	2003	2007	2011
非金融企业	42.3	44	35.6	36.6	34.8	41.2
银行	12.5	12.9	13	9.2	5.1	4.5
保险公司	4.9	6.3	4.5	5.4	5.8	9.2
政府	5.4	4.2	3.5	3.2	1.9	2.6
投资公司及其他	4.2	6.2	12.6	13.4	12.4	12.0
个人	19.3	18.2	16.9	14.9	13.1	11.3
外国	11.3	8.2	13.9	17.3	26.9	19.3

资料来源：Detzer，Dodig，Evans，Hein and Herr（2013）。

表 3.5　德国 DAX 指数上市公司股权结构

	国内主体	居民	机构投资者	银行	保险	国外主体
2005	44.1	14.4	27.1	6.3	1.7	55.9
2006	41.9	12.2	27.2	5.8	1.6	58.1
2007	35.1	10.6	22.3	3.3	21.1	20.9
2008	43.9	11.5	30.0	3.5	1.0	56.1
2009	36.9	13.7	1.7	2.3	0.9	63.1
2010	36.5	13.9	64.9	2.0	0.8	63.5
2011	38.1	14.3	21.8	2.2	0.7	61.9
2012	36.6	13.7	20.9	2.1	0.6	63.4
2013	35.4	12.7	21.0	2.7	0.4	64.6
2014	36.3	12.9	21.7	3.3	0.5	63.7

资料来源：Deutsche Bundesbank（2014）。

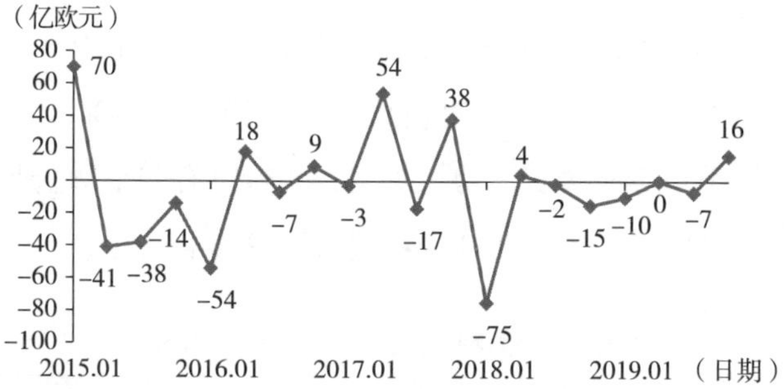

图 3.2　德国非金融企业股票融资中银行的投资规模

资料来源：德意志联邦银行。

银行拥有大量代管股票表决权，不过近 20 年来有明显下降。根据德国代理表决权制度，非金融企业股东可以将股份存放在银行并委托银行在股东大会上行使表决权，即银行代管股票表决权。银行获得的代管股票表决权远超直接持有企业股权所获得的表决权。比如，根据爱德华兹和菲舍尔（Edwards and Fischer，1994）的研究，1964 年德国银行业持有 5% 的企业股权，但代管股票表决权高达 50.5%，是直接持股所获投票权的 10 倍。鲍姆斯和弗劳恩（Baums and Fraune，1995）对 1992 年德国股权分散的大企业的研究表明，银行直接持股所带来的表决权为 13%，而代管股票表决权高达 61%，接近直接持股表决权的 5 倍。与直觉相反的是，如此高的表决权并不意味着银行对管理层存在控制（Elsas and Löffler，2008； Gorton and Schmid，2000；Seger，1997），原因在于银行也难以协调不同委托股东并形成一致性行动。尽管如此，高代理表决权可能带来的潜在利益冲突仍受到持续广泛关注。1998 年颁布的《增强企业监督和透明度法》（Gesetzfür Kontrolle und Transparenzim Unternehmensbereich，KonTraG）对银行行使代管股票表决权进行了限制。比如，要求银行应告知托管股票股东，除金融机构外，股东委员会也可作为代理人行使表决权。又如，在银行持股比例超过 5% 的情况下，原则上要求银行不能行使代理表决权（王彦明，2007；Schaede，2000）。受此影响，银行代管股票表决权明显下降。

银行通常拥有非金融企业监事会席位。与英美模式和中国模式不同，德国公司治理是双层委员会制，公司治理架构由股东会、监事会和董事会组成，股东会之下设监事会，监事会下设董事会，监事会相当于中国的董事会（张晓朴，2016）。埃尔萨斯和克拉嫩（Elsas and Krahnen，2003）发现，在德国 144 家最大的制造业公司中，银行拥有监事会席位的企业比重高达 70.1%。福弗和富尔斯特（Fauver and Fuerst，2006）则发现，在 786 家德国上市公司中，银行有监事会席位的企业为 225 家，占比达 29%。[①] 银行不仅拥有监

① 虽然埃尔萨斯和克拉嫩（Elsas and Krahnen，2003）的研究与福弗和富尔斯特（Fauver and Fuerst，2006）的研究呈现出不同的结果，但均表明银行拥有监事会席位是一个比较普遍的现象。两者的差异可能在于样本的差异，埃尔萨斯和克拉嫩（Elsas and Krahnen，2003）的研究更多反映的是大企业的情况，而福弗和富尔斯特（Fauver and Fuerst，2006）的研究还反映了一些中型企业的情况。

事会席位，其在监事会的代表通常还是监事会主席（Chirinko and Elston，2006）。比如，根据舍德（Schaede，2000）的研究，1992年德国DAX指数30家上市公司中，有11家的监事会主席来自银行。在监事会拥有席位乃至拥有监事会主席职位，使银行可以更方便、更有效地监督企业，减少企业短视行为，甚至可以在问题出现之前重组管理层以及改变企业战略（Grundfest，1990；Hallet，1990）。不过，随着银行持股比例和代管股票表决权的下降，德国银行在非金融企业拥有的监事会席位也在减少。

银行对企业经营行为特别是举债行为能够形成有效约束。尽管20世纪90年代末以来，德国银行参与企业公司治理的以上三种方式都得到了明显削弱，但仍保持了足够的约束力。德国中小企业将保持公司独立性作为不申请贷款的首要理由（KfW，2018）就是一个例证。另一个侧面的例证是，很多评论家仍然认为德国银企关系过于密切，担忧银行对企业经营干预过多，可能引发银行和企业之间的利益冲突。

不善于“为未来融资”

按照产业的新兴与传统之分或企业的新老之分，我们将实体经济分为类型Ⅰ实体经济和类型Ⅱ实体经济。其中，类型Ⅰ实体经济是传统（优势）产业和迈入成熟期的企业，不确定性较低，是实体经济的主体构成部分，也是就业岗位的主要贡献者。类型Ⅱ实体经济是新兴产业、新创及高成长性企业，不确定性高，产出和就业占比均不高，但成长潜力大。笼统地讲，类型Ⅰ实体经济是传统经济，代表着现在和过去，类型Ⅱ实体经济是新经济，代表了未来。考虑到银行体系和股票市场所提供融资的风险–收益结构不同，银行体系的服务效率通常反映的是金融与类型 I 实体经济的关系，股票市场和风险投资的服务效率则反映了金融与类型 Ⅱ 实体经济的关系。德国银企关系所体现出的低成本、高可得性、富有韧性和有约束力等特征，反映的主要是德国金融与类型 I 实体经济的关系。

与服务类型 I 实体经济的高效率不同，德国金融在服务类型 Ⅱ 实体经济方面乏善可陈，为未来融资的能力明显不足。① 新经济的发展依赖资本市场和风险投资（刘鹤，2001）。德国股票市场和风险投资发展滞后，对新兴产业和新创企业的覆盖率不足，② 对不确定性高的创新活动支持不足。股票市场规模小，IPO 数量和上市公司数量相对较少，证券化率长期低于 50%，既远低于美国、英国和法国的水平，也低于中国的水平。风险投资规模也小，与 GDP 之比低于欧洲平均水平，更明显低于美国水平。2018 年，德国风险投资的投资总额仅为 13.7 亿欧元，与 GDP 之比为 0.039%，低于欧洲平均 0.049% 的水平（见图 3.3）。③

由于为未来融资的能力不足，无法建立未来的新兴大公司这一德国经济的弱点（Thurow，2005）在一定程度上被固化。从“独角兽”企业数看，根据 2019 年 5 月 CB Insights 的数据，来自德国的企业仅有 9 家，既明显少于美国（174 家）和中国（88 家），也少

① 这并不意味着德国金融在支持类型 I 实体经济的创新方面落后。毕竟，德国传统优势产业和长期存在的隐形冠军有很强的改进式创新能力，德国金融在其中发挥了重要作用。

② 不少文献基于权益比率的国际比较发现，德国权益比率低，存在权益缺口，但所谓的权益缺口实际上主要是会计制度不同所导致的。德国会计制度下，企业更倾向于累积隐性储备而非权益，若剔除会计制度差异，这一所谓的权益缺口将基本消失（Perlitz et al.，1985）。

③ 根据德国风险投资协会（BVK）和欧洲风险投资协会（Invest Europe）的数据，若考虑其他私募股权投资（如杠杆收购基金）后，德国私募股权投资行业 2018 年的投资额也仅为 96.0 亿欧元，与 GDP 之比为 0.265%，低于欧洲 0.47% 的水平。

于英国（18 家）和印度（16 家），与韩国（8 家）基本相当；在前 50 大“独角兽”企业中，没有一家来自德国。原德国副总理约施卡·菲舍尔曾叹息，“德国永远没有机会出现微软那样的公司”。[①] 从行业看，德国通信技术、生物行业、互联网平台经济、人工智能等新兴行业发展相对滞后。

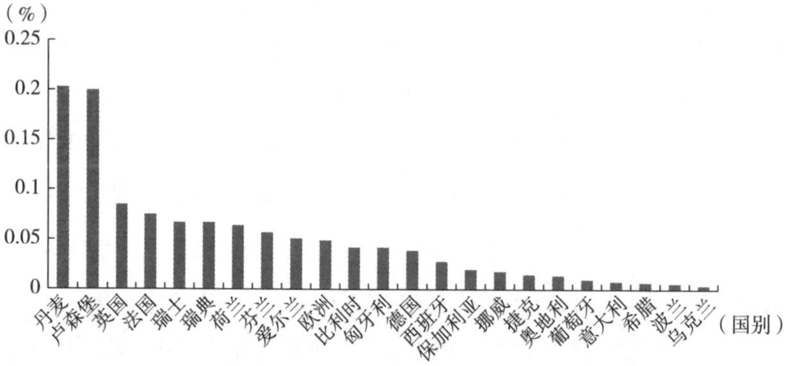

图 3.3　德国和其他欧洲国家风险投资额与 GDP 之比

资料来源：Invest Europe。

这一缺陷早已为德国人所认识。为了弥补这一缺陷，德国自 20 世纪 90 年代以来便已致力于发展股票市场和风险投资。1990 年、1994 年、1998 年、2002 年，德国先后出台了“金融市场第一促进法”“金融市场第二促进法”“金融市场第三促进法”“金融市场第四促进法”。2002 年后，德国又颁布了大量与促进资本市场发展相关的法律（Detzer，Dodig，Evans，Hein and Herr，2013）。1997 年 3 月开设了类似于美国纳斯达克市场的“新市场”。为推动风险投资行业发展，德国政府于 2005 年出资成立高科技创业基金（High-tech

① “Those German Banks and Their Industrial Treasures”，*The Economist*，January 21，1995，75–76；转引自奥德兹和莱曼（2018）。

Gründerfond）并吸引社会资本参与，旨在为成长性好的高技术新创企业提供融资。[①] 不过，这些努力似乎尚未取得明显效果。

资本市场发展滞后或为未来融资能力不足并非一直是德国金融的弱点。在大发展时代，即德国统一后至一战前，尽管德国金融主要以能提供长期资本的银行体系为经济学家所称颂，但同期，其股票市场也获得了大发展，发达程度丝毫不逊色于美国。发达的资本市场与银行体系,共同支持了这一时代德国“新经济”——钢铁行业、汽车行业、化学工业、电力工业等新产业和新创企业的发展。

三支柱银行体系

德国金融与实体经济的关系具有实体经济占优，金融服务成本低、可得性高、富有韧性和有约束力等特征，有效避免了金融与实体经济失衡，维持了金融的长期稳定。尽管存在为未来融资能力不足的短板，但现阶段两者总体上仍维持着良性循环。金融体系的差异决定了金融服务实体经济方式的不同。这一良性循环的形成和维持，首先受益于德国的三支柱银行体系。三支柱银行体系被认为是德国银行体系最重要的结构特征。它既意味着金融服务供给的多层次、差异化、广覆盖，也决定了银行体系利润导向度不高。

多层次、差异化和广覆盖

商业银行、储蓄银行部门、信用社是德国银行体系的主体部分，

① 截至 2019 年年底，该基金管理规模为 9 亿欧元，累计为接近 600 家新创企业提供融资。该基金规定，对单个项目种子期的投资不超过 100 万欧元，所有轮次融资不超过 300 万欧元。

被称为德国银行业的三支柱（见表3.6）。三支柱的所有制和业务导向差异大，相互之间独立性强，跨支柱并购受到德国法律的严格限制，但各支柱内部可以并购。值得注意的是，要避免混淆三支柱的“商业银行”概念与中国的“商业银行”概念。三支柱的“商业银行”是一个所有制概念，是指私人所有的银行，区别于公共性质的储蓄银行部门和合作制性质的信用社。在中国，“商业银行”概念独立于所有制，主要是指商业化导向的银行，既包括国有控股类商业银行，也包括纯民营商业银行，还包括股权相对分散的由农信社转制而来的农村商业银行。

表3.6　三支柱银行体系的特征和代表性机构

银行类别	细分类别	主要特征或服务	代表机构
商业银行	大银行 区域性商业银行 外资银行	私人所有，全能银行。利润最大化实体。大银行通常提供储蓄、信贷、证券承销、保险等全面服务。区域性商业银行银行通常规模较小且在特定区域内经营	德意志银行、德国商业银行
储蓄银行部门	州立银行、储蓄银行	国有或公共性质，全能银行。非利润最大化实体，承担公共目标，为居民提供信用和储蓄手段，资金用于提供居民住房贷款和支持企业发展	巴伐利亚银行、汉堡储蓄银行、法兰克福储蓄银行
信用社	区域性信用社、信用社	合作制性质，由社员拥有，全能银行。非利润最大化实体。资金主要用于支持需要资金的存款人（社员）。包括位于城市的大众银行（Volksbank）和位于农村的雷发巺银行，以及PSD Bank、Sparda Bank等类别	ApoBank，BBBank

注：自2016年德国中央合作银行（DZ Bank）合并德西中心合作银行（WGZ Bank）后，信用社部门中的区域性信用社完全消失。德国中央合作银行是股份制而非合作制的银行。

资料来源：根据艾伦和盖尔（2002）、德意志联邦银行等公开信息整理。

三支柱结构充分体现了德国银行体系的多层次、差异化和广覆盖特征，确保了实体经济融资的高可得性。多层次方面，三类银行平均规模相差大。2019 年年底，商业银行平均资产规模为 133 亿欧元，储蓄银行部门为 55.7 亿欧元[①]，信用社为 11.7 亿欧元[②]。差异化方面，三类银行在所有制性质、经营区域范围、经营模式和经营目标方面均有差异。商业银行是私有银行性质，经营目标是利润最大化。储蓄银行部门特别是储蓄银行是公共银行性质，具有服务公共利益的使命。信用社是合作制性质，首要目标是为社员服务。储蓄银行和信用社遵循区域经营原则，同一支柱内的银行之间竞争有限，但支柱之间的竞争程度高。区域经营原则限制了储蓄银行和信用社的经营区域，也避免了其规模扩张和多元化，使其更专注地服务于本地企业，致力于为客户提供信息密集型的关系型融资。广覆盖方面，三类银行机构数均较多且资产总规模不小，保障了金融供给的覆盖率。2019 年年底，商业银行、储蓄银行部门、信用社机构数分别为 259 家、384 家和 842 家——这使得德国成为欧洲银行机构数最多的国家，总资产分别为 3.44 万亿欧元、2.15 万亿欧元和 0.98 万亿欧元。这些银行广泛分布在德国各地，比如没有一个市镇不拥有储蓄银行（DSGV，2018a）。

构成三支柱的各类机构并非德国所独有，美国至今也拥有大量的商业银行、储蓄机构（Savings Institution）和信用社。2019 年年底，美国三类机构的数量分别为 4 518 家、691 家和 5 236 家。与德国不同，储蓄机构和信用社虽然机构数众多，但资产规模占比小，从体量上看不能称其为“支柱”。2019 年年底，储蓄机构和信

① 其中，储蓄银行的平均资产为 35.3 亿欧元。

② 不包括德国中央合作银行。

用社资产总额分别为 1.15 万亿美元和 1.57 万亿美元，占美国银行业规模比重仅分别为 5.7% 和 7.8%[①]。同时，美国储蓄机构的所有制性质与德国也不同，国有成分少，为利润最大化实体。此外，美国的商业银行和储蓄机构之间没有并购限制，且商业银行和储蓄机构之间的机构性质可以相互转换。2009—2018 年，共有 137 家储蓄机构转为商业银行牌照，有 4 家商业银行转为储蓄机构牌照。

德国银行体系的多层次、差异化和广覆盖并不仅限于三支柱，还体现为德国拥有规模庞大的政策性银行部门。2019 年年底，德国 17 家政策性银行资产总规模约为 1.03 万亿欧元。[②] 考虑政策性银行后，德国银行体系是政策性、商业性（含利润最大化的商业性和非利润最大化的商业性）和合作性金融的组合，各类不同性质的金融均占有重要地位（见图 3.4）。相比之下，美国几乎没有公共银行或政策性银行，[③] 储蓄银行和信用社资产占比低。中国则没有德国意义上的储蓄银行，信用社占银行业总资产的比重也很低。[④]

---

① 美国商业银行、储蓄机构的数据来源于美国联邦存款保险公司（FDIC），美国信用社的数据来源于美国国家信用社管理局（NCUA）。

② 2016 年 7 月起，德国中央合作银行纳入“承担特殊任务、开发性任务和其他中央支持任务的银行”统计。我们估算的政策性银行规模为“承担特殊任务、开发性任务和其他中央支持任务的银行”资产规模扣除德国中央合作银行后的部分。

③ 美国进出口银行是美国的政策性金融机构，也提供出口信贷，但更类似于中国出口信用保险公司，主要从事出口信用担保业务。

④ 2019 年 9 月底，中国农村信用社资产总额为 6.43 万亿元，占存款类金融机构资产总额的 2.3%。

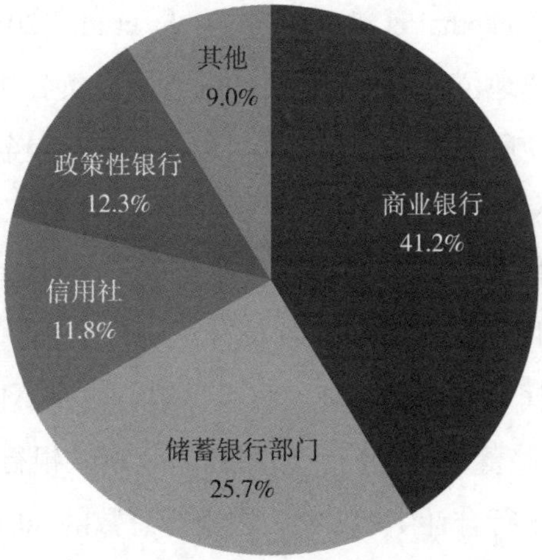

图 3.4　2019 年年底德国银行体系结构：按资产规模

资料来源：德意志联邦银行。

低利润导向度

一谈到金融，大多数人头脑中浮现出的第一印象往往是“唯利是图”“赚快钱”或极端的利润最大化导向。股份制改造后，中国的国有商业银行、城市商业银行和农村商业银行，无不具有强烈的利润导向性。不过，在三支柱银行体系下，大多数德国银行并不是严格意义上的利润最大化实体（Deeg，1999；Hackethal, 2003；艾伦和盖尔，2002），德国银行业的整体利润导向度不高，表现出一定的“佛系”特征。这是德国金融体系的一个奇异特质，也是理解德国金融体系功能的一个关键点。

所有制决定利润导向度。德国银行业以储蓄银行部门、信用社和政策性银行等非私人商业性银行为主。与私人性质的商业银行不同，储蓄银行部门和信用社并不追求利润最大化。作为公共银行的德国储蓄银行部门，从定位、制度设计和法规要求上被设定为不以利润为导向（Hackethal et al.，2006；Behr et al.，2013），它们具有公法法人的法律地位，[①] 由市政机构托管，肩负公共使命。这些公共使命包括：使所有类别的客户都可以储蓄和获得金融服务；专注于当地和区域发展，服务当地的主要参与主体，如家庭，手工业者，中小型企业和地方政府；促进银行业竞争（DSGV，2018a）。对信用社而言，信用社虽然每年向社员分配一次利润，但由于社员就是客户，其利润导向度也不高。政策性银行更是不以营利为目的。2019 年年底，储蓄银行部门、信用社、政策性银行等典型的利润导向度不高的银行合计 1 228 家，占银行总数的 80.1%；其所持资产为 4.63 万亿欧元，占银行业总资产的 53.2%（见图 3.5）。

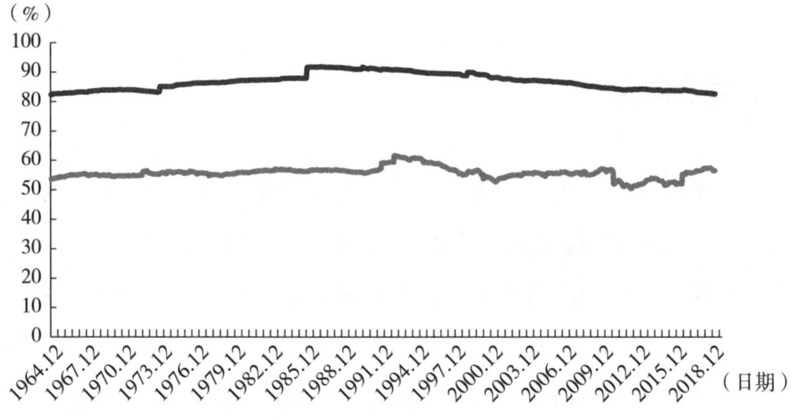

注：上图仅考虑了储蓄银行部门、信用社、政策性银行等三类典型的非利润最大化银行。

图 3.5　德国非利润最大化银行及资产总额占比

资料来源：德意志联邦银行。

---

① 极少数最初由商人和富裕市民组建的储蓄银行在私法框架下运作，被称为自由私法储蓄银行（free private law savings banks）。2017 年，私法框架下的储蓄银行有 5 家（DSGV，2018b）。

三支柱内部的相关制度设计也有利于保持低利润导向度。利润最大化之所以成为被广泛接受的重要的公司治理原则，在一定程度上是因为它提供了解决激励和绩效评估问题的有效办法。作为公共银行，不追求利润最大化容易给政府干预创造空间，助长管理层的道德风险，导致低效率；作为信用社，不追求利润最大化，也可能助长内部人控制问题和带来低效率。德国储蓄银行之所以能够在不追求利润最大化的同时，保持必要的效率并避免政府干预和内部人控制问题，与储蓄银行监事会和管理层严格分离的治理架构（Hallerberg and Markgraf，2018）、法律严格限制政府干预储蓄银行密切相关。在典型的储蓄银行治理架构中，虽然大量监事会成员是政府官员且监事会主席通常由政府官员担任，但经营层与监事会严格分离，经营层并不由政府官员担任，这种做法隔离了政府官员对企业日常经营的干预风险（Hallerberg and Markgraf，2018）。关于合作社的严格审计监管体系则有利于避免内部人控制等问题。

低利润导向度还与三支柱银行体系面临的公司治理文化氛围相关。与英美股东利益最大化模式不同，德国公司治理以利益相关者为导向，银行较多地关注客户（融资企业）、员工和当地社区的利益，追逐利润的动机不强烈。在贷款定价方面，同等条件下利益相关者导向银行的定价会低于股东利益最大化银行。在员工与股东或社员的收入分配上，利益相关者导向银行更偏向于员工。1995—2018 年，在德国金融业增加值构成中，员工薪酬占比平均为 68.9%，高出同期美国、英国和法国的水平（见图 3.6），这意味着，经营盈余或利润所占比重相对较低，从而拉低了收益率。值得补充的是，股东利益最大化成为全球的主流公司治理模式，也是近 40 年出现的事情。在 20 世纪五六十年代，即便在美国，公司治理也是利益相关者导向的。近年来，美国的公司治理模式也有向利益相关者导向复归的迹象。2019 年 8 月，美国顶级企业 CEO 组织“商业圆桌会议”（Business Roundtable）发表声明，宣布致力于满足所有利益相关者的需求。

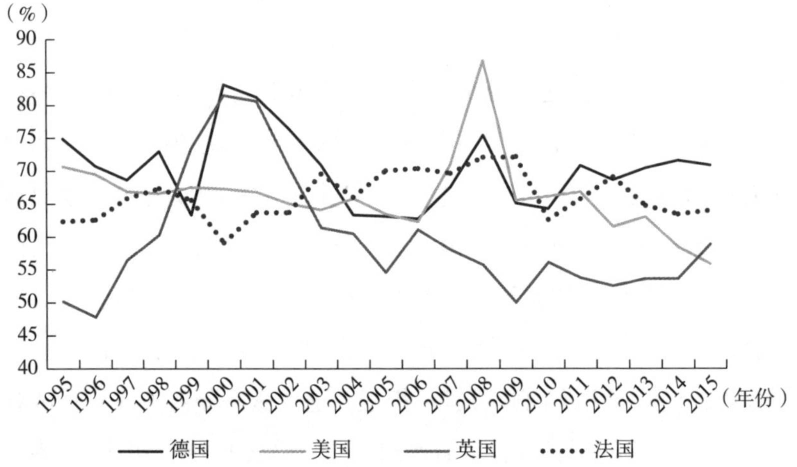

图 3.6 德国等主要经济体金融业增加值中员工报酬比重

资料来源：经合组织。

稳定性强的三支柱

三支柱银行体系已有悠久的历史，早在 19 世纪末 20 世纪初第二次工业革命快速推进时期就已成形成，① 二战后经济重建时期得到进一步巩固。② 此后，尽管面临新自由主义思潮和私有化、股份制化浪潮的冲击，储蓄银行部门私有化和信用社股份制化的情况仍

① 1913 年，股份银行和储蓄银行部门资产份额分别为 27% 和 32.7%，1851—1910 年，信用社提供的信贷占全部信贷的比重也达到 8%。

② 1950 年年底，商业银行、储蓄银行部门和信用社机构数分别为 282 家、882 家和 2 292 家，资产规模分别为 143.7 亿德国马克、80.2 亿德国马克和 22.8 亿德国马克。

然很少，[①] 三支柱结构得到了维持。

德国银行业最引人瞩目之处不是三支柱，而是三支柱结构如此稳定。毕竟，在金融私有化浪潮下，欧洲其他国家银行体系的三支柱特征几乎消失殆尽，[②] 中国大部分农村信用社已转制为股份制的农村商业银行。[③] 德国之所以能“岿然不动”，与储蓄银行和信用社的良好绩效以及相关制度设计有关。德国人并不认为私有化和股份制化就是提高效率和维护金融稳定的灵丹妙药。储蓄银行的经营绩效长期优于私人所有性质的商业银行。公法法人属性以及储蓄银行内部的互助义务也给私人资本的参与设置了重重障碍。与其他国家诉诸私有化不同，德国更倚重支柱内并购和规模化来提高效率、增强抗风险能力。2019 年年底，储蓄银行和信用社机构数已不足 20 世纪 90 年代初的 1/2 和 1/4，约为 21 世纪初的 2/3 和四成，国际金融危机爆发时的 88.1% 和 72.2%（见图 3.7）。

---

① 1982—2000 年，德国仅有 5 家银行进行了私有化（Krahnen and Schmidt，2004）。尽管很少采取私有化方式，但面对关于州立银行的质疑，德国取消了对州立银行的政府信用担保。

② 大约 30 年前，几乎所有欧洲国家都是由商业银行、储蓄银行、信用社组成的“三支柱银行体系”，但是目前在欧洲，只有德国和奥地利仍保有类似的银行业结构（Bülbül et al.，2013）。储蓄银行和信用社由于非利润导向和区域经营等特征，具有较强的公共性。传统观点认为，本地经营的储蓄银行和信用社的效率低于拥有较多分支网络的商业银行。为此，欧洲大部分国家实施了一系列改革，直接影响了储蓄银行和信用社的发展。在英国，储蓄银行集团被出售给商业银行，信用社转型为公司法人或出售给商业银行。在意大利和西班牙，储蓄银行已经私有化，区域经营的限制已经被废止。

③ 2008 年以来，中国银行业监管部门着力推动农村金融机构股份制、商业化改革，农村商业银行由 2008 年年底的 22 家增加至 2017 年的 1 262 家，农信社则由 2008 年年底的 4 965 家下降至 2017 年年底的 965 家。

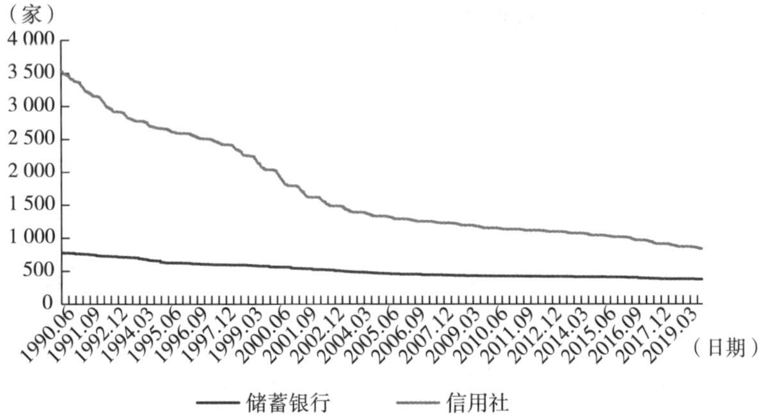

图 3.7　1990 年以来储蓄银行和信用社机构数

资料来源：德意志联邦银行。

对三支柱的质疑

尽管储蓄银行与信用社在国际金融危机和欧债危机冲击下保持了稳健，发挥了银行体系稳定器的作用，但仍不断受到质疑。

质疑一，储蓄银行和信用社经营低效。这种观点的论据包括：德国储蓄银行与信用社的资产占德国银行业资产比重不足 40%，却占营业网点与雇员的 60% 以上，人均资产约为 500 万欧元，低于 1 200 万欧元 / 人的行业整体水平；[①] 2013 年为每千名居民提供金融服务的德国银行从业人员为 8.1 人，明显超出同期法国的 6.4 人和西班牙的 5 人（Kearnay，2016）[②]。

---

① 数据来源：德国私人银行雇主协会（AGV Banken），www.agvbanken.de。

② A.T.Kearnay, "Wer Wird Unsere Zukunft Finanzieren?", Düsseldorf, 2014, S. 15 — 19, https : // www. atkear-ney. de/web/361 — grad/publikation/ — /asset_publisher/ tZvHZkY0 QbTl/ content/wer — wird — unsere — zukunft — finanzieren —, last accessed on 24 April 2016.

这种质疑尽管不无道理，但也颇具片面性。一是比较指标选取不恰当。人均资产并不是衡量经营效率的较好指标，无论是用成本收入比还是用净资产收益率来衡量，过去20多年来，德国储蓄银行和信用社的经营效率都高于商业银行和行业平均水平（见表1.4）。二是比较基准或参照系选择不当。德国银行业在不少效率指标上与欧洲其他国家存在差距，主要是德国“小金融、大实体”“强企业、弱银行”格局（Braun and Deeg，2019）的体现，与储蓄银行和信用社本身经营效率关系不大。显然，在对德国银行业财务效率指标进行国际比较时要客观、慎重，不能忽略德国金融业增加值占GDP比重低、宏观杠杆率低的宏观背景。三是比较的视角过于狭窄。衡量三支柱银行体系或储蓄银行与信用社是否可取，关键是看其服务实体经济的效率和对金融稳定的贡献。德国维持了长期金融稳定，而西班牙却遭遇了严重的金融危机。从这个视角看，仅仅基于“为每千名居民提供金融服务的银行从业人员”的比较就声称德国银行业绩效比西班牙低就显得过于偏颇了。实际上，人均资产低、为每千名居民提供金融服务的银行从业人员相对较多，仅仅是三支柱银行体系广覆盖特征的一个体现。

质疑二，储蓄银行与信用社经营模式单一，过度依赖存贷利差。这种观点认为，低负利率环境和大银行回归传统存贷业务将对储蓄银行和信用社的经营稳定性带来巨大冲击。这一质疑与其说是对储蓄银行和信用社的质疑，不如说是对专业化经营与多元化经营的简单论断，对低负利率和竞争加剧背景下银行业如何稳健经营的担忧。考虑到储蓄银行和信用社与大银行在目标客户和经营模式上难以填补的天然差异，区域经营原则有助于避免过度竞争，体系化的储蓄银行和信用社制度安排有助于形成规模效应，储蓄银行和信用社经营模式仍具有较强的可持续性。当然，作为小银行的储蓄银行和信用社，其可持续性还取决于未来能否较好地适应金融科技发展浪潮。

面对这些质疑，德国在坚持三支柱银行体系的同时，也在试图对三支柱银行体系进行改革。比如，2008 年国际金融危机前，德国曾将个别州立银行由公法法人转变为私法法人；垄断委员会在 2013 年的报告中指出，要尽快废除地区竞争方面的隐性壁垒和限制（Monopolkommission，2013）①，州立银行德国北方银行于 2018 年被私有化。

偏好自我融资的企业

"只有关注到公司部门,对一国金融系统的探讨才具有完整性。"（艾伦和盖尔，2002，第 13 页）。金融与实体经济的关系，既取决于金融，也依赖于实体经济自身。实体经济在报酬结构中占优、融资低成本及高可得性，在很大程度上是由德国实体经济的特性所决定的。其特性主要表现为：注重发展和维持核心竞争力，强调 DIY 式的自我融资。

专注而非扩张导向

德国企业外向型程度高，有大量"隐形冠军"。它们参与全球竞争，大多专注于特定细分领域，重视研发，拥有大量专利，追求技术优势，不断完善产品和服务，注重长期的稳定和发展，强调核心竞争力的培育和维持（赫尔曼·西蒙，2005），从而使得德国实

① Monopolkommission，"Eine Wettbewerbsordnungfür die Finanzm rkte. ZwanzigstesHau-ptgutachten der Monop- olkommission gem § 44 Abs 1 Satz 1 GWB 2012 / 2013"，S. 680.

体经济特别是制造业保持了强劲的竞争力。德国中央合作银行（DZ Bank，2012）的研究表明，德国中小企业拥有的专利数远多于其他欧洲国家。正因如此，德国才能在大部分发达国家去制造业化时维持庞大的制造业，才能将贸易盈余占 GDP 比重持续维持在较高水平，才能使实体经济收益率持续高于主要经济体实体经济（见图 4.11）和本国金融业的水平（见图 1.1）。

德国企业专注于主业和核心竞争力的培育，这与德国的工匠精神和崇尚实业的文化有关，与核心竞争力培育和高盈利能力之间形成良性互动有关，更与德国未受经济泡沫化和金融化的污染有关。由于房地产市场长期稳定、金融规模增长速度有限，房地产投资和金融业的收益率明显低于实体经济，实体经济向房地产和金融领域扩张的意愿并不强。

对外源融资的节制和适度

德国企业特别是“隐形冠军”偏好 DIY 式自我融资（赫尔曼·西蒙，2015），内源融资是德国中小企业最重要的融资渠道（De Massis et al.，2018；Slomka et al.，2013; Hommel and Schneider，2003）。根据赫尔曼·西蒙（2015）对德国“隐形冠军”的调查，79% 的受访者认为自筹资金是最重要的。从国际比较看，德国中小企业内源融资比例明显较高。根据益普索·莫里公司（Ipsos Mori，2013）的调查，2013 年德国企业中使用内源融资的比例为 37%，明显高于同期英国（30%）、意大利（23%）和法国（22%）的水平，也高于欧盟（26%）的平均水平。欧洲央行和欧盟的联合调查显示，德国 74% 的企业不申请贷款，在不申请贷款的企业中，79% 的企业表示不需要融资（ECB and EC，2014）。非金融企业部门甚至成为资金净盈余部门（Kuzin and Schobert，2014；Bundesbank，2012）。德策尔和海因（Detzer and Hein，2014）基于资金流量表净额数据的研究表明，2006—2010 年，内源融资（留存收益与折旧）对非金融企业部门资本形成的贡献已超过 100%，[①] 外源融资对资本形成的贡献为负；股票融资贡献则在 1996—2010 年的 15 年间为负 [②]。

德国企业偏好自我融资，而对外源融资保持节制和适度，主要原因不是外源融资渠道缺乏和信贷约束（Bessler and Drobetz，2016；Bannier and Grote，2008），而在于以下几方面的原因。一是强大的盈利能力对自我融资形成了强有力支撑，减少了对包括银行贷款在内的外源融资的需求（Braun and Deeg，2019）。二是大量德国企业特别是中小企业是非增长导向的（Bannier and Grote，2008），对增长持保守态度，宁愿牺牲潜在的增长机会，也要确保财务稳定和危机时期的财务独立性（De Massis et al.）。从这个意义上讲，德国企业偏好自我融资，是一种自我施加的约束。三是以自我融资为主有利于保持对企业的控制权。在德国公司治理框架下，对外融资意味着银行等债权人或投资者对企业约束力的增强。德国大部分企业是家族企业，对外大量融资意味着对企业控制力的减弱。

协调性经济体制

无论是金融部门还是实体经济，都是经济体系的一部分。它们的行为及互动模式，均受到决定整个经济体系运转方式的基础性经

① 内源融资规模超过资本形成额意味着非金融企业成为资金盈余部门，这些资金的主要接受者是德国企业在海外的分支机构（Deutsche Bundesbank，2012）。

② 20 世纪 90 年代后半期后，股票净融资贡献为负，与 1998 年法律调整后允许股票回购有关。

济体制的影响。德国金融与实体经济关系所具有的富有韧性、有约束力等优势，以及为未来融资能力不足等缺陷，都离不开德国协调性市场经济体制的影响。

资本主义多样性与协调性经济体制

霍尔和索斯凯斯的资本主义多样性理论[①]（Hall and Soskice，2001），基于企业行为模式的不同，将市场经济体制划分为自由市场经济体制和协调性市场经济体制两类，分别对应自由市场经济和协调性市场经济。前者的代表是美国和英国，后者的代表是德国和日本。在自由市场经济中，企业通过内部科层制结构和外部竞争性市场安排来组织协调自身行为。企业与其他经济主体之间是基于竞争和正式契约的、以保持距离型的商品交换为特征的市场关系。企业根据市场所产生的价格信号，调整其供给和需求，市场机制（主要是价格机制）可以有效协调各经济主体的行动。而在协调性市场经济体制中，企业更多地用非市场关系来协调自身行为和实现与其他经济主体的互动。这种非市场[②]的协调模式意味着，企业更多依赖关系或不完全契约开展合作，更多基于“圈子”内部的私人信息进行监督，更依赖合作性关系而非竞争性关系来提升竞争力。在自由市场经济体制中，企业行为通常是对竞争性市场的供给和需求的

---

① 资本主义多样性理论是比较政治经济学诸多理论中的一种，以企业为分析的中心，对金融体系与企业的互动关注较多。除此之外，还有其他影响力较大的划分资本主义类型的比较政治经济学的理论。比如，根据政府推进现代化或推动经济增长能力（如规划能力、影响金融体系资金配置的能力）的不同，将国家分为强政府国家和弱政府国家（Nordlinger，1981；Skocpol et al.，1985）。

② 在资本主义多样性框架下，非市场方式并不是指行政方式，而是指不基于竞争性市场、供给与需求所形成的价格信号的协调方式。

反映，而在协调性市场经济体制中，企业行为则通常是企业与其他经济主体之间战略性互动的结果。在德国的协调性经济中，“商品交易并非通过购买、缔造企业、交易所和投机取巧等形式，而是通过协作合同，对必要性的认识以及重视双方利益共赢胜过自私自利心理的意识促成的”（Schmoller，1906）。[①]

协调性银企关系

德国金融与实体经济之间富有韧性和有约束力的关系，既是德国协调性经济体制的组成部分，也是协调性经济体制作用于金融和实体经济的结果。在协调性经济体制中，金融机构（特别是银行）和非金融企业之间的合作模式更多地表现为长期战略性互动，而非保持距离型的交易。基于这种战略性互动的商业文化和在战略性互动中建立的长期信任关系，银行可以掌握足够多的内部私人信息，愿意提供耐心资本；可以更好地识别企业的真实经营状况，更积极有效地提供流动性支持和参与金融救助；可以在长期内实现服务企业的风险与收益的跨期配置，减少“雨天收伞”现象。长期的战略性互动发展出一套有利于保障互动有效性的制度和惯例。比如，银行通过直接持有股权、享有代管股票表决权、拥有监事会席位等方式参与企业公司治理，发放贷款的抵押覆盖率高，管家银行享有更多抵押权，[②] 在金融救助中对非抵押债权的“银行池”机制，等等。为此，德国金融体系也被称为协调性金融体系（Culpepper，2005）。

① 转引自阿贝尔斯豪塞（2018，第128—129页）。

② 抵押覆盖率高有利于增强银企之间的利益一致性，管家银行享有更多抵押权有利于风险暴露期管家银行协调其他债权银行统一行动。这些都有利于推动银企之间形成和维护长期关系。

协调性市场经济体制是德国金融与实体经济关系保持稳定的重要原因。尽管近 30 年来德国致力于向资本市场主导型转型，但是其银行主导型的特征没有变，关系型融资的重要性总体上没有变（Memmel，Schmieder and Stein，2007），协调性特征总体上也没有变（Culpepper，2005）。从制度互补性方面看（Aoki，1994；Hall and Soskice，2001），协调性市场经济体制与银行主导型金融体系互补，自由市场经济体制与资本市场主导型金融体系互补。在协调性经济体制没有发生根本变化的情况下，单纯依靠改变法律环境和发展金融市场并不一定能奏效，除非银企关系中的主要互动参与者被集体说服，认识到之前的认知和行为是错误的（Culpepper，2005）。也就是说，除非德国现有协调性金融体系出现重大问题，如大量不良贷款累积或爆发严重金融危机，除非德国在未来科技产业竞争中处于明显劣势而改变协调性经济体制，否则可能很难彻底转向英美式资本市场主导型金融体系。

此外，德国金融与实体经济的良性循环，也离不开有利的宏观经济环境。德国近 20 年来一直享受着欧元区红利。欧元区的成立，在为德国提供欧元区统一市场的同时，也使德国获得了汇率优势，增强了其出口部门的竞争力。这为德国创造了强劲的外部需求，使实体经济保持了强劲盈利能力（详见第五章），成为实体经济在报酬结构中占优，制造业保持较高比重的重要前提。同时，德国避免了经济泡沫化。经济泡沫化及随之而来的金融不稳定，对金融与实体经济的良性循环关系具有强大破坏力。在 20 世纪 80 年代中期之前，作为协调性市场经济体的另一个代表——日本，其金融与实体经济关系与德国很相似，但后来却蜕化为“僵尸企业 – 僵尸银行”式的恶性循环关系。主要原因就在于，经济泡沫化过程中累积了过量杠杆，经济泡沫的破灭严重冲击企业资产负债表，制造了巨额银行不良贷款。相反，德国在国际金融危机前成功避免了房地产泡沫，面对国际金融危机和欧债危机的冲击，保持了金融稳定。[①] 如果德国也出现经济泡沫并累积大量不良贷款，那么银企关系就再难保持韧性。

思考和借鉴

在新冠肺炎疫情冲击和“三期叠加”效应持续显现的背景下，中国实体经济经营困难、金融风险持续释放，金融与实体经济出现了诸多循环不畅问题。一是金融与实体经济失衡。金融规模过度膨胀、高利润[②] 现象长期持续、金融业在报酬结构中明显占优，导致企业家才能、人才和资本等各类生产要素“脱实向虚”，侵蚀了实体经济持续发展的根基。二是金融与实体经济关系“大起大落”。在经济金融扩张时期，金融机构忽视审慎原则，对企业竞争性放贷。金融“无原则纵容”实体经济融资需求甚至千方百计创造融资需求，无约束地助推企业过度扩张和债务过度膨胀。在经济金融下行周期，金融机构则片面强调审慎原则，对企业竞争性“挤兑”，争相抽贷、断贷、压贷。与此同时，企业恶意逃废债现象普遍，金融与实体经济关系呈现出囚徒困境式的互害特征。三是融资可得性不足，融资非中性现象周期性呈现，小微企业和民营企业融资难问题

---

① 虽然 IMF 金融危机数据库认为 2008 年国际金融危机期间德国发生了金融危机，但从最高不良贷款率、财政救助成本、产出损失等方面衡量，德国金融体系所受冲击较为有限。

② 也有观点认为中国高利润并不是问题。我们认为，利润高一点或低一点可能并不重要，关键在于是否导致创新要素系统性地“脱实向虚”。只要金融业高利润导致了“脱实向虚”，从整个国民经济循环或经济持续发展的视角看，高利润就是需要关注的问题。

突出。四是金融支持创新的效率不高，股票市场对新兴产业和科创企业的吸引力和包容度不足。

重塑中国金融与实体经济关系，核心在于推动金融服从和服务于实体经济。从德国的经验看，就是要增强微观主体活力和约束金融业短期利润最大化导向，以实现报酬结构实体经济占优为核心，推动金融与实体经济再平衡，避免要素“脱实向虚”，使金融服从于实体经济；就是要增强金融体系多样性，通过推动商业性、政策性、合作性金融的协同发展，为实体经济提供多层次、广覆盖、差异化的服务；就是要强化金融对企业的公司治理约束和建立中国特色的管家银行制度或核心银行制度，通过重建互信和相互制约能力，在长期互动中改善银企关系并增强韧性；就是要认识到银行主导金融体系在服务创新方面的不足，坚定而有耐心地发展资本市场，推动金融、科技创新和实体经济的良性循环。

增强微观主体活力和盈利能力。这是重塑金融与实体经济关系的基础。中德金融与实体经济关系的差异，很大程度上在于微观主体活力不同。国际金融危机后，中国金融与实体经济关系逐渐异化并偏离良性循环轨道，一个很重要的原因是微观主体活力不足和实体经济经营效益下降。这既带来了金融与实体经济报酬结构失衡，也导致了企业出现债务依赖症、金融风险持续暴露和银企关系恶化。微观主体活力，既受金融服务效率的影响，也受体制性、结构性、周期性因素的制约。要支持民营企业发展，深化国有企业改革，提高金融体系适应性，增强微观主体的活力、韧性、创新力（刘鹤，2018）。只有振兴实体经济，大幅降低不合格融资主体比重，才能实现金融与实体经济的良性循环，形成企业盈利、银企协调、金融与实体经济共容的格局。

推动商业性、政策性、合作性金融协调发展。中国金融与实体经济关系的“大起大落”，既不利于实体经济获取稳定的金融服务，也不利于金融体系自身的稳定。这种“大起大落”集中反映了金融行为的顺周期性，是金融机构行为交易化、同质化和短期化的结果。要通过增强金融体系在期限、风险偏好、目标客户等方面的多样性，提升金融服务供给的韧性。要在坚持以商业性金融为主体的情况下，推动中小银行回归本源，坚持区域经营原则并发展基于长期互动的关系型融资。要发展治理良好的政策性金融和合作性金融，弥补商业性金融顺周期性和短期利润导向性的不足。

强化金融机构对企业的举债约束力。金融与实体经济关系的“大起大落”，也与金融机构等金融债权人对作为债务人的企业缺乏有效的约束相关。在风险累积阶段，银行对企业的过度负债、过度扩张行为缺乏约束；在风险暴露阶段，债权人拿不到企业风险的真实信息，对企业的恶意逃废债行为也缺乏约束。需要强化债权人在公司治理中的地位，增强债权人对企业重大投资行为的约束，在完善企业举债约束机制中充分重视债权人的作用。

建立中国特色的核心银行制度和完善债委会制度。衡量银企关系是否稳定和谐，关键是看非常规时期或企业经营困难时期银行的表现。在企业经营困难时期，中国银企关系并没有呈现出德国式共济性关系，而是陷入“大难临头各自飞”的囚徒困境。这与多头借贷下债权银行不了解企业的真实信息和难以判断企业的经营前景有关，与难以实现债权人和债权人、债权人和债务人之间的有效协调有关。可以借鉴德国管家银行制度和日本的主办银行制度，推动建立中国特色的核心银行制度，由企业选择 1~2 家银行作为主要开户、结算和授信银行，企业和核心银行之间确立长期合作关系，企业承诺及时向核心银行报告重大财务、举债和投资决策信息，降低银企之间的信息不对称性，增强核心银行在企业公司治理和企业救助中的积极作用。同时，借鉴“银行池”制度，以强化对银行的约束机制为重点，完善债委会制度。与此相关的是，要科学认识到抵押物在风险暴露阶段解决协调难题方面的积极作用，正确使用而不是过度使用抵押物。

完善国有及合作金融机构治理机制。国有金融机构在解决了商业化程度不足问题后，又出现了新的问题——金融机构的经营行为逐渐摆动到过于追求短期利益的另一极（张晓朴，2014）。金融机构短期利润最大化导向成为中国金融规模过度膨胀，金融与实体经济失衡，金融机构竞争性放贷和竞争性“挤兑”的重要原因。降低金融机构的短期利润最大化导向，突破口是改善国有及合作金融机构治理机制，拉长其利润考核周期，更加强调利益相关者而不是简单放弃利润最大化目标。要优化国有金融资本管理，完善金融监管，改善金融机构公司治理，降低短期利润最大化导向。要建立健全防止政府干预的体制机制和完善金融机构绩效考核评估体系，强化审计在金融机构绩效评估中的作用，避免降低利润导向可能带来的政府干预增加和效率下降等潜在问题。

坚定地、有耐心地发展资本市场。在银行主导的金融体系下发展资本市场，要顽强地克服业已存在的制度惯性，打破已有的路径依赖。德国致力于发展资本市场，推动金融体系向市场主导型转型，但进展缓慢，这与中国的情况类似。德国的经历并不意味着不要发展资本市场，而是展示了发展资本市场的重要性和艰巨性。与德国相比，我国新兴产业蓬勃发展，“独角兽”企业不断涌现，更具发展资本市场的有利条件。为此，既要树立发展资本市场的信心，坚定推动股票市场发展，又要保持足够耐心，从改革股票市场基础性制度出发推动股票市场行稳致远。

▶▶ 第四章

德国为什么可以维持低宏观杠杆率

宏观杠杆率通常用债务余额与 GDP 之比来度量，具有二重性。它既是一个度量金融深化的发展指标，反映金融规模和金融发展水平，也是一个刻画金融脆弱性的风险指标，反映信贷密集度和实体经济债务积压程度。[①] 对于发达国家和中国等宏观杠杆率较高的国家而言，宏观杠杆率作为金融风险指标的属性越发凸显。维持宏观杠杆率基本稳定已成为包括中国在内的许多国家的政策目标。

发达国家宏观杠杆率出现了“大分流”。过去 20 年，德国宏观

---

① 国际金融危机前，流行的观点是金融发展（主要以金融规模度量）与经济增长之间存在显著正相关甚至因果关系，宏观杠杆率上升通常被视为金融深化和金融发展。国际金融危机的爆发促使人们重新审视两者的关系。一系列实证研究发现，金融发展和经济增长之间的关系并非始终是正相关，而是呈现倒 U 形关系（Cecchetti, Mohanty and Zampolli, 2011；Arcand, Berkes and Panizza, 2012；Cecchetti and Kharroubi, 2012；Beck, Georgiadis and Straub, 2014；Gambacorta, Yang and Tsatsaronis, 2014；Law and Singh, 2014），即宏观杠杆率达到某个拐点值之前，两者正相关，一旦超过拐点值，则负相关。也就是说，在超过拐点值之前，宏观杠杆率可以被视为金融深化指标，反映的是金融发展程度和金融对实体经济的支持程度。一旦超过拐点值，则应被视为金融风险指标，反映的是金融体系脆弱性、实体经济的债务积压程度和经济增长对债务的依赖度。若以这些实证研究的结论为标准，当前主要发达国家的宏观杠杆率大都已经超过了拐点值。

杠杆率保持稳定甚至下降，其他主要发达国家则无一例外大幅攀升（见图 1.6）。20 世纪 90 年代末，美国、法国、英国、意大利等主要发达国家[①]的宏观杠杆率与德国的差异并不大。受全球金融化浪潮影响，除德国外的主要发达国家的宏观杠杆率大幅上升，[②]经济增长对信贷扩张的依赖度不断提升，金融深化最终演变为债务积压，诱发了 2008 年国际金融危机。国际金融危机的爆发，不仅没有中断，反而进一步推升了宏观杠杆率，经济增长依赖信贷扩张的特征更加明显，经济金融脆弱性持续累积。让人诧异的是，在金融化浪潮时期和后国际金融危机时期，德国宏观杠杆率都得到了有效管控，不仅没有大幅上升，反而略有下降。目前，德国宏观杠杆率不仅远低于发达国家平均水平，甚至低于新兴经济体的平均水平。这既是德国金融的一个谜题[③]，更是德国金融创造的一个奇迹。

中国也加入了与德国宏观杠杆率“大分流”的行列。国际清算银行的估算数据显示，2016 年年底，中国宏观杠杆率已达 247.9%，较国际金融危机之初上升了 108.2 个百分点，增幅远超其他主要发达国家。从绝对水平看，中国宏观杠杆率已超过美国，比德国高出近 80 个百分点。以德国为参照系，如果说 2013 年之前宏观杠杆率仍低于德国时，中国宏观杠杆率上升仍是金融深化的表现，那么 2013 年之后则更多是宏观金融脆弱性的累积。宏观杠杆率大幅攀升对中国金融稳定和经济可持续发展的危害，也越来越成为共识。为此，2015 年以来，以去杠杆来实现宏观杠杆率基本稳定已成为

---

① 这一时期，日本的宏观杠杆率已高出美国、德国、英国、法国、意大利等主要发达国家 100 个百分点以上。

② 除非特别说明，本书所使用的各国宏观杠杆率数据均来自国际清算银行。

③ 德国央行的研究人员也关注到了德国宏观杠杆率下降的现象，发现信贷增速低于名义 GDP 增速，并称之为德国信贷增速之谜（Kuzin and Schobert，2014）。

中国金融稳定政策的核心目标。要想有效推动中国经济去杠杆，有必要仔细考察德国过去20年成功维持低宏观杠杆率的丰富实践和基本经验，探究德国出现宏观杠杆率“大分流”的秘密。

典型性事实

近20年，德国创造了长期维持低宏观杠杆率的金融奇迹，与其他发达国家出现了“大分流”。德国的宏观杠杆率具有绝对水平低、长期维持低水平、各部门杠杆率均低、杠杆结构均衡等典型特征。[①]

宏观杠杆率低于新兴经济体平均水平

德国是唯一的宏观杠杆率不足200%的主要发达国家。2019年年底，德国宏观杠杆率仅为180.6%，较日本同期水平低200.3个百分点，较法国低近150个百分点，较英国低近100个百分点，较美国低73.6个百分点（见图1.7）。

德国宏观杠杆率甚至低于新兴经济体的平均水平。由于金融规模或金融深化程度通常与经济发展水平呈正相关，发达国家的宏观杠杆率通常显著高于新兴经济体。不过，德国是个例外。2019年年底，德国宏观杠杆率较发达国家低93.9个百分点，较新兴经济体的平均水平低13.6个百分点（见图1.7）。

① 宏观杠杆率也是一个金融深化指标，发达经济体与新兴及发展中经济体之间的宏观杠杆率并不完全具有可比性。因此，对德国宏观杠杆率典型性事实的概括，主要是基于其与发达国家特别是主要发达国家的比较。

宏观杠杆率长期维持在低水平

德国宏观杠杆率一直保持在 200% 以下。受 IT 泡沫破灭和国际金融危机冲击，德国宏观杠杆率也曾出现阶段性上升，但从未超过 200%。更难得的是，在全球宏观杠杆率大幅上升背景下，德国宏观杠杆率在过去 20 年间总体上不升反降。与 1998 年年底相比[①]，2019 年年底德国宏观杠杆率下降了 2.6 个百分点，而其他主要发达国家都至少上升了 60 个百分点以上。

德国是亚洲金融危机后和国际金融危机后唯一真正实现去杠杆的发达国家。[②] 在过去 20 年左右的时间里，英国、美国、法国、意大利、日本等主要发达国家和中国基本上都经历了宏观杠杆率的大幅攀升。其中，英国、美国、法国和中国在亚洲金融危机后 10 年分别上升了 63.1 个、45.1 个、36.2 个和 24.4 个百分点；中国、法国、日本、英国和美国在国际金融危机后 10 年左右时间里分别上升了 119.0 个、96.0 个、73.1 个、40.2 个和 19.7 个百分点。与之相反，在这两个时期内，德国宏观杠杆率分别下降了 0.8 个和 1.8 个百分点（见图 4.1）。

宏观杠杆率长期维持在低水平还意味着在不同货币环境下均保持了基本稳定。过去 20 年间，德国的货币环境出现过显著变化。国际金融危机前，德国货币政策总体上相对偏紧。国际金融危机后特别

---

① 选取 1998 年作为比较基准的主要原因是，国际清算银行关于德国宏观杠杆率的数据最早只能追溯到 1998 年年底。

② 根据国际清算银行的数据，美国、日本、法国、英国、意大利、加拿大、澳大利亚、西班牙、瑞典、瑞士、荷兰、芬兰、奥地利、比利时、新西兰、葡萄牙等发达国家的宏观杠杆率都有显著增加。即便把比较范围扩展至国际清算银行数据覆盖的所有国家，德国也是宏观杠杆率出现下降的 6 个国家之一。其余 5 个国家为马来西亚、印度尼西亚、泰国、以色列和沙特。其中，马来西亚、印度尼西亚、泰国宏观杠杆率下降的重要原因是亚洲金融危机冲击了高债务发展模式。

是欧债危机后，德国货币政策则十分宽松，欧洲央行再融资利率长期低于 0.5%（见图 4.2）。在这两个阶段，德国宏观杠杆率似乎独立于货币政策，保持了较好的稳定性。也就是说，无论在货币政策偏紧时期还是货币政策宽松时期，德国宏观杠杆率均维持了总体稳定。

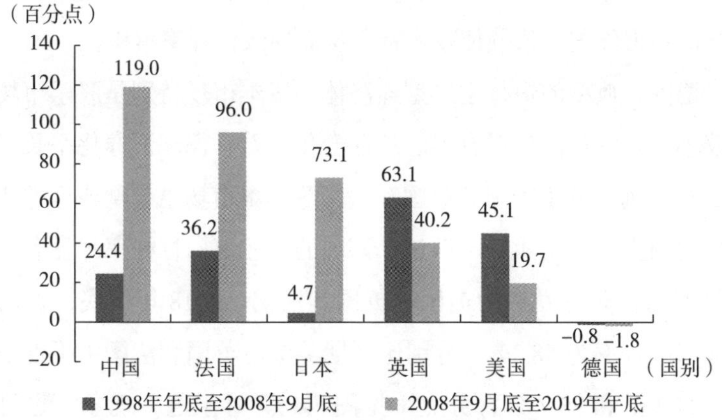

图 4.1　主要经济体宏观杠杆率变动情况

资料来源：国际清算银行。

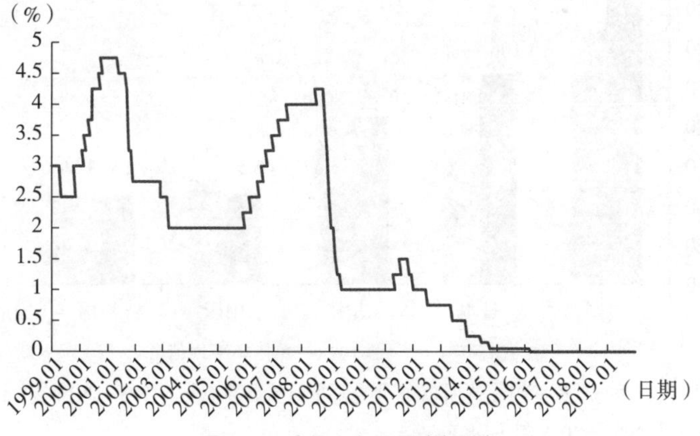

图 4.2　欧元区主要再融资利率

注：2000 年 6 月 28 日至 2008 年 10 月 15 日，欧洲央行主要再融资利率以浮动利率招标，这一期间的利率为最低报价利率。

资料来源：欧洲央行。

企业部门杠杆率大幅低于市场主导型经济体

流行观点认为，金融结构决定企业部门杠杆率，银行主导型经济体的企业部门杠杆率通常要高于资本市场主导型经济体。理由是银行主导型经济体股票市场相对不发达，企业缺少足够的股权融资支持而不得不更多依赖债权融资，从而导致杠杆率累积。

德国是典型的银行主导型经济体，资本市场特别是股票市场规模较小，融资功能相对有限。从证券化率看，德国证券化率长期不足 50%，远远低于美国、英国和法国等资本市场主导型或证券化率较高的国家（见图 4.3）。但是，德国的企业部门杠杆率却显著低于股票市场相对更发达的美国、英国和法国。2018 年年底，德国企业部门杠杆率为 58.2%，分别比同期美国、英国和法国水平低 16.2 个、24.2 个和 93.7 个百分点（见图 4.4）。对于这一现象，也可称

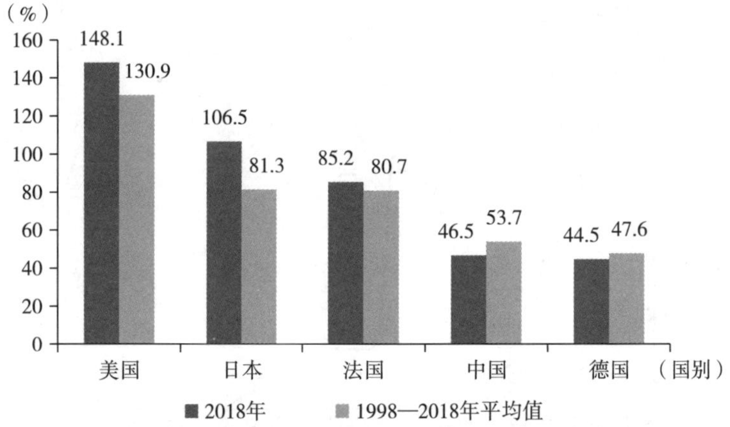

注：世界银行数据库中无英国 2008 年之后的证券化率数据；1998—2018 年中国平均值实际上为 2003—2018 年平均值。

图 4.3 主要经济体证券化率

资料来源：世界银行。

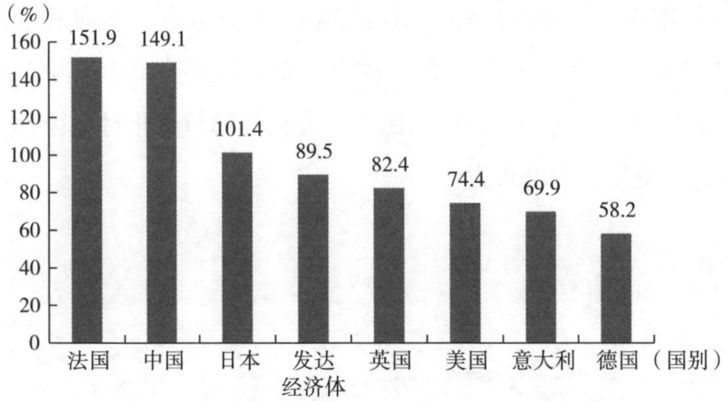

图 4.4　2018 年年底主要经济体企业部门杠杆率

资料来源：国际清算银行。

之为德国的“小股市、低杠杆”之谜。值得强调的是，德国宏观杠杆率不仅低于资本市场主导型发达国家，在所有发达国家中也是最低的。[①]

居民部门杠杆率低且与企业部门同向变动

德国居民部门杠杆率低。2019 年年底，德国居民部门杠杆率为 54.5%，分别比英国、美国、法国和日本低 29.3 个、20.9 个、7.4 个和 4.6 个百分点（见图 4.5）。[②] 同时，德国居民部门还经历了一个去杠杆历程，这与美国和英国类似。与 2000 年年底的高点相比，

① 根据国际清算银行的数据，2019 年年底其他发达国家企业部门杠杆率分别为：意大利（67.9%）、加拿大（114.0%）、澳大利亚（71.7%）、荷兰（158.3%）、奥地利（90.4%）丹麦（107.3%）、比利时（152.4%）、芬兰（114.5%）、希腊（54.6%）、爱尔兰（189.8%）、卢森堡（326.4%）、新西兰（80.7%）、挪威（136.1%）、瑞典（167.5%）、瑞士（122.3%）、葡萄牙（96.8%）、西班牙（93.1%）

② 若把住房公积金贷款、融资融券、以居民部门债务为基础资产的资产支持证券等居民部门债务考虑在内，中国居民部门杠杆率已大幅高于德国水平。

2019 年年底居民部门杠杆率回落了 16.7 个百分点。不同的是，德国在 21 世纪初就启动了去杠杆进程，而美国和英国在国际金融危机前后才启动。此外，德国居民部门去杠杆的节奏相对平缓，美国去杠杆节奏快、幅度较大。

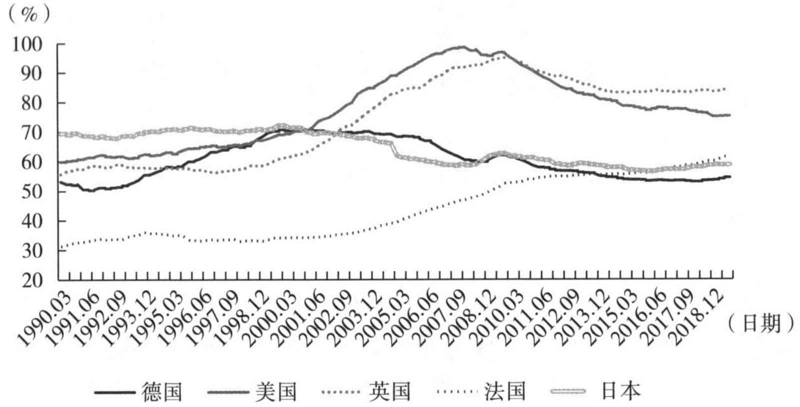

图 4.5　主要发达国家居民部门杠杆率

资料来源：国际清算银行。

德国居民部门与企业部门的杠杆率同向变动。这似乎是主要发达国家的一般规律。1970—2019 年，德国居民部门和企业部门杠杆率的相关系数达到了 0.83。同期，美国、日本、英国、法国、意大利的相关系数也分别达到了 0.81、0.63、0.97 和 0.95。居民部门和企业部门之所以同向变动，是因为两者同属私营部门，面临的信贷环境、自身的借贷行为类似，均具有较强的周期性。此外，信用扩张高度依赖的抵押物机制也是重要原因，居民部门杠杆率下降推动抵押物价值和企业部门借贷能力下降；居民部门杠杆率上升推动抵押物价值和企业部门借贷能力上升。

政府部门杠杆率低且富有韧性

在主要发达国家各部门杠杆率中，政府部门杠杆率通常最高。2019 年年底，发达国家政府部门杠杆率平均为 109.3%，分别较企业部门和居民部门杠杆率高 17.6 个和 35.8 个百分点。德国也不例外。2019 年年底，德国政府部门杠杆率为 66.3%，分别较企业部门和居民部门高 6.6 个和 11.8 个百分点。与其他主要发达国家相比，德国政府部门杠杆率较低。2019 年年底，德国政府部门杠杆率远低于日本、法国、英国、美国和发达国家平均水平（见图 4.6）。

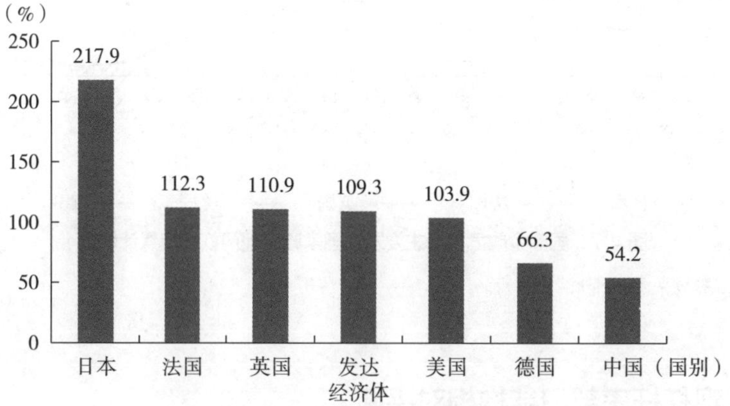

图 4.6 2019 年年底主要经济体政府部门杠杆率

资料来源：国际清算银行。

更为难得的是，德国政府部门杠杆率富有韧性。德国是政府部门杠杆率回落至国际金融危机前水平的唯一主要发达国家。国际金融危机是推高发达国家政府部门杠杆率的重要诱因。国际金融危机前 10 年，除日本外的主要发达国家政府部门杠杆率保持大体稳定甚至下降。国际金融危机后，政府部门杠杆率整体上显著攀升。美国和法国政府部门杠杆率上升了 40 个百分点左右，英国和日本则分别上升了 60 个和 70 个百分点以上。尽管德国也一度上升了 24.3 个百分点，于 2012 年 6 月底达到 89.1%，但 2019 年年底已回落至 66.3%，仅较国际金融危机爆发前高 1.4 个百分点（见图 4.7）。

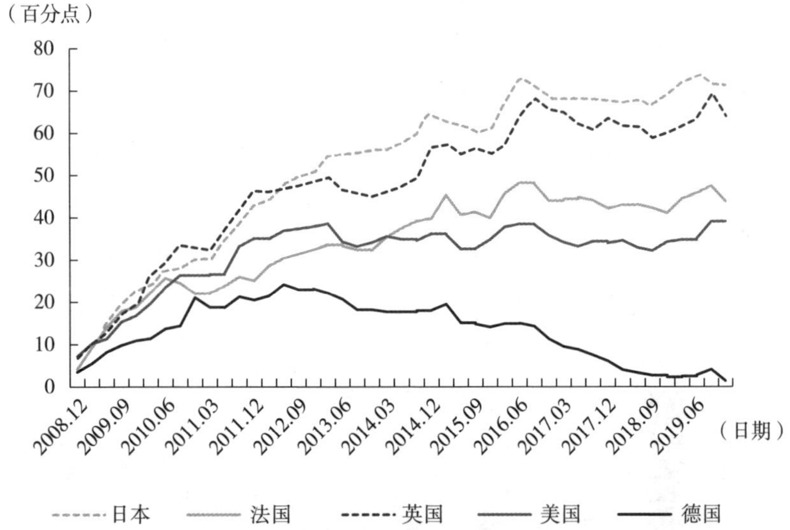

图 4.7　国际金融危机后主要发达国家政府部门杠杆率累计增幅

资料来源：国际清算银行。

宏观杠杆率部门结构相对平衡

德国宏观杠杆率结构均衡，杠杆率最高的政府部门与杠杆率最低的居民部门，占宏观杠杆率比重仅相差 6.5 个百分点。中国和不少主要发达国家，都存在重大结构性问题。比如，中国[①]和法国

① 中国地方政府隐性债务的举借主体是企业部门，通常被计入企业部门债务，宏观杠杆率数据在高估企业部门杠杆率的同时，也低估了政府部门杠杆率，从而高估了中国宏观杠杆率的结构失衡程度。即便如此，企业部门杠杆率过高仍是中国宏观杠杆率的突出问题。

宏观杠杆率结构性失衡体现为企业部门杠杆率占比高，2019 年年底两国企业部门杠杆率在宏观杠杆率中的占比分别达到 57.7% 和 46.8%，分别较占比最低的部门高出了 36.7 个和 27.9 个百分点。日本的失衡主要体现为政府部门杠杆率占比畸高，2019 年年底达到了 57.2%，较占比最低的部门高出了 41.7 个百分点（见图 4.8）。

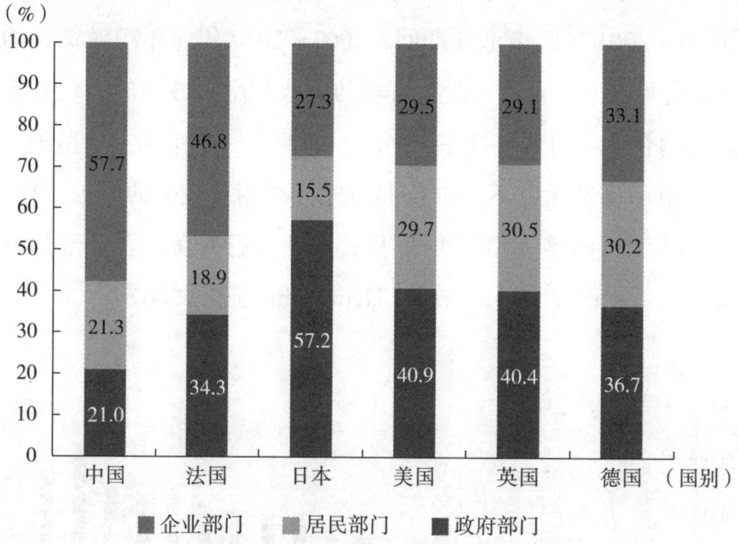

图 4.8　2019 年年底主要发达国家宏观杠杆率结构

资料来源：国际清算银行。

强劲的企业内源融资能力

在全球金融化和国际金融危机背景下，宏观杠杆率有上升的内在倾向。无论是全球金融化对金融体系自我膨胀的放任还是国际金融危机后的金融救助举措和逆周期宏观经济政策，都容易推高宏观杠杆率。理解“大分流”或德国低宏观杠杆率的核心在于回答，面对全球金融化和国际金融危机的冲击，德国各部门杠杆率为什么可以长期维持在低水平或保持韧性。

德国企业部门杠杆率低，显然不是股票市场的功劳。德国相对不发达的股票市场难以为德国企业提供足够的股权融资支持。根据资金流量表数据，1999—2019 年，德国股票市场为上市公司提供的净融资累计为 2 405 亿欧元（见图 4.9），为 2019 年 GDP 的 7%，与同期中国水平基本相当。[①]其中，一半以上的融资额发生在 1999—2001 年股市泡沫期间，2002—2017 年每年净融资额均在 100 亿欧元以下。显然，股票市场乃至股权融资方面的表现并不能解释德国企业部门低杠杆率。何况，即便在资本市场主导型经济体中，股票市场发达也不是企业部门杠杆率相对较低的原因。比如，在 1985 年以后的绝大部分时间里，股票发行对美国企业部门资本形成的净贡献已经为负（Treec，Hein，Dünhaupt，2007）。

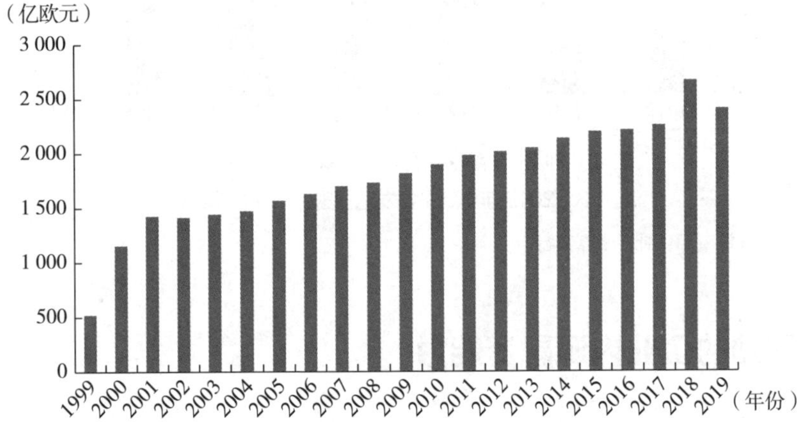

注：股权融资累计值的下降主要源于股票回购。

图 4.9　德国股票市场为上市公司累计提供的股权融资

资料来源：德意志联邦银行。

① 1999—2019 年，中国股票市场累计提供股权融资约 7 万亿元，与 2019 年 GDP 之比为 7% 左右。

对德国企业部门低杠杆率的分析，需要跳出“股权－债权融资”的外源融资结构分析范式，转而从“内源融资－外源融资”的融资结构分析范式去寻找原因。实际上，融资结构的划分本就至少有两个层次。第一层次的融资结构是内源融资和外源融资意义上的结构。内源融资包括留存收益和折旧摊销两部分。[①]根据融资优先序理论，内源融资最具优先性，是企业的首要融资渠道，债务和股权融资的优先序靠后（Myers，2001）。艾伦和盖尔（2002）也指出，在工业化国家，内源融资远比通过金融市场和银行的外源融资重要。米什金（2011）强调，股市从来都不是企业融资的主渠道。第二层次的融资结构才是外源融资下的“股权－债权融资”意义上的结构。

德国企业部门杠杆率低的直接原因是内源融资在企业融资结构中占绝对主导地位，[②]外源融资规模较小。一方面，德国内源融资能力强（详见第三章）。另一方面，非金融企业部门外源融资规模并不大。1999—2019年，德国企业部门通过股权融资、债券发行、银行贷款、保险公司融资、应付款项等方式累计获得外源融资23 344亿欧元（见图4.10），扣除股权融资、应付款项等不增加杠杆率的融资后为14 016亿欧元，与同期德国GDP增量大体相当。[③]换言之，外源融资的规模被控制在了不推升企业部门杠杆率的水平。

① 根据德国央行（Deutsche Bundesbank，2012），1991—2010年，德国内源融资的85%左右为资本折旧。此外，德国企业的内源融资还包括企业缴纳的养老金。

② 内源融资占主导并不奇怪。毕竟，对于正常经营的企业而言，内源融资本就是第一融资来源。同时，随着资本存量的增加，折旧摊销的规模也相应增长，从而确保内源融资的地位。让人惊讶的是，德国非金融企业部门内源融资占比能达到如此高的水平。

③ 2018年，德国GDP为33 882亿欧元，比1998年高出13 670亿欧元，略低于同期扣除股权融资后的外源融资增量。

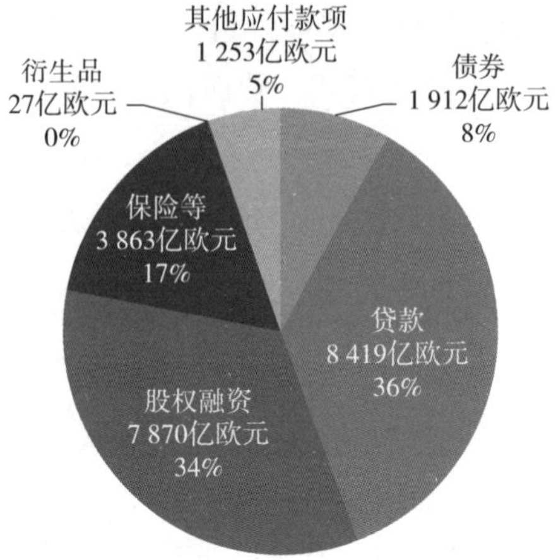

图 4.10　1999—2019 年德国非金融企业部门各类外源融资累计值

资料来源：德意志联邦银行。

德国企业外源融资规模不大，与企业举债约束机制较为健全相关。德国绝大部分企业是自主经营、自担风险的市场主体，预算软约束问题较少。同时，银行参与企业公司治理对企业控制权的影响，也对企业举债形成了约束。这与中国仍存在大量资产负债约束机制不健全的市场主体，且银行对企业举债约束力不足形成了比较明显的对比。

内源融资能力强源于企业部门的强劲盈利能力。除个别年份外，德国非金融企业净资产收益率长期维持在 20% 以上，远高于同期主要发达国家，特别是法国（见图 4.11）。2005—2017 年，德国企业净资产收益率平均为 22.4%，较同期法国的水平高 17.2 个百分点，较 2008—2017 年美国的水平和 2005—2016 年英国的水平分别高 13.9 个和 14.9 个百分点。[①] 在企业投资需求变化不大的情况下，

① 从盈利绝对额看，2009—2017 年，德国非金融企业息税前利润累计达到 4.4 万亿欧元，是同期法国水平的 5.4 倍。法国与德国非金融企业部门盈利能力和内源融资能力的巨大反差，正是法国企业部门杠杆率不断攀升且大幅高于德国的主要原因。

较强的盈利能力和较多的留存收益，自然意味着对贷款和其他外部融资需求的减少（Bessler and Drobetz，2016）。

企业部门长期保持强劲盈利能力，固然与德国企业债务负担轻、[①]竞争力强、拥有大量“隐形冠军”相关，但也离不开欧元区红利这一前提。德国是出口导向型经济体，其企业部门参与国际市场的程度高。1998—2017年，出口与GDP之比平均达到34.4%，进出口总额与GDP之比平均达到62.6%。德国企业部门盈利状况与在出口市场的表现之间极具相关性。欧元区红利与出口导向型经济发展模式相结合，为德国企业创造了持续强劲的外需和巨额经常账户盈余。从2002年开始，德国经常账户盈余由负转正，并长期超过6%（见图4.12）。对出口导向型国家来说，经常账户盈余与GDP之比长期维持在高水平并不是一件容易的事。国际金融危机前，中国经常账户盈余与GDP之比曾于2007年接近10%，但国际金融危机后快速回落，2018年和2019年已降至1%以下。欧元区红利使德国经常账户盈余与GDP之比长期维持在高水平，国际金融危机后甚至一度超过国际金融危机前的水平。出口强劲使企业部门的出口现金流与国内信贷之间产生了替换效应（Kuzin and Schobert，2014），维持了较低杠杆率。

德国企业享有的欧元区红利包括两方面。一方面，欧元区红利增强了德国对欧元区内其他国家的出口竞争力。由于欧元区内实施单一货币政策和对外单一汇率，欧元区内对德逆差国缺乏解决对德贸易逆差的有效手段，从而使得德国对欧元区内国家长期维持了贸易盈余。国际金融危机前，德国对欧元区其他国家的出口比重平均

① 德国企业部门杠杆率长期保持在低水平，利息负担轻，从而对盈利能力和内源融资能力产生了正面影响。从这个意义上讲，低杠杆率本身就是低杠杆率的原因。

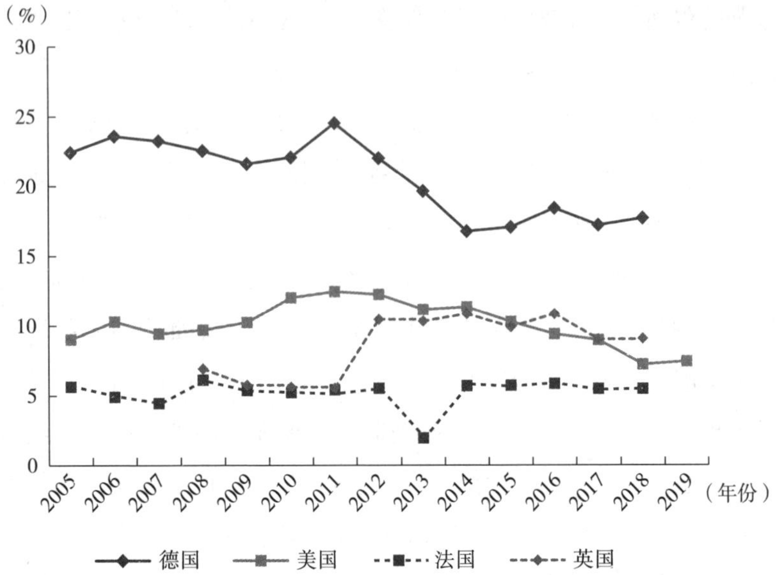

注：IMF FSI 数据库无中国和日本的相关数据。

图 4.11 主要发达国家非金融企业净资产收益率

资料来源：IMF FSI 数据库。

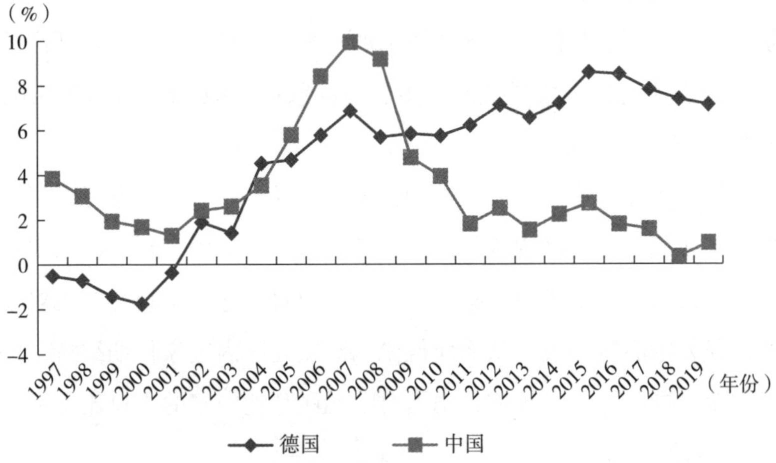

图 4.12 德国和中国经常账户盈余与 GDP 之比

资料来源：IMF WEO 数据库（2020 年 4 月）。

在 45% 左右；受国际金融危机特别是欧债危机重创欧元区的影响，这一比重虽然有下降，但仍然在 35% 以上（见图 4.13）。另一方面，欧元区红利增强了德国对非欧元区国家的出口竞争力。欧元汇率只能反映整个欧元区而不是德国的产业竞争力。国际金融危机后特别是欧债危机后，尽管德国经济保持了较强劲增长，但欧元区经济长期不振使得欧元持续疲软（见图 4.14），德国获得了对非欧元区国家的出口竞争优势。

德国企业内源融资能力强，还在于税收政策有利于利润留存、公司治理的股东导向程度较低。税收政策和公司治理是决定公司利润分配政策的两大因素，影响着公司将盈利能力转化为内源融资能力的效率。如果绝大部分利润被用于红利分配或回购股票，那么盈利能力并不能有效转化为内源融资能力。德国税制改革，将留存收益和分配利润的税率于 2001 年分别由 40% 和 30% 统一下调至 25%。由于 25% 的留存收益税率显著低于（股东）个人所得税税率

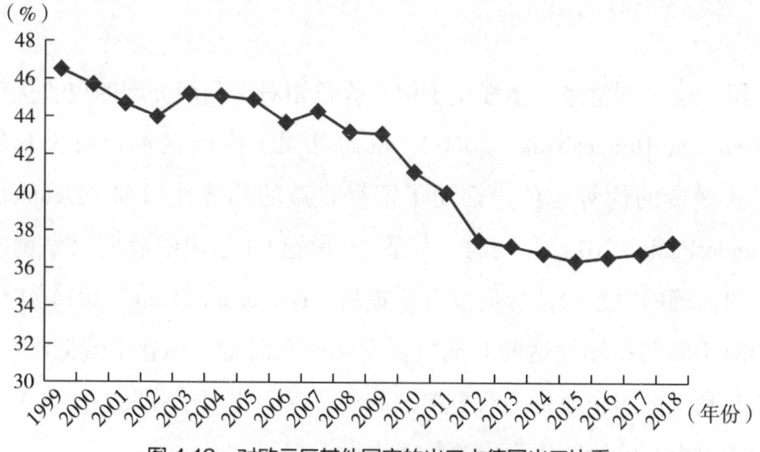

图 4.13　对欧元区其他国家的出口占德国出口比重

资料来源：德国统计局。

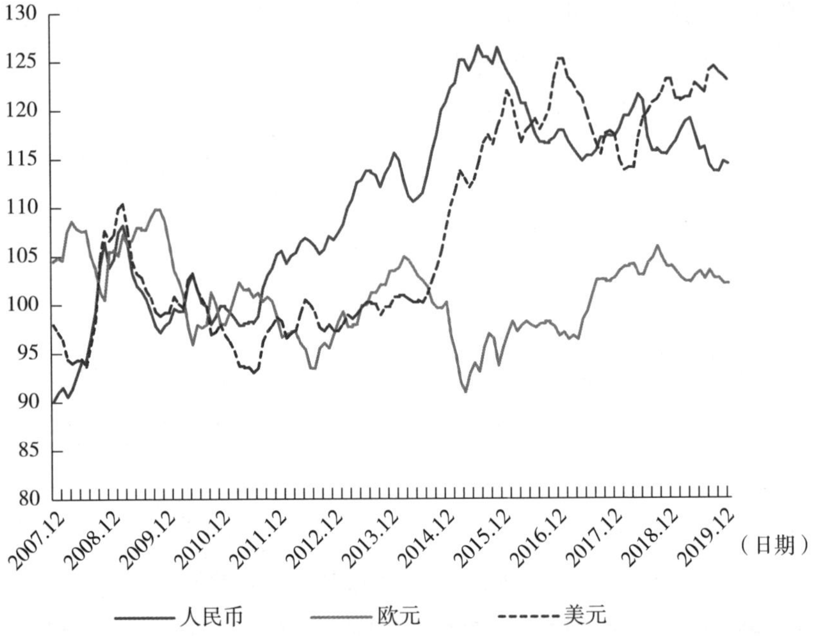

注：2010 年为 100。

图 4.14　美元、欧元、人民币广义名义有效汇率指数

资料来源：国际清算银行。

上限，这一调整进一步强化了留存收益相对于利润分配的税收优势（Deutsche Bundesbank，2000），从而巩固了内源融资相对于其他形式融资的优势地位，推动了留存收益的趋势性增加（Deutsche Bundesbank，2012）。同时，尽管 20 世纪 90 年代中后期以来德国公司治理的股东价值导向度有所提高（Detzer and Hein，2014），但相对于股票市场发达的其他主要发达国家而言，仍处于偏低水平。这有利于德国企业将相对更多的利润留存而非用于分配，以确保盈利能力更有效地转化为内源融资能力。

稳定的住房市场与就业市场

居民部门资产负债表已与住房市场深度融合。房产既是家庭资产的主要载体，也是家庭债务的主要用途。个人住房贷款成为居民部门债务的主体部分。住房市场的表现直接影响到居民部门的融资需求和债务水平。如果房价出现快速上涨，对个人住房贷款的刚性融资需求和投资性需求均会大幅增加，从而导致个人住房贷款增速失控，居民部门杠杆率快速上升。国际金融危机和欧债危机前，美国、英国、西班牙等国就出现了房地产泡沫下个人住房贷款大幅扩张和居民部门杠杆率快速攀升的情形。

如果说德国企业部门杠杆率低依赖于旺盛的出口市场，那么居民部门杠杆率低则依赖于稳定的住房市场。德国居民部门债务的主体也是住房贷款。2019 年，住房贷款占德国居民部门债务比重达 73.3%；1998—2017 年，这一比重的平均值也达到 68.1%。只要有效控制了住房贷款过快膨胀，就能确保居民部门杠杆率的基本稳定。德国稳定的住房市场（详见第六章）抑制了居民部门融资需求过度膨胀。过去 20 年来，德国居民部门住房贷款余额与 GDP 之比总体上保持了下降态势，2019 年这一比值为 39.3%，分别较 1998 年和 2008 年水平下降了 3.3 个和 1.6 个百分点[①]（见图 4.15）。

德国住房市场保持基本稳定，与德国审慎的住房金融体系和发达的住房租赁市场密切相关（详见第六章）。德国审慎性住房金融体系包括基于 MLV 进行抵押物价值评估、贷款价值比低且以 MLV 为基准计算贷款价值比、固定利率主导、再融资制度审慎等特征。

① 不过，居民部门住房贷款与 GDP 之比近年来有所上扬，2019 年的水平较 2015 年的低点反弹了 1.7 个百分点。

以固定利率为主导较好地隔离了货币政策变动对住房市场的扰动；基于 MLV 方法进行抵押物价值评估、审慎的再融资制度设计、低贷款价值比以及以 MLV 为基准计算贷款价值比有效地避免了金融和住房市场顺周期性叠加，避免了房价上涨与个人住房贷款扩张的螺旋式循环。此外，发达的住房租赁市场，降低了居民部门的住房购买和住房融资需求，在德国住房市场中发挥了稳定器功能，成为个人住房贷款市场和住房市场稳定不可或缺的因素。

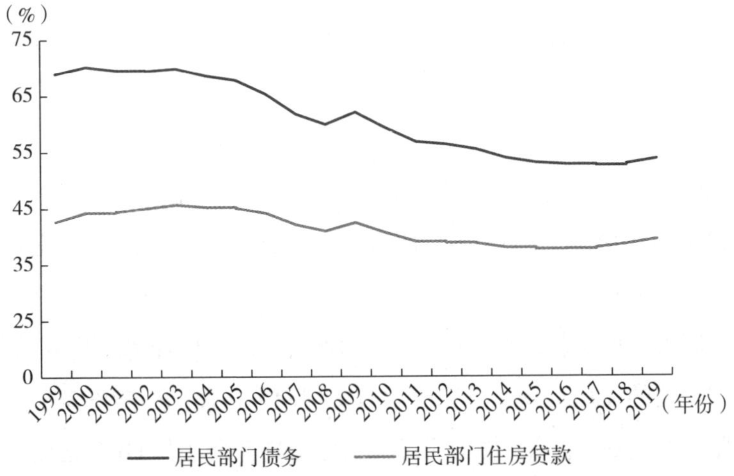

注：居民部门债务与 GDP 之比即居民部门杠杆率。2019 年年底，德意志联邦银行统计的德国居民部门杠杆率为 53.7%，与国际清算银行统计的 54.5% 略有差异。

图 4.15　居民部门债务和住房贷款与 GDP 之比

资料来源：德意志联邦银行。

有观点认为，低利率也是德国居民部门杠杆率低的重要原因（Deutsche Bundesbank，2018）。过去多年来，利率水平的下降的确大幅降低了居民的利息负担（见图 4.16）。静态测算，若利率水平不降低，个人住房贷款利息支出与可支配收入之比维持在 2003 年的水平，则居民部门杠杆率会上升数个百分点。尽管如此，我们认为低利率并不是德国居民部门杠杆率低的主要原因。低利率在降低利息负担的同时，也提升了居民部门的负债能力。从全球范围看，低利率往往是居民部门杠杆率上升的重要诱因。国际金融危机和欧债危机前，美国、英国、西班牙居民部门杠杆率上升，莫不与低利率息息相关。德国的特殊之处在于，得益于审慎性住房金融政策和发达的租赁市场，低利率没有成为居民部门加杠杆的催化剂，反而降低了居民部门利息支出负担和外源融资需求。

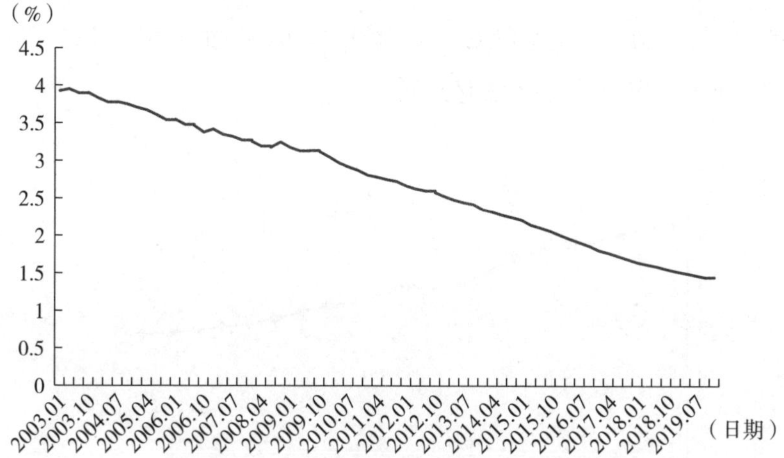

图 4.16　个人住房贷款利息支出与可支配收入之比

资料来源：德意志联邦银行。

“内源 – 外源融资”分析范式同样适用于居民部门。工资性收入是居民部门的主要收入来源，就业市场是影响居民部门的内源融资能力的主要因素。得益于出口部门竞争力强，企业部门盈利能力和吸纳就业能力强，德国就业市场表现较好。过去 20 年来，德国失业率总体上保持下降态势。在住房市场稳定和居民部门总融资需求变化不大的情况下，稳定的就业市场及其带来的较强的居民部门内源融资能力，降低了居民部门的外源融资需求，确保了居民部门的低杠杆率。德意志联邦银行也将失业率持续下降作为德国居民部门杠杆率下降的重要原因（Deutsche Bundesbank，2018）。

住房贷款受到控制并不能完全解释20世纪初以来德国居民部门杠杆率的明显下降。2000年以来，非住房贷款类居民部门债务与GDP之比下降得更明显。2019年年底，非住房类贷款居民部门债务与GDP之比为14.3%，较1999年年底下降了12.0个百分点（见图4.17），下降幅度明显高于住房贷款占比的降幅。非个人住房贷款占比下降，一个可能的原因是服务于居民部门的非营利组织的杠杆率下降。[①] 根据资金流量表数据，1999—2019年，非营利组织的外源融资规模仅为12亿欧元。

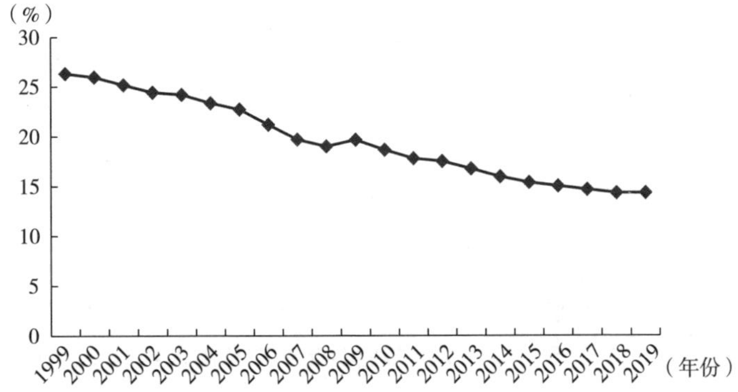

图4.17　德国非住房贷款类居民部门债务与GDP之比

资料来源：德意志联邦银行。

健康的宏观经济金融

国际金融危机前后，发达国家的政府部门杠杆率差别很大。国

① 服务于居民部门的非营利组织被纳入居民部门统计。

际金融危机前，除日本外的大部分发达国家的政府部门杠杆率保持了基本稳定或明显下降。1998 年年底至 2008 年 9 月底，意大利、澳大利亚、荷兰、西班牙、加拿大政府部门杠杆率分别下降了 17.1 个、17.3 个、23.8 个、32.7 个和 37.7 个百分点，法国、英国、美国、德国政府部门杠杆率虽然有所上升，但增幅都在 5 个百分点之内（见图 4.18）。除日本和意大利外，国际金融危机爆发前，主要发达国家政府部门杠杆率未明显高于 60%，保持在较低水平。国际金融危机爆发后，除德国外，大部分发达国家政府部门杠杆率均有 20 个百分点以上的上升。2019 年年底，法国、西班牙、英国、美国政府部门杠杆率均已超过 100%，日本和意大利则分别超过 200% 和接近 150%。可以说，国际金融危机以来政府部门杠杆率的趋势性大幅上升，就是为金融危机支付的高额“医疗费”。从这个意义上讲，德国政府部门杠杆率能回落至低水平，主要原因就在于国际金融危机前德国避免了重大经济失衡，经济金融受冲击小。

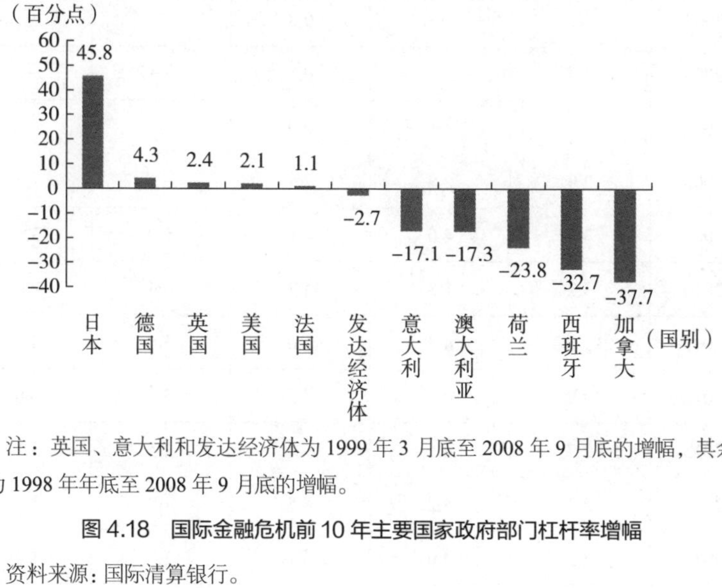

注：英国、意大利和发达经济体为 1999 年 3 月底至 2008 年 9 月底的增幅，其余国家为 1998 年年底至 2008 年 9 月底的增幅。

图 4.18　国际金融危机前 10 年主要国家政府部门杠杆率增幅

资料来源：国际清算银行。

国际金融危机前，德国经济避免了房地产泡沫和信贷泡沫。除少数金融机构（主要是州立银行）因持有美国次贷资产遭受损失外，德国金融体系受冲击并不大。国际金融危机前后德国银行业不良贷款率保持基本稳定（见表 4.1）。由于少数金融机构受到冲击且外向型经济受冲击较大，德国也实施了金融救助和财政刺激政策，并一度让德国政府部门杠杆率上升 20 个百分点以上。不过从规模上看，救助成本明显低于美国等其他发达国家。由于没有房地产泡沫破灭和信贷泡沫破灭的拖累，德国经济受益于外需恢复而快速复苏，金融体系得到支撑，金融救助资金较快回收。同时，这也使得德国财政刺激政策较快退出，政府财政收入快速增长，财政收支格局在较短时间内由赤字转变为盈余，政府部门的内源融资能力快速恢复。

表 4.1　德国和其他主要发达国家的不良贷款率　　单位：%

	德国	法国	西班牙	美国	英国
2005	4.1	—	0.8	—	—
2006	3.4	—	0.7	—	—
2007	2.7	—	0.9	—	—
2008	2.9	2.8	2.8	—	1.6
2009	3.3	4.0	4.1	5.0	3.5
2010	3.2	3.8	4.7	4.4	4.0
2011	3.0	4.3	6.0	3.8	4.0
2012	2.9	4.3	7.5	3.3	3.6
2013	2.7	4.5	9.4	2.5	3.1
2014	2.3	4.2	8.5	1.9	1.7
2015	2.0	4.0	6.2	1.5	1.0

续表

	德国	法国	西班牙	美国	英国
2016	1.7	3.6	5.6	1.3	0.9
2017	1.5	3.1	4.5	1.1	0.7
2018	1.2	2.7	3.7	0.9	1.1

资料来源：IMF FSI 数据库。

值得注意的还有德国政府的加杠杆策略。与中国相比，国际金融危机后德国政府部门加杠杆的做法具有两个突出特点：短期内快速加杠杆和主要由联邦政府加杠杆。

德国经历了短期内大幅加杠杆和随后持续去杠杆的历程，中国经历的则是持续的小幅度加杠杆。国际金融危机以来，德国政府部门杠杆率的变化经历了两个阶段。2008 年第四季度至 2012 年第二季度为杠杆率快速上升阶段，累计上升了 23.2 个百分点，其中 2009 年和 2010 年分别上升了 7.4 个和 10.2 个百分点。这一阶段，以恪守财政纪律著称的德国，其财政赤字率曾于 2009 年和 2010 年超过了 3% 这一所谓的警戒线（见图 4.19）。2012 年第三季度后为杠杆率持续下降阶段，至 2019 年年底已累计下降 21.8 个百分点。这使得 2019 年年底水平仅比国际金融危机前高 1.4 个百分点。[①] 中国则严守 3% 赤字率警戒线，政府部门杠杆率总体上维持小幅持续上升态势，至 2019 年年底已累计上升 26.9 个百分点（见图 4.20）。

① 根据德意志联邦银行的数据，按照《马斯特里赫特条约》的政府债务口径，2018 年 7 月德国政府部门杠杆率为 61%，已低于国际金融危机前的水平。

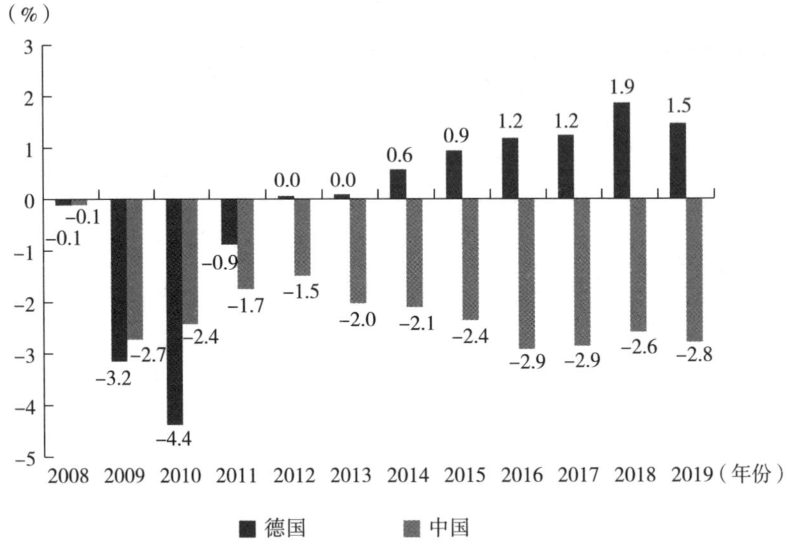

注：数值为正时为财政盈余，数值为负时为财政赤字。

图 4.19　德国和中国政府财政盈余 / 赤字率

资料来源：德意志联邦银行，中国国家统计局。

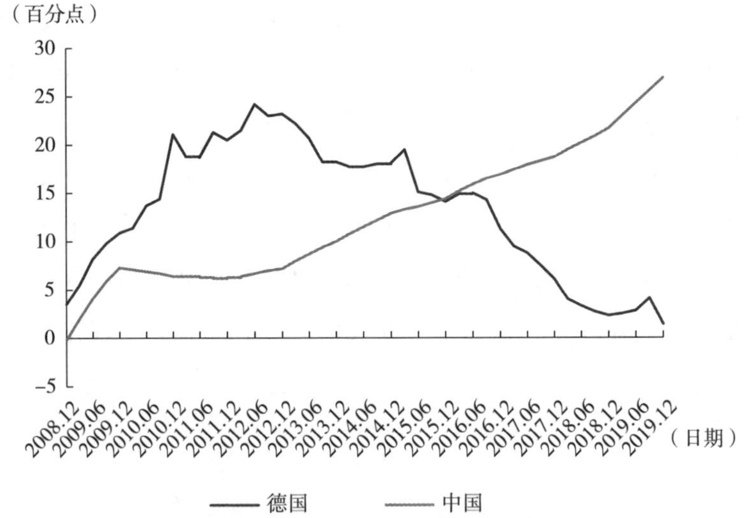

图 4.20　国际金融危机以来德国和中国政府部门杠杆率增幅

资料来源：国际清算银行。

德国主要依靠联邦政府加杠杆。根据德国央行的数据，2009—2010 年，德国政府部门杠杆率上升 16.9 个百分点，其中联邦政府杠杆率上升 12.1 个百分点，州政府和地方政府杠杆率合计上升 4.8 个百分点（见图 4.21），[①] 联邦政府是加杠杆的主体。中国则与此相反，省级及以下政府是加杠杆的主体。其间，还出现了较为严重的地方政府隐性债务问题。

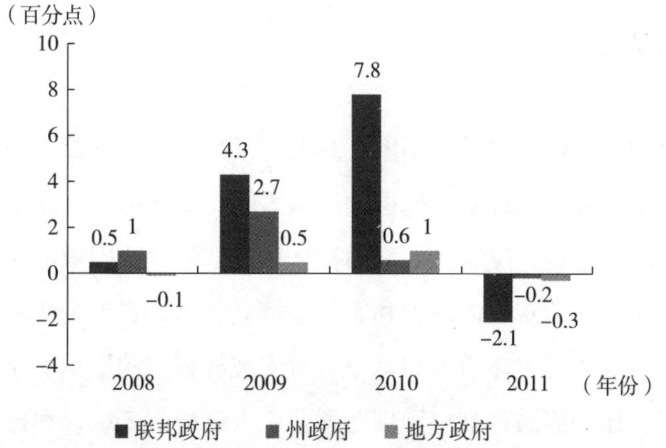

注：在德国，地方政府是指州政府以下层级的政府。

图 4.21　德国各层级政府部门杠杆率变化情况

资料来源：德意志联邦银行。

思考和借鉴

德国维持低宏观杠杆率的经验有其特殊性。比如，德国企业部门杠杆率低，与欧元区红利下德国经济对外再平衡进展缓慢有关。

---

① 德意志联邦银行和国际清算银行关于德国政府部门杠杆率的数据存在差异。虽然国际清算银行数据具有国际可比性优势，但由于缺乏不同层级政府债务数据，此处采用德意志联邦银行的数据。

其代价是逆差国（特别是欧元区外围国家）的高杠杆率。这种对外失衡难以适用于作为超大规模经济体的中国。巨大经济规模带来的外溢性，使得中国面临比德国大得多的经济再平衡压力。尽管德国在经济体量、国际环境，以及企业结构和企业行为等方面与中国有诸多不同，但德国保持低宏观杠杆率的经验及其所揭示的内在逻辑，对中国去杠杆仍具有重要的启示意义。

提升微观主体活力更重要

德国作为银行主导型国家，却保持了远低于英美等市场主导型国家的企业部门杠杆率。德国的经验表明，企业部门杠杆率有可能独立于金融结构，决定企业部门杠杆率高低的主要因素不在于金融结构，而在于微观主体活力和实体经济竞争力，在于企业内源融资能力。企业微观主体活力和竞争力对宏观杠杆率的影响不仅限于企业部门，还能够通过维持和创造就业、贡献税收来维持和提升居民部门和政府部门的内源融资能力，稳定居民部门和政府部门杠杆率。可见，去杠杆不仅仅是金融系统的事，还需要实体经济的配合，有赖于实体经济竞争力和经济发展质量的提升。实际上，宏观杠杆率，即债务余额与 GDP 之比，本身衡量的就是经济的信贷密集度，去杠杆就是降低信贷密集度，减少经济增长对信贷扩张的依赖。实体经济自身的转型升级和竞争力提升是去杠杆的应有之义。

德国的经验并不是否定资本市场的作用，而是从侧面揭示了资本市场的作用机制。对中国而言，发展股票市场的确有助于去杠杆，但主要作用机制并不在于股权融资代替债权融资的替代效应。毕竟，即便是最发达的股票市场，其提供的股权融资规模也有限。根据美联储的资金流量表数据，1994—2018 年美国股市为美国非金融类上市公司提供的股权净融资额为 1.82 万亿美元，仅比同期中国股市多提供融资 5.5 万亿元人民币左右，多提供的融资额与 2018 年我国 GDP 之比仅为 6% 左右。资本市场枢纽功能并不主要体现在提供更多的股权融资以替代债权融资，而在于借助资本市场在激励创新创业、推动存量重组和完善公司治理等方面的作用，激发整个实体经济的活力，通过增强内源融资能力实现对债权融资的替代。因此，发展资本市场，要注重发挥资本市场对于推动科技、资本和实体经济高水平循环的枢纽作用（刘鹤，2020），进而增强微观主体活力、韧性和创新力。

顺畅的国民经济循环是前提

德国宏观杠杆率低，实际上是其国民经济循环顺畅的反映。德国企业部门杠杆率低，直接原因是实体经济盈利能力和内源融资能力强，其背后是金融与实体经济的良性循环。德国居民部门杠杆率低，直接原因是避免了房地产泡沫化，其背后是房地产与金融的良性循环。政府部门杠杆率低，直接原因是受金融危机冲击小、危机救助成本远低于其他发达国家，其背后是上述两大良性循环支撑下的强劲实体经济和稳定住房市场。

中国推进去杠杆，也需要在畅通国民经济循环、促进宏观经济健康运行方面下功夫。要以增强微观主体活力为基础，避免产业空心化，保持和增强产业竞争力；同时推进金融供给侧结构性改革，提升金融对实体经济的适应性，从而推进金融与实体经济的良性循环。要建立健全房地产市场健康发展长效机制，完善住房金融的宏观审慎管理和微观审慎监管，在满足居民住房需求的同时，避免房地产泡沫化，实现房地产与金融的良性循环。

保护，也为德国金融体系长期保持稳健奠定了基础。

看到这些数据，人们自然要问，为什么德国中央银行能比其他国家中央银行更好地管理通胀呢？我们发现，首先，“大通胀”的遗产使稳定文化和社会市场经济根植于德国经济治理中。德国比其他国家更有意愿、更执着于维护物价稳定和央行独立性。其次，德国中央银行倡导和传承稳定文化（郑春荣，2013），坚持以对内稳定为优先选择，发展出了一套行之有效的维护物价稳定的方法，并不断对其进行改进。稳定文化与德国中央银行的坚守形成了良性循环，德国中央银行的可信度不断提高，居民和企业部门的通货膨胀预期变得越来越稳定，稳定的通胀预期反过来又促使通货膨胀水平及其波动率保持稳定甚至不断下降。此外，德国中央银行对通胀的良好管理也离不开特定的国内外政治经济背景。比如，卓有成效的1948 年货币改革、二战后固定汇率的美元黄金汇兑本位制的长期维持，使德国人重拾对马克的信心，为物价稳定创造了有利条件。

稳定文化、社会市场经济与央行独立性

德国的稳定文化不是一开始就有的。就通货膨胀来讲，他们的稳定基因主要是“痛定思痛”的结果。1900 年以前，全球通货膨胀率都比较低。但到了 20 世纪初，几乎没有几个国家像德国那样不幸，遭遇了几百年不遇的奔腾似的通货膨胀。1913 年德国货币总量为 60 亿马克，到了 1923 年，在柏林，一条面包的价格为 4 280 亿马克，一公斤黄油价值近 6 000 亿马克。从第一次世界大战结束到 1924 年，物价水平上涨了 1 万亿倍。恶性通货膨胀导致经济和社会到了崩溃边缘，罢工、掠夺和骚乱是家常便饭。起义（包括希特勒于 1923 年发动啤酒馆暴动，试图进攻柏林）挑战着政府

的生存（Hetzel，2002）。这段历史在德国人心中留下了巨大的阴影和恐惧，也为德国的稳定文化或反通胀文化播下了种子。根据罗伯特·希勒（Shiller，1997）的一项调查研究，德国76%的受访者认同“控制通胀是政府经济政策最重要的目标之一”，在1940年以前出生的受访者中，更是有90%的人对此表示认同，远高于美国的56%和69%。由于公众对物价上涨非常敏感，历任执政党不得不承认币值稳定的优先地位。

由于有这段痛苦的历史教训，德国学术界和政策界都强调维护物价稳定和维护央行独立性。德国弗莱堡学派较早从理论和逻辑上阐述了物价稳定的意义。其代表欧肯（1952）强调，市场经济最核心的原则是要建立竞争秩序，而要想建立竞争秩序，就需要让价格机制在资源配置上充分发挥作用，价格机制发挥作用的前提是币值稳定。“一种稳定的货币不是一切，但一切都是由于有了一种稳定的货币……如果一定的货币稳定不能保证，那么所有落实竞争秩序的努力都是徒劳的。因此，对于竞争秩序来说，货币政策占有首要地位”。[①] 弗莱堡学派强调物价稳定的经济思想成为德国社会市场经济模式的重要基石，深深影响了德国战后经济建设和货币调控。被称为社会市场经济之父的路德维希·艾哈德强调“经济问题并不在于物价该不该稳定，也不是在于某些条件下该不该听凭物价上升。物价水平必须在任何情况下保持稳定。问题只在于我们该用什么方法来做到这一点”。[②] 与此同时，德国也从历史教训中认识到了中央银行独立性的重要性，并通过法律和治理结构设计来维护其独立性。1957年颁布的《德意志联邦银行法》就规定，德意志联邦银

① 奥特玛·伊辛，“经济政策目标冲突下的货币政策”，周弘、彼得·荣根、朱民主编《德国马克与经济增长》，社会科学出版社，2014年，第95页。

② 路德维希·艾哈德，《来自竞争的繁荣》，商务印书馆，1983年，第75页。

行不受政府指令约束，它只有一个任务，就是稳定货币，即“保护货币”。德意志联邦银行在履行这一职责的前提下，支持联邦政府的日常经济政策。德国中央银行理事会成员的构成、资格、任期设计也有利于维护独立性（郑春荣，2013）。有意思的是，德国社会市场经济与央行的独立性和对价格稳定目标的执着之间形成了相互支撑的紧密联系。一方面，独立性强的央行致力于维护物价稳定，支撑社会市场经济的竞争秩序。另一方面，社会市场经济对物价稳定的重视也框定了政府行为。在社会市场经济理念下，德国政府有意尊重和维护德国中央银行的这种独立性，有意配合和维护物价稳定目标。一个有意思的案例是，从 20 世纪 50 年代中期到 60 年代初期，时任联邦政府经济部长艾哈德甚至较德国央行更倾向于维护价格稳定。艾哈德认为应通过德国马克升值来抑制价格水平加速上涨，而德意志联邦银行中央银行理事会的大多数成员反对升值（诺曼，2012）。

总的来看，不论是为了保证市场经济的竞争秩序、为长期经济增长营造良好的环境，还是为了保护居民财富、维护社会稳定，都应该保持物价稳定。恐惧通胀的稳定文化、弗莱堡学派思想和社会市场经济实践，为德国中央银行数十年坚持保护货币并很好地保护货币奠定了政治、经济、文化基础。

固定汇率时期：冲销操作与适时升值

德国的物价稳定离不开稳定文化、社会市场经济的理念和实践，更离不开德国中央银行卓有成效的工作。在不同的经济发展阶段和国际货币体系下，德国中央银行始终肩负着维护物价稳定的责任。

1948 年 6 月，德国实施货币改革，发行德国马克以替代帝国马克。货币改革取得了巨大成功，消除了长期积聚的通货膨胀压力，极大促进了生产恢复，扫除了供给端的通胀因素，使德国人建立了对德国马克的信心。1949 年，联邦德国马克兑美元汇率被固定为 4.2∶1，一直到 1961 年都没有变化。1948—1950 年，德国一直处于贸易逆差阶段，但到了 1951 年就开始转为贸易顺差，1951—1961 年的 10 年间，德国实现了约 500 亿马克的贸易顺差。这些顺差中的相当一部分被留在了国内，导致德国央行的黄金和外汇储备 10 年间增加了约 300 亿马克。这一方面带来了德国马克的升值压力，另一方面也使得“输入型通货膨胀”成为德国央行最头疼的难题。即便存在这种压力，德国在 1961 年以前却没有使马克升值，这主要有两个原因。

第一，德国认为不应该通过让马克升值，而是要通过让逆差国货币贬值来解决贸易失衡问题。起初，德国的贸易顺差主要来源于欧洲国家，如法国、意大利等国。1958 年后，美国对德国也出现了贸易逆差。在公开讨论中令人印象深刻的观点是，不应该为了治疗“患病的货币”而对“健康的货币”动手术。第二，德国央行也通过一系列冲销操作，部分降低了外汇流入对国内通货膨胀的压力。例如，在外汇流入比较多的年份，德国央行把外汇存款的准备金率提高到 30%，同时减少对银行的抵押贷款额度并通过公开市场操作卖出债券，回收流动性。1958 年，德国马克实现了自由兑换，为了减少投机性外汇流入，德国央行降低贴现率，使国内利率低于美国、英国和法国的利率水平。当然，这种货币政策操作看起来是非常矛盾的。一方面，德国央行降低利率，给市场释放了货币政策宽松的信号，另一方面，德国央行又通过提高准备金率、减少抵押贷款等手段收回流动性，给市场释放的是货币政策收紧的信号。

随着外汇流入的不断增多，德国央行的冲销干预措施也逐渐失灵。1961 年 3 月，在取得德国央行同意的情况下，联邦政府将德国马克的汇率升值了 5%，将对美元挂钩汇率确定为 4 马克，而不再是 4.2 马克。尽管对于升值带来的各种潜在的负面影响有非常多的讨论，但是联邦政府最终还是采取了升值的措施。这实际上反映了在面对币值对内稳定还是对外稳定的问题上，政府在经历了痛苦挣扎后还是优先选择对内稳定。德国央行的业务报告也曾这样描述，“在面临对外经济考虑和保证内部货币价值这两者之间的选择时，毫无疑问，联邦银行会优先顾及后者，因为保证物价稳定对整个经济发展具有根本的意义。而且，与滑入物价不断上涨的危险轨道所带来的后果相比，商业银行外汇流入重新增长可能带来的干扰要更容易控制和解决”（Deutsche Bundesbank，1960）。

大多数货币专家一致认为，这一升值“不仅来得太晚，而且幅度也太小了”。某些专家指出，升值过缓导致德国劳动力市场出现了过度就业，并带来了种种有问题的后果，其中包括 20 世纪 50 年代中后期不得不大量从国外吸收外籍劳动力。当然，升值也并非没有效果。根据 IMF 专家的调查研究，与根据销售市场发展趋势可预计的规模相比，在 12~18 个月内，马克升值导致德国出口缩减了大约 10%。1962—1966 年，德国甚至积累了 60 亿马克的贸易逆差（Spitäller，1970）。

1967 年后，形势出现了新的变化。德国经常项目收入出现强劲增长，不仅如此，由于对马克升值的投机活动，德国资本项下外汇流入也出现激增。德国央行敦促联邦政府让马克升值，以缓解投机压力，但联邦政府出于某些原因，没有同意这一建议。于是，投机活动规模不断扩大。仅 1969 年 4 月底到 5 月初，几天内就有 170 亿的外汇流向德国央行。鉴于德国央行的坚持与敦促，联邦政府在 5 月份暂时免除了德国央行对马克兑美元汇率的干预义务，马克兑美元汇率在几周内升值至 3.66。马克在这段自由浮动时期升值了 9.3% 以后，又重新回到布雷顿森林体系，继续钉住美元。

马克升值导致了短暂的外汇流出，但当美国在 1970 年迅速降息后，德国又出现了大规模投机性外汇流入。德美利差的扩大只是外汇流入的表面原因，深层原因是美国出现了贸易和财政双赤字，而德国却是财政平衡且有大量贸易盈余。人们已经不再信任美元，同时对德国马克的需求不断增加。疯狂的外汇投机潮使得德国央行在 1970 年和 1971 年的前 5 个月总共买入了约 420 亿马克的外汇。当然，德国央行也像以前一样通过提高准备金率、缩减抵押贷款等措施部分消除了流动性泛滥的危害，但货币供应量在短期内依然出现了急剧上升，这大大威胁了德国的物价稳定。1971 年 5 月，在获得联邦政府许可后，德国央行再次被免除对汇率进行干预的义务。经过各国之间艰苦的谈判，到 1972 年 12 月，全球货币体系进行了一次汇率大调整。美元对所有主要货币贬值，同时相对黄金贬值 7.9%，德国马克相对黄金升值 4.6%，对美元升值 13.6%。由于各国之间的利率、通货膨胀和贸易盈余差异，叠加越来越灵活的全球资本流动，尽管各国努力维护，但新出炉的汇率平价体系刚实行 15 个月就失灵，布雷顿森林体系还是在 1973 年解体了。

总体来看，在布雷顿森林体系时期，德国的货币政策始终面临着“蒙代尔不可能三角”的约束，即独立的货币政策、固定汇率与国际资本自由流动三者不可兼得。在布雷顿森林体系框架下，德国有义务进行干预，以保持对美元的汇率平价。但是，马克相对美元和其他货币的强势，使得国际资本大量涌入德国，德国央行虽然进行了冲销操作，但基础货币供应量增长经常失去控制。当然，在这一过程中，德国政府也通过关闭外汇市场、提高外资持有本国资产的资本利得税以及加大对外资本输出等方式来减少资本流入对本国

量增速目标，以及其推导依据。德国央行对德国潜在经济增速的估算大概为2%~3%（见表5.1）。从1984年开始，德国央行将通货膨胀目标定为2%。在此之前，由于受到两次石油危机的冲击，有“不可避免的物价抬升因素”，通胀目标一度明显高于6%。对于货币流通速度，德国央行认为其存在趋势性下降的特征，下降速度大约为0.5%~1%。

图5.1　德国货币供应量M_3增速与通货膨胀率

资料来源：德意志联邦银行。

值得注意的是，德国央行在推导货币供应量增速时用的是潜在经济增速，而不是当年的实际经济增速的预测值。这就使得这种规则具有了内在稳定器的作用。在经济衰退期需要给经济体提供足够的货币，以防止货币供应量下降导致经济进一步紧缩。相反，在经济繁荣时期，实际经济增速高于潜在增速，这时货币供应量根据潜在经济增速进行调整，对经济产生抑制作用，有助于平滑经济周期波动。

表 5.1　德意志联邦银行货币供应量增速目标推导

年份	通货膨胀率（%）	潜在产出增长率（%）	货币流通速度的变化	货币供应量增速目标（%）
1975	5~6	—	—	8
1976	4~5	2	预期货币流通速度上升	8
1977	≤4	3	小幅上升	8
1978	3	3	—	8
1979	适度价格上涨	大致与前一年相同	下降	6~9
1980	3.5~4	3	持续下降	5~8
1981	3.5	2.5	上升	4~7
1982	3.5	1.5~2	—	4~7
1983	3	1.5~2	—	4~7
1984	2	2	—	4~6
1985	2	2	—	3~5
1986	2	2.5	—	3.5~5.5
1987	2	2.5	—	3~6
1988	2	2	−0.5	3~6
1989	2	2~2.5	−0.5	5
1990	2	2.5	−0.5	4~6
1991	2	2.5	−0.5	3~5
1992	2	2.75	−0.5	3.5~5.5
1993	2	3	−1	4.5~6.5
1994	2	2.5	−1	4~6
1995	2	2.75	−1	4~6
1996	2	2.5	−1	4~7
1997	1.5~2	2.25	−1	3.5~6.5
1998	1.5~2	2	−1	3~6

资料来源：德意志联邦银行月报。

回顾德国央行货币供应量目标制的执行历史不难发现，1975—1998 年有 11 年没有完成任务（表 5.2）。因此，有一些学者质疑，德国央行是否真的在执行货币供应量目标制。例如，伯南克和米霍夫（Bernanke and Mihov，1997）认为，德国央行虽然宣称自己在执行货币供应量目标制，但他们执行的是通货膨胀目标制。他们的证明逻辑是这样的：联邦银行的货币政策操作目标是伦巴德利率（中央银行给商业银行的抵押贷款利率），如果联邦银行没有通过改变伦巴德利率对货币供应量目标的偏离做出反应，那么就不能说联邦银行执行的是货币供应量目标制。通过建立向量自回归模型，他们发现伦巴德利率的预测方差更多地被通胀冲击所解释，而无法被货币供应量冲击所解释。因此他们得出结论，德国央行的货币政策操作更多的是盯住通胀预期偏差，而非盯住货币供应量增速偏差。克拉里达和格特勒（Clarida and Gertler，1997）发现，德国央行短期利率主要由通胀预期、工业增加值、马克兑美元汇率、美国短期利率、货币供应量等因素共同决定。尽管货币供应量也很重要，但在德国央行的利率决策中没有起到决定性作用。因此他们认为，德国央行的利率反应函数更像是一个修正的泰勒规则。

表 5.2　德意志联邦银行货币供应量目标实现情况

年份	货币供应量增速目标（%）	货币供应量实际增长率（%）	目标是否实现
1975	8	10.1	否
1976	8	9.2	否
1977	8	9	否
1978	8	11.5	否
1979	6~9	6.3	是
1980	5~8	4.9	是（否）
1981	4~7	3.5	是（否）

续表

年份	货币供应量增速目标（%）	货币供应量实际增长率（%）	目标是否实现
1982	4~7	6	是
1983	4~7	7	是
1984	4~6	4.6	是
1985	3~5	4.5	是
1986	3.5~5.5	7.7	否
1987	3~6	8.1	否
1988	3~6	6.7	否
1989	5	4.7	是
1990	4~6	5.6	是
1991	3~5	5.2	是（否）
1992	3.5~5.5	9.4	否
1993	4.5~6.5	7.4	否
1994	4~6	5.7	是
1995	4~6	2.1	否
1996	4~7	8.1	否
1997	3.5~6.5	4.8	是
1998	3~6	5.6	是

资料来源：Deutsche Bundesbank（1995）。

由于上述学者在研究时使用的是经过修订的事后数据，无法反映德国央行当时决策的真实环境。格贝尔丁等人（Gerberding et al.，2004）利用还原后的实时数据重新评估了德国央行的利率反应函数并发现，德国央行的短期利率决策既重视通货膨胀缺口（实际通胀与通胀目标的差），也重视货币供应量缺口（实际货币供应量增速与目标区间中位数的差），但产出缺口在利率决策中并未起到主导作用。

德国央行对自己政策框架的评价偏正面。它一直强调，货币供应量目标是一个中期目标；短期内，德国央行并不是把年度的货币供应量目标当作利率和流动性调控的唯一准绳，它同时会关注国内和国际的经济环境，并进行逆周期调控。1975—1977 年，由于石油危机的冲击，通货膨胀水平处在较高的水平，德国央行制定了较为紧缩的货币供应量目标，使通货膨胀率逐步回归正常水平。[①] 1978 年以及 1986 年和 1987 年，德国马克大幅度升值，德国央行迫不得已降低了利率，导致货币供应量增速大幅超过目标值。1992 年，欧洲货币同盟出现危机，英镑遭遇投机性攻击，德国协同英国进行了联合干预，投入了大约 920 亿马克，导致货币供应量超比例上升。对于没有完成货币供应量目标的年份，德国央行都通过公开出版物或其他形式向公众做了解释（Deutsche Bundesbank，1995）。比如，针对 1978 年以及 1986 年和 1987 年货币供应量增速超过目标值的情况，德国央行解释道，这是可以容忍的，因为货币供应增加带来的通胀风险被马克升值抵消了。

德国央行并非为了完成货币供应量目标而不顾一切。在经历石油危机冲击后，通胀有不可避免的抬升因素，德国央行没有把货币供应量目标直接按通胀目标 2% 来制定，如果是那样，货币供应量目标应该是 5% 左右而非 8%。当然，即便是连续数年制定了 8% 的目标，联邦银行也是逐步向这个目标靠拢，这反映了一种渐进的实用货币主义心态。[②] 当然，我们也注意到，20 世纪 80 年代初德国经济出现了轻微的衰退，这与相对紧缩的货币政策是有关的。这也说明，

① 这有效阻止了通货膨胀与汇率贬值之间的恶性循环，有利于实现外贸平衡，重新建立出口竞争力。

② 德国央行原理事，欧洲中央银行原首席经济学家奥特马尔·伊辛（Otmar Issing）认为，德国央行的货币政策目标制是一种实用货币主义思想。

通货膨胀一旦出现，克服通胀总要付出一定的代价。这种代价是被认为必须付出的。正如德国央行前行长埃明格（Emminger）的俏皮话所说的那样："谁跟通胀调情，通胀就会嫁给他。"

当然，以货币供应量为中介目标也并非没有局限性。正如德国央行所描述的，"物价水平有可能在短期或中期偏离货币供应量增速所牵引的轨迹。一些非货币因素，如石油危机冲击、劳资分配调整、间接税提高都可能导致长期稳定的物价和货币供应量关系短暂失灵。利率和汇率调整也会产生这种效果。短期内，货币供应量的增加，是对产出影响更大还是只对物价产生作用也是不确定的，这在很大程度上取决于政府以及经济主体如何对货币冲击做出反应"（Deutsche Bundesbank，1995）。

总体而言，德国央行实行的货币供应量目标制是成功的，基本实现了维护币值稳定的目标。1975—1998 年德国平均通货膨胀率在主要发达国家中是最低的。德国央行也不是严格地按照货币主义者的教条来执行货币政策。一方面，中长期内，德国央行始终坚持按照一定的规则计算并公布货币供应量目标值，并致力于通过运用各种货币政策工具来实现目标。另一方面，短期内，德国央行并非每年都实现了货币供应量目标，它同时也注意国内和国际经济形势变化对通胀造成的潜在影响，并通过调整利率加以应对。实际上，这种规则性与灵活性相搭配的策略也成了欧洲央行货币政策策略的模板。

欧洲中央银行时代

1998 年年底，德国央行将货币政策管理权移交给欧洲央行。与德国央行一样，欧洲央行的首要任务也是维持物价稳定。《欧盟条约》第 105 款明确规定："欧洲中央银行体系的首要目标是保持价格稳定。在不偏离价格稳定目标的前提下，为了实现第 2 款规定的本区域的目标，欧洲中央银行体系应该支持本区域的总体经济政策。”《欧盟条约》是一个由 15 个成员国政府签署并经议会批准或投票表决认可的国际条约，货币稳定责任具有这种国际条约的民主合法性。因此，对欧洲央行来说，价格稳定作为最重要的货币政策目标，其地位是法定的。《欧盟条约》没有给出物价稳定的具体定义。但欧洲央行管理委员会把物价稳定定义为整个欧元区调和消费物价指数（HCPI）年度涨幅不超过 2%，同时也明确指出，应当在中期内实现价格稳定的最终目标。

为了实现物价稳定的目标，欧洲央行采用了所谓的“双支柱”策略。第一支柱是货币分析。货币与价格长期内具有一一对应关系，这是经济学家少数没有争论的结论之一。显然，把货币分析作为货币政策策略的第一支柱在一定程度上也是受德国央行的影响。伊辛等人（Issing et al.，2001）指出，“从某种程度上来说，欧洲中央银行策略的有效性至少部分来自其作为一个连贯策略的发展，而这些策略过去曾由那些最为成功的国家中央银行所使用。在这方面，德国央行的传统起到了特殊作用，因为它提供了一个稳定的锚，使货币政策趋同，并最终创造了单一货币”。与德国央行不同的是，欧洲央行只公布货币供应量 M3 增速的参考值而不是目标值。事实上，欧洲央行更加注重货币供应量增速偏离参考值的信息作用。

欧洲央行货币政策策略的第二支柱是经济分析。长期内，货币和价格存在一一对应关系。但是，在较短时期内，其他经济因素也会影响通货膨胀。对于这些因素变化的分析，一方面可以改善实现价格稳定目标的效率，另一方面也可以保证在经济发展中，暂时的通货膨胀或者通货紧缩带来的压力不会太大。欧洲央行关注的指标体系分为四类：一是缺口指标，包括产出缺口、就业和失业指标、产能利用率指标、消费者和生产者信心指数等；二是成本指标，包括工资水平、单位劳动成本和利润等；三是汇率指标；四是资产价格，主要是收益率曲线。

欧洲央行成立 20 多年来，欧元区平均物价增长水平被控制在 2% 以下。但是，物价总体水平在国际金融危机前后也发生了一些变化。国际金融危机前，长期物价增长水平在 2% 附近，但国际金融危机后，长期物价增长水平下降到了 1% 附近，而且有些年份出现了轻微的通货紧缩。为此，欧洲央行在国际金融危机后也采取了量化宽松、把存款便利利率降为负值等一系列非常规货币政策手段。这并不意味着欧洲央行放弃了物价稳定传统。相反，这恰恰是对维持物价稳定传统的坚持。因为，维护物价稳定的意义不仅是要防止通货膨胀，也要防止通货紧缩。不过，这些非常规政策手段依然没能把通货膨胀率带到接近 2% 的水平。到底是哪些结构性因素导致了长期平均通胀水平下降，还需要我们进一步研究和思考。

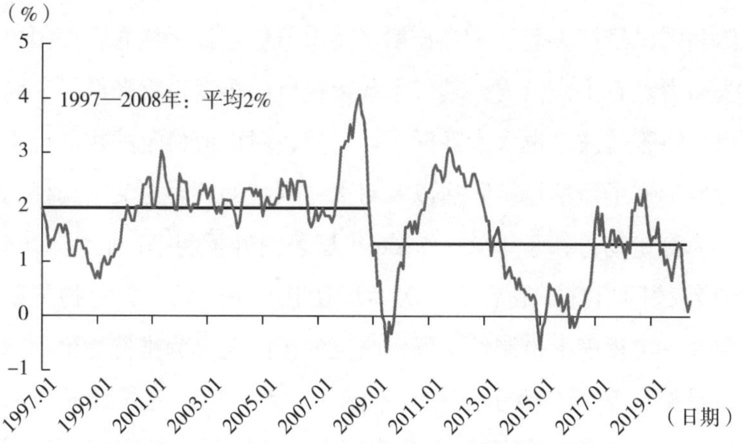

图 5.2　欧元区通货膨胀率：调和消费物价指数当月同比

资料来源：德意志联邦银行。

思考和借鉴

梳理研究德国过去几十年的货币政策历史，不难发现以下两个特点。一是德国央行格外强调币值稳定这一货币政策目标，并用法律形式把德国央行维持币值稳定的任务确定下来。当币值对内稳定和对外稳定相冲突的时候，他们最终还是选择优先保障币值对内稳定。二是德国央行在货币政策执行过程中更加注重规则。虽然德国央行在短期也会进行相机抉择，但是始终不脱离长期规则的轨迹。短期内偏离规则时，德国央行一定会对公众进行解释。

德国货币政策的这些特点给经济社会带来了不少好处。一是稳定的币值为经济发展提供了良好的竞争秩序，竞争秩序的建立有利于市场在资源配置中起决定性作用，支撑了德国战后的“经济奇迹”，强化了德国各界对社会市场经济模式和优先保障币值稳定的认同。二是币值稳定意味着公众对通货膨胀的预期稳定，在一定程度上减少了对房地产等抗通胀资产的依赖，有助于避免房地产市场泡沫和国民经济失衡。三是长期坚持币值稳定目标树立了德国央行的公信力。有了公信力，其货币政策执行的难度也就降低了，同时产出与通胀的波动也大大降低了。当然，对币值稳定的执着也不可避免地带来了短期经济阵痛以及对次要利益的放弃。艾哈德任总理后，为稳定物价，于 1965—1966 年显著提升了利率，成为 1966—1967 年德国出现二战后第一次经济衰退的重要诱因。对物价稳定的执着一定程度上也制约了德国马克的国际化。为维持物价稳定的升息措施，常常会吸引国外资本流入。为避免可能导致通货膨胀的资本流入和缓解德国马克升值压力，德国不时采取资本管制措施，这导致德国难以成为外国人从事金融交易的聚集地（埃森格林，2011，第 49 页）。更典型的例子是，1979 年伊朗威胁将美元储备转换为德国马克时，德国央行因担心资本流入加剧通货膨胀，告诫其远离德国马克，并表示会不遗余力地阻止各国央行和政府储备德国马克（埃森格林，2011，第 77 页）。

我国面临的经济形势与德国历史上面对的情况既有相似之处，也有不同之处。相似之处表现为，在汇率制度方面，2005 年以前，人民币兑美元也实行固定汇率，2005 年以后，人民币兑美元也经历了大幅度升值，将来人民币汇率将从有管理的浮动逐步过渡到自由浮动。在经济发展模式方面，2008 年以前，我国也实行以出口为导向的经济政策，2008 年国际金融危机后，内需才逐步成为拉动我国经济增长的主要动力。在货币政策操作方面，在外汇储备激增的时期，我国央行也经历了通过提高准备金率、发行央行票据等手段冲销过多流动性的过程，也实行了较为严格的外汇管制制度，以防止投机性资本流入。

不同之处主要表现为，在德国历史上，宏观杠杆率一直被控制得比较好，而我国目前宏观杠杆率水平偏高；德国历史上没有出现严重的房地产泡沫，而我国目前一些城市房地产价格偏高。[①] 我国与德国的这些不同之处反映了两方面的问题：一是我国当前面临的环境比德国历史上面临的环境更加复杂，货币政策操作的难度可能更高；二是德国货币政策与财政和房地产政策统筹运用比较得当，注重长短结合，在一定程度上防止了上述难题的出现。我国一方面要主动处置历史上积累的存量金融风险，精准拆弹，另一方面要标本兼治，建立风险防范的长效机制，前瞻性防止增量风险积累。在

① 从历史上看，日本 20 世纪 80 年代后期曾出现过严重的房地产泡沫。广场协议后，日元和德国马克都有较大幅度的升值。日本为了维持经济增长，采取了宽松的货币政策，导致了房地产市场泡沫。相反，由于货币供应量目标的限制，德国没有进行大水漫灌，也没有出现资产价格泡沫。

这方面，德国的案例无疑给我们很多启示。总的来看，有以下几点值得我们思考。

第一，货币政策在中长期的主要任务应该是维护币值稳定。实证研究表明，币值稳定能够在中长期促进经济增长，同时也能减少社会上因为担心币值不稳定而衍生出的对房地产投资或投机的过度需求。在短期，在经济发展明显偏离潜在产出水平时，货币政策可以进行短期逆周期调控，但是应坚持长期和短期相结合，跨周期政策设计和逆周期调控相结合，避免频繁通过短期货币刺激的方式稳增长、稳就业。

第二，货币政策在特定时期应注意把握内部均衡和外部均衡的平衡。一般来说，货币政策以保障币值对内稳定为主。但是在经济金融发展的特定阶段，需要兼顾外部均衡问题。与德国类似，很多国家在经济发展过程中都经历了固定汇率制但币值低估的阶段，以保障出口竞争力。同时，在出现全球经济金融动荡的情况下，对于币值对外稳定的要求也会提高，例如美元危机就导致了大量资金涌入德国，带来较大困扰。当前，我国汇率的弹性不断增强，在阻断通胀输入方面起到了较好作用。但是随着金融开放程度加深，在美元公信力削弱等情况下，也需要更加关注币值对外稳定，综合运用货币政策工具，保持人民币汇率在合理均衡水平上的基本稳定，促进国际收支平衡。

第三，在应对短期冲击时可采用相机抉择的货币政策，这与坚持货币政策规则并不矛盾。货币政策在应对短期经济下滑等问题时需具有灵活性和弹性，从德国的经验看，这并未伤害其央行信誉。我国货币政策短期要平衡好稳增长、防风险与稳物价的关系。这既是我国货币政策当前面临的多重目标约束，也是许多国家货币政策实际担负的职责。因此，货币政策实施中面临的一大技术性挑战是，动态识别真正具有紧迫性的任务和目标，排好优先序，把握好度，抓住主要矛盾和优先目标，兼顾次要矛盾和非优先目标。例如，为了清除历史上积累的金融风险，我们必须把住货币总闸门，主动推动去杠杆。在这个前提下，还要适度稳定总需求，为去杠杆创造良好的宏观环境。面对新冠肺炎疫情巨大冲击，需要加大货币政策逆周期调节力度，保住微观主体，同时政策上又要有所节制，通过提高精准性实现最大政策效果。经济趋于常态化运行后，货币政策也要逐渐恢复常态，操作中要特别注重把握好调控的时度效。

第四，良好的预期管理和政策沟通有利于实现货币政策目标。在操作层面，明确公布的前瞻性货币政策规则是央行与市场沟通交流的有力方式。央行的政策意图越清晰，市场主体跟随调整越快，寻找新的均衡价格过程中的社会福利损失越小。若央行的操作自相矛盾，市场未接收到明确信号，行为就会犹疑，寻找均衡价格的过程就会减缓。

第五，加强就业等统计监测工作，真实地反映我国失业率。主要目的是对我国潜在经济增速有一个相对准确的衡量。如果潜在经济增速已经下降，继续使用刺激性的货币政策势必导致通货膨胀和资产价格上涨。可以适当借鉴德国中央银行的做法，把潜在经济增速（而不是经济增长目标）与通胀目标之和设定为中长期货币供应量增速目标，这也能在一定程度上起到逆周期调控效果。

▶▶ 第六章

德国金融与房地产的良性循环是如何形成的

住房金融已成为发达经济体金融部门中具有系统重要性的组成部分。它一头连着房地产市场，一头连着金融部门；一头连着住房需求，一头连着金融稳定；一头连着社会民生，一头连着经济增长。一旦住房金融的发展偏离良性轨道，就可能导致房地产泡沫化和金融风险大规模集聚，侵蚀经济健康发展的根基，甚至诱发金融危机和经济危机。国际金融危机前，在宽松货币环境和以提高杠杆率为实质的金融创新助推下，巨大的房地产泡沫产生（刘鹤，2013）。

德国是 20 世纪 80 年代以来为数不多的、成功实现房地产与金融良性循环的国家，在有效满足民众住房需求的同时，避免了房地产与实体经济失衡，避免了经济泡沫化和金融危机。其基本经验是，以审慎的住房金融制度对住房金融市场进行有效控制。以固定利率为主导较好地隔离了货币政策变动对房地产市场的扰动；基于 MLV 方法进行抵押物价值评估、审慎的再融资制度设计、低贷款价值比以及以 MLV 为基准计算贷款价值比可以避免金融和房地产市场顺周期性叠加，阻断房价上涨与房贷扩张的螺旋式循环。

我国住房金融快速发展，但一段时间以来，金融部门和房地产市场相互叠加式地过度扩张，给经济高质量发展和金融稳定带来了诸多挑战。一是导致房地产快速泡沫化，推高了房地产领域的报酬率，抬升了企业成本，压低了实体经济报酬率，引发了房地产与实体经济失衡。二是导致金融规模过度膨胀，推高了金融部门的报酬率，加剧了资金“脱实向虚”，引发了金融与实体经济失衡。三是导致金融资源过度配置到房地产领域，加大了金融对房地产的依赖和风险敞口，大幅推升了居民部门杠杆率，成为可能引发系统性金融风险的源头。中国推动金融与房地产良性循环，有必要仔细考察和借鉴德国审慎住房金融的丰富实践。

典型性事实

住房金融是房地产和金融的结合。我们将住房金融界定为服务于住房购买和相关活动的金融制度、金融机构与金融市场、金融业务和金融工具的总和。总体上看，德国住房金融呈现出六个典型性事实，即重要性持续提升、相对规模不大、银行主导型特征明显、三支柱框架和中小银行主导、政府参与度低、专营机构退居次要地位。

住房金融地位越来越重要

金融体系越来越倾向于为购买住房者提供融资，住房金融在金融部门中占据越来越重要的地位。这是发达国家金融体系演化的普遍特征（Jordà，Schularick and Taylor，2017；特纳，2016），[①] 德国

① 这也可以理解为金融体系的一种异化。在经典金融学教科书中，金融的功能主要是为生产性活动提供融资，即“金融体系是健康而富有活力的经济的必要条件，它实现了资金从储蓄者向具有生产性投资机会的资金需求者手中的转移”（米什金，2011，第 161 页）。

也不例外。

从金融机构贷款构成看，住房贷款[①]对于德国金融机构的重要性不断提升。尽管1968—1992年德国住房贷款占非金融部门银行贷款的比重一度出现阶段性下降，但二战后总体上仍呈上升态势。德国住房贷款占比虽明显低于美国、英国等发达经济体的水平，但2003—2007年以及2013年以来也超过了50%（见图6.1）。

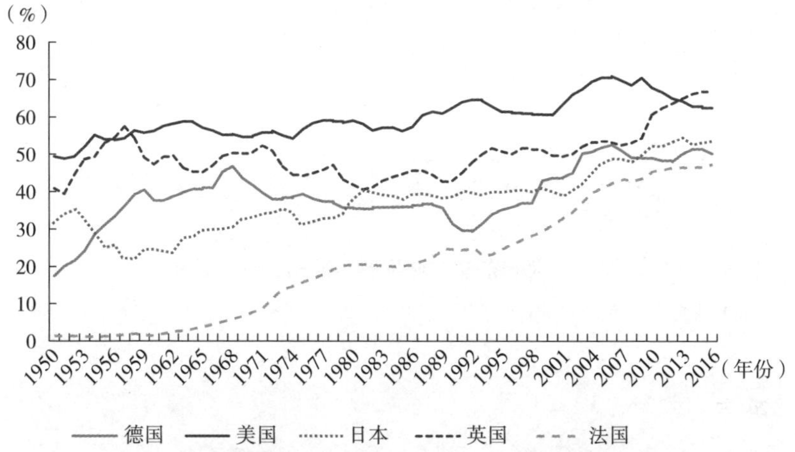

图6.1　典型国家住房抵押贷款占银行非金融部门贷款余额比重

资料来源：Òscar Jordà，Moritz Schularick and Alan M. Taylor（2017）。

从债券市场结构看，住房金融在资本市场上也占据重要地位。在德国，提供住房贷款的金融机构可以以抵押贷款为担保，发行一种名为潘德布雷夫抵押债券的资产担保债券进行再融资。20世纪70年代以前，潘德布雷夫抵押债券占债券市场总规模的比重大体维持在30%以上，个别年份甚至超过50%（见图6.2）。此后这一比重不断下降至目前的5%左右，但潘德布雷夫抵押债券的绝对规

① 在本书中，若非特别说明，住房贷款均指居民部门用于购买住房的贷款。

模仍与公司债规模大体相当。[1] 2015 年 1 月至 2020 年 4 月，潘德布雷夫抵押债券余额平均为公司债规模的 93.6%（见图 6.3）。

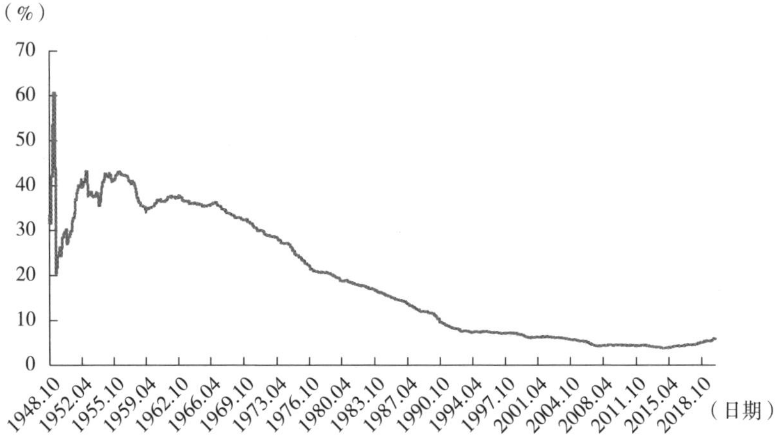

图 6.2　潘德布雷夫抵押债券余额占债券余额比重

资料来源：德意志联邦银行。

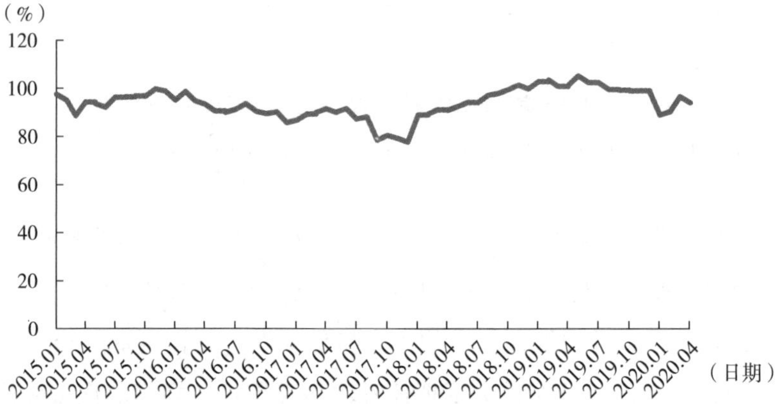

图 6.3　潘德布雷夫抵押债券余额与公司债余额之比

资料来源：德意志联邦银行。

① 此处的公司债包括非金融企业公司债、保险公司债和其他金融中介债券。

从居民债务的构成看，住房金融更是在家庭金融领域占据主导地位。住房贷款是金融部门向居民提供的最主要的债权融资服务。1999 年以来，德国居民住房贷款占居民债务比重一直在 60% 以上并呈持续上升态势，2014 年以来已升至 70% 以上。在美国，住房贷款也是居民部门贷款的主体部分，占比超过 60%。不过，由于国际金融危机前美国房地产泡沫的破灭，在 2008 年达到近 75% 的高点后出现了显著回落（见图 6.4）。

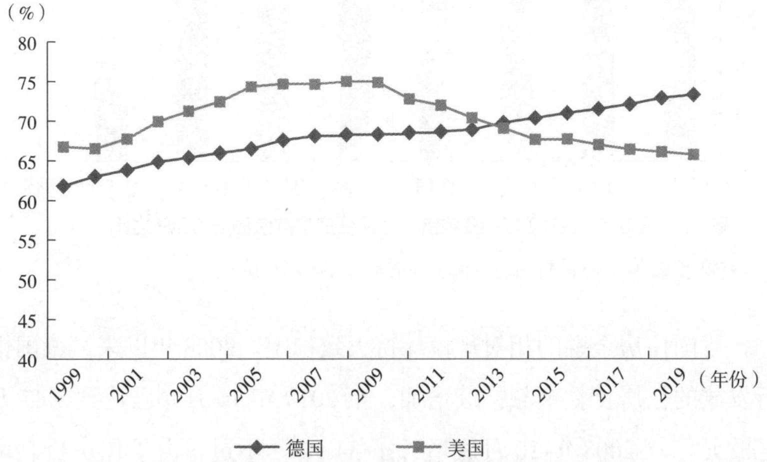

图 6.4　德国、美国居民住房贷款占居民部门债务比重

资料来源：德意志联邦银行，美联储。

住房金融相对规模不大

若按住房贷款余额与 GDP 之比来度量，德国住房金融相对规模不大。根据欧洲按揭贷款协会（European Mortgage Foundation）的统计，德国住房金融的相对规模明显小于英美，与欧盟平均水平相当，大于日本和意大利。2018 年年底，德国居民部门住房贷款余额与 GDP 之比为 42.7%，而英国和美国分别高达 65.8% 和 53.1%

（见图 6.5）。这也是英美居民部门杠杆率明显高于德国的主要原因。从住房贷款占非金融部门贷款比重看，德国住房金融的相对规模也明显小于英国和美国。

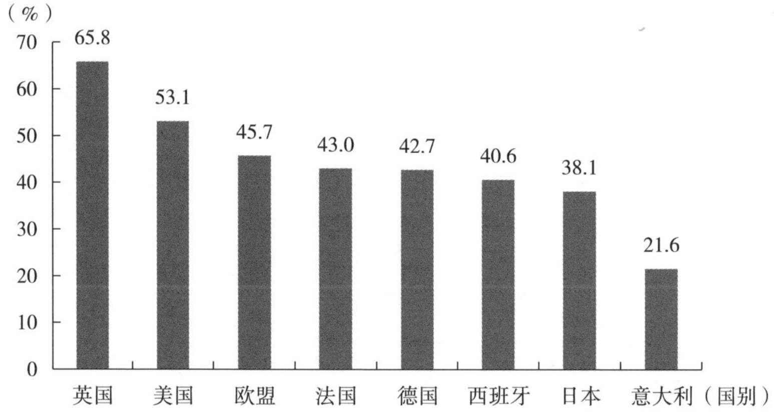

图 6.5　2018 年主要经济体居民住房贷款余额与 GDP 之比

资料来源：European Mortgage Foundation Hypostat 2019。

德国住房金融的相对规模保持大致稳定。2008 年以来，德国银行发放的住房贷款余额持续增加，至 2019 年 10 月底已达到 1.47 万亿欧元，较 2008 年 10 月底增长了 34.5%。不过，由于住房贷款增幅与同期名义 GDP 增幅（34.8%）相当，住房贷款余额与 GDP 之比保持大致稳定。

银行主导型特征明显

根据资本市场[①]和银行体系在住房金融市场中的相对地位，可

① 尽管并不直接提供住房贷款服务，资本市场仍可在住房金融体系中发挥重要作用，它可以作为住房贷款的融资来源，资本市场参与者可以作为债券类住房债务持有主体。

将住房金融分为资本市场主导型和银行主导型。在资本市场主导型住房金融体系中，资本市场是住房贷款的主要融资来源，非银行金融机构是住房金融债权①的重要持有主体。在银行主导型住房金融体系中，银行存款是住房贷款的主要融资来源，银行是住房金融债权的主要持有者。

德国住房金融具有典型的银行主导型特征。从融资来源看，银行存款是主要资金来源，大约占 4/5，资本市场的作用相对有限。2010 年以来，潘德布雷夫抵押债券②与住房贷款之比基本维持在 15% 以下（见图 6.6）。也就是说，只有不到 15% 的住房贷款被证券化，依赖资本市场进行再融资。③这与美国住房金融市场高度依赖资本市场存在显著差异。根据伯南克（Bernake，2007）和德勒热等人（Drege et al.，2013）的研究，美国住房贷款证券化率超过 50%。从住房金融债权的持有主体看，德国住房金融也具有明显的银行主导型特征。2018 年年底，德国住房贷款存量中，96% 为银行所持有，剩余 4% 为寿险公司持有。④而在美国，2018 年年底住房抵押债务中，银行体系持有部分仅为 35.3%。

值得注意的是，历史上的德国住房金融也曾具有较强的资本市场主导型特征；美国恰恰相反，其住房金融体系的资本市场主导型特征是近二三十年才出现的现象。1970 年和 1980 年，美国住房贷

① 住房金融债权包括住房贷款和基于住房贷款发行的债券。

② 除潘德布雷夫抵押债券外，德国金融机构也可以通过发行抵押贷款支持证券（MBS）进行融资，但抵押贷款支持证券占比很低。

③ 这一比重超过了中国的水平。2018 年年底，住房抵押贷款支持证券与个人住房贷款余额之比为 3% 左右。

④ 1990 年，非银行金融机构（主要是寿险公司）提供的住房贷款占比曾达到 12%，但由于 2005 年相关税收优惠政策的取消，德国住房贷款市场中，非银行金融机构的占比大幅下降（ECB，2009）。

款证券化率分别不到 1% 和仅为 10%（Bernake，2007）。同期，依赖在资本市场上发行潘德布雷夫抵押债券进行筹资的按揭银行在德国住房金融体系中占据核心地位，德国住房贷款证券化率分别超过 35% 和 33%。

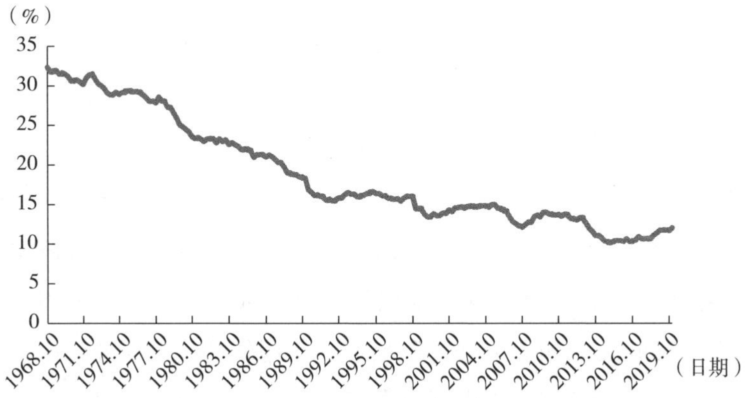

图 6.6　潘德布雷夫抵押债券与住房贷款之比

资料来源：德意志联邦银行。

呈现出三支柱和中小银行主导特征

储蓄银行、商业银行和信用社是德国银行住房贷款市场的三极，也可称为三支柱。2018 年 10 月底，储蓄银行、商业银行和信用社的住房贷款份额分别为 32.1%、24.7% 和 23.8%。建房互助协会、按揭银行、政策性银行和州立银行在德国住房贷款市场中处于补充地位。2019 年 10 月底，除建房互助协会的份额达到 10% 外，按揭银行、政策性银行和州立银行份额均在 4% 以下（见表 6.1）。此外，三支柱的占比不断提升，住房贷款市场集中化趋势明显。2019 年 10 月底，储蓄银行、商业银行和信用社占住房贷款市场比重为 80.6%，分别较 2008 年 10 月和 2000 年 10 月高出 10.4 个和

16.4 个百分点。银行住房贷款市场包括住房抵押贷款市场和非抵押类住房贷款市场，两者比例大致为 8∶2。[①] 抵押贷款市场和非抵押类住房贷款市场结构均与住房贷款市场结构类似。[②]

表 6.1 德国银行住房贷款市场结构

	2000 年 10 月		2008 年 10 月		2019 年 10 月	
	余额（亿欧元）	占比（%）	余额（亿欧元）	占比（%）	余额（亿欧元）	占比（%）
储蓄银行	2 753	26.7	3 052	27.9	4 714	32.1
商业银行	2 326	22.6	2 664	24.4	3 626	24.7
信用社	1 539	14.9	1 958	17.9	3 506	23.8
建房互助协会	992	9.6	1 069	9.8	1 474	10.0
按揭银行	1 533	14.9	1 029	9.4	580	3.9
政策性银行	340	3.3	608	5.6	467	3.2
州立银行	813	7.9	551	5.0	337	2.3
合计	10 308	100.0	10 934	100.0	14 704	100.0

资料来源：德意志联邦银行。

德国银行住房贷款市场由中小银行主导。储蓄银行、信用社以及商业银行中的区域性银行均为中小银行。2019 年 10 月底，区域性商业银行住房贷款余额为 1 311 亿欧元，占银行住房贷款市场的份额为 8.9%。储蓄银行、信用社和区域性商业银行份额合计为 65.6%；大银行份额仅为 15.6%。这一结构与中国大型银行占主导的住房贷款市场结构恰恰相反。2015—2019 年，工商银行、农业银行、中国银行、

① 2019 年 10 月底，住房抵押贷款余额为住房贷款余额的 82.5%，非住房抵押贷款占 17.5%。

② 2016—2018年，建房互助协会在非抵押类住房贷款市场上的份额一度达到20%左右。

建设银行、交通银行和邮储银行等六大国有银行个人住房贷款余额占全行业个人住房贷款余额的比重均在70%以上，分别达到79.9%、76.3%、75.1%、73.7%和71.2%，[①] 中小银行占比不足30%。

政府参与度低

德国给人的印象是政府发挥作用的空间较大。但在住房金融市场上，德国政府的参与度却很低，远远低于美国和许多其他欧洲国家。

首先，具有政策性功能的住房金融机构所占份额较小。在德国，政策性银行如德国复兴信贷银行，也提供政策性功能的住房贷款，但在整个住房贷款市场中的份额较小。2017年7月以来，政策性银行住房贷款占全部住房贷款余额比重已不足4%；近50年来的平均值则仅为3.3%（见图6.7）。即便考虑公共银行性质的建房互助协会[②] 后，

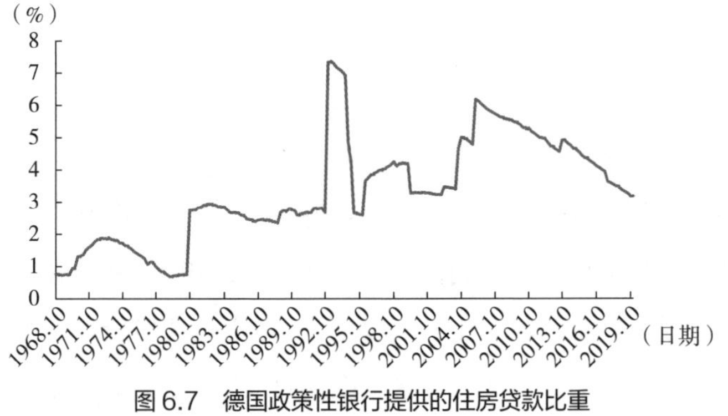

图6.7 德国政策性银行提供的住房贷款比重

资料来源：德意志联邦银行。

---

① 这一比重也远高于六大行资产总额占全行业资产总额的比重。2019年年底，六大行资产总额为128.4万亿元，占银行业金融机构规模的40.2%。

② 2016年的20家建房互助协会中，公共银行性质的8家，资产规模为669.6亿欧元，占建房互助协会资产总规模的30.8%。

具有政策性功能的住房金融机构的份额也仅为7%左右。

与此形成强烈反差的是，在被人们认为更强调市场机制的美国，政府机制却发挥着十分重要的作用。30多年来，在美国住房抵押类金融资产余额中，政府和政府支持企业持有的比重均超过30%，近年来更是持续超过50%（见表6.2）。

表6.2 美国住房抵押类金融资产中政府和相关机构持有情况

年份	2016	2017	2018	2019
住房抵押类金融资产	14 3320	148 929	154 242	160 031
联邦政府	1 197	1 198	1 232	1 238
州及地方政府	2 430	2 458	2 269	2 303
政府支持企业（GSE）	50 272	51 937	53 338	55 107
联邦机构及政府支持企业支持的资产池	19 330	21 268	22 926	24 073
政府及相关机构持有抵押资产小计	73 229	76 861	79 765	82 721
政府及相关机构持有抵押资产占比	51.1	51.6	51.7	51.7

注：（1）住房抵押类金融资产包括抵押贷款和抵押贷款支持证券；（2）政府支持企业包括美国政府国民抵押贷款协会［吉利美（Ginnie Mae）］、农场主住宅管理局（FMHA）、联邦住房管理局和退伍军人管理局（Federal Housing Admin. and Dept. of Veterans Affairs）、联邦国民抵押贷款协会［房利美（Fannie Mae）］、联邦住宅贷款抵押公司［房地美（Freddie Mac）］、联邦家庭贷款银行（Federal Home Loan Banks）、联邦土地银行（Federal Land Banks）和联邦农业抵押贷款公司（Farmer Mac）等。（3）最后一行单位为%，其余行单位为亿美元。

资料来源：美联储。

其次，德国没有任何住房贷款的公共和私人担保计划。根据欧洲央行（ECB，2009）的研究，德国住房贷款中有公共和私人担保计划的贷款比重为零，而法国、荷兰、比利时等贷款价值比高的国家，有公共和私人担保计划的贷款比重分别达到58%、13%和19%。

专营机构退居次要地位

按揭银行和建房互助协会是德国主要的住房金融专营机构。在1989年之前的较长一段时间里，住房金融专营机构曾在住房金融领域占据主导地位，市场份额一度超过50%。此后，住房金融专营机构退居次要地位，市场份额分别于1993年1月和2007年10月降至30%和20%以下，2020年1月降至14%（见图6.8）。住房金融专营机构地位下降的主因是按揭银行份额大幅下降。2020年1月，按揭银行在住房贷款市场中的份额为4%，分别较1993年1月和2007年10月大幅下降12.2个和6.3个百分点，而同期建房互助协会份额基本维持不变。

值得强调的是，为中国所熟知的住房储蓄贷款模式[①]并不是德国住房贷款的主流模式。建房互助协会是德国唯一有资格经营住房储蓄贷款业务的机构。虽然建房互助协会住房贷款余额的份额在20世纪70年代和80年代一度超过20%，但自20世纪末开始便已降至10%左右（见图6.8）。中国的住房公积金贷款与建房互助协会贷款类似。2018年年底，中国住房公积金贷款余额为4.98万亿元，占个人住房贷款和住房公积金贷款总额的比重为16.2%，高于德国水平。

① 在典型的住房储蓄贷款模式中，储户与建房互助协会签订住房储蓄合同（Contractual Saving Scheme），整个合同期包括储蓄期、等待期和贷款期。其中，储蓄期一般为5~8年，为合同期的1/4到1/3；等待期为获得贷款资格到获得贷款之间的过渡期，由于建房互助协会的融资渠道已多元化，这一阶段已经很短或被取消；贷款期为获得贷款并偿还的时期。在储蓄期，储户按固定利率存款，用于换取在贷款期按优惠利率获得固定贷款利率的机会（Dübel，2011）。

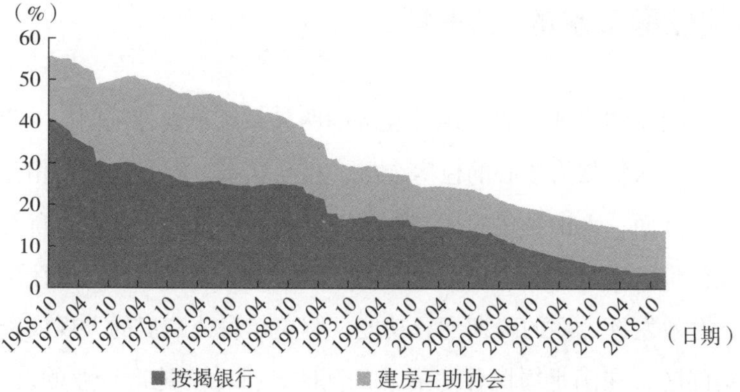

图 6.8　德国住房金融专营机构住房贷款份额

资料来源：德意志联邦银行。

与住房金融专营机构作用下降相对应，非专营性机构或全能银行的作用持续提升。其中，储蓄银行的份额变化不大，商业银行和信用社的份额大幅增长。1968 年 10 月，商业银行和信用社的份额仅为 5% 左右，2020 年 1 月两者已分别达到 24.6% 和 23.9%（见图 6.9）。按揭银行和建房互助协会所丧失的市场份额基本上为商业银行和信用社所获得。

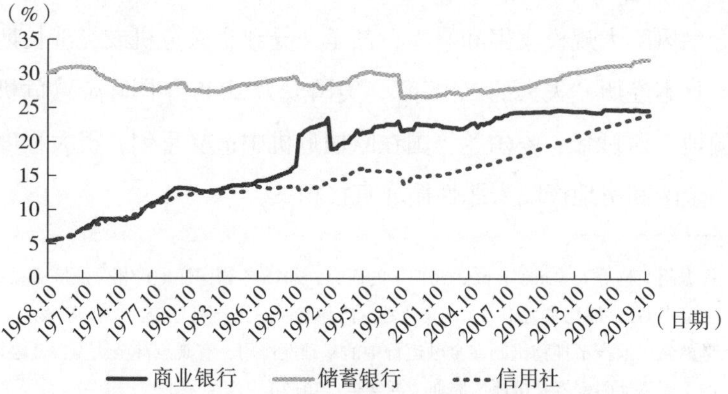

图 6.9　商业银行、信用社和储蓄银行住房贷款市场份额

资料来源：德意志联邦银行。

德国住房金融的“1+4”

金融业和房地产业是现代经济的两大系统重要性部门。[①]两者基于以住房贷款为核心的住房金融，相互联系、相互依赖，相互循环。一方面，无论是建房还是购房，资金需求量都非常大，自有资金往往难以满足。一个正常运行的金融体系，可以通过发放住房贷款，有效发挥金融的跨期配置功能，解决建房或购房的大规模资金筹集问题，在满足居民住房需求的同时，推动房地产行业的发展。另一方面，信息和抵押物是畅通融资的两种相互替代的机制。在信息不对称性的情况下，金融体系的信用扩张或向实体经济提供融资，不得不依赖抵押物来缓解道德风险和逆向选择问题。一个有住房贷款支撑的房地产市场，反过来也可以为信用扩张提供价值稳定的优质抵押物，从而为金融体系融资功能的发挥提供支撑。[②]

不过，从最近几十年全球经济金融实践来看，两者的循环易偏离良性循环轨道，导致房价大起大落。根据国际货币基金组织（IMF，2009）的研究，1970—2008 年 17 个样本国家房地产泡沫破灭次数达 47 次，平均每个国家为 2.76 次。[③]房价大起大落会导致金融风险大规模集聚和暴露，甚至会导致金融危机或经济长期停滞。日本经历“失去的二十年”，美国成为 2008 年国际金融危机的策源地，西班牙、爱尔兰等国在欧债危机中遭受重创，很大程度上均与金融和房地产陷入恶性循环直接相关。

---

① 根据胡斯特等人（Just et al.，2017）的研究，2015 年德国房地产相关经济活动的增加值占 GDP 的比重为 18.2%，公司数占比和就业占比分别为 25.1% 和 9.5%。

② 考虑到房地产抵押物机制在金融运行中的基础性作用，有观点甚至认为，金融周期的主要驱动因素就是房地产周期（彭文生，2017）。

③ 国际货币基金组织（IMF，2009）将过去四个季度房价平均增速低于 –5% 的情形界定为泡沫破灭。在每个泡沫破灭期，房价累计下跌 17.71%。

房地产和金融的循环偏离良性循环，与住房金融特别是住房贷款市场失控直接相关。大量研究表明，住房贷款与房价之间存在显著的正相关（Gimeno and Carrascal，2006）。住房贷款是连接金融和房地产部门及其顺周期性的纽带，一旦住房贷款增速失控，两者的顺周期性就会叠加强化。住房贷款增长过快会导致房价快速上涨，房价上涨会降低住房贷款违约率并激励银行发放更多的住房贷款，更多住房贷款的供给则进一步推动房价上涨。

住房贷款市场失控，是货币政策和监管政策共同作用的结果。我们既能看到货币政策对资产价格及其波动性产生的重要影响（Bernanke and Gertler，2000；Ahearne et al.，2005），也能看到住房贷款体系制度设计与房地产市场之间的关联性（Muellbauer，1992；Tsatsaronis and Zhu，2004；Bernake，2010）。其中，监管政策更具决定性，或至少更具可操作性。货币政策作为宏观调控政策，更多关注的是经济增长、就业、物价水平等宏观经济变量，难以单独顾及房地产市场。同时，货币政策之所以对房价产生影响，主要机制是影响住房贷款的成本（利率）和可获得性（信贷增速）。合理的监管政策或住房贷款制度设计有利于对冲货币政策对住房贷款成本和可获得性的扰动。伯南克（Bernake，2010）甚至认为，抑制房地产泡沫的最佳措施不是货币政策，而是监管政策。

德国金融与房地产的良性循环

德国是20世纪80年代以来为数不多的有效控制住房贷款增速、实现金融与房地产良性循环的国家。1980—2007年，德国住房贷款平均增速仅为3.5%，1990—2007年和2000—2007年，增速更是只有1.5%和0.9%。温和的住房贷款增速，较好地抑制了房地产投机需求，避免了房地产与金融顺周期性相互叠加而出现房价快速上涨的现象。1990—2007年，德国房价总涨幅仅为17.3%，年均涨幅仅为0.9%。这与同期英国、西班牙和美国等国房地产市场快速泡沫化形成了鲜明对比，它们的总涨幅分别高达317.4%、212.8%和128.7%（见图6.10）。[①]

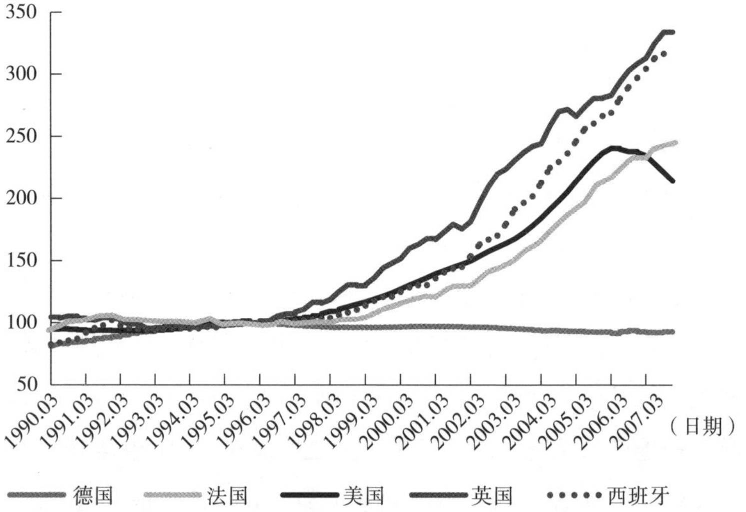

注：1995年为100。

图6.10　典型国家房价指数

资料来源：国际清算银行。

德国房地产与金融良性循环的秘诀，在于德国住房金融的“1+4”模式。所谓“1”，是指德国长期以维护币值稳定为首要目标的货币政策，长期维持了低通胀率，从两方面支撑了住房金融和住房市场的稳定。一方面，避免流动性泛滥和过多资金流入住房

① 2000—2008年，德国房价下跌了3.8%，同期美国、英国和西班牙房价分别上涨166.5%、125.4%和72.6%。

市场，为监管政策或审慎性住房金融制度有效发挥作用创造了有利环境。另一方面，低通胀率和低通胀预期大大降低了居民将住房作为保值增值投资品的需求，有利于减少住房的投资属性和对住房金融的需求，避免了房地产金融化。所谓“4”，是指德国审慎性住房金融市场的四大制度性特征。虽然欧元区早在1999年便已实施统一的货币政策，但德国和西班牙、爱尔兰等其他欧元区国家在住房贷款增速和房地产市场却表现迥异。这一差异与德国住房金融的制度性特征有关。现有文献一般从贷款价值比、利率类型、再融资工具、贷款期限、抵押物价值评估方法、资产增值贷款等多个维度来刻画一国的住房金融市场。从国际比较看，德国住房金融市场具有鲜明的审慎性特征，集中体现为：基于MLV的抵押物价值评估、审慎的再融资、贷款价值比低、固定利率占主导（见表6.3）。这种审慎性，既是监管政策塑造的结果，也是德国银行业形成的一种习惯。

表6.3　德国和相关国家住房金融市场的特征

	德国	英国	法国	美国	西班牙	爱尔兰
贷款价值比（%）	70	75	91	80	72.5	83
占主导的利率类型	固定利率	浮动利率	固定利率	浮动利率	浮动利率	浮动利率
主导性再融资工具	担保债券	MBS	担保债券	MBS	担保债券	担保债券
抵押物价值评估	MLV	市场价格	N/A	市场价格	N/A	N/A
担保债券抵押物价值担保率（%）	60	—	N/A	—	80	75
典型贷款期限（年）	25~30	25	19	30	30	31~35
资产增值贷款	未禁止但极少	允许	不允许	允许	限制	限制
提前偿还罚息	有	有限制	有	无	有	有

注：当欧洲央行（ECB，2009）和卡尔达雷利等人（Cardarelli et al.，2008）的数据存在冲突时，以欧洲央行（ECB，2009）的数据为准。

资料来源：ECB（2009），Cardarelli et al.（2008）。

基于 MLV 的抵押物价值评估

住房贷款通常是以所购住房为抵押物，抵押物价值评估直接影响住房贷款额度。与大多数国家不同，德国的银行发放贷款时，对抵押物价值的评估是基于 MLV（抵押贷款价值），而非即时市场价值（Voigtländer，2012）。MLV 是基于长期因素评估出的整个抵押贷款期内的可持续价值（Sustainable value）。该价值不受临时性、投机性因素的影响，是预先估计到的在拍卖时能够达到的价格，是对房产价值的保守估计值，通常也是经济周期内的最低价格（见图 6.11）。

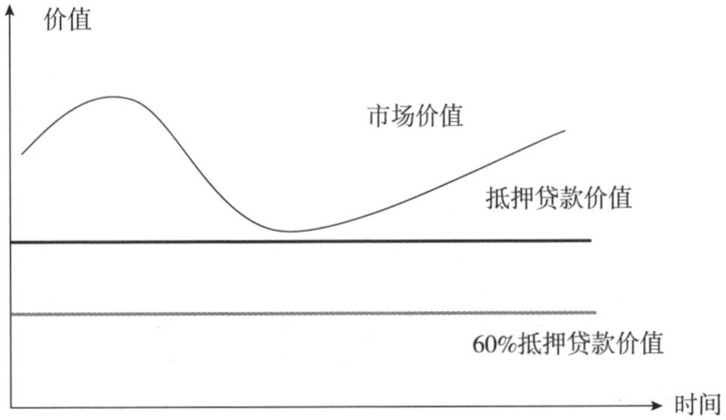

图 6.11　抵押贷款价值与市场价值

资料来源：德国按揭银行协会（VDP）。

与即时市场价值相比，MLV 更具审慎性。首先，评估方法具有审慎性。MLV 采用收益法和成本法的双支柱评估框架，用 MLV 对住房价值进行评估时还需要以比较法作为 MLV 的检查价值。其中，收益法是主要评估标准，MLV 不得高于用收益法评估出的收益价值；如果用成本法评估出的成本价值和用比较法评估出的检查价值均比收益价值低 20% 以上，则需要对收益的可持续性和资本化系数进行特别审查，若证明无误，要进行证据确凿的解释说明，否则要调低收益价值。[①] 同时，评估程序完全透明，并要求对评估对象进行实地考察。如果评估者不能亲自对评估对象进行实地考察，将被判决为草率而且违反常规（克利曼、吕希哈特和曲卫东，2010）[②]。

其次，评估结果具有审慎性。MLV 通常是房产的最低价格（Crimmann and Rüchardt，2009）。根据经验，抵押贷款价值大约是市场价格的 80%（Voigtländer，2012）。由于重新进行 MLV 评估成本高昂，即便房价上涨，MLV 通常也保持不变。

德国住房贷款市场与此相关的另一个特征是资产增值抵押贷款很少。资产增值抵押贷款是在房产升值的情况下，可以基于房产升值部分增加抵押贷款额度或再进行新的贷款。加抵押、转抵押、房屋净值贷款等产品就属于资产增值抵押贷款。资产增值抵押贷款强化了金融周期与房地产周期之间的正反馈性。在德国，尽管资产增值抵押贷款并未被法律或监管政策禁止，但金融机构很少提供这一类贷款，而在英国和美国则很常见（Cardarelli，Igan and Rebucci，2008；Reinold，2011）。资产增值抵押贷款在德国不常见，主要原因在于德国抵押贷款发放是基于 MLV 而非即时市场价值。由于 MLV 通常是稳定的，即时市场价值的变化并不影响 MLV。当然，客户也可以通过重新评估来调整 MLV，但因成本高昂而很少进行重新评估（Voigtländer，2012）。2010 年以前德国房地产价格波动幅度低，房产增值幅度有限也是重要原因。

---

① 见《抵押债券价值评估条例》第 4 条第 1—3 款。

② 转引自克莱伯和西蒙（2007）第 226 页。

审慎的再融资制度

在德国，潘德布雷夫抵押债券成本低、期限长，是住房贷款再融资的主导性工具。潘德布雷夫抵押债券属于欧洲式担保债券，[①] 相较于美国式抵押贷款支持证券而言具有审慎性特征（见表 6.4）。

表 6.4　欧洲式担保债券与美国式抵押贷款支持证券的差异

	欧洲式担保债券	美国式抵押贷款支持证券
是否出表	不出表，用于担保的资产仍保留在发行人资产负债表	出表，用于证券化的资产被剥离到特殊目的公司（SPV），SPV 与发行人通常不是同一实体
资本金占用	占用资本金	不占用资本金
发行目的	主要用于低成本筹资	真实出售的 MBS 可以移除风险并起到释放资本占用的作用
追索权	双重追索权，既对发行人有追索权，也对担保资产有追索权	对发行人无追索权，仅对用于证券化的资产有追索权
资产池	担保资产池通常是变动的，发行人可以替换到期及不再符合标准的资产	资产池是固定的
利率	利率通常是固定的	利率通常是浮动的
结构化设计	无结构化设计	结构化

资料来源：ECB（2009），宣昌能和王信（2009）整理。

一方面，与美国式抵押贷款支持证券出表不同，发行潘德布雷夫抵押债券的基础资产仍然留在发行人的资产负债表上，且债券购买人具有对发行人和担保资产的双重追索权，发行人的道德风险低，贷款发放标准更为审慎。

另一方面，潘德布雷夫抵押债券发行具有充足的担保。德国《抵押债券法》（Pfandbrief Act）第 14 条第 1 款规定，在发行潘德布雷

① 担保债券也译为表内双担保债券，见宣昌能和王信（2009）。

夫抵押债券时，抵押贷款用作担保物时不得超过房产 MLV 的 60%。这一比例远低于西班牙（80%）、葡萄牙（80%）、爱尔兰（75%）等国的水平（ECB，2009）。由于超过 60% 的部分不能用作担保以发行低成本的潘德布雷夫抵押债券，这部分贷款的成本无论是对银行还是对客户来说都会比较高，从而抑制了高贷款价值比的贷款的发放。此外，潘德布雷夫抵押债券受到德国金融监管局的特别监管，以确定是否遵守了《抵押债券法》。

与审慎性特征相关联，潘德布雷夫抵押债券风险低，在市场上具有较高接受度。在雷曼兄弟破产引发市场信任危机背景下，潘德布雷夫抵押债券成为仅有的通过抵押贷款进行融资的工具（Jörg Quentin，2015）。同时，潘德布雷夫抵押债券还有其他优势。比如，对投资者而言，潘德布雷夫抵押债券投资人的权利优先于银行储户，在享受高安全性的同时，还可以享受较主权债券更高的收益率。对发行人而言，发行潘德布雷夫抵押债券具有资本节约的作用，在某些条件满足的情况下，发行人抵押贷款价值 60% 的部分可以适用明显较低的资本占用标准。潘德布雷夫抵押债券的高接受度，进一步强化了它在德国住房贷款再融资市场上的主导地位，使"不超过抵押贷款价值 60%"的规定进一步强化了对金融机构住房贷款发放行为的约束。

贷款价值比低

贷款价值比即住房贷款额与房屋价值之比，是一个与首付比例相对应的概念，直接决定了住房贷款的规模和杠杆水平。贷款价值比越低，首付比例越高，购房的权益性资金要求越多，购房所能申请的贷款就越少。

贷款价值比低是德国住房贷款制度的重要特点（Cardarelli，

Igan and Rebucci，2008；European Central Bank，2009；Drege et al.，2013）。在较长一段时间内，德国的贷款价值比通常为70%，低于美国[①]、日本、英国、法国等国的水平（见图6.12）。[②]值得说明的是，德国住房贷款市场在计算贷款价值比时，所使用的房屋评估价是低于即时市场价值的MLV。这意味着，与使用房产市场价值计算贷款价值比的其他国家相比，德国的实际贷款价值比更低。

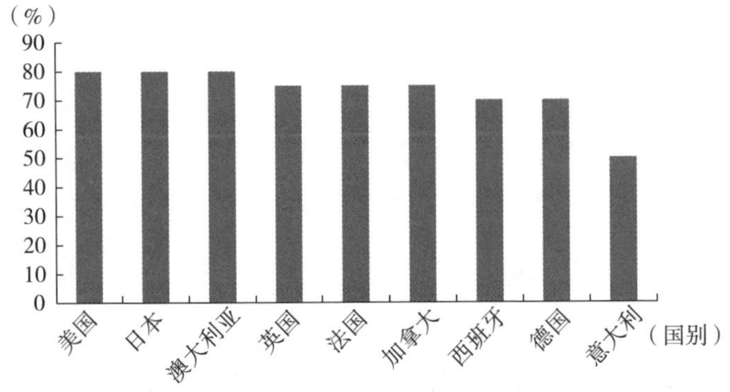

图6.12　国际金融危机前代表性国家贷款价值比

资料来源：Cardarelli，Igan and Rebucci（2008）。

德国贷款价值比低，主要与德国住房贷款审慎的再融资模式和特定监管规定有关，贷款价值比低的住房贷款拥有再融资的优势。此外，还有其他两方面因素。一是德国是欧洲国家中少有的无住房贷款公共及私人担保计划的国家。这意味着与相同贷款价值比但有担保计划的贷款相比，德国金融机构面临的风险更高。为控制风险，

① 在美国，贷款价值比低于85%，贷款本息偿付额低于可支配收入55%的贷款就可以成为优质贷款；在德国，优质贷款的标准更高，贷款价值比低于80%，贷款本息偿付额与可支配收入之比不超过30%的才能被称为优质贷款（Jäger and Voigtländer，2008）。

② 贷款价值比与贷款期限有关。在购房人本息偿还压力相同的情况下，贷款期限越长，贷款价值比越高。在剔除贷款期限这一因素后，德国的贷款价值比仍然相对较低。

金融机构会追求较有担保计划情形下更低的贷款价值比。二是德国租赁市场发达。德国拥有一个庞大而有效的住房租赁市场，租赁住房质量高。租赁住房为居民提供了购房之外的一个替代性、接受度高的选择，居民特别是中低收入阶层，不用承担大量债务风险也能享受高质量的住房服务。这避免了住房贷款放贷标准的降低，有利于维持较低的贷款价值比。

值得指出的是，2010 年以来，随着房价的持续上涨，银行出现了向自有资金比例更低的客户放贷的迹象（Dreger and Kholodilin, 2013），德国住房贷款的平均贷款价值比出现了上涨。根据欧洲按揭贷款基金会（EMF，2016）的统计，2015 年德国住房贷款的平均贷款价值比为 76%，较 2011 年提高了 5 个百分点。[①] 为了抑制贷款价值比的上升，德国专门颁布了监管规定，要求银行审查客户是否具有承担债务的能力，否则银行可能因发放不负责任的贷款被起诉。

固定利率主导

住房贷款通常是长期贷款，[②] 期限一般不低于 15 年，[③] 利率类型和利率变动对实际购房成本和房价具有重大影响。浮动贷款利率

① 根据欧洲按揭贷款基金会（EMF，2018）的统计，2017 年德国住房贷款平均贷款价值比进一步上升至 78%。根据国际货币基金组织（IMF，2016）的调查数据，LTV 超过 100% 的贷款大约有 1/3。

② 在欧洲范围内，住房贷款期限总体上呈上升态势，这一方面可能反映了房价上涨，需要更长期限的贷款来降低房贷的单期本息偿付负担，另一方面也可能反映了银行之间竞争加剧，需要提供更长期限贷款来满足客户需求（ECB，2009）。

③ 根据卡尔达雷利、伊甘和雷布奇（Cardarelli，Igan and Rebucci，2008）的研究，美国常规住房抵押贷款的年限为 30 年，德国、日本、英国、加拿大、澳大利亚的年限为 25 年，法国和意大利的年限为 15 年。

被运用得越广泛，房价对短期利率就越敏感（Tsatsaronis and Zhu，2004），房地产市场波动性也越大。而在固定利率占主导的情况下，房地产市场较少受到货币政策变动或短期利率变化的影响。

在《巴塞尔协议Ⅱ》框架下，银行选择浮动利率贷款有利于将利率风险转嫁给购房贷款人，从而降低银行的资本要求。但是，德国住房贷款市场仍然以固定利率为主导，浮动利率贷款占比低，仅为15%左右，既低于美国（45%~50%左右）的水平，也低于英国和欧元区大部分国家的水平（Hüther et al.，2015）。

所谓固定利率，并不是在整个贷款期限内利率均是固定的，而是指在一个期限内的利率是固定的，意味着利率的重定价周期长。根据利率固定期限的长短，德国的固定利率贷款合同主要有三类：固定期1~5年，固定期5~10年，固定期10年以上。从近期的情况看，在低利率环境下，浮动利率和短期限固定期贷款比重显著下降，长期限的固定利率合同比重明显提高（见图6.13）。[①]

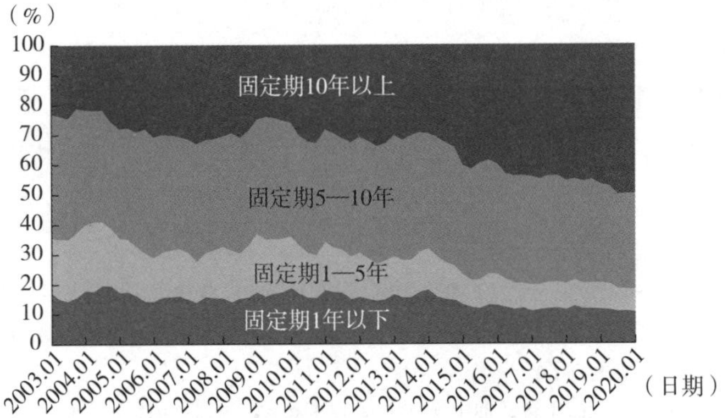

图6.13　德国住房贷款结构：各利率类型占比

资料来源：德意志联邦银行。

① 国际金融危机后，德国长固定期固定利率贷款比重的上升并不代表审慎性的增强。其主要原因在于利率处于低位，客户希望以更长的固定期来实现低利率的锁定。

固定利率占主导有需求侧、供给侧和监管政策等三个层面的原因（ECB，2008）。需求侧层面，宏观经济运行保持稳定，通胀率低且稳定，有利于购房者形成长期预期，使其倾向于长期规划和固定利率贷款。供给侧层面，银行可以发行长期限、固定利率的潘德布雷夫抵押债券进行再融资。监管政策层面，关于提前还款的差异化罚息规定强化了固定利率相对于浮动利率的优势。德国并不禁止浮动利率贷款，银行可以为客户提供各类浮动利率贷款产品。在浮动利率贷款合同下，银行不得对客户的提前还款行为收取罚息。相反，在固定利率贷款合同下，银行可以对客户的提前还款行为收取巨额罚息（Voigtländer，2010）。① 银行为了覆盖浮动利率贷款的提前还款风险成本，对浮动利率贷款提出较高的利率要求，拉低了固定贷款利率和浮动贷款利率的利差，使德国利差水平明显低于英国和荷兰等浮动利率占比高的国家（Hüther et al., 2015）。在很多时候，浮动利率贷款利率甚至高于固定利率贷款利率（见图 6.14）。对客户而言，这意味着在较长时间内，每月付款的安全性的好处超过了提前还款要支付额外费用的缺点。

当然，固定利率在一定程度上会加大银行利率风险管理的挑战。事实上，美国的储贷危机就是一次典型的利率风险带来的危机。20 世纪 70 年代，美国储贷机构以浮动利率债券在金融市场融资后，发放了 20 年以上的固定利率抵押贷款，当美联储为治理通货膨胀连续提高联邦基金利率 10 个百分点以后，抵押贷款业务严重亏损，1 000 多家储贷机构倒闭。

---

① 以 10 年期 6% 利率的 10 万欧元贷款合同为例，若 5 年后提前还款，在德国需要支付 1 万多欧元的罚息，而在奥地利、法国、荷兰分别仅为 5 000 欧元、3 000 欧元和 2 000 欧元左右（Voigtländer，2010）。

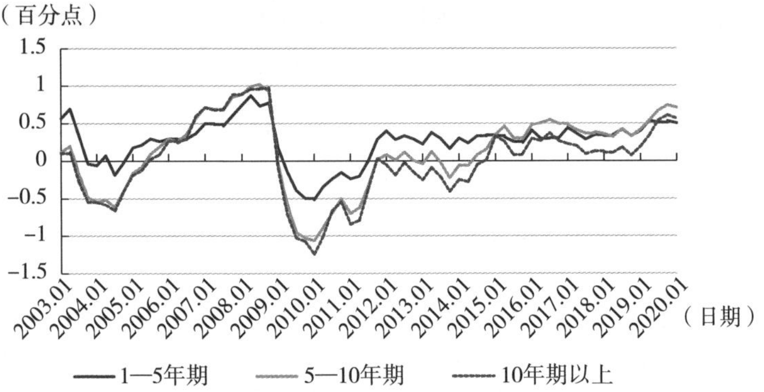

图 6.14 德国房贷浮动利率贷款与各类固定利率贷款利差

资料来源：德意志联邦银行。

“三个熨平”功能

德国住房贷款市场的四大制度性特征，即固定利率占主导、基于 MLV 的抵押物价值评估、审慎的再融资模式、贷款价值比低且以 MLV 为基准计算贷款价值比，发挥了对住房贷款需求的“三个熨平”的功能，从而避免了住房贷款过快膨胀。

一是基于 MLV 的抵押物价值评估有助于熨平房价上涨对住房贷款投放量的影响。作为抵押物的房产的评估价值是决定住房贷款额度的关键因素之一。MLV 的审慎性甚至保守性，使评估出的抵押物价值独立于房价的短期性、周期性波动，从而熨平了短期内房价上涨对抵押物评估价值的影响。在这种情况下，即便房价出现上涨，其对德国住房贷款投放量的影响也相对有限。此外，由于德国金融机构很少发放资产增值抵押贷款，房价上涨也不会带来资产增值抵押贷款这类住房贷款的明显上升。

二是贷款价值比低有助于熨平需求变动对住房贷款投放的影响。贷款价值比也是决定住房贷款额度的关键因素之一。基于

MLV 的较低贷款价值比，意味着需要较高的首付比。在短期内购房需求和住房贷款需求上升的情况下，较高的首付比会过滤掉首付不足人群的贷款需求，从而避免住房贷款激增和住房贷款市场失控。审慎的再融资模式也有利于维持较低的贷款价值比，避免了出表型抵押贷款支持证券通过“发起－分销”方式转移风险、推高贷款价值比的情形。

三是固定利率占主导有助于熨平货币政策变动对房地产信贷投放的扰动。利息在购房成本中占据很高比例，购房需求和住房贷款需求通常与利率水平负相关。在浮动利率占主导的住房贷款市场中，利率下调通常会诱发大量的住房贷款需求和购房需求，从而对房价产生拉升效应。但是，在固定利率占主导的市场，重定价周期长，央行利率调整并不会在短期内传导到住房贷款市场，从而有助于隔离货币政策的影响，避免利率变动带来的短期扰动。同时，固定利率占主导意味着银行承受利率风险，这使得德国房贷利率较欧洲其他国家更高（ECB，2009），一定程度上对冲了利率下调对住房贷款投放和房价的影响。

这些审慎的金融制度，使得房地产市场对货币政策变动不敏感，从而确保了货币政策对房地产市场的中性影响。美国和中国的情况恰恰相反，房地产市场对货币政策变动十分敏感，货币政策对房地产市场的结构性效应凸显。21 世纪初美国房价的快速上涨，2015 年年底以来，中国一线城市和热点二线城市房价的快速上涨，都与货币政策调整密切相关。

思考和借鉴

德国住房金融有效约束了房地产和金融的顺周期性，促进了房地产与金融的良性循环，避免了经济泡沫化。面对房地产金融化、金融房地产化和经济泡沫化的挑战，中国可以充分借鉴德国住房金融的有益经验。与此同时，要认识到德国住房金融赖以存在的生态环境以及住房金融政策对于维护房地产市场稳定的局限性。

不能夸大德国住房金融的成本

德国住房金融在确保房地产市场稳定，避免出现房地产泡沫和泡沫破灭方面的作用有目共睹。但也有观点认为，德国住房金融过于审慎，导致德国住房拥有率低，剥夺了低收入人群享受房屋增值的机会。的确，德国住房拥有率在欧盟内部最低，2017 年仅为 51.7%，较欧盟和欧元区平均水平分别低 17.9 个和 14.7 个百分点，较法国、英国、意大利、西班牙等欧盟主要经济体分别低 13.0 个、13.6 个、21.0 个和 25.7 个百分点（见图 6.15）。与美国和日本等主要经济体相比，德国住房拥有率也低很多。

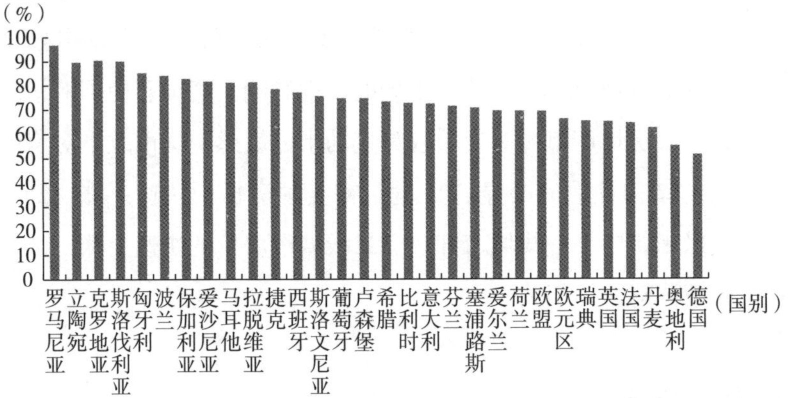

图 6.15　2017 年欧盟国家住房拥有率

资料来源：European Mortgage Foundation Hypostat，2019。

对任何一种制度来说，有收益便有其成本，德国住房金融制度也不例外。评估该项制度是否可取，是否可借鉴，关键在于综合评估其成本收益。总体上看，德国住房金融制度可取，收益远高于成本。一方面，低住房拥有率可能主要不是金融政策的结果。欧洲央行的研究（ECB，2009）表明，与其说是金融政策，不如说是房地产税收制度安排与德国住房拥有率低更具相关性。同时，考虑到德国拥有发达的住房租赁市场，即便金融政策导致了低住房拥有率，也不妨碍其满足居住需求。由于住房市场稳定，房产增值空间有限，审慎的住房贷款市场不仅未剥夺中低收入群体房产增值的机会，还避免了其陷入“债务陷阱”的境地，在使居民部门杠杆率保持在较低水平的同时，降低了其居住成本。审慎的住房金融市场，还使德国经济金融在面对国际金融危机和欧债危机冲击时保持了足够韧性，降低了中低收入者的失业风险。

不能忽视德国审慎住房金融的外部生态

20 世纪 80 年代以来，德国住房金融市场能够长期保持审慎性，固然与一套独特的住房金融制度相关，也离不开德国住房金融所处的特定外部生态环境，如通胀水平低且稳定、房价长期稳定、住房租赁市场发达，以及多中心城市发展格局。

由于通胀水平低且稳定，利率环境相对稳定，购房者和银行面临的利率风险均较小，固定利率相对于浮动利率的潜在劣势并不明显。这是德国固定利率占主导的宏观背景。试想，在一个通胀水平和利率波动性大的宏观环境中，无论是作为需求方的购房者，还是作为供给方的银行，都将面临巨大的利率风险，固定利率便不具有商业可持续性和吸引力。由于通胀水平低和房价长期稳定，房产的居住属性凸显，投资属性或保值增值功能弱化，投机性的购房需求和房贷需求少，贷款价值比得以保持在较低水平，基于 MLV 的抵押物价值评估也不会在较短时间内向上修正，这又进一步维持了房价稳定。从这个角度看，德国房地产市场稳定的原因就在于稳定自身。

发达的住房租赁市场也是导致德国审慎性住房金融市场的重要因素（Voigtländer，2012）。庞大而高效的租赁市场为潜在客户或低收入家庭提供了购房之外的住房选择，既使德国房地产市场有了抵御提高住房拥有率的政治压力的能力，也避免了低收入群体和首付不足者通过承担更高风险溢价购房来满足住房需求，降低了银行放松标准发放房贷的可能性，从而确保了住房贷款市场审慎性的维持。如果缺乏一个发达的租赁市场，在更强调公平的德国，住房贷款市场的审慎性特征将难以长期维持。德国格外注重租房者利益。《租房法》规定，房租涨幅不能超过合理租金的 20%，否则房东将涉嫌违法。政府实行普惠性的房租补贴政策。根据测算，86% 的德国人可以接受不同额度的租房补贴（任泽平，夏磊，2017）。德国住房租赁市场发达，与租赁友好型的税收制度安排有关。1987 年以来，自有住房的融资成本（房贷利息）和折旧不能作为个人所得税的扣除项予以扣除，而租赁住房的相关融资成本则可以抵扣。同时，在德国购房所需要的税费也明显高于其他国家。

多中心发展模式也有利于降低房价上涨压力（特纳，2016；朱玲，2015）。相较于美国、中国、日本、英国、法国等主要经济体，德国没有一个强势领头城市，而是有多个重要性相当的中等城市。德国最大的城市柏林，2018 年人口仅约为 360 万人，远少于巴黎和伦敦、纽约、东京和中国的北上广深的人口。根据麦肯锡全球研究所（Mckinsey Global Institute，2015）的研究，当较大比例人口居住在龙头城市时，该国房地产价格会更高。

此外，任泽平、夏磊等（2017）的研究表明，德国房价长期稳定得益于“德国长期实行以居住为导向的住房制度设计，并以法律形式予以保障。德国始终把房地产业看作国家社会福利体系的一个重要组成部分”，不强调其所谓的“支柱产业”地位。“德国的《住房建设法》、《住房补助金法》、《住房租赁法》和《私人住房补助金法》分别为社会保障住房供给、中低收入房租补贴、租赁市场规范和私有住房提供了法律框架，被称为德国住房政策的‘四大支柱’”。

不能高估住房金融政策的房价稳定功能

2010年以来，德国房价持续上涨。至2019年，德国七大城市的房价较2010年已上涨110.6%，年均涨幅高达8.6%；127个城市的房价涨幅也达到88.7%，年均涨幅为7.3%（见图6.16）。这与国

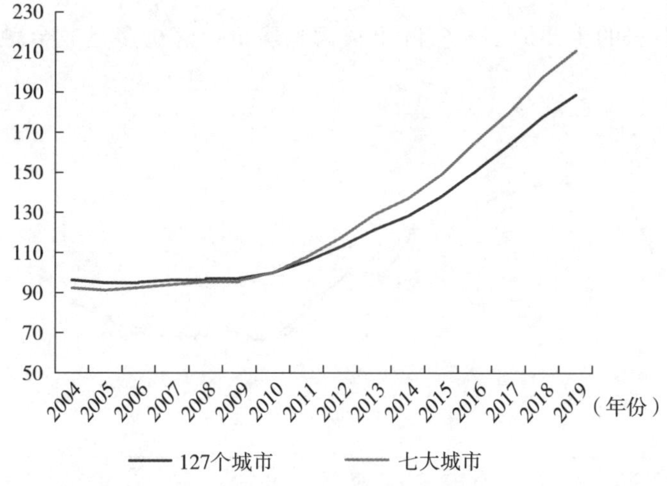

注：2010年为100。

图6.16　德国住房价格指数

资料来源：德意志联邦银行。

际金融危机前德国住房市场高度稳定形成了鲜明对比。受此影响，德国房地产市场的租售比也大幅提高。2019 年，七大城市和 127 个城市的平均租售比分别为 32.3 和 28.7，分别提高了 10.3 和 8.1。

2010 年以来房价的快速上涨，是否意味着德国住房金融市场已偏离长期坚持的审慎性取向？是否意味着审慎性住房金融市场“魔力”的丧失？我们倾向于认为，德国住房金融仍总体维持了审慎性。在欧元区长期低利率环境下，德国房贷利率和住房贷款利息支出占居民可支配收入的比重大幅下降，但德国住房贷款增速仍得到了较好控制。2010 年后，德国住房贷款增速虽然较国际金融危机前一段时间有明显提高，但仍低于 20 世纪 80 年代以来的平均增速，处于温和范畴（IMF，2018）。从居民住房贷款余额与 GDP 之比看，这一比值仍维持在低位甚至出现下降。从居民购房贷款与可支配收入之比看，尽管有明显回升，但总体仍处于较低水平（见图 6.17）。显然，金融因素并不是 2010 年以来德国房价快速上涨的主要原因。实际上，德国房价上涨更多是非金融因素

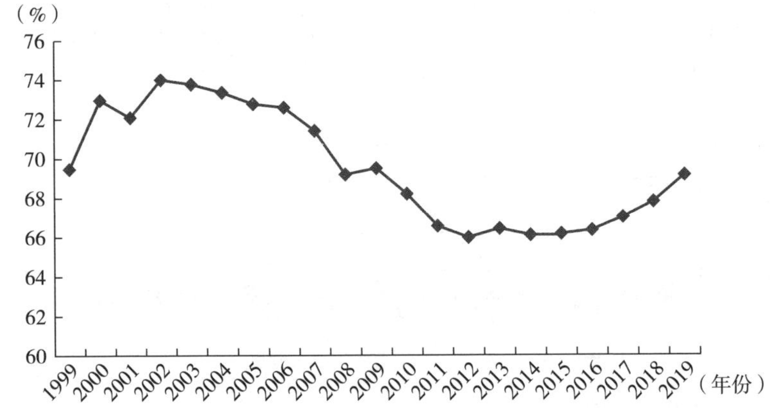

图 6.17　居民购房贷款与可支配收入之比

资料来源：德意志联邦银行。

使然，与大量移民涌入和国内人口向大城市集聚等因素带来的大规模需求冲击和供给相对刚性有关。为此，国际货币基金组织（IMF，2016）建议德国破除行政性住房供给瓶颈因素。

2010 年前后德国房地产市场的迥异表现也提示我们，住房金融政策并非包打天下，它只是住房政策体系的一个组成部分。房地产市场长期健康稳定发展，不仅需要合理的住房金融政策，还有赖于土地供给、税收等方面的制度安排。

▶▶ 第七章

德国银行为什么“雨天少收伞”

据说马克·吐温讲过，所谓银行家就是在阳光照耀时借给你伞，开始下雨时又想要回去的人。但在德国紧密型银企关系下，银行较少“雨天收伞”，甚至会“逆风而行”，在困境时期为企业提供支持，银企关系富有韧性。德国经济体制被称为协调性资本主义（Hall and Soskice，2001），德国金融体系被称为协调性金融体系（Culpepper，2005），德国银企之间富有韧性的、长期互动的关系也可以被称为协调性银企关系。近年来，我国银行业抽贷、断贷、压贷问题比较突出，企业抱怨较多，银企关系与德国形成比较明显的反差。分析和借鉴德国协调性银企关系的相关经验，有助于增强我国银行业服务实体经济特别是中小企业的能力。

典型性事实

“雨天少收伞”是对德国银企关系富有韧性，能够经受住重大冲击的形象表达，在宏观数据层面表现为企业信贷保持稳定，较少出现持续性信贷紧缩。[①] 在微观层面则表现为企业未明显感觉到信贷收紧，以及银行对陷入困境企业的救助率较高。

德国银行贷款增速稳定，波动性较小。从信贷增速看，国际清算银行的数据显示，1970—2019 年，德国非金融私营部门贷款余额平均增速为 5.43%，低于美国、英国、法国等国的水平，与瑞士、日本的水平持平（见图 7.1）。20 世纪 80 年代至 90 年代，美国、日本、

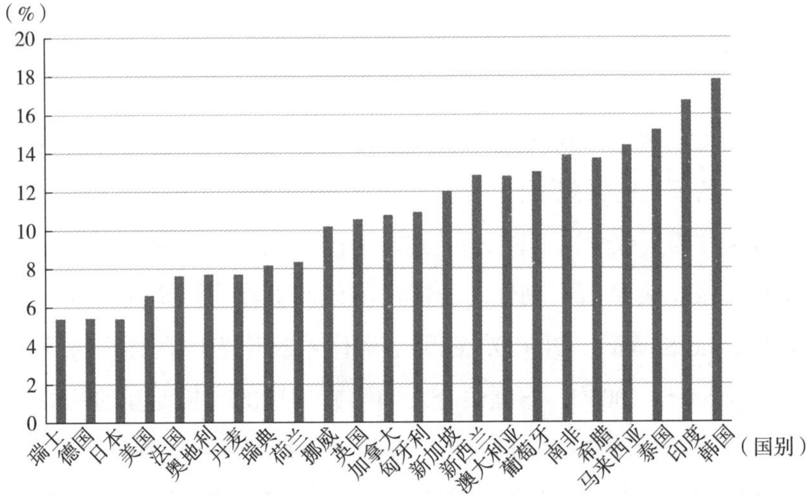

图 7.1　1970—2019 年主要国家非金融私营部门贷款余额平均增速

资料来源：国际清算银行。

英国、法国等国家的房地产和股票市场都经历了大规模投机性上涨，其中很大一部分是银行大量放贷推动的（Vitols，1998）。国际金融危机前的房地产泡沫也与信贷急剧膨胀有关。当投机泡沫破裂时，这些国家的资产价值崩溃、银行风险积聚，导致对企业，特别是中

① 人们有时将信贷配给（Credit rationing）与信贷紧缩相提并论，但实际上，信贷配给更多是从需求方层面来解释信贷供给不足，即信息不对称及其带来的道德风险导致融资方被不平等对待，而信贷紧缩则侧重从供给方层面刻画信贷环境的松紧程度。

小企业的信贷供给急剧减少。德国是西方主要发达国家中唯一避免了该轮“投机热潮—信贷紧缩”周期的国家。从波动率看，1970—2019 年，德国非金融私营部门贷款余额增速的波动率为 4.19%，[①] 在国际清算银行披露数据的主要国家中仅高于瑞士，明显低于美国、日本、英国、法国等发达国家（图 7.2）。

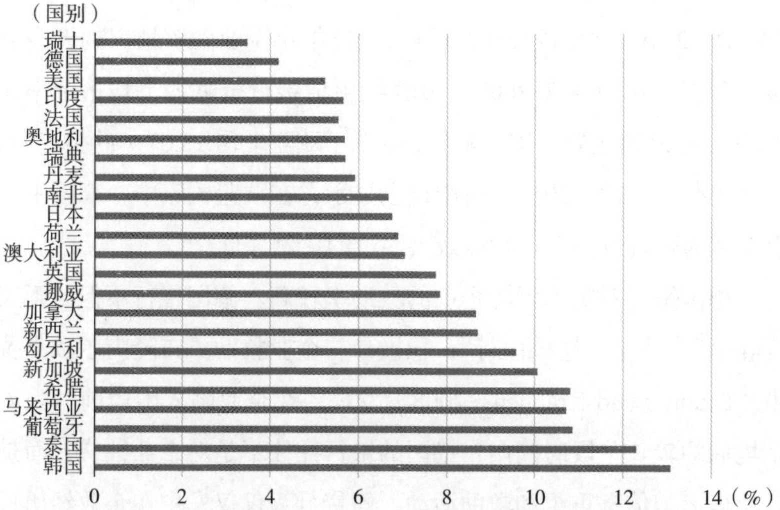

图 7.2 1970—2019 年主要国家非金融私营部门贷款增速波动率

资料来源：国际清算银行。

德国未出现持续性大幅信贷紧缩。这是与银行贷款增速波动性低相关的一个典型性事实。根据国际清算银行的数据，1949 年以来，德国非金融私营部门银行贷款增速连续两个季度出现环比下降的时期仅有四个，分别为 2004 年第一季度至 2005 年第一季度，2009 年第一季度至 2009 年第四季度，2010 年第四季度至 2011 年第一季度，2014 年第三季度至 2014 年第四季度。这四个时期的紧缩幅度

① 波动率根据样本数据的标准差计算，反映数值相对于平均值的离散程度。

均相对温和，跌幅分别仅为 2.3%、1.2%、3.3% 和 0.5%。国际金融危机期间，德国企业未明显感觉到信贷收紧。由于信息不对称等因素，信贷紧缩期资金会逃离中小企业，中小企业往往是银行信贷紧缩的受害者，但德国中小企业信贷需求不能得到满足的情况相对较少。国际金融危机期间，德国银行贷款标准收紧程度并不显著，与其他国家相比，收紧程度也相对温和（Jannsen，2009）。欧洲央行（ECB，2010）对国际金融危机后欧洲中小企业融资情况的调查显示，德国中小企业在 2009—2010 年申请银行贷款的平均拒绝率为 9.33%，在欧盟主要国家中最低，也低于欧盟平均 13.67% 的拒绝率。欧洲央行（ECB，2019）的调查也显示，在欧盟国家中，德国中小企业认为融资难是企业发展最大困难的比例最低。①

德国银行对陷入困境企业的救助率较高。德国银行不但“雨天少收伞”，甚至“逆风而行”，积极参与企业救助。布隆内尔和克拉嫩（Brunner and Krahnen，2008）发现，在企业陷入困境前和陷入困境后的较长一段时间内，德国的银行往往不是对企业抽贷，而是广泛地参与债务重组和救助活动，停贷行为仅仅发生在企业经历长期困境阶段之后。霍韦尔（Höwer，2016）通过对德国 2000—2013 年发生财务困境的 6.1 万家企业的研究发现，近半数企业在陷入困境时得到了银行的融资。

① 《欧元区企业融资调查》（*Survey on the Access to Finance of Enterprises in the euro area October 2018 to March 2019*）显示，中小企业认为企业经营中面临的最大困难是获得有技能的劳动力（25%），其次是找到客户（23%）、竞争压力（13%）、生产成本（12%）、监管压力（12%），困难最小的是融资压力（8%）。其中，德国中小企业将融资压力视为最大困难的比重只有 3.2%，在欧元区最低。

审慎稳健的金融政策

德国银企关系富有韧性，是德国金融供给、实体经济需求和制度环境综合作用的结果，既与审慎稳健的金融政策、三支柱的银行业结构相关，也得益于管家银行制度、银行池制度、债权人友好型的破产法，还离不开保持适度和节制的企业部门。

信贷泡沫或“晴天送伞”太多往往给“雨天收伞”埋下了伏笔。德国央行和欧洲央行以保持物价稳定为主要目标，在货币供应量增速上始终持谨慎态度，这有利于避免信贷供给的“大起大落”，即避免经济繁荣期的信贷泡沫和经济下行期的“雨天收伞”。同时，德国监管部门实施严格审慎监管，通过限制风险敞口和投机性贷款来确保银行系统稳定，防止了投机泡沫破裂时资产价值崩溃，避免了银行衰弱导致信贷供应急剧减少。

确保稳定的三支柱银行体系

三支柱银行体系具有多层次、差异化和多样性的特征。商业银行是私人所有性质，以利润最大化为目标，储蓄银行部门和信用社则不以利润最大化为目标（Szikszai et al., 2013）。与其他国家相比，德国的商业银行市场份额小。2019 年年底，商业银行总资产占银行业资产规模比重仅为 41.2%，非利润最大化导向的储蓄银行部门和信用社合计占比达到 37.5%，体量几乎与商业银行相当。2007 年以前，储蓄银行部门和信用社合计市场份额更是明显超出商业银行（见表 7.1）。储蓄银行部门和信用社致力于在当地市场长期耕耘，顺周期性不强。其中，绝大多数储蓄银行是公法性质的公共银行，由市政当局托管，具有支持地方经济发展的公共使命。信用社的社员通常与其存贷款客户高度重合，主要经营目标不是利润最大化，而是支持社员经营。

表 7.1　德国各类银行机构数和资产占比

项目	1980		2000		2007		2019	
	机构数（家）	资产占比（%）	机构数（家）	资产占比（%）	机构数（家）	资产占比（%）	机构数（家）	资产占比（%）
商业银行	162	24.2	294	28.8	260	30.7	259	41.2
大银行	6	10.5	4	16.4	5	19.1	4	24.8
区域性商业银行	100	11.6	200	10.4	159	9.4	147	12.1
外资银行	56	2.1	90	2.1	96	2.2	108	4.4
储蓄银行部门	611	42	575	36.8	458	35.8	386	25.7
州立银行	12	17.8	13	20.7	12	21.6	6	9.7
储蓄银行	599	24.2	562	16.1	446	14.2	380	16.1
信用社	2 279	12.0	1 792	9.0	1 232	8.6	842	11.8
专业银行	55	21.8	75	25.4	63	25	47	21.3
总计	3 107	100	2 736	100	2 013	100	1 534	100

资料来源：德意志联邦银行。

三支柱银行体系有利于保持信贷供给的稳定。施密特和茨威克（Schmidt and Zwick，2018）发现，在国际金融危机期间，德国银行体系的多样性有助于稳定银行业，防止国际金融市场冲击从直接受影响的银行蔓延到银行业其他部门。梅里莱宁（Meriläinen，2016）调查了 2008—2009 年国际金融危机和 2010—2013 年欧洲主权债务危机对包括德国在内的欧洲 18 个国家贷款增长的影响，发现德国储蓄银行和信用社的贷款增长未受到两次危机的影响，且信用社在危机前没有出现信贷过度增长的现象。根据贝尔泰等人（Bertay et al.,

2012）对 1999—2010 年 111 个国家 1 633 家银行样本的分析，国有银行贷款的顺周期不如私营银行，在治理良好的国家，高收入国家国有银行的贷款甚至是逆周期的。布赖和沙克拉雷克（Brei and Schclarek（2013）分析 50 个国家 746 家主要银行 1994—2009 年的资产负债表后发现，正常时期私营银行平均贷款增长率为 11%，而储蓄银行等公共银行为 8%；发生危机后，私人银行平均贷款增长率快速下降至 7%，而公共银行则逆势增长至 9%。储蓄银行等公共银行可以通过逆周期的放贷行为，帮助减轻中小企业的财务约束（Behr and Schmidt, 2015）。信用社由于更熟悉借款人，当危机爆发时，它可以减少对抵押品和硬信息的依赖，顺周期性也弱于私人银行。从统计数据看，国际金融危机和欧债危机期间，德国储蓄银行和信用社对企业部门的贷款余额保持稳定增长，未表现出明显的顺周期性。相反，商业银行对企业部门的贷款余额在 2009—2010 年和 2013—2014 年均出现过明显下降，顺周期性明显（见图 7.3）。由于储蓄银行和信用社对企业的贷款余额稳定增长，2019 年年底其占德国银行业对企业贷款余额的比重达到 51.0%，较国际金融危机爆发时提高了 5.6 个百分点。

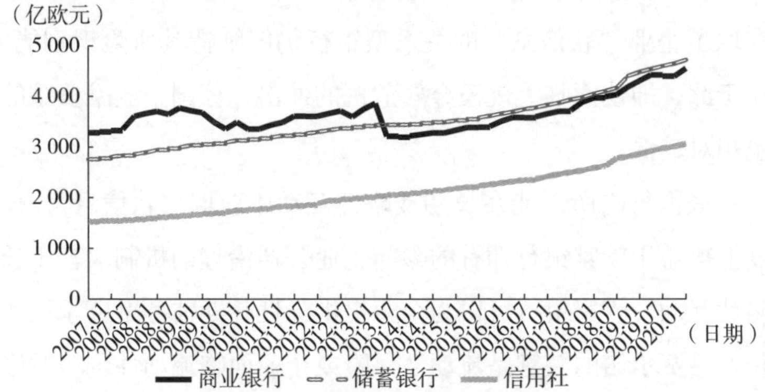

图 7.3　三支柱对企业部门的贷款余额

资料来源：德意志联邦银行。

管家银行和银行池制度

德国银行服务企业的模式以管家银行著称。管家银行是关系型借贷的典型代表。[①] 在管家银行模式下，企业主要与其管家银行保持长期稳定关系。作为主要授信银行，管家银行在与企业的长期战略性互动中，能够获取许多企业的“软信息”，比交易型借贷模式下的银行更了解企业的经营状况，有利于解决银企之间的信息不对称问题。即便企业出现暂时的流动性危机或经济陷入衰退，管家银行也可基于“软信息”逆风而行，继续为企业提供金融支持。在这种情况下贷款主要是需求驱动的。相反，交易型借贷模式下，银行顺周期性强，贷款主要由供给驱动。这种顺周期效应将放大经济的周期性波动（Kaufmann et al.，2008）。贝克等人（Beck et al.，2018）通过与 21 个国家 397 位银行 CEO 的面对面访谈发现，关系型借贷在经济衰退时有助于减轻信贷约束。虽然在景气时期，交易型借贷与关系型借贷互为替代，但在衰退时期，关系型借贷更适用，尤其对于规模较小、处于初创期、可抵押品较少的公司。换言之，危机爆发时依赖“硬信息”的交易型银行往往丧失风险辨别能力，而获取了企业“软信息”的关系型银行仍能维持其风险识别能力。得益于此，即使面临大规模金融危机的冲击，德国企业融资难的程度也相对较低。

管家银行之所以能在长期战略性互动中获取“软信息”，很大程度上得益于管家银行拥有的参与企业公司治理的机制。基于长期战略性互动，管家银行可以为企业提供隐性长期债务融资承诺。这种长期融资承诺的关键是流动性保险或企业面临流动性困境时银行

---

① 在美国，社区银行是关系型借贷的代表（FDIC，2012）。

保留信贷渠道（详见第三章）。

与管家银行相关，德国银行业长期贷款占比高。长期贷款有助于稳定企业与银行的预期，促进信贷供求平稳，减少企业遭受流动性冲击的风险。自 19 世纪后半期以来，德国银行业超越了传统银行的短期贸易融资职能，善于提供中长期信贷（如厂房和设备等固定资产融资）。德国银行业向非金融企业提供的贷款中，1 年期以上中长期贷款占比超过 80%，较中国 60% 左右的占比高出 20 个百分点以上（见图 7.4）；德国 5 年期以上贷款占比自 20 世纪 60 年代以来长期维持在 60% 以上，近年来甚至超过了 70%（见图 7.5）。不同于美国、英国等市场主导型金融体系国家，银行贷款主要为短期浮动利率贷款，也不同于同为银行主导型的日本，长期贷款主要由日本长期信用银行提供，[①]德国大多数银行均可发放长期固定利率贷款（Vitols，1998）。

长期贷款占比高背后有长期再融资机制的支撑，可以降低长期贷款固有的流动性风险和利率风险。一是长期零售投资工具。降低长期贷款流动性风险最关键的是，德国家庭愿意将储蓄锁定于长期零售投资工具。自 20 世纪 60 年代中期以来，为了应对利率管制放松和宏观经济不确定性，德国银行开发了吸引家庭长期存款的新工具，如长期储蓄计划等。政府为这些长期零售投资工具提供税收优惠。二是长期银行债券。两德统一之前，银行债券几乎占德国公开交易债券的 2/3（Vitols，1998）。与此同时，与英美保险公司和养老基金倾向于在债券市场或通过私募基金直接购买公司债券的情况不同，德国保险公司通常避免直接投资非金融企业债，而是购买长

① 日本长期信用银行曾是世界第九大银行，因不动产和股票投资巨额亏损，于 2000 年被美国瑞博伍德集团（Ripplewood Holdings LLC）收购并更名为新生银行。

期银行债券和存单（Vitols，1995），这为银行发行长期债券提供了需求支撑。三是政策性银行的支持。德国复兴信贷银行可以为其他银行提供再融资。

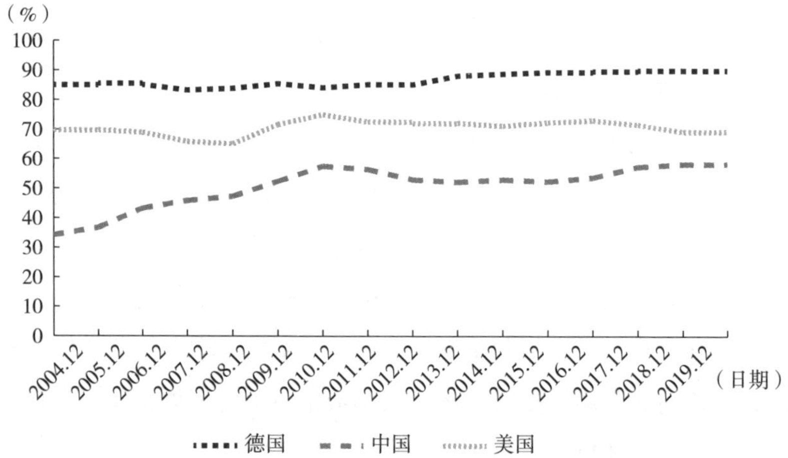

图 7.4　德国、美国、中国 1 年以上中长期贷款余额比重

资料来源：德意志联邦银行，Wind。

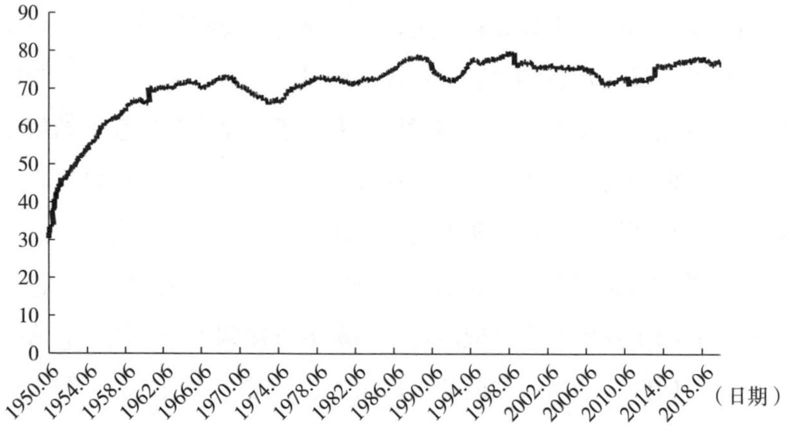

图 7.5　德国 5 年以上中长期贷款余额比重

资料来源：德意志联邦银行。

“银行池”制度。“银行池”是指债权银行之间基于正式协议（通常被称为联营协议），将非抵押类贷款的追索权集中在一起形成一个“池子”。它是德国银行业常用的协调工具，有助于避免银行在救助困难企业过程中陷入“囚徒困境”。在该协议中，各银行不但约定共享信息和收益，更是做出约束性的承诺，包括承诺不抽贷和断贷，向陷入困境的债务人分配新资金，聘请专家提供管理咨询，特殊情况下解聘管理层等。一旦有银行违反约定进行抽贷和断贷，该银行就对其他银行负有重新补足相应额度贷款的义务。如果在救助过程中需要新投入贷款，则各银行按照“银行池”预先确定的比例进行分配（Brunner and Krahnen，2008）。通常，当一家拥有多个银行债权人的企业陷入困境时，相关银行会召开银行会议。会议的目的是讨论如何处理陷入困境的企业，特别是决定是否在银行之间建立正式的“银行池”。一旦做出决定，“银行池”联营协议将立即被订立。联营协议一般包括：合同缔约方和未偿贷款清单；“银行池”负责人职责及抵押品管理；参与银行之间信贷账户余额结算协议；债务企业业务收入或清算、出售收益分配协议；“银行池”运行成本分担规则；信息共享安排、协议期限以及退出规则。“银行池”在企业陷入困境时被设立，当企业成功脱离困境、被出售或清算时被解散。根据布隆内尔和克拉嫩（Brunner and Krahnen，2008），“银行池”参与者数量、规模与回收率成反比。

德国“银行池”制度类似于我国的债权人委员会，但也存在不同：一是“银行池”联营协议的达成是银行之间的市场化行为，没有政府或监管部门参与；二是“银行池”除协商债务重组外，还倾向于向困境企业提供新的资金（Elsas and Krahnen，2003）。

债权人友好型破产法。破产法对债权人的保护机制有利于促进银行参与困难债务企业重组，所以其基本导向对银企关系具有重要的事前影响（Brunner and Krahnen，2006）。达维坚科和弗兰克斯（Davydenko and Franks，2008）认为，德国破产法是债权人友好型的破产法，抵押债务的优先清偿权在诉讼过程中得到尊重和保护。对抵押权的严格保护使得债权人不用担心其他债权人的单方面行动，从而有助于债权人达成协议，就非抵押类债权建立"银行池"，提高协调效率。值得说明的是，由于在进入破产程序之前，银行已广泛参与救助，救助成功的企业不再进入破产程序，而最终进入破产程序的恰恰是救助不成功或救助成功概率本就极低的企业，从而显得破产程序在救助企业方面的成功率低。换言之，对于解决企业救助过程中的协调难题，德国破产法的作用不是体现在进入破产程序之后，而是体现在进入破产程序之前。

稳健而审慎的企业部门

德国企业偏好自我融资。德国有一句谚语，"小心谨慎是成功之母"。在经营上，德国企业坚持适度与节制，奉行谨慎的财务政策。德国上市公司已少于 500 家。绝大多数德国企业是家族企业，其财务决策主要遵循安全性和独立性两大原则。谨慎性的经营策略促使德国企业投资资金以内源融资为主，外源融资比例较低。德国企业对内源融资的偏好或依赖，主要原因不是外源融资渠道缺乏，而是非金融企业保持了很强的盈利能力，对外源融资需求不高。德国统计局数据显示，在德国国家资产负债表中，非金融企业借入资金占比长期低于 40%，近年来更是低于 30%（见图 7.6）。

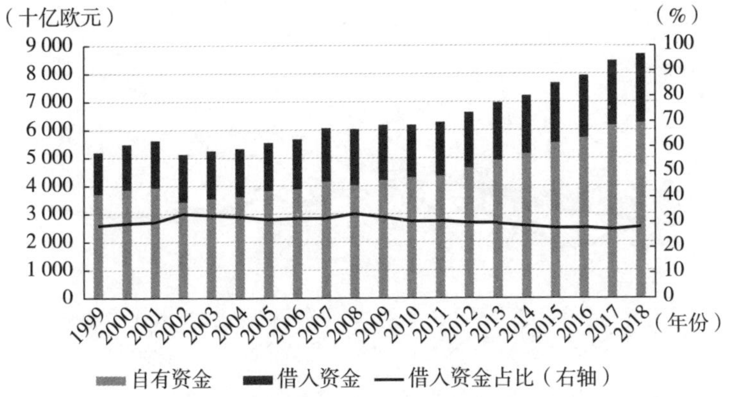

图 7.6　德国非金融企业部门负债结构

资料来源：德国统计局。

企业部门杠杆率低。近 40 年德国企业部门杠杆率平均为 54.3%，且长期低于 60%，远低于 G20（二十国集团）国家 86.66% 的平均水平，在主要发达国家中最低（见图 7.7）。从银行贷款与 GDP 之比看，作为以银行为主导的发达国家，德国信贷余额与 GDP 之比近 20 年平均为 117.7%，低于同期欧元区 151.6% 的平均水平，也长期低于市场主导型的美国、英国等国家（见图 7.8）。这与德国实体经济盈利能力强、企业经营扩张倾向不强、偏好自我融资有关。

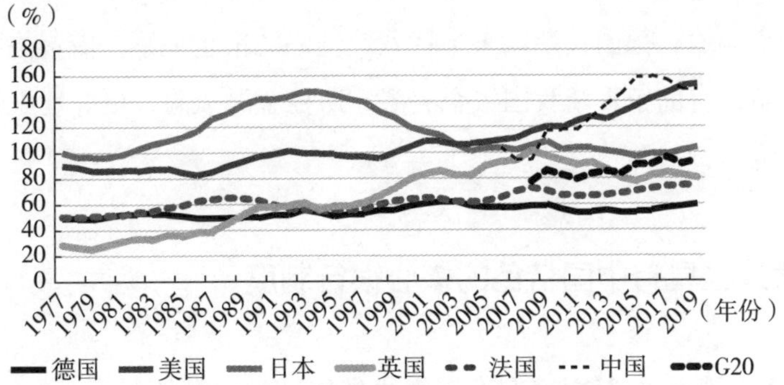

图 7.7　主要国家非金融企业部门杠杆率

资料来源：国际清算银行。

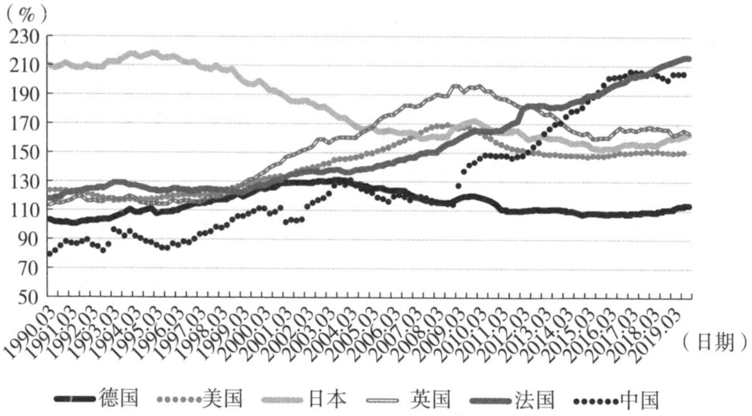

图 7.8　主要国家非金融部门贷款余额与 GDP 之比

资料来源：国际清算银行。

思考和借鉴

从微观视角看，当企业发展良好时，银行乐意发放贷款，“晴天送伞”，企业进一步扩张；当企业陷入困境时，银行倾向于收回贷款，“雨天收伞”，企业的困境因此加剧，甚至破产倒闭。从宏观视角看，当经济处于繁荣期时，银行业倾向于扩张业务，经济容易泡沫化；当经济进入萧条期时，银行业倾向于收紧业务，经济可能进一步紧缩。德国长期以来维持着较良好的银企关系，借鉴德国相关经验，有助于重塑我国银企关系，防控金融风险，更好地服务实体经济。

探索建立具有中国特色的核心银行制度

德国管家银行制度有助于解决借贷过程中的信息不对称问题，能够降低信贷资金风险，对德国银企关系持续保持韧性，稳定信贷供给发挥着重要作用。我国早在 1996 年即开展过类似管家银行的主办银行试点，但由于当时银行尚未完成股份制改造，且都是国有银行，300 家试点企业也均为国有重点企业，政府涉入较多，主办银行成为企业资金的包办行，试点工作后来无疾而终。

一项制度的有效实施要有相适应的经济社会背景，要符合经济发展规律。目前我国商业银行均已实现市场化，国有大银行和股份制银行也已上市，但在新旧动能转换和经济下行压力下，实体企业尤其是民营企业和中小企业融资难、融资贵等现象突出。在此形势下，汲取上一次主办银行试点经验，借鉴德国管家银行制度，结合联合授信制度的探索，按照市场化原则，通过签定中长期银企合作协议方式，允许企业选择 1~2 家银行作为核心银行，建立长期稳定的合作关系，有助于解决多头借贷，缓解融资难、融资贵问题。可允许核心银行有效参与债务企业公司治理，增加银行掌握和利用企业信息的渠道，监督企业的重大财务决策和投资决策。

构建非金融企业债务约束机制

企业自身合理的杠杆水平是维持良好银企关系的前提。无论是在银行主导还是市场主导的金融体系下，企业投资资金通常应主要来源于自身的留存收益。德国非金融企业内源融资能力强的主要原因并不是外源融资供给能力不足，而在于德国非金融企业部门保持了很强的盈利能力，对外源融资的需求不高。银行和评级机构等应建立企业负债约束机制，区分不同行业、地区企业类型，设置企业资产负债率预警线，科学评估超出预警线企业的债务风险状况。

保持金融机构多样性

德国的经验表明，商业银行、储蓄银行与信用社组成的三支柱银行体系，在所有制、利润导向度、规模、目标客户、经营行为等方面都存在较大差异。私人所有的商业银行以利润最大化为导向，顺周期特征明显，经济向好时信贷快速增长，经济下滑时信贷快速收缩，信贷投放和经营业绩波动性大。作为公共银行的储蓄银行和合作制的信用社不以利润最大化为目标，其经营行为具有明显的逆周期特征，这使得信贷波动性较小。多层次、差异化和多样性的银行体系，既有助于满足实体经济的多层次需求，也维持了德国金融体系的整体稳定，为德国实体经济的健康发展起到了保驾护航的作用。我国在鼓励大型国有银行、股份制银行等银行按照市场化原则做优做强的同时，应该引导城市商业银行和农村商业银行转型，使其更加注重服务当地经济发展，提高我国银行业的差异性和多样性。当然，在这一过程中要完善银行公司治理机制，避免地方政府行政干预。

培育中国式债务型耐心资本

有恒产者有恒心，有长期贷款的企业也不需要天天担心贷款到期，从而有更多的精力用于企业经营。德国银行长期贷款占比高，既保证了银行稳定的利润来源，也有助于稳定企业预期，促进信贷供求均衡。当前，中国部分企业短贷长投，用流动性贷款进行项目投资，存在较大的期限错配风险。短期内，我国尚较难改变以间接融资为主的金融体系，以信贷为主的债务融资占比高现象在较长一段时间内将继续存在。可以通过完善银行长期再融资机制和强化企业债务约束机制，促使银行提高长期贷款比重，优化信贷期限结构，培育中国式债务型耐心资本。值得说明的是，德国长期贷款比重高是以抵押贷款占比高、银企之间保持长期紧密关系为前提的。

▶▶ 第八章

为什么中小企业融资在德国并不难

德国中小企业[①]融资的关键特征，是以管家银行模式为主的银行业对自立型中小企业的融资。这决定了德国中小企业融资的典型性事实和优缺点。管家银行与自立型企业的组合，意味着高融资可得性和融资稳定性，呈现出50%以上的企业不需要融资、银行50%以上的贷款是中小企业贷款、50%以上的中小企业贷款是中长期贷款、50%以上的企业贷款由储蓄银行和信用社提供等结构性特征。这一组合还强化了企业经营的非扩张导向，使中小企业融资呈现出贷款余额净减少的现象。也要看到，德国风险投资发展滞后，对成长型中小企业和科技类新创企业的股权融资供给能力不足。总体而言，德国金融在服务类型Ⅰ中小企业方面表现突出，而在服务

---

① 德国主要依据雇员人数和营业额对企业进行分类划型，雇员人数在249人以下，营业额不超过5 000万欧元的企业为中小企业。其中，雇员人数小于9人，营业额不超过200万欧元的企业为微型企业；雇员人数小于49人，营业额不超过1 000万欧元的企业为小型企业。这与中国的划型标准存在不少差异。以中国工业企业划型为例，雇员人数小于1 000人，营业额小于4亿元人民币的企业为中小企业；雇员人数小于300人，营业额小于2 000万元的企业为小型企业；雇员人数小于20人，营业额小于300万元的企业为微型企业。

类型Ⅱ中小企业[①]方面存在短板。

典型性事实

中小企业是德国经济的重要组成部分。[②]其中，广泛参与国际市场的大量“隐形冠军”更是德国经济竞争力的根基所在。德国协调性银企关系富有韧性，银行业在服务中小企业方面表现突出，融资可得性高，融资环境相对稳定。同时，德国中小企业融资还呈现出贷款余额净减少的总量特征和“4 个 50%”的结构性特征。

高融资可得性和融资稳定性

德国中小企业融资可得性高，融资难问题并不突出。根据欧洲央行开展的企业融资可获得性调查，国际金融危机后，德国受访中小企业将融资列为最大问题的比例长期不足 10%，并一直低于同期法国、西班牙和意大利的水平（ECB，2019）。根据德国复兴信贷银行的调查（KfW，2019），在 2018 年德国中小企业的贷款申请中，完全被否决的比重仅为 11%，被银行一次性批准的贷款申请占比达到 64%（见图 8.1）。

---

① 类型Ⅰ和类型Ⅱ中小企业是指类型Ⅰ实体经济的中小企业和类型Ⅱ实体经济的中小企业，也可称之为传统产业中小企业和新兴产业中小企业。关于类型Ⅰ和类型Ⅱ实体经济的划分，详见第三章。

② 2016 年，德国 245 万家中小企业，提供了 1 778.7 万个就业岗位，创造了 7 897 亿欧元的 GDP。有趣的是，尽管德国中小企业以竞争力强著称，但与欧洲其他国家相比，德国的中小企业占比处于中下游水平，略低于欧盟平均值。

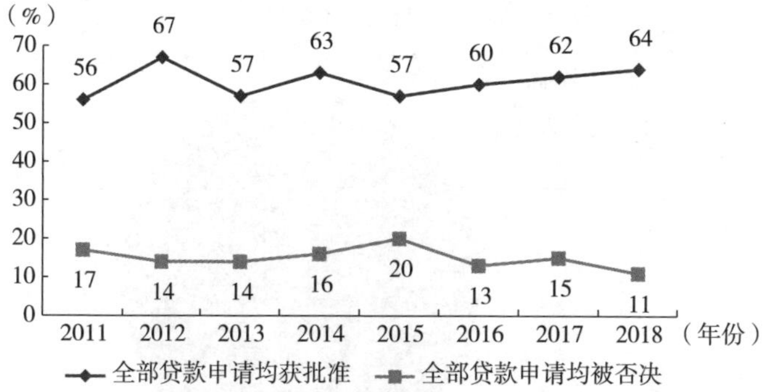

图 8.1　2011—2018 年度德国中小企业申请贷款获批情况

资料来源：KfW SME Panel 2019。

同时，德国中小企业融资稳定性相对较强。欧洲央行开展的企业融资可获得性调查显示，德国中小企业融资环境一直处于相对稳定的状态，融资成功率的波动远低于法国、意大利、西班牙和欧盟的平均水平（ECB，2019）。相较于欧元区内的其他主要经济体，德国企业面临信贷突然大幅紧缩的风险并不突出。储蓄银行和信用社作为中小企业贷款的主要供给主体，其企业贷款额在国际金融危机期间持续增长，并没有出现信贷紧缩。

“4 个 50%”

超过 50% 的中小企业不需要融资。2014 年，欧洲央行联合欧盟委员会发起的中小企业贷款调查显示，有 26% 的德国中小企业申请贷款，低于欧盟平均水平（28%）。在余下 74% 未申请贷款的德国中小企业中，将不需要融资作为原因的占 79%，远高于融资难的 3% 和融资贵的 5%（ECB and EC，2014；见图 8.2）。这意味着，在受访的德国中小企业中，有超过 50% 的企业认为自身并不需要融资。

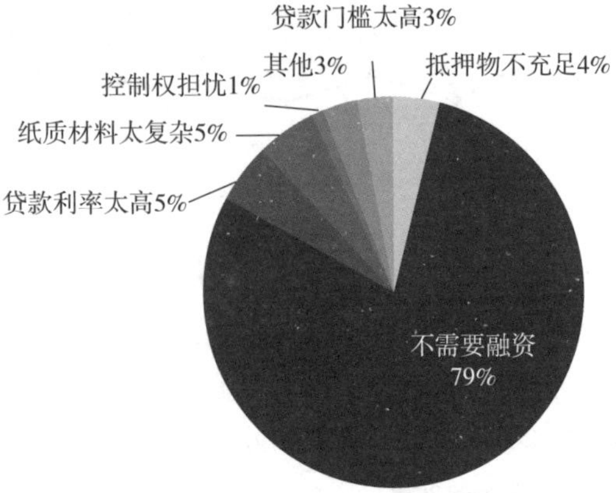

图 8.2 德国中小企业不申请贷款的原因调查情况

资料来源：Survey on the access to finance of enterprises（SAFE），ECB and EC，2014；www.ecb.europa.eu。

50% 以上的企业贷款是中小企业贷款。德国企业部门贷款主要是中小企业贷款，而非大企业贷款。根据德意志联邦银行的“德国企业财务报表推算结果 1997—2018”[①]，过去 20 多年来，尽管在德国企业贷款中，中小企业长期贷款份额呈下滑态势，但均明显高于 50%，2017 年年底为 59.6%（见图 8.3）。从这个意义上讲，德国银行业是中小企业友好型银行业。

50% 以上的中小企业贷款为长期贷款。德国长期贷款比重高，在中小企业贷款领域亦是如此。1997—2017 年，德国中小企业长期贷款占全部贷款比重基本维持在 57% 以上（见图 8.4）。根据德国复兴信贷银行的调查（KfW，2019），2008—2018 年，在用于支持投资的贷款中，长期贷款比重为 50.5%。

① 若非特别说明，本书关于德国中小企业及中小企业融资的数据均来源于此。

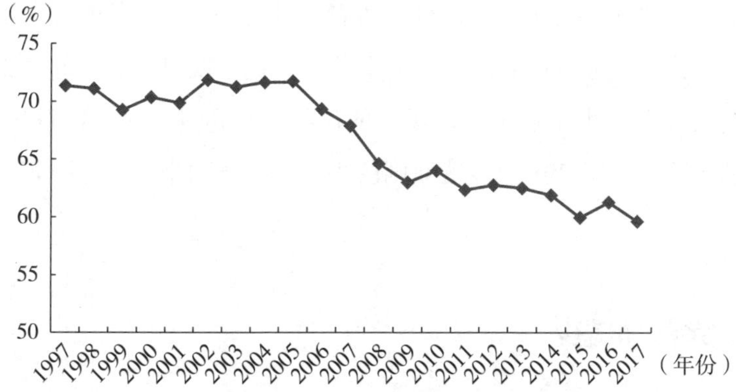

图 8.3　德国中小企业长期贷款占全部贷款比重

资料来源：德意志联邦银行“1997—2018 年德国企业财务报表推算结果”。

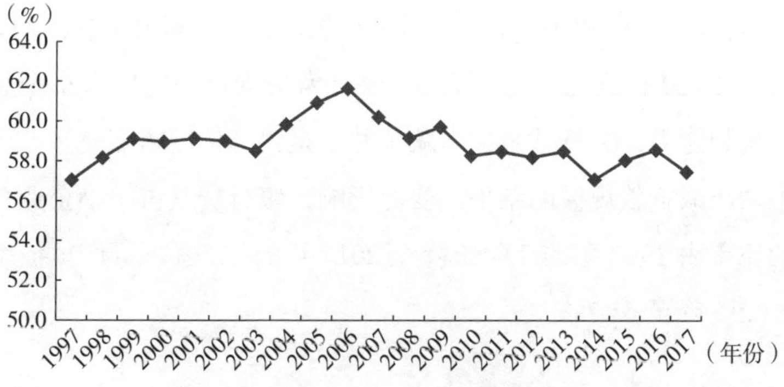

图 8.4　德国中小企业贷款中长期贷款占比

资料来源：德意志联邦银行“1997—2018 年德国企业财务报表推算结果”。

50% 以上的贷款由坚持区域经营原则的小银行提供。储蓄银行和信用社是典型的小银行。2019 年年底，德国最大的储蓄银行（汉堡储蓄银行）和信用社（Apobank）资产总额仅分别为 497.9 亿欧元（约合人民币 3 887 亿元）和 465.8 亿欧元（约合人民币 3 637 亿元），较大幅度低于 5 000 亿元的中国中型银行门槛值；平均值更是仅分别为 35.3 亿欧元和 11.7 亿欧元。德国储蓄银行协会（DSGV，2020）的报告显示，2019 年年底储蓄银行和信用社在企业部门贷款市场上的份额分别为30.1%和19.5%，两者合计为49.6%。考虑到大银行和州立银行企业部门贷款中大企业贷款的比重明显更高，储蓄银行和信用社在中小企业贷款市场上的份额必然超过50%。这意味着，非私人所有、坚持区域经营原则的小银行是德国中小企业融资的主力军。

贷款余额净减少

德国银行对中小企业的融资支持并未体现在量的增加上。1997年，德国中小企业银行贷款余额为3 229亿欧元，2017年已降至3 133亿欧元，降幅为3%。同期，大企业贷款余额由1 296亿欧元增长至2 122亿欧元，增幅为63.7%。考虑到这一时期中小企业的强劲盈利能力，其贷款余额净减少并不是银行信用紧缩使然，而是其主动压减贷款规模的结果。受此影响，银行贷款占中小企业总资产的比重由1997年的37.4%降至2017年的21.7%，资产负债率则由81.2%降至61.7%。

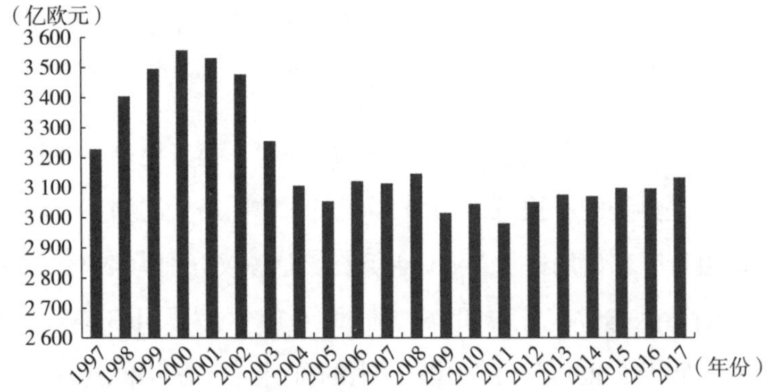

图8.5　德国中小企业贷款余额

资料来源：德意志联邦银行“1997—2018年德国企业财务报表推算结果”。

自立型企业

正如艾伦和盖尔（2002）所强调的，“只有关注到公司部门，对一国金融系统的探讨才具有完整性”。在探讨德国中小企业融资的情况时，也需要对德国中小企业自身的特征给予充分关注。德国中小企业融资所表现出的高融资可得性、贷款余额净减少、50% 以上的企业不需要融资等特征，无不与德国中小企业的自立性有关。它们偏好内源融资，债务约束机制健全，是自立型企业。这种自立性是德国中小企业强劲盈利能力、低扩张导向度、家族企业属性以及银行强约束共同作用的结果。

德国中小企业盈利能力强但成长性低。2000—2017 年，德国中小企业净资产收益率基本维持在 25% 以上，一直为大企业净资产收益率的 2.5 倍以上（见图 8.6）。中小企业盈利能力强，与其广泛参与国际竞争且具有较强国际竞争力相关。德国的巨额贸易盈余，相当比例是由德国中小企业贡献的。与德国大企业相比，中小企业盈利能力更强的直接原因是其毛利率高。2017 年德国中小企业毛利率达到 51.5%，而大企业仅为 31.2%。德国中小企业成长性低。1997—2017 年，其营业收入年均增速仅为 2.3%，远低于大型企业 3.8% 的增速，也略低于同期德国 2.6% 的名义 GDP 增速。高盈利性和低成长性并存，反映了德国中小企业的利润率导向而非扩张导向。其结果是，中小企业出现相对萎缩，营业收入占全部企业收入比重从 1997 年的 41.1% 下降至 2017 年的 33.9%。强劲的盈利能力和低扩张导向度，共同确保了德国中小企业充足的内源融资能力，使其可以主要通过内源融资来满足原本就不多的投资需求和融资需求。此外，银行在贷款后可以对企业施加较强的约束，而大多数德国中小企业是家族企业，它们抗拒通过外部融资来换取增长，以避免损害企业经营的独立性和灵活性（奥德兹和莱曼，2018）。这进一步强化了德国企业的自立性，使其更加偏好内源融资。

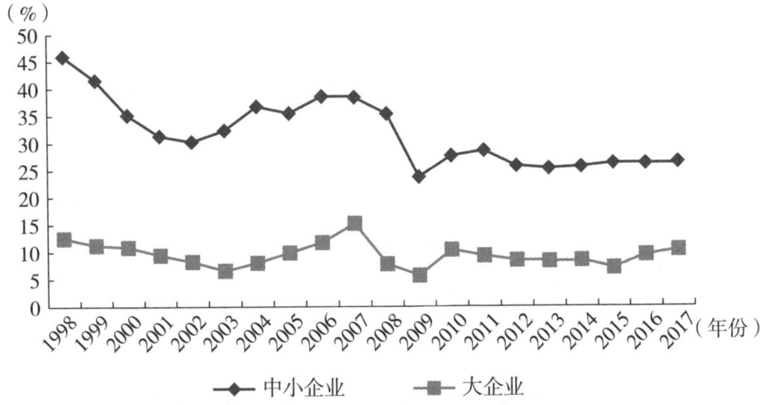

图 8.6　德国企业净资产收益率：中小企业与大型企业

资料来源：德意志联邦银行“1997—2018 年德国企业财务报表推算结果”。

值得注意的是，在“新工业革命或工业 4.0”不断推进和国际竞争日趋激烈的背景下，高利润率和低成长性也意味着中小企业的战略投入或对未来的投入不足，可能会影响德国“隐形冠军”未来的竞争力和盈利能力，从而侵蚀企业自立性的根基。

以管家银行模式为主的融资支持

储蓄银行和信用社是中小企业融资的主力军。这些秉持区域经营原则的银行采取管家银行模式为中小企业提供融资，确保了融资供给的充分性和稳定性。政策性银行通过转贷策略、担保银行通过担保服务，发挥弥补市场失灵的补充性作用，拓宽了市场发挥作用的边界，提升了中小企业融资的可获得性。从量上看，大银行在提供小企业融资方面的作用并不显著。[①]

管家银行模式

管家银行模式就是德国式关系型融资，它是一种信息密集型融资。在德国经济金融史中，最受关注的是大银行与大企业之间的管家银行关系。随着 20 世纪 90 年代大银行向投行化和交易型转型，以及大企业自身融资策略向资本市场转型，现阶段德国的管家银行关系主要存在于储蓄银行和信用社等小银行与中小企业之间。

与英美交易型融资相似，多头借贷也广泛存在于德国中小企业融资中。但是，德国中小企业通常会选择其中一家银行作为其管家银行。管家银行在企业融资方面发挥着中流砥柱作用。一是扮演首要融资者角色。管家银行提供的融资额在所有债权银行中最多，是企业的首要融资供给方。二是扮演长期融资伙伴角色。管家银行通常与企业保持着长期的融资关系，双方信息互通、共享机制健全，从信息到信任、再到信用的链条畅通。这种长期融资伙伴关系也意味着管家银行与企业的关系不是交易型关系。三是扮演融资稳定器角色。当企业经营状况面临临时性外部冲击时，了解企业真实经营信息的管家银行会从长期视角出发，负责协调其他债权银行共进退，避免银行对企业进行抽贷、断贷，从而确保企业的融资稳定。四是扮演关键外部治理方的角色。在历史上较长一段时间内，管家银行通常也是企业的重要持股方。不过近年来这种现象已经大大减少。管家银行更多是通过享有监事会席位来对企业施加影响。这也确保

① 随着大银行的转型，大银行在企业贷款市场上的份额趋势性下降，2019 年年底已降至 11% 左右的水平，在中小企业贷款市场上的份额更低。不过，德国商业银行仍保留了较大规模的中小企业金融服务。

了管家银行对企业信息的充分了解。有意思的是，对企业熟悉、与企业保持长期合作关系并建立互信关系的管家银行，反而是对抵押物要求最高的银行。得益于管家银行模式，德国中小企业融资可获得性更高，稳定性更强。

区域经营原则是理解储蓄银行和信用社管家银行模式的核心。德国储蓄银行和信用社之所以形成并保持管家银行模式，与区域经营原则密切相关。按照区域经营原则的要求，储蓄银行和信用社仅能在所在区域发放贷款，而不能在其他经济可能更繁荣的区域“摘樱桃”（DSGV，2012）。由于不能在其他区域经营，储蓄银行和信用社便更容易采取长期主义视角，更倾向于与当地客户建立长期联系，从而为其提供信息密集型的关系型融资提供了先决条件。同时，在区域经营原则约束下，储蓄银行及信用社的并购通常只发生在相邻近的两个区域，这限制了其规模和跨区域扩张，避免出现类似于大银行脱离管家银行模式的转型。此外，在区域经营原则下，吸收了当地存款的储蓄银行和信用社必须千方百计将资金投放到当地，从而确保了融资供给的充足性。

政策性银行模式

德国重视对中小企业的融资支持，在法律和政策上着力给中小企业发展创造便利的融资环境。德国联邦政府和地方政府制定了《反限制竞争法》（GWB，1957）、《促进稳定与增长法》（StabG，1967）等法律及政策，强调保障中小企业公平参与竞争、商业机会均等、融资便利等方面的权益。同时，德国的政策性银行也强调对中小企业的融资支持。

德国复兴信贷银行堪称德国的中小企业政策性银行。从 20 世纪50年代开始，德国复兴信贷银行开始逐渐将重点转移到扶助中小企业的发展。2003年8月，德国复兴信贷银行兼并了专注中小企业金融业务的德国清算银行。2010—2019年，向中小企业新发放的贷款占德国复兴信贷银行所有新发放贷款的比重一直保持在40%以上（详见第九章）。

德国复兴信贷银行提供中小企业融资服务最重要的特点是与商业性银行（主要是地方性小银行）合作的“转贷模式”。德国复兴信贷银行发放的最终客户为非银行的贷款中，约60%的贷款都是通过转贷模式实现的。首先，在该模式下，德国复兴信贷银行选择一批地方性银行为合作机构，成为其“转贷银行”。其次，由这些更熟悉中小企业实际状况的转贷银行寻找客户，完成实地调查、信用审批等贷前手续和流程。最后，德国复兴信贷银行根据转贷协议，将贷款资金提供给转贷银行，由转贷银行发放给企业。

转贷模式持续运行的关键是德国复兴信贷银行遵循中立性原则和补充性原则。中立性原则就是其经营不影响原有信贷市场的正常竞争秩序。《德国复兴信贷银行法》规定，德国复兴信贷银行对中小企业的贷款必须与其他信贷机构合作发放。补充性原则即弥补市场失灵的原则。德国复兴信贷银行并不要求中小企业融资业务盈利，而是容忍该业务持续亏损（详见第九章）。此外，转贷模式还意味着，政策性银行的中小企业融资服务，需要依赖分支机构广泛的当地银行（主要是管家银行）。

德国政府也结合中小企业的融资和发展需求，制订一些定向支持的阶段性融资计划。比如，德国前总理格哈特·施罗德（Gerhard Schröder）曾推出“小额贷款计划”，旨在为小微企业和个人经营者提供小额度的创业融资支持。这些计划通常由德国复兴信贷银行负责实施。

担保银行模式

担保银行并非银行，而是为中小企业和创业者提供担保服务的非利润导向的担保机构。其股东并非政府，而是各行业的商会或联合会、信贷机构和保险公司。2019 年年底，德国有 17 家担保银行，平均每个州近一家。

担保银行坚持商业可持续原则并接受政府的反担保支持。担保银行的业务流程是：在中小企业抵押物不足的情况下，银行就中小企业贷款向担保银行申请担保；担保银行基于担保项目的商业可行性对银行的申请进行评估并做出是否提供担保的决策；银行在获得担保银行的担保后向中小企业放款。为了分担和控制担保风险，联邦政府和州政府向担保银行提供反担保。其中，联邦政府提供 39%~45% 的反担保，州政府提供 26%~30% 的反担保（见图 8.7）。担保银行的担保额度通常为每家公司不超过 125 万欧元，50% 的担保额度均在 100 万欧元以下。担保银行的客户主要分布在手工业（24%）、服务业（23%）、贸易（22%）、工业（11%）、自由职业者（9%）、酒店（8%）等领域。

担保银行对德国中小企业融资起辅助性和补充性作用。担保银行并不发放贷款，而是通过担保支持当地银行发放贷款。根据德国担保银行协会的统计，德国担保银行的担保额度达到 58 亿欧元，占 2018 年中小企业贷款余额的比重约为 2%。这一比重虽低，但由于针对的是缺乏足够抵押物、面临融资困境的中小企业，仍有效提升了中小企业的融资可得性。①

① 除担保银行为中小企业提供融资担保外，德国复兴信贷银行也为中小企业融资提供担保服务。

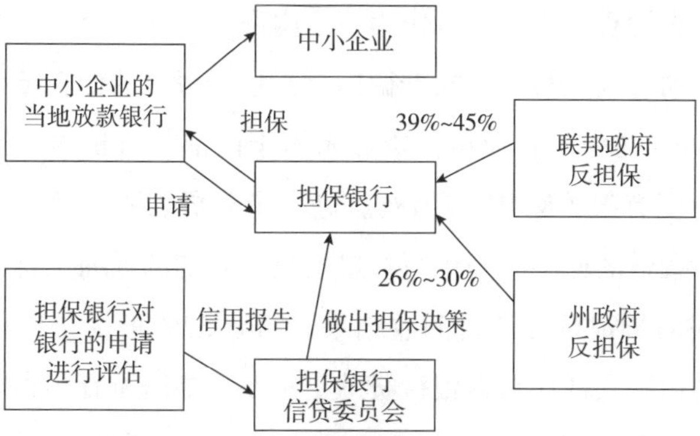

图 8.7　担保银行业务模式

资料来源：德国担保银行协会（Verband Deutscher Bürgschaftsbanken，VDB）。

思考和借鉴

非公有制经济特别是中小民营企业，在吸纳就业和技术创新等方面发挥着重要作用（刘鹤，2012）。借鉴德国经验，完善中小企业融资体系，解决中小企业融资难问题，将大大增强我国金融体系适应性和普惠性。

客观认识德国中小企业融资的局限

德国银行业的信贷模式偏传统，对抵押物的依赖度高。银行关注的是企业债务偿还能力而非企业的成长性。同时，德国股票市场和私募股权投资市场发展相对迟缓（见第三章和第十二章），对企业的股权融资供给不足，对新兴产业和成长性新创企业的发展支持力度不足；对中小企业并购重组支持力度不足，不利于形成行业优势积聚和新的大企业。这一定程度上也固化了德国企业纵向流动性低的这一结构性缺陷。

管家银行模式下，银行作为“准内部人”的定位，对中小企业的经营活动有较大影响。根据德国复兴信贷银行的调查结果，2017年约有49%的中小企业运营资金来源于内部收益积累，外部融资支持的力度有限（KfW，2018）。进一步分析表明，导致中小企业依赖内源融资的原因，与银行对融资企业施加的强约束有关。根据德国复兴信贷银行的调查问卷结果，约有52%的受访中小企业完全同意公司独立性比获得银行贷款更重要，高居所有调查问题“认同率”的首位（见图8.8），超过80%的受访企业完全同意或同意公司独立性更重要，也居首位。这种强约束在避免中小企业过度融资的同时，也可能导致企业经营过度保守。

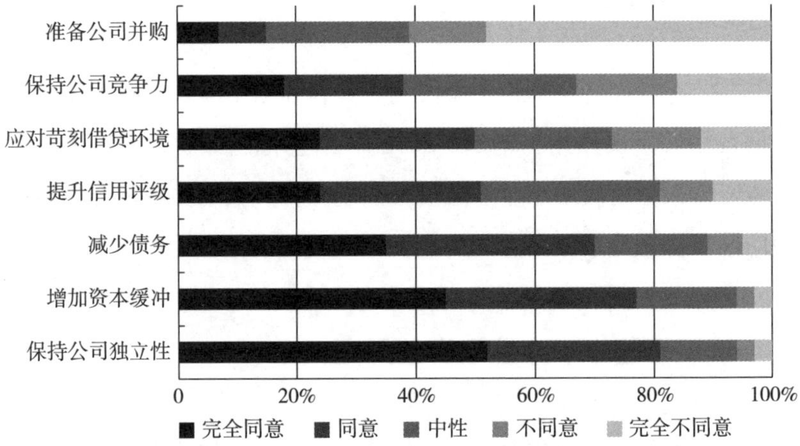

图8.8 德国中小企业拒绝贷款融资的原因调查

资料来源：KfW，No sign of letting up：SMEs are on a path of growth in Germany and abroad，23-10-2018 KfW SME Panel 2018，www.kfw.de。

发展中小银行和具有中国特色的核心银行制度

德国中小企业融资支持体系的核心是管家银行。储蓄银行和信用社等小银行，在区域经营原则和参与公司治理等制度保障下，与当地中小企业保持着长期、稳定的紧密联系，实现了银企互信。我国则与此形成了较大反差。银行的交易化特征明显，银企关系脆弱。面对经济下行和风险暴露的冲击，银行信贷呈现出明确的“向安全投资转移”（Flight to quality）特征，资金从中小企业撤出，“雨天收伞”和恶意逃废债均有发生。从德国经验看，银行与企业之间的确存在规模匹配现象，即中小企业融资主要由（中）小银行提供。要缓解我国中小企业融资难问题，必须发展中小银行，提升中小银行服务中小企业的能力。可强化区域经营原则，营造有利于中小银行发展和服务中小企业的竞争秩序，引导城商行、农商行回归本源，聚焦服务当地的主责主业，推动银行与企业建立长期关系，降低银行在中小企业融资领域的顺周期性。同时，发展中国特色的核心银行制度，建立健全银行参与债务人公司治理的机制，使银行拥有对债务企业必要的约束力。

完善政策性金融支持中小企业融资的长效机制

在德国中小企业融资支持大量体系中，政策性银行是重要的一环，通过转贷模式向中小企业提供大量融资。德国中小企业融资难问题并不突出，尚且有专门负责支持中小企业融资的政策性银行，我国中小企业融资难问题突出，且存在较明显的政策性金融缺位问题，更应注重发挥政策性金融的补充作用。可依托现有政策性银行体系，通过法律法规或规范性文件等方式，尽快明确赋予（特定）政策性银行的中小企业融资的职能，推动政策性银行加大对中小企业融资的支持。此外，借鉴德国担保银行机制，发挥政府在中小企业融资担保方面的作用。

拓宽中小企业股权融资渠道

德国管家银行模式在服务传统中小企业或类型Ⅰ中小企业方面表现突出。但是，受限于银行信贷业务的风险规避属性，这种模式在服务新兴产业类中小企业、成长型中小企业方面存在短板。这一劣势在德国“工业 4.0”或新工业革命背景下很突出，已经成为可能影响德国经济活力和长期竞争力的重要因素。我国也面临着类似困境。在完善银行体系，增强银行为中小企业提供信贷融资服务的同时，也要通过发展资本市场、私募股权投资、风险投资等方式，增强其为成长型中小企业提供高质量股权融资的能力。

▶▶ 第九章

德国政策性与商业性金融是如何互补合作的

德国政策性银行数量多、占比高，堪称德国银行业的“第四支柱”。庞大的政策性银行部门并没有对商业性金融[①]产生挤出效应，两者反而形成了互补合作的良性关系。以资产占政策性银行一半的德国复兴信贷银行（KfW）的实践为例，这种互补合作关系是德国政策性银行坚持补充性原则和中立性原则的结果，得益于德国经济治理强调竞争秩序的理念支撑，得益于《德国复兴信贷银行法》明确要求合作放贷的法律保障，得益于与商业性银行形成利益共同体且发挥其优势的转贷模式的业务支持，得益于致力于维护竞争秩序的欧盟委员会的外部约束。中国正着力推动政策性金融与商业性金融形成分工合理、相互补充的格局，德国政策性银行特别是德国复兴信贷银行的经验可供借鉴。

① 本章的商业性银行是指坚持商业可持续原则的非政策性银行，不等同于也不仅限于商业银行。在德国，除了商业银行外，公共银行性质的储蓄银行和合作金融性质的信用社均为商业银行。

典型性事实

作为“第四支柱”的政策性银行

与德国银行体系的三支柱相比，德国政策性银行的资产规模小于商业银行和储蓄银行部门，但已高于信用社，堪称德国银行业的“第四支柱”。2019 年年底，德国政策性银行的资产规模约为 1.03 万亿欧元，[①] 占银行业资产规模的比重为 12.3%，略高于同期德国信用社 11.8% 的比重。让人诧异的是，这一比重超过了同期中国政策性银行的占比（9.7%，见图 9.1）。与英国、美国相比，德国政策性银行规模大、比重高的特点更为突出。

注：2016 年及以后德国政策性银行资产，为估算数。

图 9.1　中国和德国政策性银行资产规模占比

资料来源：德意志联邦银行、中国银保监会、德国中央合作银行、国家开发银行、中国进出口银行、中国农业发展银行、德国中央合作银行历年年报。

① 自 2016 年 7 月起，德意志联邦银行将德国中央合作银行纳入“承担特别的、开发性及其他中央支持任务的银行”统计，我们用“承担特别的、开发性及其他中央支持任务的银行”资产规模扣除德国中央合作银行资产规模的方法来估算政策性银行的资产规模。

政策性银行比重周期性起伏

德国政策性银行比重并未随着经济发展水平的提升呈现出趋势性下降的态势，而是随着政策性任务的变化呈周期性波动。过去60多年里，德国政策性银行比重的变化已经完整经历了两个升降周期。第一个周期是20世纪50年代至80年代。20世纪50年代是德国战后重建和“经济奇迹”的时代，资金需求巨大，德国政策性银行占比长期维持在11%以上。随后，政策性银行占比不断回落至20世纪70年代后期和80年代略高于6%的水平。第二个周期是20世纪90年代。两德合并后，原民主德国各州建设的大量资金需求，使政策性银行比重快速上升，1993年1月曾达到13.1%的高点，此后快速下降。进入21世纪后，德国政策性银行比重再次持续上升（见图9.2）。

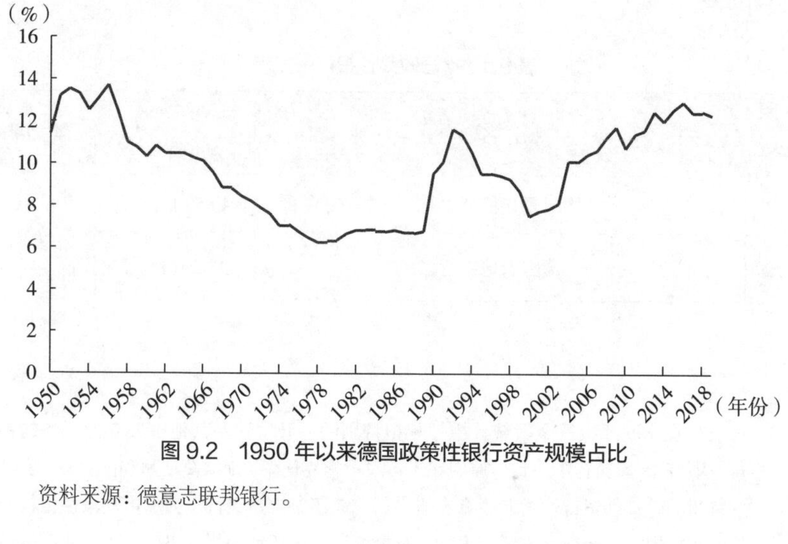

图9.2　1950年以来德国政策性银行资产规模占比

资料来源：德意志联邦银行。

联邦和州层面均有政策性银行

德国政策性银行数量多，存在于联邦层面和州层面。2018 年年底，德国政策性银行多达 19 家，[①] 远远多于中国和美国、英国等发达国家。其中，联邦层面政策性银行有 2 家，分别为德国复兴信贷银行和德国农地银行（Landwirtschaftliche Rentenbank），2018 年年底资产规模分别达到 4 858 亿欧元和 902 亿欧元。州层面政策性银行有 17 家，几乎每个州都拥有一家政策性银行。州层面政策性银行规模差异大，北莱茵 – 威斯特法伦州的北威州银行（NRW Bank）和巴登 – 符腾堡州的 L–Bank 是规模最大的两家，2018 年年底资产总额分别达 1 490 亿欧元和 696.1 亿欧元。隶属于北德意志州银行的梅克伦堡 – 前波莫瑞州区域发展机构的资产规模仅为 14 亿欧元，不足北威州银行的百分之一（见表 9.1）。

表 9.1　德国政策性银行一览表

序号	银行名称	资产规模（2018年年底）	类型
1	德国复兴信贷银行	4 858 亿欧元	联邦层面政策性银行
2	德国农地银行	902 亿欧元	

① 这与德意志联邦银行金融统计中“承担特别的、开发性及其他中央支持任务的银行”项有 18 家银行不一致。原因在于：（1）梅克伦堡 - 前波莫瑞州和萨克森 - 安哈尔特州的政策性银行均为北德意志州银行。北德意志州银行作为承担政策性银行职能的州立银行，在德意志联邦银行的金融统计中被统计为州立银行。（2）非政策性银行的德国中央合作银行也被统计为“承担特别的、开发性及其他中央支持任务的银行”。

续表

序号	银行名称	资产规模（2018年年底）	类型
3	梅克伦堡－前波莫瑞州区域发展机构—北德意志州银行（Landesförderinstitut Mecklenburg-Vorpommern – Division of NORD/LB）	14 亿欧元	州层面政策性银行
4	Investitionsbank des Landes Brandenburg	134 亿欧元	
5	SächsischeAufbaubank – Förderbank	75.1 亿欧元	
6	Investitionsbank Schleswig–Holstein	200 亿欧元	
7	HamburgischeInvestitions – und Förderbank	54 亿欧元	
8	Bremer Aufbau–Bank GmbH	10.6 亿欧元	
9	Investitions – und Förderbank Niedersachsen – NBank	38.1 亿欧元	
10	柏林投资银行（Investitionsbank Berlin）	177.4 亿欧元	
11	萨克森－安哈尔特州投资银行—北德意志州银行（Investitionsbank Sachsen – Anhalt – Anstalt der NORD/LB）	17.3 亿欧元	
12	巴伐利亚州兴业促进银行（LfAFörderbank Bayern）	210.7 亿欧元	
13	巴伐利亚银行（BayerischeLandesbodenkreditanstalt）	224.0 亿欧元	
14	北威州银行	1 490 亿欧元	
15	Investitions – und StrukturbankRheinland–Pfalz	83.3 亿欧元	
16	SIKB SaarländischeInvestitionskreditbank AG	15.6 亿欧元	
17	L–Bank，Staatsbankfür Baden –Württemberg	696.1 亿欧元	
18	Wirtschafts – und Infrastrukturbank Hessen – legally – dependent institution within Landesbank Hessen – Thüringen Girozentrale	241 亿欧元	
19	ThüringerAufbaubank	38 亿欧元	

资料来源：德国公共银行协会（VÖB）。

对银行贷款比重高

德国政策性银行倾向于更多地向银行发放贷款，直接向实体经济发放贷款则居于次要地位。20 世纪 90 年代以来，在德国政策性银行的贷款结构中，50% 以上的贷款均发放给了银行。进入 21 世纪后，这一比重更是升至 60% 左右。相比之下，中国政策性银行向银行发放贷款的比重则低得多。与非政策性银行相比，德国政策性银行对银行贷款的比重也明显更高，两者的差距平均达到 20 个百分点以上（见图 9.3）。政策性银行对银行贷款比重高，既有其分支机构少的因素，也是中立性原则和转贷经营模式的必然结果。比如，2019 年年底，在德国复兴信贷银行向银行发放的贷款余额中，转贷贷款占比在 70% 以上。

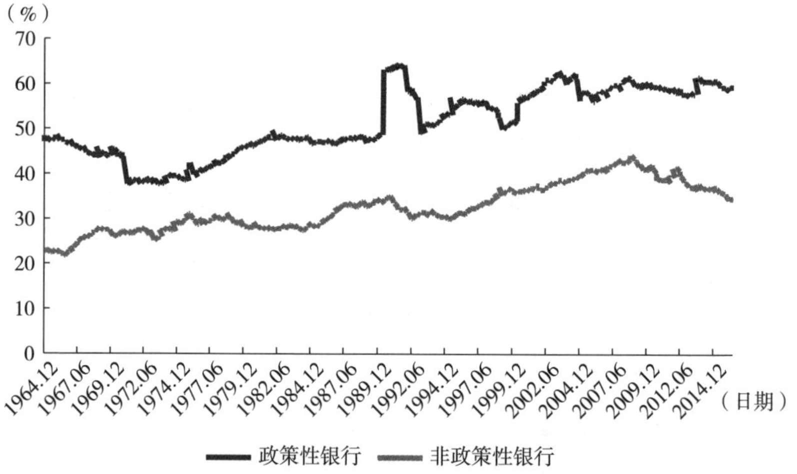

注：2016 年 7 月起德国中央合作银行纳入"承担特殊任务、开发性任务和其他中央支持任务的银行"统计，由于难以剔除德国中央合作银行对银行的贷款，本图数据截至 2016 年 6 月。

图 9.3　政策性银行与非政策性银行对银行贷款比重

资料来源：德意志联邦银行。

资本充足的政策性银行

德国复兴信贷银行、德国农地银行和北威州银行资产规模合计占德国政策性银行的80%左右。2019年，三家政策性银行资本充足率分别高达21.3%、31.1%和47.1%，远高于监管要求水平和德国银行业的平均水平（见表9.2）。与资本充足的审慎经营文化相一致，德国政策性银行经营长期保持稳健。比如，2000—2019年，德国复兴信贷银行除2007年和2008年外均保持盈利，累计利润额为142.1亿欧元。

表9.2　德国主要政策性银行资本充足率　　单位：%

	2014	2015	2016	2017	2018	2019
德国复兴信贷银行	15.1	18.4	22.3	20.6	20.1	21.3
德国农地银行	19.3	23.2	25.7	29.7	31.2	31.1
德国北威州银行	43.91	46.47	45.46	44.91	45.1	47.1
德国银行业平均	18.0	18.3	18.8	19.4	18.9	18.6

资料来源：德国复兴信贷银行，德国农地银行，北威州银行历年年报，IMF FSI数据库。

立法先行、职能法定

德国政策性银行均依据相关法律设立。德国复兴信贷银行依据《德国复兴信贷银行法》设立，德国农地银行依据《德国农地银行法》设立。相关法律规定了政策性银行的公共法人机构地位，明确了其职能、经营范围和经营机制，是政策性银行运营的基本遵循。

德国复兴信贷银行模式

德国复兴信贷银行是德国最具代表性和全球影响力的政策性银行。这家银行是德国最大的政策性银行，2019 年年底总资产达 5 060 亿欧元，占全部政策性银行资产规模一半左右，员工数达 6 705 人；是高度国际化的政策性银行，80 家左右的海外分支机构遍布全球。它还是德国第三大银行集团，仅次于德意志银行和德国中央合作银行集团。[①] 无论是在坚持补充性原则以履行政策性职能，还是坚持中立性原则以实施市场化运作，或是确保资本充足和治理有效方面，德国复兴信贷银行都有良好实践。

职能和业务范围：受法律规范并适时调整

1948 年 11 月，德国通过《德国复兴信贷银行法》以配合马歇尔计划。次年 1 月，德国复兴信贷银行依法成立，联邦政府与州政府分别持股 80% 和 20%。德国复兴信贷银行在《德国复兴信贷银行法》的规制下运营，其机构职能、业务范围均由该法所规定。根据 2015 年最新修订的《德国复兴信贷银行法》，德国复兴信贷银行承担四项职能：在相关领域提供开发性融资，为地方政府和特定目的协会提供融资，为教育发展提供融资，提供符合德国和其他欧洲国家经济利益的其他融资。其中，为中小企业、自由职业和新创企业提供融资是德国复兴信贷银行开发性融资的优先业务（见表 9.3）。

---

① 2019 年，德国中央合作银行集团资产规模为 5 594 亿欧元。扣除 R+V 保险公司后，德国中央合作银行集团的银行板块资产规模小于德国复兴信贷银行。

表 9.3　德国复兴信贷银行职能及业务范围

序号	职能	业务范围
1	根据国家指令在相关领域提供开发性融资	（1）中小企业、自由职业者和新创企业 （2）风险资本 （3）住房 （4）环境保护 （5）基础设施 （6）技术进步和创新 （7）国际商定的开发性计划 （8）发展合作 （9）法律法规与联邦政府或州政府相关政策赋予的任务
2	为地方政府和根据公法成立的特殊目的协会提供贷款和其他类型的融资	
3	为纯粹出于社会目的的教育发展提供融资	
4	提供符合德国和欧洲经济利益的其他融资	（1）为符合欧洲利益并由欧洲投资银行或类似机构共同支持的项目融资 （2）为除欧盟成员国、《欧洲经济区协定》缔约国、欧盟成员候选国之外国家提供出口融资

资料来源：《德国复兴信贷银行法（2015 年修订）》。

在德国复兴信贷银行的业务分类中，表 9.3 中《德国复兴信贷银行法》规定的职能 1、职能 2 和职能 3 是国内业务，职能 4 为国际业务。目前，国内业务包括中小企业银行与私人客户、个性化金融与公共客户和 KfW 资本三部分。国际业务包括出口和项目融资、发展中和新兴经济体开发性融资两部分，分别由 KfW 国际项目融资及出口信贷银行和德国投资与开发有限公司负责。其中，出口和项目融资被认为是商业性业务。此外，德国复兴信贷银行还涉及少量金融市场业务（见表 9.4）。2019 年，德国复兴信贷银行的业务结构呈现三个特征。一是以国内业务为主。2019 年，德国复兴信贷银行提供的融资规模为 773 亿欧元，国内业务规模为 434 亿欧元，占比达 56.1%。 二是国际业务占比快速提升。2011—2019 年，国际业务占比呈趋势性上升态势。2019 年国际业务规模为 327 亿欧元，占比达 42.3%，较 2011 年提升 15.0 个百分点。三是商业性业务占比波动上升。2019 年，出口和项目融资业务占比为 28.6%，较 2011 年上升了 9.6 个百分点（见图 9.4）。

表 9.4　德国复兴信贷银行集团融资业务类别及新融资规模　　单位：亿欧元

业务类别		业务或服务范围	2019 年新发放融资量	2018 年新发放融资量
国内业务	中小企业银行与私人客户	创业融资，为一般企业投资以及创新、能源和环境保护投资提供融资，教育融资，房屋建造、改建和翻新的融资	360	363
	个性化金融与公共客户	市政和社会基础设施融资，为企业提供股债类个性化融资，为联邦各州的银行和开发业务提供个性化融资	72	95
	KfW 资本	投资德国和欧洲的风险投资和风险债务基金	2	1
国际业务	出口和项目融资	为德国和欧洲出口项目提供融资，为德国和欧洲特别感兴趣的项目和投资提供资金	221	177
	发展中和新兴经济体开发性融资	代表联邦政府通过预算基金和 KfW 筹集的补充市场基金促进发展中国家和新兴经济体发展	106	106
金融市场业务		证券和货币市场投资，联邦政府的持有安排，联邦政府授权的交易，对希腊的贷款	14	15
合并差额		—	–2	–2
合计		—	773	755

数据来源：德国复兴信贷银行 2019 年年报。

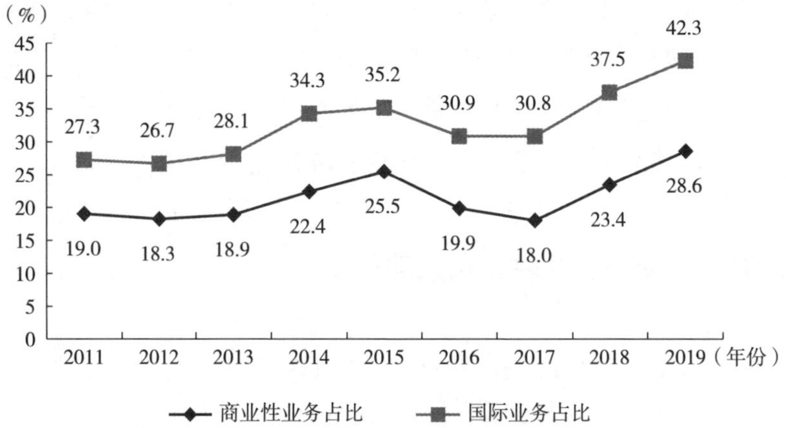

图 9.4　2011—2019 年德国复兴信贷银行业务结构

资料来源：德国复兴信贷银行 2011—2019 年历年年报。

德国复兴信贷银行的具体职能和业务范围并不是一成不变的。从德国复兴信贷银行的发展历程看，其业务重点随着德国经济发展阶段和发展任务的变化而不断调整。德国复兴信贷银行成立之初，国民经济发展的首要任务是重建，其经营重心在于为房屋建设和基础产业提供融资。随着战后重建基本结束，1955 年德国复兴信贷银行的重心开始转向制造业和贸易。进入 20 世纪 60 年代后，经济实力的快速提升激发了国际社会对德国开展对外援助的期望。1961 年《德国复兴信贷银行法》修订，德国复兴信贷银行被赋予国际合作和为商业项目融资的职能，经营重心向海外转移。进入 20 世纪 70 年代后，面对“石油危机”对德国经济的严重冲击，德国复兴信贷银行的重心重新转移到国内。1990 年两德合并后，为支持原民主德国地区各州建设和社会重建，德国复兴信贷银行国内业务的重心逐步转移到东部各州。其间，占国内业务近七成的资金都被用于支持东部发展。进入 21 世纪后，德国复兴信贷银行加大了对绿色领域的资金投入。这一系列业务调整的主线，是紧密配合国家发展战略和政府政策目标。从法律修订看，1949年8月、1951年12月、1961年8月、1969年5月、2013年7月《德国复兴信贷银行法》已累计进行了5次修订，其他立法涉及《德国复兴信贷银行法》修订的更是多达14次。

补充性：中小企业融资和长期融资

德国复兴信贷银行在履行政策性职能时坚持了补充性原则。除出口和项目融资业务外，德国复兴信贷银行的其他业务均为商业性金融供给不足的领域，其提供融资的主要目的在于弥补市场失灵。

德国复兴信贷银行的补充性集中体现为提供中小企业融资。中小企业融资是德国复兴信贷银行最重要的业务。《德国复兴信贷银行法》第2条第1款规定的首个融资业务就是中小企业融资。德国复兴信贷银行设定了中小银行融资业务比重高于40%的目标。2010—2019年，在当年新发放贷款中，与中小企业相关的融资占比均在40%及以上（见图9.5）。可以说，德国复兴信贷银行是德国的中小企业政策性银行。相比之下，中国政策性银行在支持中小企业融资方面的作用还不明显。

中小企业融资业务也是德国复兴信贷银行唯一长期亏损的业务板块。2013—2017年，中小企业银行业务亏损额累计达9.41亿欧元（见表9.5）。2018年和2019年亏损额大幅下降，主要原因是业务分类标准发生了变化，包含了具有一定盈利能力的私人客户业务。长期亏损也凸显了中小企业融资业务的补充性。

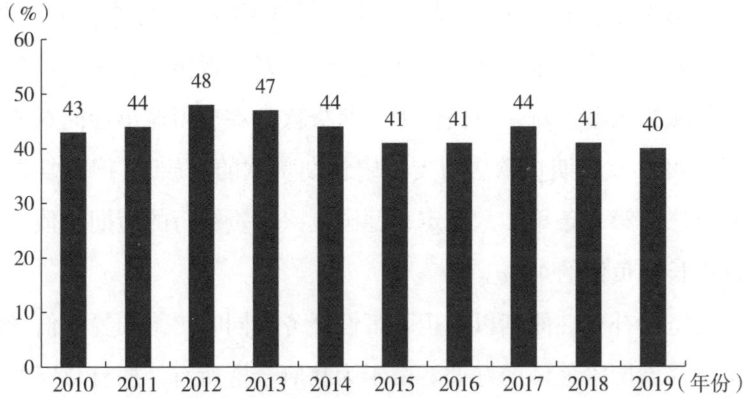

图 9.5　德国复兴信贷银行新发放贷款中中小企业贷款比重

资料来源：德国复兴信贷银行 2010—2019 年历年年报。

表 9.5　德国复兴信贷银行各类业务利润情况　　单位：百万欧元

	2013 年	2014 年	2015 年	2016 年	2017 年	2018 年	2019 年
中小企业银行	–383	–196	–144	–98	–91	–26	–17
个性化金融与公共客户	3	23	7	94	66	36	60
KfW 资本	—	—	—	—	–9	2	6
出口和项目融资	437	541	628	484	469	537	499
发展中和新兴经济体开发性融资	205	224	220	200	107	165	94
金融市场	354	320	146	138	152	218	279
总部业务	658	599	1 313	1 183	733	703	448
调整项	–1	3	0	1	0	0	–1
合计	1 273	1 514	2 171	2 002	1 427	1 636	1 367

注：2018—2019 年“中小企业银行”为“中小企业银行与私人客户”。

资料来源：德国复兴信贷银行历年年报。

补充性的另一个体现是提供长期融资。《德国复兴信贷银行法》

第3条第1款规定，德国复兴信贷银行在向中小企业、自由职业者、新创企业、风险资本、住房、环境保护、基础设施、技术进步和创新等领域提供融资时，应提供中长期贷款；在获得监事会同意的情况下方可发放短期贷款。为支持中长期贷款的发放，《德国复兴信贷银行法》第4条第2款规定，德国复兴信贷银行的短期负债不得超过中长期负债的10%。

在坚持补充性原则以承担政策性任务的同时，德国复兴信贷银行也享受着国家债信的好处。由于为政府全资所有，拥有政府的全额担保，国际评级公司对德国复兴信贷银行的长期信用评级均为最高评级，与德国主权信用评级一致。其发行的债券被当成零风险资产，这使其融资更加便利、更加便宜。

中立性：转贷模式与业务隔离

保持长期盈利是德国复兴信贷银行市场化运作的重要体现。除2007年和2008年受国际金融危机冲击出现亏损外，德国复兴信贷银行在2000年以来的其他18个年份均保持盈利（见图9.6），平均净资产收益率为7.5%。

德国复兴信贷银行坚持市场化运作更重要的体现是：坚持中立性原则，避免对市场秩序造成干扰。在开展业务时，政策性银行可能从两个方面干扰市场秩序：直接与商业性银行竞争，以及导致商业性银行之间的不公平竞争。德国复兴信贷银行主要通过转贷模式、政策性与商业性业务隔离、合作伙伴选择的非歧视性等三种方式来实现业务中立性。

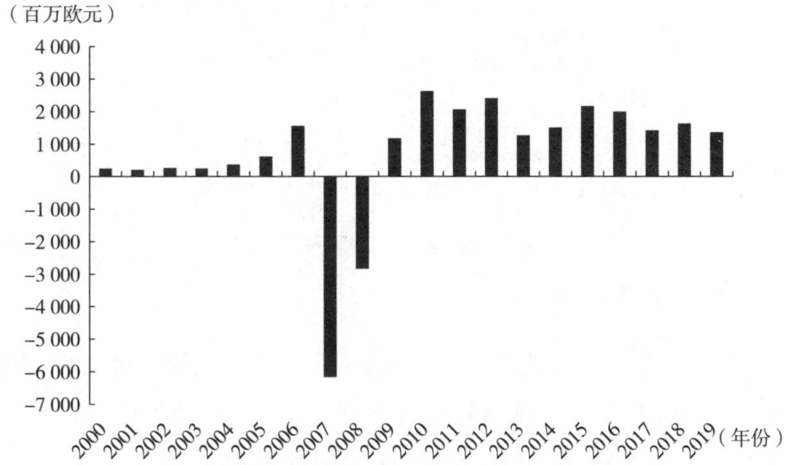

图 9.6　2000—2019 年德国复兴信贷银行净利润

资料来源：德国复兴信贷银行历年年报。

广泛采用转贷模式。德国复兴信贷银行的转贷模式源于法律规定。为避免对其他信贷机构产生直接竞争，《德国复兴信贷银行法》第 3 条第 1 款规定，德国复兴信贷银行为中小企业、自由职业者、新创企业、风险资本、住房、环境保护、基础设施、技术进步和创新等领域融资时，需要同其他信贷机构一起开展业务；只有在经过监事会批准的情况下才可以单独直接提供融资。遵循这一规定，德国复兴信贷银行主要通过转贷模式与其他信贷机构（主要是商业性银行，也包含保险公司，以下简称合作伙伴银行）合作开展业务。在转贷模式下，德国复兴信贷银行并不向最终贷款客户直接发放贷款，而是将贷款提供给合作伙伴银行，由合作伙伴银行以优惠利率将资金贷给最终贷款客户（见图 9.7）。为确保资金用于政府支持的特定项目和领域，德国复兴信贷银行对合作伙伴银行进行定期审查。

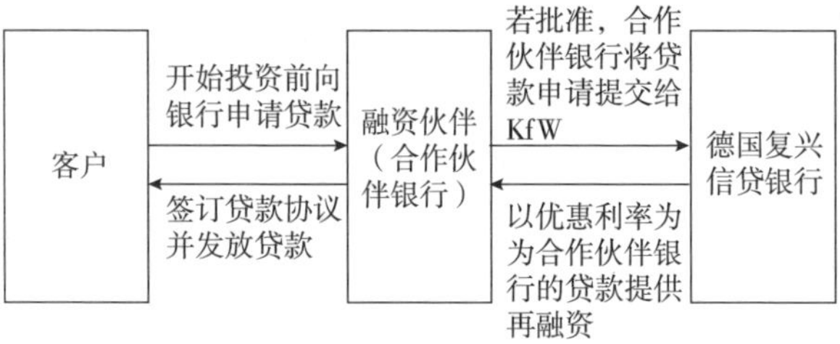

图 9.7　德国复兴信贷银行转贷模式

资料来源：德国复兴信贷银行官网。

采用转贷模式发放的贷款，占据德国复兴信贷银行贷款的半壁江山。2019 年年底，德国复兴信贷银行向银行发放的转贷贷款余额为 1 927.4 亿欧元，占同期对银行贷款余额的 72.7%；加上向保险公司发放的转贷贷款，德国复兴信贷银行转贷贷款余额为 1 934.5 亿欧元，占同期贷款总额的 49.4%；占最终客户为非银行的贷款比重为 60.8%（见表 9.6）。转贷模式既避免了与商业性银行的直接竞争，也解决了国内分支机构少的展业障碍。在德国复兴信贷银行的贷款结构中，也有相当一部分是直接向客户发放的贷款。这些贷款主要是出口和项目融资（其资金来源并不享受政府担保优势）、市政融资和教育融资，并不会对市场秩序构成明显干扰。

表 9.6　德国复兴信贷银行转贷业务　　单位：百万欧元

年份		2014	2015	2016	2017	2018	2019
对银行的贷款	对银行的直接贷款	83 995	80 576	79 099	72 111	73 472	72 827
	完全由银行承销的转贷	165 473	166 871	171 293	182 449	187 392	190 910
	部分由银行承销的转贷	3 096	2 604	2 340	2 191	1 974	1 827
	直接或转贷的次级贷款	486	524	459	714	267	334
	调整项	−1 794	−1 588	−1 357	−1 185	−1 030	−914
	小计	251 256	248 987	251 834	256 280	262 075	264 984

续表

年份		2014	2015	2016	2017	2018	2019
对客户的贷款	对客户的直接贷款	111 511	117 976	122 564	119 427	121 655	123 975
	不需要银行承销的转贷	405	376	350	234	209	242
	由保险公司承销的转贷	200	311	469	621	667	710
	直接或转贷的次级贷款	4 022	3 435	2 797	1 985	1 932	1 704
	调整项	–204	–174	–142	–111	–84	–64
	小计	115 934	121 924	126 038	122 156	124 379	126 567
合计		367 190	370 911	377 872	378 436	386 454	391 551
银行转贷占对银行贷款比重（%）		67.1	68.1	68.9	72	72.3	72.7
转贷占贷款总额比重（%）		46	45.8	46.1	49	49.2	49.4
转贷占对最终客户为非银行的贷款比重（%）		59.7	58.6	58.4	60.6	60.8	60.8

数据来源：德国复兴信贷银行历年年报。

政策性与商业性业务隔离。德国复兴信贷银行也从事商业性业务。2013—2019 年，作为商业性业务的出口和项目融资业务，利润累计为 35.95 亿欧元，占同期利润的 31.5%，远高于同期商业性业务的规模占比。为避免开展商业性业务时给商业性银行带来不公平竞争，德国复兴信贷银行在欧盟委员会的敦促下，[①] 分离了政策性业务和商业性业务。2008 年，德国复兴信贷银行成立子公司国际项目融资和出口信贷银行（KfW IPEX–Bank）。该子公司承接德国

① 2002 年，欧盟委员会对德国复兴信贷银行的调查结果指出，德国联邦政府对德国复兴信贷银行的出口和项目融资业务进行融资担保，违反了欧盟竞争法。为此，德国联邦政府与欧盟委员会达成重组德国复兴信贷银行的协议，从 2008 年 1 月 1 日起将德国复兴信贷银行的出口和项目融资业务剥离交给独立子公司运营，德国联邦政府不再提供担保。

复兴信贷银行的所有商业性业务，其融资不再享受国家债信支持。这有利于防止政策性业务异化问题，避免运用政府信用和财政补贴与商业性银行展开直接竞争，从而避免扰乱金融市场秩序。同时，用坚持中立性的商业性业务盈利来弥补政策性业务亏损，也可以减少财政补贴。2019 年年底，国际项目融资和出口信贷银行资产规模达 270.3 亿欧元，为德国复兴信贷银行集团最大的子公司（见表 9.7）。

表 9.7　德国复兴信贷银行子公司　单位：亿欧元

	资产总额（2018）	资产总额（2019）
KfW 国际项目融资和出口信贷银行	279.7	270.3
德国投资与开发有限公司（DEG）	62.7	68.9
KfW 资本	0.25	2.5
KfWBeteiligungsholding GmbH	32.2	33.1
Interkonnektor GmbH	2.9	3.8

注：除纳入合并会计报表的子公司外，德国复兴信贷银行还全资拥有不纳入合并会计报表的子公司，如 Finanzierungs- und BeratungsgesellschaftmbH 和 tbgTechnologieBeteiligungsgesellschaftmbH。

资料来源：德国复兴信贷银行 2019 年年报。

非歧视地选择合作伙伴。为避免在与合作伙伴银行合作过程中破坏商业性银行之间的竞争秩序，《德国复兴信贷银行法》第 3 条第 1 款规定，德国复兴信贷银行在与其他信贷机构或融资机构合作时，必须遵守《欧洲共同体法》确定的非歧视原则。

以内源性资本积累为主的资本补充机制

德国复兴信贷银行是资本充足的政策性银行，其资本充足率显著高于监管要求。2019 年年底，德国复兴信贷银行资本充足率为

21.3%，较同期监管要求高出 4.8 个百分点，2017—2019 年则平均高出 5.2 个百分点（见图 9.8）。与同期德国银行业平均水平相比，这一资本充足率水平也不低，2019 年年底高出 2.7 个百分点。同时，德国复兴信贷银行资本质量高，绝大部分监管资本为一级资本，2019 年年底二级资本已经降至零。

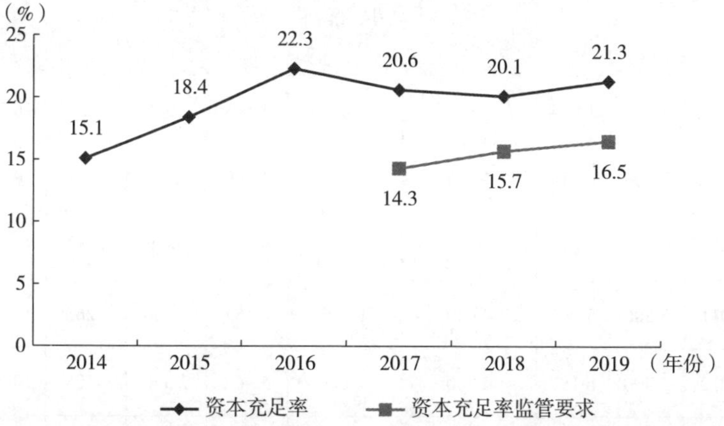

注：2014 年德国实施新的资本监管规则，2014 年及之后的资本充足率与之前年份的数据不具可比性。

图 9.8　德国复兴信贷银行资本充足率

资料来源：德国复兴信贷银行历年年报。

德国复兴信贷银行资本补充的主要渠道是历年经营积累。考虑到德国复兴信贷银行的所有者权益与监管资本差异不大，我们根据德国复兴信贷银行所有者权益结构对监管资本结构进行分析（见表 9.8）。从所有者权益存量结构看，其主体部分来源于历年利润积累。2019 年年底，来自利润积累的所有者权益（即留存收益与一般风险准备）达 193.4 亿欧元，占所有者权益的 61.7%，已恢复至接近国际金融危机前的水平（见图 9.9）。从所有者权益增量结构看，2011—2019 年来自利润积累的所有者权益新增 135.2 亿欧元，占同期所有者权益新增额的 86.8%。

表 9.8　2006—2019 年德国复兴信贷银行所有者权益构成　单位：百万欧元

年份	实缴资本	资本公积		来自欧洲复兴计划专项基金的储备	留存收益	一般风险准备	重估储备	合计
		小计	其中来自欧洲复兴计划专项基金的资本公积					
2006	3 300	1 604	0	757	5 584	5 300	157	16 702
2007	3 300	6 254	4 650	804	4 469	200	–92	14 936
2010	3 300	5 947	4 650	977	5 218	600	–257	15 784
2011	3 300	5 947	4 650	1 056	6 107	1 700	–262	17 847
2012	3 300	6 197	4 900	1 113	5 468	2 350	–188	18 241
2013	3 300	7 197	5 900	1 191	8 613	400	–188	20 513
2014	3 300	7 197	5 900	1 191	10 019	600	–608	21 598
2015	3 300	8 447	7 150	1 191	12 091	600	–429	25 200
2016	3 300	8 447	7 150	1 191	14 092	600	–576	27 055
2017	3 300	8 447	7 150	1 191	15 500	600	–295	28 742
2018	3 300	8 447	7 150	1 191	17 371	600	–594	30 315
2019	3 300	8 447	7 150	1 191	18 742	600	–918	31 362

资料来源：德国复兴信贷银行历年年报。

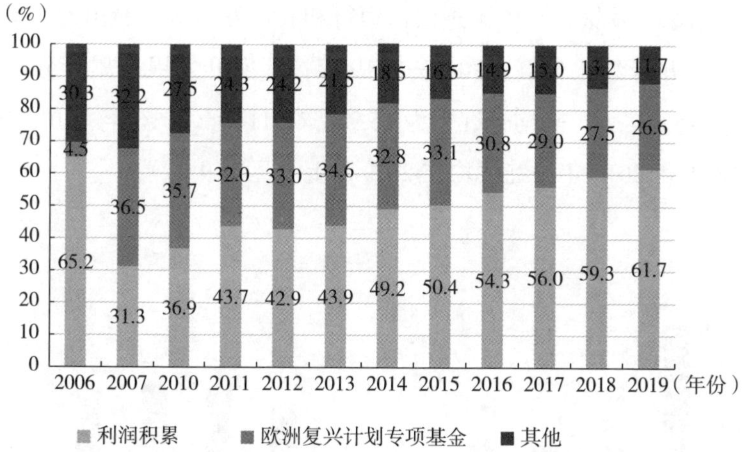

注：（1）利润积累项包括留存收益和一般风险储备；欧洲复兴计划专项基金项包括来自欧洲复兴计划专项基金的资本公积和来自欧洲复兴计划专项基金的储备；其他项包括实缴资本、不来自欧洲复兴计划专项基金的资本公积、重估储备。

（2）2007 年年末利润积累占所有者权益比重大幅降至 31.3%，原因在于当年德国复兴信贷银行出现巨额亏损，以及当年 7 月欧洲复兴计划专项基金重组并注资德国复兴信贷银行 46.5 亿欧元。

图 9.9　德国复兴信贷银行所有者权益结构

资料来源：根据德国复兴信贷银行历年年报整理。

内源性资本积累成为主要的资本补充机制，原因在于法律禁止德国复兴信贷银行分配利润，且德国复兴信贷银行持续保持盈利。《德国复兴信贷银行法》第 10 条第 1 款明确规定，“不对利润进行任何分配”。也就是说，德国复兴信贷银行的经营所得并不对股东分红，当期净利润全部转化为所有者权益。由于德国复兴信贷银行不进行分红，其利润全部转增资本。2011—2019 年，德国复兴信贷银行净利润累计约 135.2 亿欧元，[①] 这些利润拉高了 2019 年年底资本充足率约 9.8 个百分点。中国政策性银行与之存在明显差异。

① 已考虑会计政策变更的影响。

针对国家开发银行、中国进出口银行和农业发展银行的相关监督管理办法并未禁止分红。2011—2019 年，国家开发银行累计分红额达 1 145.6 亿元，平均分红率为 15.9%，2011 年、2016 年、2017 年、2018 年和 2019 年分红率均在 20% 以上（见图 9.10）。

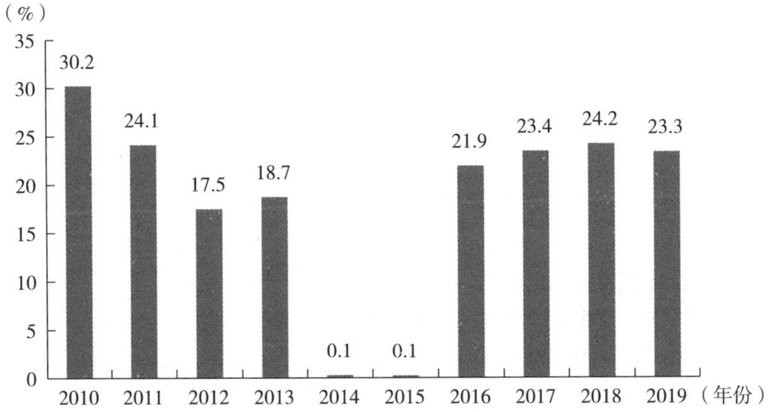

图 9.10　2010 年以来中国国家开发银行分红率

资料来源：根据国家开发银行历年年报整理。

来自欧洲复兴计划专项基金的权益资金是德国复兴信贷银行资本的重要组成部分。这与 2007 年欧洲复兴计划专项基金的重组相关。2006 年年底，来自欧洲复兴计划专项基金的所有者权益为 7.6 亿欧元，占所有者权益的比重仅为 4.5%。2007 年 7 月，欧洲复兴计划专项基金根据《欧洲复兴计划经济促进重组法》（Act for the Reorganisation of ERP Economic Promotion），向德国复兴信贷银行注资 46.5 亿欧元，并提供 32.5 亿欧元的次级贷款。46.5 亿欧元的注资直接计入当年资本公积（一级资本），32.5 亿欧元的次级贷款则计入二级资本，待转股时再根据转股金额计入资本公积。2017 年年底，32.5 亿欧元的次级贷款全部完成转股或被豁免，共新增所有者权益 29.3 亿欧元。2019 年年底，来自欧洲复兴计划专项基金的所有者权益为 83.4 亿欧元，占所有者权益的 26.6%（见图 9.9）。实缴资本、其他资本公积和重估储备等其他项所有者权益对资本补充的贡献已为负数。受重估储备下降的影响，2019 年年底这三项合计值已降至 36.8 亿欧元，较 2010 年年底少 6.6 亿欧元；占比降至 11.7%，较 2010 年年底低 15.8 个百分点。

资产的平均风险权重低是德国复兴信贷银行保持资本充足的重要原因。德国复兴信贷银行资本充足率远高于国家开发银行，而权益比率（所有者权益 / 总资产）却明显低于国家开发银行。2018 年年底，德国复兴信贷银行资本充足率为 20.1%，高出国家开发银行 8.3 个百分点；但权益比率仅为 6.2%，低于国家开发银行 1.8 个百分点。这一反差的背后是德国复兴信贷银行资产的平均风险权重低。2018 年年底，德国复兴信贷银行资产的平均风险权重为 28.6%，而同期国家开发银行却高达 68.1%（见表 9.9），几乎是德国复兴信贷银行的 2.5 倍。德国复兴信贷银行资产的平均风险权重低，可能与相关贷款获得联邦政府担保、向合作伙伴银行发放贷款比重高以及部分适用内部评级法相关。国家开发银行资产的平均风险权重高则在于，直接适用《商业银行资本管理办法（试行）》，其贷款风险权重没有与商业银行一般贷款风险权重相区别。

表 9.9 德国复兴信贷银行与国家开发银行资产平均风险权重比较 单位：%

		2012	2013	2014	2015	2016	2017	2018	2019
德国复兴信贷银行	资本充足率	20.6	22.3	15.1	18.4	22.3	20.6	20.1	21.3
	权益比率	3.6	4.4	4.4	5	5.3	6.1	6.2	6.2
	资产平均风险权重	21.4	20.7	29.5	26.2	22.9	28.2	28.6	27.8

续表

		2012	2013	2014	2015	2016	2017	2018	2019
国家开发银行	资本充足率	10.9	11.3	11.9	10.8	11.6	11.6	11.8	—
	权益比率	6.8	6.9	6.6	8.5	8.1	7.8	8.0	—
	资产平均风险权重	62.0	61.6	55.5	78.5	69.9	67.0	68.1	—

资料来源：根据德国复兴信贷银行和国家开发银行历年年报整理。

具有广泛代表性的董事会

《德国复兴信贷银行法》还规定了德国复兴信贷银行的监管和公司治理架构。根据《德国复兴信贷银行法》，德国复兴信贷银行受德国财政部、德国经济和能源部监管。根据《德国银行法》，德国复兴信贷银行不被视为信贷机构，一般免于适用银行监管规定。不过，2013 年 9 月发布的《德国复兴信贷银行监管条例》第 9 条已明确要求德国复兴信贷银行适用银行监管规定，接受德国联邦金融监管局和德意志联邦银行的联合监管。

《德国复兴信贷银行法》规定，德国复兴信贷银行的治理架构包括两个部分：执行机构和咨询机构。执行机构包括监事会和执行董事会，咨询机构包括德国东部开发咨询委员会和中小企业咨询理事会。其中，德国东部开发咨询委员会已不再运作。

德国复兴信贷银行不设股东大会，而是通过设立监事会来保证经营按照法律规定进行。监事会下设总裁和提名委员会、薪酬委员会、风险和信用委员会、审计委员会等四个专门委员会。监事会成员数目、结构和监事职责由《德国复兴信贷银行法》确立和制定。监事会成员为 37 个，由来自联邦政府、联邦议院、联邦参议院或州政府①、银行业协会以及相关行业协会、工会等方面的代表组成。其中，7 名来自联邦政府部门的成员为当然成员，其余 30 名为被任命的成员。以 2018 年年底德国复兴信贷银行监事会成员构成为例，联邦经济和能源部长，联邦财政部长，联邦食品与农业部长，联邦交通和数字基础设施部长，联邦环境、自然保护和核安全部长，联邦外交部长和联邦经济合作与发展部长为 7 名当然成员，其余 30 名被任命的成员包括联邦议院任命的 7 名成员，联邦参议院（代表州政府）任命的 7 名成员，各类银行的代表 5 名，实体经济部门的代表5名，工会代表4名，贸易代表和市政代表各1名（见表9.10）。监事会设监事会主席和监事会副主席各 1 名，通常由联邦财政部长和联邦经济和能源部长轮流担任。监事会根据德国复兴信贷银行章程批准和审议年度财务报表及其他相关决议，接受联邦财政部、联邦经济事务和能源部以及联邦审计署的监督。

表 9.10　2018 年年底德国复兴信贷银行监事会成员

序号	姓名	监事会职务	来源部门
1	Peter Altmaier	监事会主席	联邦经济和能源部长
2	Olaf Scholz	监事会副主席	联邦财政部长
3	Julia Klöckner	成员	联邦食品与农业部长
4	Andreas Scheuer	成员	联邦交通和数字基础设施部长
5	Svenja Schulze	成员	联邦环境、自然保护和核安全部长
6	Heiko Maas	成员	联邦外交部长

① 根据《德意志联邦共和国基本法》，德国政体为议会共和制，议会由联邦议院和联邦参议院组成。其中，联邦议院行使立法权，监督法律的执行，选举联邦总理，参与选举联邦总统和监督联邦政府的工作等，议员分属于各个党派；联邦参议院参与联邦立法并对联邦的行政管理施加影响，维护各州的利益，成员由各州政府按各州人口比例指派 3~6 名州政府成员担任。

续表

序号	姓名	监事会职务	来源部门
7	Dr Gerd Müller	成员	联邦经济合作与发展部长
8	SörenBartol	德国联邦议院任命的成员	德国联邦议院议员
9	Klaus–Peter Flosbach	德国联邦议院任命的成员	德国联邦议院前议员
10	Dr Bruno Hollnagel	德国联邦议院任命的成员	德国联邦议院议员
11	Eckhardt Rehberg	德国联邦议院任命的成员	德国联邦议院议员
12	Bartholomäus Kalb	德国联邦议院任命的成员	德国联邦议院前议员
13	Carsten Schneider	德国联邦议院任命的成员	德国联邦议院议员
14	Dr Florian Toncar	德国联邦议院任命的成员	德国联邦议院议员
15	Volker Bouffier	德国联邦参议院任命的成员	黑森州国务部长
16	Christian Görk	德国联邦参议院任命的成员	勃兰登堡州副国务部长，财政部长
17	Dr Matthias Haß	德国联邦参议院任命的成员	萨克森州财政部长
18	Monika Heinold	德国联邦参议院任命的成员	石勒苏益格 – 荷尔斯泰因州财政部长
19	Reinhold Hilbers	德国联邦参议院任命的成员	下萨克森州财政部长
20	Lutz Lienenkämper	德国联邦参议院任命的成员	北莱茵 – 威斯特法伦州财政部长
21	Edith Sitzmann	德国联邦参议院任命的成员	巴登 – 符腾堡州财政部长
22	Dr Louis Hagen	按揭银行代表	慕尼黑按揭银行 CEO
23	Gerhard Hofmann	信用社代表	德国大众银行和雷发巽银行联邦协会（BVR）董事
24	Dr Hans–Walter Peters	商业银行代表	德国银行协会（BdB）主席
25	Dr Johannes–JörgRiegler	工业信贷代表	德国公共银行协会（VÖB）前主席
26	Helmut Schleweis	储蓄银行代表	德国储蓄银行协会（DSGV）主席
27	Dr Joachim Lang	工业行业代表	德国工业联合会（BDI）总干事
28	Dr Martin Wansleben	工业行业代表	德国工商会协会（DIHK）首席执行官

续表

序号	姓名	监事会职务	来源部门
29	Andreas Ibel	房地产行业代表	德国建筑和房地产协会（BFW）主席
30	Joachim Rukwied	农业代表	德国农民协会（DBV）主席
31	Holger Schwannecke	中小企业代表	德国中小企业联合总会（ZDH）秘书长
32	Frank Bsirske	工会代表	德国服务行业工会主席
33	Robert Feiger	工会代表	德国建筑、农林和工程业工会联盟（IG Bau）联邦委员会主席
34	Reiner Hoffmann	工会代表	德国工会联合会（DGB）主席
35	Stefan Körzell	工会代表	德国工会联合会（DGB）执行委员会成员
36	Dr Holger Bingmann	贸易代表	德国联邦批发、对外贸易和服务业联合会主席
37	Dr Uwe Brandl	市政代表	Bayerischer Gemeindetag 总裁

资料来源：德国复兴信贷银行。

与国家开发银行董事会的构成相比，德国复兴信贷银行监事会[①]的构成有三个突出特征。一是监事会规模庞大。国家开发银行董事人数为 11 人，德国复兴信贷银行监事人数达 37 人。二是监事会构成多元化。国家开发银行董事会由 3 名执行董事、4 名部委董事和 4 名股权董事构成。德国复兴信贷银行除了来自联邦政府和州政府的 14 名监事（类似于国家开发银行的部委董事和股权董事），还有来自联邦议院、各类银行业协会、各类非银行协会和工会代表的监事。三是利益相关者导向性明显。德国复兴信贷银行监事会中有大量成员来自非政策性银行和作为其客户的实体经济部门，均是

① 德国监事会的功能类似于中国的董事会。

德国复兴信贷银行的利益相关者。国家开发银行董事会尚无其他利益相关者代表。

德国复兴信贷银行按照《德国复兴信贷银行法》规定，设立中小企业咨询理事会，负责根据德国复兴信贷银行集团的整体业务计划，审议并决定关于促进中小企业发展的建议。该理事会包括 11 名成员，分别为担任主席的联邦经济和能源部长与该部另外任命的 4 名成员，担任副主席的联邦财政部长和该部另外任命的 1 名成员，联邦环境、自然保护和核安全部任命的 1 名成员，联邦政府新联邦州（德国东部）专员，联邦参议院任命的 2 名代表。

思考和借鉴

处理好政府和市场关系是经济体制改革的核心问题和战略制高点（刘鹤，2012）。德国复兴信贷银行模式，为我们处理好金融领域政府与市场关系，建设政策性与商业性金融互补合作，竞争有序的现代金融体系提供了重要借鉴。

推动政策性与商业性金融互补合作

德国复兴信贷银行坚持中立性原则，在开展政策性和商业性业务时，着力避免对商业性银行形成不当竞争，并与之建立了广泛的合作关系。正因为如此，庞大的政策性金融部门不仅没有对商业性金融产生挤出效应，反而形成了合理分工、相互补充、相互合作的格局。这种良性关系的形成，是德国经济治理强调竞争秩序、《德国复兴信贷银行法》要求合作放贷、德国复兴信贷银行采用转贷模式、欧盟委员会调查敦促等因素共同作用的结果。

我国政策性金融机构可以从事商业性业务或自营性业务，与商业性金融机构的业务存在事实上的交叉。从德国复兴信贷银行的实践看，政策性金融机构并非不能从事商业性业务，关键是要有效避免对金融竞争秩序造成干扰。其做法是将商业性业务剥离到独立子公司，实现业务隔离，并取消对商业性业务子公司的国家债信支持，避免利用政策性支持形成不当竞争优势。同时，在从事政策性业务时，也强调与商业性金融机构合作放贷。[①] 为避免政策性金融与商业性金融的无序竞争，形成两者互补合作的良性关系，我国政策性金融机构可以在分账管理、分类核算的基础上，进一步推动商业性业务或自营性业务的子公司化，实现政策性业务与商业性业务或自营性业务的业务隔离，取消对这类子公司的国家债信支持。在包括普惠金融服务在内的政策性业务中，也应借鉴和创新转贷模式，强化与商业性金融机构的联动。

以立法规范政策性银行的运营

包括德国复兴信贷银行在内的德国政策性银行是立法先行的政策性银行。为每家政策性银行专门制定法律，明确其职能、业务范围、经营机制，从根本上规范政府与政策性银行的关系，有利于保障政策性银行的合格市场主体地位。同时，德国复兴信贷银行的长期稳健经营，经营中体现的补充性、中立性特色，以内源性资本积累为主的资本补充机制，具有广泛代表性的监事会，都源于《德国复兴信贷银行法》的规范并持续受其保障。法律的保护也减少了政策性

① 德国农地银行也广泛使用转贷模式。2019 年年底，德国农地银行对银行的贷款为 604 亿欧元，约占德国农地银行贷款总额的 90.3%，其中大部分为转贷贷款。

银行的生存危机，避免了通过做大规模来实现“大而不能关”的行为异化。

我国已在政策性金融机构立法方面进行了探索，2017年原银监会针对三家开发性、政策性银行制定出台了专门的监督管理办法。不过，这些部门规章法律层级低，权威性不足。仍有必要继续推进政策性银行的立法，提高立法层级。

适时调整政策性银行职能及业务范围

政策性银行以有效贯彻执行国家经济政策为首要目标。德国复兴信贷银行良好实践的一条主线是，在坚守政策性定位的前提下，根据国家不同阶段的发展任务，动态调整业务规模、业务范围和业务重点，支持国家经济发展。为了支持业务范围的调整，《德国复兴信贷银行法》也经历了多次修订。

当前，我国经济发展面临的国内外环境复杂多变，政策性金融的范畴或政策性金融机构的业务范围需要根据实际情况的变化进行适应性调整。除在政策性金融机构运营层面进行调整外，也要确保能够在必要时适时修订针对政策性金融机构的监督管理办法或相关法律法规。

发挥政策性银行支持中小企业融资的功能

德国多层次、广覆盖和有差异的三支柱银行体系，以及以银企关系紧密著称的管家银行模式，已经对中小企业融资形成了良好支撑。尽管如此，德国仍强调政府对市场失灵的补充，赋予德国复兴信贷银行支持中小企业的职能，以进一步降低中小企业融资成本，扩大中小企业融资可获得性。德国复兴信贷银行长期将中小企业金融作为其核心业务，在中小企业融资市场上发挥了重要的补充和引导作用，形成了政策性和商业性金融机构协作支持中小企业融资的有益格局。与德国相比，我国银行体系同质化、交易化倾向明显，中小企业融资缺乏行为多元化和长期化的商业性银行体系的支撑，更需要政策性金融的“补位”。但是，中小企业融资在三大政策性银行的业务中的占比却微乎其微。

中国与德国政策性金融在中小企业融资方面的反差，凸显了我国政策性金融机构“补位”的必要性。这并不一定意味着我国需要新设立专门支持中小企业融资的政策性银行。实际上，从德国复兴信贷银行的实践来看，中小企业政策性金融业务难以实现保本微利，需要其他政策性金融业务的交叉补贴。专门提供中小企业融资的政策性银行的经营可持续性存疑。可以考虑强化现有政策性金融机构支持中小企业融资的职能，提升中小企业融资业务的占比。

确保政策性银行资本充足

德国复兴信贷银行保持资本充足的原因在于：持续保持盈利、法律禁止分红、资产扩张速度慢和资产风险权重低。这四个因素共同决定了内源性资本积累是德国复兴信贷银行资本补充的主渠道。中国政策性银行和德国复兴信贷银行在持续保持盈利方面存在相似之处，但在利润分配、资产扩张速度和资产风险权重方面存在显著差异。

这些不同带来了中德政策性银行资本补充需求规模的巨大差异。2011—2018 年，我国政策性银行资产规模年均增速达到 17%，而德国复兴信贷银行仅为1.2%。[①] 这意味着我国政策性银行要想确保资本充足，不能仅靠内源性资本积累，必须采取内源性资本积累和外源性资本补充相结合的方式，甚至还需要阶段性更加依赖政府注资、发行二级资本债等外源性资本补充渠道。

两者的不同也进一步衬托了德国复兴信贷银行的经验。禁止分红的规定有助于维护内源性资本积累能力，资产风险权重低则大大减少了对资本的需求。对我国政策性银行而言，可以通过监督管理办法甚至法律来禁止分红。这既有助于增强内源性资本积累能力，也有先例可循，还符合政策性银行不以营利为目的的定位。同时，政策性银行适用的风险权重应与商业银行相区别，与政策性业务的风险属性相匹配，这也是建立健全政策性银行资本约束机制的应有之义。对于政策性金融业务，要明确损失分担机制，并对其设置比商业银行低的风险权重。同时，还可以允许政策性银行部分适用于内部评级法，在风险评级更客观准确的情况下推动资产平均风险权重的下降。

① 同期德国农地银行资产年均增速也仅为1.8%。

▶▶ 第十章

信用社为什么能持续作为德国银行业的重要支柱

合作金融起源于德国，[①] 至今仍在德国金融体系中占据重要地位。信用合作社或合作银行（以下简称信用社）[②] 是德国银行体系的三支柱之一，数量多、分布广、社员渗透率高，为社员、中小企业和居民提供了便利的存贷款服务。虽然机构规模小，但德国信用社“小而不弱”“小而不乱”，经受住了商业银行和储蓄银行的竞争、经济周期的考验以及外部金融危机的冲击，是德国银行体系的重要稳定器。这得益于合作金融网络体系的力量，从封闭到开放和基于体系内并购的规模化，内外约束监督下的规范经营，以及金融竞争秩序有利、住房市场稳定、中小企业富有竞争力、合作制经济基础较好等外部环境。我国合作金融基础薄弱、中小银行脆弱性突出，可以借鉴德国合作金融或信用社的有益实践。

---

① 德国合作金融并不限于信用社，还包括合作制建房互助协会。比如，德国最大的建房互助协会施威比豪尔（Schwäbisch Hall）就是合作制机构，且长期以来均属于德国合作金融网络的组成部分。

② 在德国，信用社与商业银行、储蓄银行和州立银行一样是全能银行。在关于德国金融的文献中，“信用社”和“合作银行”是混用的。德意志联邦银行金融统计所用术语是信用社。

典型性事实

作为三支柱之一的信用社

信用社在不少国家仍占据比较重要的地位。在德国，信用社更是三支柱银行体系的重要组成部分，机构数量多，资产占比不低。在机构数量方面，2019 年年底德国信用社共有 842 家，[①] 广泛分布于德国各地，占德国银行数的 54.9%，高于储蓄银行的 24.8% 和商业银行的 16.9%。这一比重低于日本的 75.2%，与美国大体相当，显著高于中国（见表 10.1）。2019 年年底德国信用社分支行数和 ATM 机数分别为 9 315 家和 17 669 个，占德国银行业的比重分别达到 29.7% 和 32.8%。从机构数和网点分布看，德国银行体系的广覆盖，一定程度上是通过信用社来实现的。

在资产规模方面，2019 年年底德国信用社资产规模为 9 829 亿欧元（合 11 042 亿美元），占德国银行业的 11.8%，低于商业银行的 41.2% 和储蓄银行的 16.1%。这一比重高于美国的 7.8% 和中国的 2.3%，但低于日本 17.3% 和法国 47.0% 的水平（见表 10.1）。考虑德国中央合作银行后，德国信用社资产规模为 12 672 亿欧元（合 14 236 亿美元），占德国银行业的 15.2%，与日本相差不大，与法国仍有巨大差距。德国信用社在存贷款市场上的占比较资产占比更高。2019 年年底，信用社储蓄存款余额为 1 874 亿欧元，占储蓄存款市场的 32.2%；向非银行发放贷款余额为 6 246 亿美元，占全行业比重为 17.2%。此外，在社员渗透率方面，2019 年年底德国信

① 根据德意志联邦银行的统计，2019 年年底德国信用社共有 842 家。德国大众银行和雷发巽银行联邦协会（BVR）的统计则显示为 841 家（BVR，2020）。

用社共有社员 1 854 万人，约占德国总人口的 22.4%，低于美国的 36.7%。

表 10.1　2019 年年底主要国家信用社情况

	德国	美国	日本	中国	法国
机构数（家）	842	5 236	413	722	82
机构数占比	54.9%	50.3%	75.2%	15.7%	—
资产规模（亿美元）	11 042	15 667	20 296	9 213	38 970
资产规模占比	11.8%	7.8%	17.3%	2.3%	47%
社员数（万人）	1 854	12 040	—	—	2 700
渗透率（社员数 / 总人口）	22.4%	36.7%	—	—	—

注：（1）德国数据未包括德国中央合作银行。2016 年 7 月起，德意志联邦银行不再统计中单独列示区域性信用社，而是将其纳入“承担特殊任务、开发性任务和其他中央支持任务的银行”项。2019 年年底，德国中央合作银行资产规模为 2 843 亿欧元（合 3 194 亿美元）。（2）日本合作金融机构包含信用金库（Shinkin Banks）、信用组合（Shinkumi Banks）和劳动金库三种类型，其资产规模数为 2019 年 3 月估算数，估算方法是银行业资产规模扣除都市银行（City Banks）、信托银行（Trust Banks）、地方银行（Regional Banks）和地方第二银行（Regional Banks II）的资产规模。（3）中国信用社数据为 2019 年 9 月底的数据。（4）按 2019 年年底各国货币兑美元汇率折算。（5）法国信用社数据为 2017 年年底数据，来自国际清算银行的调查数据。

资料来源：德意志联邦银行，美国国家信用社管理局（NCUA）、美国存款保险公司（FDIC）、日本金融厅、日本银行、银保监会、Wind、科埃略等人（Coelho et al.，2019）。

作为小银行的信用社

信用社是小银行的代表。2019 年年底，842 家信用社中约有 400 家的资产规模不足 5 亿欧元，约有 60 家不足 1 亿欧元。在德国所有类别的银行中，信用社平均规模最小，2019 年年底为 11.7

亿欧元（合 13.1 亿美元），远小于大银行和州立银行，也小于同为中小银行的区域性商业银行和储蓄银行（见图 10.1）。与国际同行相比，这一规模远小于日本，也略小于中国，但远大于美国。2019 年年底，美国 5 236 家信用社的资产总规模为 15 667 亿美元，平均资产规模仅为 3 亿美元。德国信用社的规模差异很大，规模最大的 apo Bank 的资产规模达 497.9 亿美元，是规模最小的 Raiffeisenbank eG Struvenhütten 的 2 881 倍。

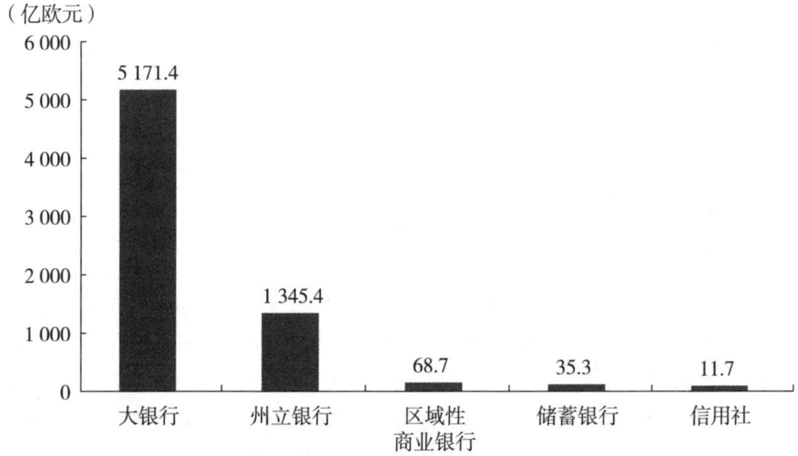

图 10.1　德国不同类别银行平均资产规模

资料来源：德意志联邦银行。

作为稳定器的信用社

德国信用社小而不弱，是德国金融体系的重要稳定器。信用社作为一个整体，在过去 50 多年里从未出现过经营亏损，经受了经济起落和外部金融危机的冲击。没有一家信用社破产，也没有任何一家信用社在国际金融危机期间申请过政府救助。这一时期，德国银行业曾于 2003 年、2008 年和 2009 年出现过全行业亏损。大银行和州立银行亏损年份更多，且有机构陷入困境并寻求政府救助。在三支柱中，信用社和储蓄银行贡献了稳定性，商业银行和储蓄银行部门中的州立银行则是波动性的来源（见表 10.2）。

表 10.2　不同类别银行亏损年份和亏损额　　单位：亿欧元

银行类别	亏损年份（亏损额）
全行业	2003 年（34.4）、2008 年（216.9）、2009 年（70.0）
商业银行	2003 年（59.9）、2004 年（11.7）、2008 年（159.6）、2009 年（63.1）
其中：大银行	2002 年（20.3）、2003 年（68.3）、2004 年（18.5）、2008 年（167.4）、2009 年（59.7）、2011 年（6.6）
州立银行	2003 年（27.2）、2004 年（3.6）、2008 年（66.8）、2009 年（61.4）、2010 年（8.3）、2011 年（6.3）、2013 年（9.5）、2014 年（8.8）、2016 年（10.5）、2018 年（16.2）
储蓄银行	无
信用社	无
建房互助协会	无
按揭银行	2005 年（1.5）、2008 年（30.1）、2009 年（15.8）、2010 年（0.7）、2011 年（3.8）、2014 年（2.7）
政策性银行	1997 年（0.5）、2007 年（57.0）、2008 年（34.5）、2013 年（12.9）

资料来源：德意志联邦银行。

信用社的平均盈利能力也相对最强。很难想象，总规模较小且不以利润最大化为目标的信用社，其利润率和利润总额反而长期高于总规模更大且以利润最大化为目标的商业银行。1997—2018 年，信用社的平均税后净资产收益率为 6.92%，略高于储蓄银行的 6.55%，远高于商业银行的 3.41%（见表 1.4）。国际金融危机后，信用社更是表现出远胜于商业银行的盈利能力，其绝对利润每年均高于商业银行（见图 10.2）。与此相关的是，信用社的净息差也更高（见图 10.3）。信用社的稳定器特征还体现为信贷投放顺周期性低。在国际金融危机冲击下，商业银行出现了信贷紧缩，而信用社对非银行发放的贷款则持续增长（见图 7.3），稳定了德国银行业的信贷投放。

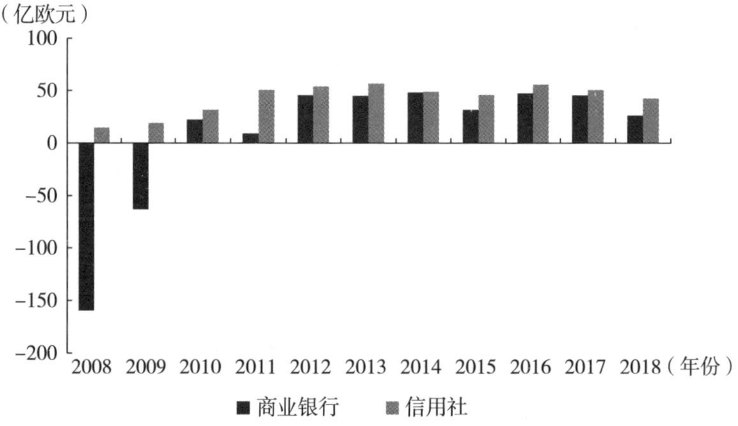

图 10.2　国际金融危机以来信用社和商业银行利润

资料来源：德意志联邦银行。

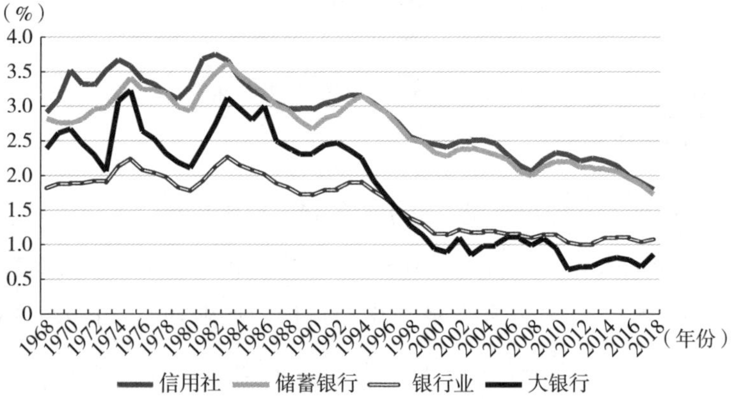

图 10.3　德国银行业净息差

资料来源：德意志联邦银行。

以存贷款业务为主的信用社

信用社的业务相对传统，以存贷款业务为主。负债业务方面，存款是主要资金来源。资产业务方面，以向非银行部门发放的贷款为主。2019 年年底，信用社向非银行部门发放贷款的余额为 6 246 亿欧元，与资产总额之比为 63.5%，虽略低于储蓄银行（66.2%），但远高于商业银行 32.9% 的水平（见图 10.4）。过去 50 多年来，信用社向非银行部门发放的贷款占资产比重在 55%~65% 区间波动。与此相反，从 20 世纪 90 年代起，商业银行向非银行部门发放贷款的比重出现趋势性下降，目前不足 35%。考虑向银行发放的贷款后，信用社的贷款占总资产比重为 70.1%，与同期美国信用社 71.0% 的占比差异不大。

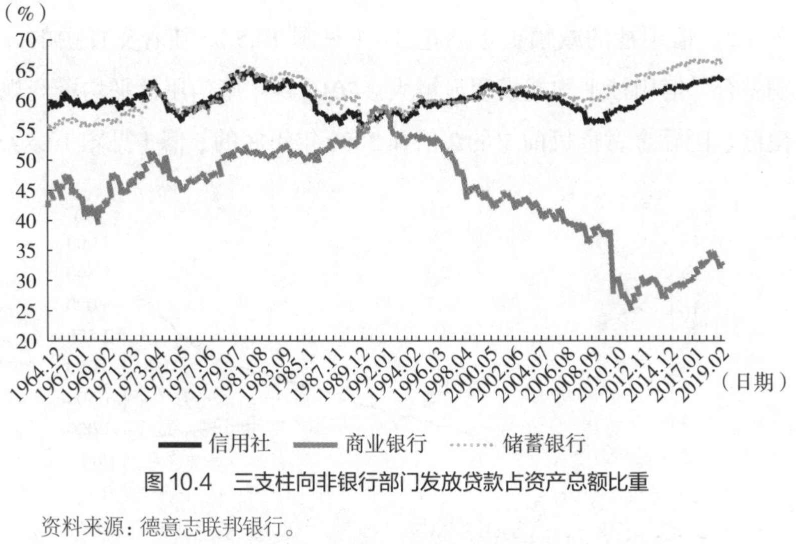

图 10.4　三支柱向非银行部门发放贷款占资产总额比重

资料来源：德意志联邦银行。

贷款以住房贷款为主。2019 年 10 月底，信用社向居民和企业发放住房贷款的余额为 3 556 亿欧元，占向非银行部门发放贷款的比重为 56.4%，略高于储蓄银行的 53.3%，远高于商业银行的 31.3%。这与同期美国信用社住房贷款占贷款比重达到 50.4% 的情况类似。受此影响，信用社在住房贷款市场中的份额达到 23.8%，约两倍于其资产份额。这一格局与中国显著不同。在中国，六大国有银行在住房贷款市场上占绝对主导地位，小银行的份额微乎其微。与住房贷款占比高相关，德国信用社贷款以 5 年以上的长期贷款为主。2019 年年底长期贷款为 5 519 亿欧元，占向非银行部门发放贷款余额的 88.2%。

支柱内持续整合的信用社

德国三支柱之间隔离性强，行业整合均发生在各支柱内部。与其他支柱内部的行业整合相比，信用社的整合力度更大。1991—2019 年，商业银行机构数量减少了近 1/3，储蓄银行机构数量减少了 1/2，信用社的减幅更是高达 3/4（见图 10.5）。随着支柱内的并购整合，信用社平均规模明显增大。2019 年年底信用社平均资产规模已达国际金融危机前夕的 2 倍和 2000 年年底的 5 倍（见图 10.5）。

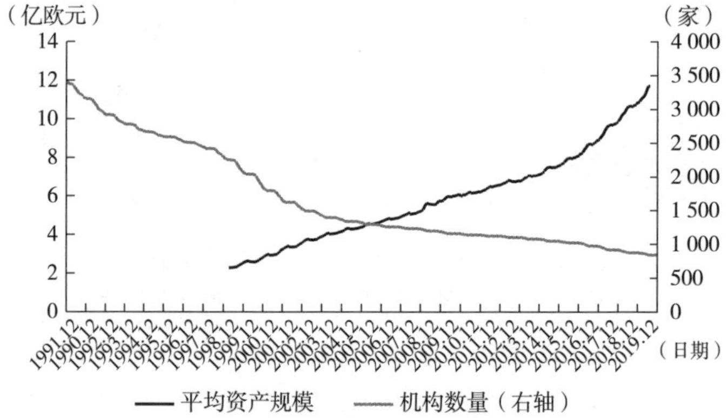

图 10.5　德国信用社的平均规模和机构数量

资料来源：德意志联邦银行。

信用社的并购整合是个全球性现象。2019 年年底，美国信用社机构数量较 2009 年年底减少了 30%，平均资产规模则达到 2009 年年底的 2.5 倍。日本合作金融机构数量也明显减少。国际金融危机以来，中国信用社机构数量也出现锐减，但并不是源于行业整合，而是全国范围内推动股份制改造，将其改制为农村商业银行、农村合作银行的结果。

多样化的信用社

德国信用社类型多样，大致可以分为 7 类：大众银行、雷发巽银行①、大众雷发巽银行②、斯巴达银行（Sparda Banks）、PSD 银行、教堂银行（Church Banks）和其他特定领域信用社。其中，大众银行是指最初由城镇居民创建的信用社，雷发巽银行则是主要分布在农村的遵循雷发巽倡议的信用社。大众银行和雷发巽银行是信用社的主体类别，随着行业内并购和城市化水平提升，大众银行和雷发巽银行的差别已经明显弱化。2019 年年底，在 842 家信用社中，大众银行为 347 家，雷发巽银行为 296 家，大众雷发巽银行为 138 家，斯巴达银行为 11 家，PSD 银行为 14 家。此外，德国信用社体系还包括一些由特定领域社员组成的信用社。比如，社员主要为医生和药剂师的 apoBank，是德国最大的信用社，2019 年年底资产总额为 497.9 亿欧元，占整个德国信用社的 5.1%。社员最初主要由公职人员组成的 BBBank 是德国第三大信用社，2019 年年底资产规模

① 雷发巽银行的命名源自德国农村信用社的先驱弗里德里奇·威尔赫姆·雷发巽（Friedrich Wilhelm Raiffeisen）。雷发巽银行也被译为赖夫艾森银行。

② 大众银行和雷发巽银行合并成立的银行，其银行名称一般含有 VolksbankRaiffeisenbank，Volks- und Raiffeisenbank，VR-Bank 或 VR 的内容。

为 131.1 亿欧元，占整个德国信用社的 1.3%。

自成体系的信用社网络

小银行风险难以分散、脆弱性明显、缺乏规模效应，容易在竞争中处于劣势，出现“一小就弱”问题。同时，小银行管理规范性相对较低，也容易出现“一小就乱”问题。德国信用社借助有利的外部环境，通过体系化、规模化、规范化，较好地解决了这些问题，实现了长期健康运行。

德国信用社不是孤立的经营主体，而是合作金融网络中的一员。基于股权、业务、互助形成的合作金融网络，赋予了德国信用社体系的力量，使其具有了规模效应和更强的抗风险能力。

德国在合作金融发展初期就已着手解决“一小就弱”的问题。早在 1872 年，信用社的先驱雷发巽就在莱茵地区成立了第一个信用社联合社——莱茵农村合作银行，以调剂不同信用社的流动性余缺。1876 年，各地农村信用社联合社联合成立了德国雷发巽信用社总联合社。目前，德国信用社所组成的“大众银行 – 雷发巽银行合作金融网络”包含两个层级：地方信用社和德国中央合作银行集团（DZ Bank Group）。2019 年年底，德国中央合作银行集团资产规模达 5 594 亿美元。其控股公司德国中央合作银行资产规模达 3 000 亿美元，94.7% 的股权由地方信用社持有。作为地方信用社的中央机构，德国中央合作银行为地方信用社提供资金清算支持、流动性支持和投资建议等服务。此外，德国中央合作银行集团的其他成员企业（见表 10.3）还为地方信用社提供其他相关服务。这种基于股权和业务联合而形成的合作金融网络，既维护了地方信用社的独立性和区域经营原则，又借助大规模中央机构在清结算、流动性管理等方面的优势实现了规模效应，提高了整个信用社体系的抗风险能力和服务能力。“大众银行–雷发巺银行合作金融网络”还包括不同层级的协会和专门的服务提供商，它们在政策游说、战略协调、咨询顾问、IT 支持、教育培训乃至广告宣传等方面的服务，也赋予了地方信用社规模效应（见图 10.6）。

表 10.3　德国中央合作银行集团成员企业

序号	名称	2019 年末资产规模	性质或职能
1	德国中央合作银行（DZ Bank AG）	3 000 亿欧元	德国中央合作银行集团控股公司，信用社的中央机构
2	DZ HYP	923 亿欧元	德国最大的房地产银行之一，为信用社在当地经营提供支持
3	DZ PRIVATBANK	195 亿欧元	为信用社的私人银行业务提供支持
4	VR Smart Finanz	43 亿欧元	在线贷款提供商，为信用社提供中小企业贷款解决方案
5	R+V 保险公司	1 220 亿欧元	德国最大的保险公司之一
6	施威比豪尔（Schwäbisch Hall）	775 亿欧元	德国最大的建房互助协会
7	Team Bank	95 亿欧元	消费金融提供商
8	Union Investment	30 亿欧元	资产管理公司

注：施威比豪尔为中德住房储蓄银行的德方股东。

资料来源：德国中央合作银行集团。

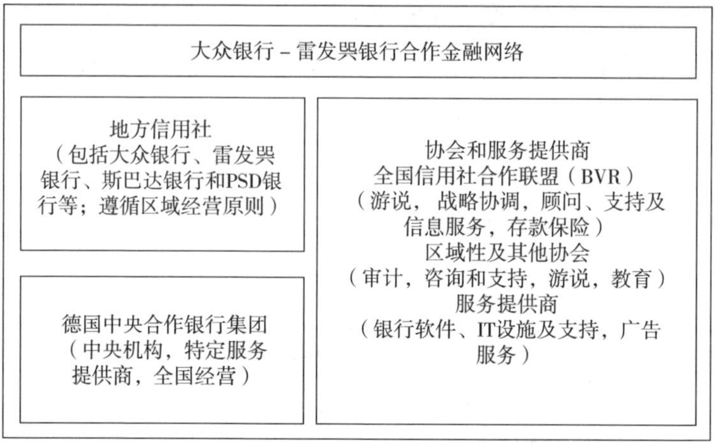

图 10.6　德国大众银行－雷发巽银行合作金融网络

资料来源：德国中央合作银行集团。

20 世纪 70 年代之前，德国合作金融网络分散化程度较高，作为地方信用社中央组织的区域性信用社多达 18 家左右。1972 年，大众银行金融网络和雷发巽银行金融网络合并，德国全国信用社合作联盟成立，打破了农村信用社和城市信用社相互隔离的局面。受此影响以及为应对 1967 年利率管制放开、1974 年税收优惠取消带来的激烈竞争，区域性信用社开启了持续的行业整合。20 世纪 70 年代末、20 世纪 80 年代末、20 世纪 90 年代末和 2010 年机构数量分别减少至 10 家、6 家、4 家和 2 家（见图 10.7）。区域性信用社的整合过程主要是德国中央合作银行[①]承接其他区域性信用社职能，统一全国市场的过程。比如，德国中央合作银行 1985 年和 1986 年先后合并巴伐利亚雷发巽中央银行和巴伐利亚大众银行，1989 年合并北德合作银行和 Raiffeisen–Zentralbank Kurhessen，2001 年合

① 值得注意的是，在德国金融话语体系中，联邦才具有全国性的含义，而中央（Central）并不一定意味着全国性。区域性合作社通常被称为地方信用社的中央组织，州立银行通常被称为储蓄银行的中央组织。

并德南合作银行（GZ Bank）。合并德南合作银行后，德国中央合作银行更名为目前的 DZ Bank。这一时期，曾出现过二级架构（地方信用社 – 全国性中央机构）还是三级架构（地方信用社 – 区域性中央机构 – 全国性中央机构）更适合德国合作金融网络的争论。二级架构更符合效率原则，但二级架构下的中央机构权力十分集中。最终，对效率的追求战胜了对权力集中的疑虑，在 2016 年德国中央合作银行合并德西中心合作银行（WGZ Bank）后，德国区域性信用社最终消失。[①]

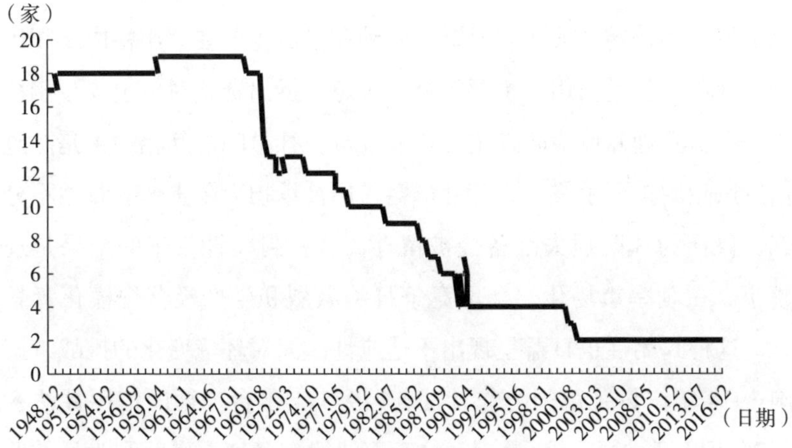

图 10.7　德国区域性信用社机构数

资料来源：德意志联邦银行。

德国信用社自成体系还体现为建立了互助性存款保险机制。早在 1934 年，德国合作金融体系就建立了行业性的、独立于政府的存款保险机制。存款保险机制的存在，确保了储户的资产完全，维

① 德国中央合作银行合并德西中心合作银行后，德意志联邦银行在金融统计中不再单列“区域性信用社”项，而是将其并入“承担特殊任务，开发性任务和其他中央支持任务的银行”项统计。

护了德国信用社在当地的竞争力和经营稳定性。[①]

从封闭到开放和基于并购的规模化

除了利用体系的力量，德国信用社自身也在着力扩大规模，实现一定程度的规模化。其主要方式是：运营模式从封闭到开放的转型，以及行业内的持续并购整合。

德国信用社曾呈现出明显的封闭运行特征。这在社员、资金、管理和收益分配等各个方面均有体现。限定社员来源和社员人数，社员权利不得转让或买卖。资金吸纳和投放主要在信用社内封闭运行，社员存款是信用社主要的资金来源，拆出资金对象也仅限于社员。经营管理和风险防控主要依靠社员，社员间的互相约束是防范信用风险的重要手段，全部社员对信用社承担无限责任。收益不分红，仅作为风险损失准备金被留存。这种封闭性带来的结果是规模小。在利率市场化、金融竞争日趋激烈和生产经营规模化背景下，这种封闭性也日益呈现出不适应性。面对环境变化的挑战，德国1974年修订《德国合作社法》，1975年出台《德国信用社法》，1976年修订《德国银行法》。这三部法律在坚持不以营利为目的的定位下，对信用社的经营模式做出了多方面的重大调整，使信用社从封闭走向了开放。

一是放开业务经营范围，取消信用社仅能向社员发放贷款的限制。大部分信用社开始向本地区的非社员个人或企业发放贷款。2019年年底，德国信用社服务的客户达到了3 000万人，其中，非

① 2015年7月德国全国性的存款保险法生效后，合作金融仍能获得BVR Institutssicherung GmbH的存款保险。

社员客户为 1 150 万人，占比为 38.3%。同时，允许德国各级信用社开办商业银行的业务。德国中央合作银行已成为网络分布国内外、业务品种齐全的银行。

二是改变分红和引资方式，由不允许分红改为允许分红。在分红时，信用社采取了“交易多、分红多”的规则，交易包括贷款和存款。社员从信用社贷款的金额越大，获得的年度利润分红就越多，相当于对自己贷款利息支出的补贴额就越多。社员在信用社存款的金额越大，为信用社提供的资金越多，获得的年度利润分红就越多。这些做法使得部分盈利能力较强的信用社能够通过分红吸引更多的社员、吸引更多的资金。在利率市场化背景下，面对储蓄银行和商业银行的竞争，这一改变维护了信用社资金来源的稳定性。

三是改变表决方式，在坚持“一人一票”的同时，允许“大股金社员票数加权”。在信用社发展初期，信用社规模不大，社员的资金实力相差不大，按人头享有投票权。随着信用社的发展，社员间资金实力差距拉大，持有份额较大的社员希望获得相匹配的投票权。修订后的《德国合作社法》规定，原则上信用社社员“一人一票”，但视情况可以增加部分社员的投票权。这种做法在增强社员所持份额与投票权关联性的同时，着力防范大股金社员控制，以保障普通社员对信用社的集体掌控。

四是改变法律性质，用有限责任制代替了无限责任制。这有利于稳定和发展社员。

与此同时，包括大众银行和雷发巽银行在内的德国全国信用社合作联盟的成立，打通了大众银行和雷发巽银行之间的壁垒，推动了德国信用社内部的并购和规模化。在地方信用社层面，大众银行内部、雷发巽银行内部、大众银行和雷发巽银行之间的并购使得信用社数量大幅缩减。1990—2019 年，信用社机构数减少了 3/4，信用社平均规模则扩大了 12.3 倍。在地方信用社中央机构层面，18 家左右的区域性信用社最终合并为一家，即德国中央合作银行。

以外部审计为核心的外部治理机制

信用社规模小、机构多，易成为监管盲点和出现内部人控制，从而产生“小而乱”的问题。德国信用社除了接受正常的金融监管外，还从机构内部治理和外部审计约束两方面，对信用社经营管理进行约束监督，督促信用社稳健经营。

内部治理结构。根据科埃略等人（Coelho et al., 2019）的研究，德国信用社设立“两会一层”，即全体社员大会、监事会和高管层。其中，全体社员大会（社员代表大会）是最高权力机构，负责信用社重大事项的决策，如章程制定及修订、选举或解散管理层[①]、批准审计报告、决定收购或与其他信用社合并。议事规则通常为一人一票，大多数决定只需要满足简单多数，少数重要决定（如修改章程、罢免监事会成员等）需要达到 3/4 多数。监事会成员由社员大会选举和罢免，职责是代表社会利益对管理层提供咨询和监督。所有的监事会成员均不能是管理层成员，对于员工数超过 500 人但不多于 2 000 人的信用社，1/3 监事会成员须是员工代表；员工人数超过 2 000 人的，1/2 监事会成员须是员工代表。德国信用社的章程通常规定，由监事会任命和聘用管理层。管理层负责信用社的日常管理，相关管理制度由管理层与监事会协商制定。

德国信用社治理的特色主要体现为外部审计。一是强制性外部审计。早在 19 世纪 60 年代，德国便成立了全球首个合作社审计协

① 也可授权监事会履行选举或解散管理层的职责。

会。1889 年《德国合作社法》改变了此前合作社自行决定是否接受审计的规则，明确要求所有合作社必须依法接受审计协会的审计。根据科埃略等人（Coelho et al.，2019）的研究，审计协会也是德国信用社网络的重要组成部分，州政府赋予审计协会审计权，每家信用社需要加入审计协会，并由一家审计师事务所担任法定审计机构，信用社不能随意更换。对于信用社的年度审计结果，公共会计师协会将进行定期检查。二是外部审计与内部治理相结合。德国信用社监事会和管理层成员的更换由信用社自己决定，但通常是在审计协会的支持下进行的。审计协会设有专门的部门，向信用社提供人事建议。

适宜的外部环境

有利的金融竞争秩序。德国银行业竞争秩序的三个制度性基石——区域经营原则、三支柱之间的隔离、政策性银行的中立性——均为信用社的持续稳健经营提供了有利的制度环境。德国银行业强调区域经营原则，除大银行和州立银行可以在全国范围内经营外，大部分银行如储蓄银行、信用社都只能在当地经营。区域经营原则避免了信用社内部、信用社与储蓄银行之间、信用社与其他银行之间的过度竞争，有利于信用社始终坚持审慎经营原则并获得相对稳定的经营回报。同时，区域经营原则也使信用社聚焦当地和专注主业。相反，不受区域经营原则约束的州立银行，则因业务过度扩张而陷入经营困境。德国银行业三支柱相互隔离，并购整合可以发生在各支柱内部但不能发生在各支柱之间，这避免了信用社被商业银行、储蓄银行兼并，有助于信用社作为一个支柱长期存在。政策性银行的经营强调中立性，即不对金融市场竞争秩序产生影响，其业务通常采用转贷模式与其他信贷机构一同开展。对于信用社而言，这避免了政策性银行的“挤出效应”，还可借助转贷模式向中小企业提供低成本金融服务，有利于培育和稳定信贷客户。

房地产市场稳定和德国中小企业保持竞争力。信用社的非银行贷款占资产比重长期维持在55%~65%，非银行贷款中50%以上为住房贷款。这意味着信用社基础资产的质量，高度依赖房地产市场运行和德国中小企业发展状况。长期以来，德国房地产市场平稳，居民部门杠杆率保持在较低水平，居民部门保持较强的偿债能力；中小企业经营效益好，净资产收益率长期维持在25%左右（见图8.6），企业部门杠杆率低，偿债能力强。两者均有利于信用社信贷质量的稳定。

具备合作制的经济基础。在德国，信用社仅仅是合作制经济的一个组成部分。除了经营信用合作或金融业务的信用社，德国还有众多农业合作社、工业合作社、消费者合作社、能源合作社等。合作制的经济基础为信用社锚定了大量客户，也营造了合作制的社会氛围，使合作制的治理原则更易于被接受和贯彻，确保了信用社企业治理的有效性。

思考和借鉴

从严格意义上讲，我国农村信用社并不是真正意义上的合作制（谢平，2001），但这并不影响德国信用社的实践对我国的启示意义。德国信用社作为银行体系三支柱之一，本身就证明了合作金融的必要性和可行性。建立多层次、广覆盖、差异化的银行体系，关键在于使中小银行保持竞争力。从规模视角看，德国信用社良好实践的核心在于解决了“一小就弱”的问题，揭示了中小银行健康发展的诸多必要因素。

充分认识合作金融的必要性和重要性

包括德国在内的发达国家的金融实践表明：合作金融是金融体系的重要组成部分，合作金融并不会随着经济发展水平的提升而消失，合作金融以正规的合作金融机构为主，合作金融机构的规模化趋势明显。[①] 德国信用社数量多、广覆盖、规模小，以社员、当地居民和中小企业为主要客户，在丰富金融供给层次、提高金融可得性方面发挥了重要作用。同时，还避免了商业银行的顺周期性和过度扩张，成为德国银行体系的稳定器。我国要想建立多层次、广覆盖、差异化的银行体系，合作金融将是必不可少的组成部分。同时，中国应该顺应全球合作金融规模化、机构化的发展趋势，发挥合作制金融机构在合作金融中的主力军作用。

提升省联社的服务能力

德国信用社之所以能避免“一小就弱”，首先依赖的是体系的力量，即依靠基于股权和业务联合而形成的信用社中央机构，以及区域性、全国性信用社协会。它们统一提供清结算、流动性支持、战略协调、信息科技设施、教育培训、咨询顾问、广告宣传等服务，有效缓解了信用社抗风险能力弱和缺乏规模效应的问题。在我国农村金融机构系统中，省农村信用社联合社（省联社）扮演了类似于

① 规模化既是为了享受规模效应，也是为了风险分散化。若规模太小、社员构成高度同质化，合作金融机构便先天具有“风险共振性”，不具备风险分散的抗经济周期波动能力。

德国信用社中央机构和信用社协会的功能。推动农村金融机构的发展，有赖于进一步提升省联社服务能力，更好地发挥规模效应优势，提升农村金融机构的结算效率、资金头寸调剂和风险管控能力、信息科技水平。同时，强化省联社对农村金融机构的审计职能，完善农村金融机构内外部治理机制。考察德国信用社的治理结构可以发现一个有趣的现象：德国中央合作银行作为信用社的“中央机构”，并无权干预各成员信用社的高管任免权和用人权，也不会直接派人担任成员信用社的高管。这对于强化我国省联社的服务功能，弱化其行政管理职能不无启发。

优化银行业的竞争秩序

中小银行的健康发展离不开有利的行业竞争秩序。这种竞争秩序的核心是有利于中小银行专注于主业、保持经营审慎。从德国经验看，中小银行区域经营原则和政策性银行中立性原则是两大关键。我国在引导中小银行回归本源的过程中，可以进一步严格区域经营原则，推动中小银行专注主业、深耕当地市场，避免中小银行在当地市场与其他银行的过度竞争。同时，可以赋予政策性银行服务中小企业职能，树立政策性银行经营中立性原则，推广转贷模式，建立政策性银行与中小银行的伙伴关系。此外，减少政府干预也是我国建立有序金融竞争秩序必不可少的一环。

▶▶ 第十一章

德国股票市场为什么发展滞后

如果要问德国金融体系最大的短板是什么，答案十有八九是股票市场发展滞后。发展滞后的股票市场以及与之相关的不发达的风险投资，已经严重制约了德国金融服务新经济或类型Ⅱ实体经济的能力，导致其为未来融资的能力严重不足。鉴于德国股票市场在第二次工业革命时期曾高度发达的历史事实，德国股票市场发展滞后不是追赶型工业化模式的遗产，也不主要是银行主导的挤出效应和大陆法系传统的结果。我们认为，实体经济的“大逆转”——新兴产业和新创企业在过去30年与19世纪后期之间的反差，以及企业行为保守化——是德国股票市场发展滞后的决定性因素。实体经济的“大逆转”与发展滞后的股票市场形成了恶性循环，前者不能为股票市场输送足够的上市资源，后者也难以起到促进新兴产业和新创企业发展的作用。

典型性事实

引入历史视角，可以发现德国股票市场的三个典型性事实：当前股票市场欠发达，股票市场发展长期滞后，股票市场经历过“大逆转”。

当前股票市场欠发达

无论是用证券化率还是用上市公司数量来衡量，德国股票市场的规模都很小，不仅远远落后于英美等资本市场主导型经济体，甚至低于欧洲国家的平均水平和中国的水平，与其全球经济地位和经济发达程度形成了强烈反差。从证券化率看，2018 年年底，德国上市公司市值与 GDP 之比为 44.5%（见图 4.3），低于美国（148.1%）、日本（106.5%）和中国（46.5%）的水平，也低于欧元区各国的平均水平（54.8%）。2009—2018 年，德国证券化率平均为 45.7%，低于美国（132.6%）、日本（86.6%）、法国（78.6%）、欧元区（60.4%）和中国（58.2%）的水平。

从上市公司数量看，2009—2018 年德国上市公司数量呈快速减少态势，2018 年年底为 465 家，10 年间减少了 277 家；虽略多于法国（457 家），但明显少于美国（4 397 家）、日本（3 652 家）、中国（3 584 家）的数量（见图 11.1）。与股票市场发展滞后相关的

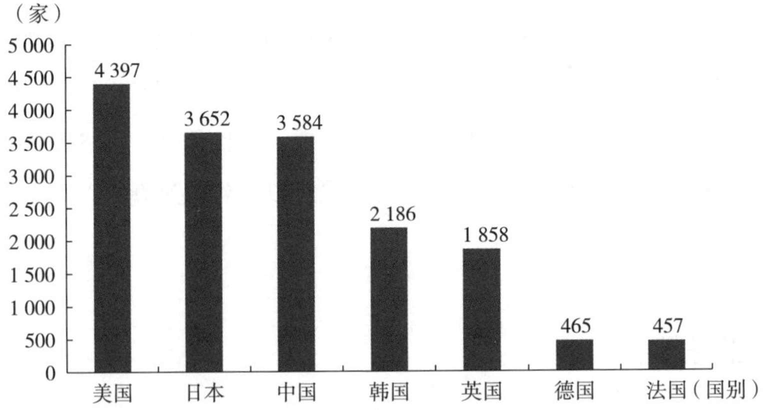

图 11.1　2018 年年底主要国家上市公司数量

资料来源：世界银行数据库。

是，德国风险投资市场不发达，行业规模小，面临着大型风险投资基金缺乏、机构投资者少、风险偏好低、财税政策不友好等发展障碍（Stresing，Parsons and Berger，2018）。

股票市场发展长期滞后

若将视角拓宽至过去40年，德国股票市场的典型性事实是长期滞后。20世纪90年代以来德国就通过调整法律、新设市场等方式致力于发展股票市场，股票市场规模也有所增长。[①] 但是，相较于可比国家，差距不仅没有缩小，反而在进一步拉大。1980—1989年，德国证券化率平均为15.6%，略高于法国，比美国低33.8个百分点。1990—1999年，德国证券化率平均值虽然提高至30%，但已被法国（42.3%）反超，与美国的差距扩大到65.4个百分点。

① 值得强调的是，2008年国际金融危机和随之而来的欧洲债务危机一度打乱了德国资本市场发展的节奏。是坚守银行主导的金融体制，还是继续推进向市场主导型转型，转向“盎格鲁-撒克逊”的英美模式，成为德国国内争论的焦点。一种看法认为，德国滞后的股票市场延缓了企业创新，可能影响国家竞争力，需要加快资本市场建设，提升直接融资规模。国际货币基金组织（IMF，2016）也持这种观点，认为德国需要提升金融体系对实体经济的直接融资功能。这种看法自20世纪90年代便占据主流，推动着德国向资本市场主导型模式转型。另一种看法并不认同股票市场的优越性。贝克尔和黑尔曼（Becker and Hellmann，2005）认为，在德国银行体系独大的金融结构中，资本市场中大部分资金的最终来源地仍是银行，资本市场只能是银行主导金融体系中的补充工具，考虑到资金周转成本，资本市场融资效率难以超越银行。德国著名经济智库——基尔世界经济研究所所长丹尼斯·斯诺尔教授指出，美国过度金融创新和建立在资本泡沫上的经济发展模式终将失败，这是导致金融危机的根本原因（Snower，2019）。2009年，德国总理默克尔表态，国际金融危机的爆发源自金融自由化的祸根，美国政府应对其过于泛滥的资本市场负责。施密特（Schmidt，2017）认为，资本市场需要与实体经济保持默契，对德国而言，如果德国银行与企业保持良好的关系，能够及时提供融资和证券服务，那么资本市场依然相对不重要。

2000—2009 年，德国证券化率平均值升至 46.6%，与法国和美国的差距进一步扩大到 34.8 个和 76.6 个百分点。2010—2018 年，德国证券化率平均值维持在 46.6% 的水平，与法国差距略微缩小至 32.7 个百分点，但与美国的差距继续扩大到 89.1 个百分点。在过去近 40 年里，德国证券化率提高了 31.0 个百分点，而法国和德国分别提高了 65.4 个和 86.3 个百分点（见图 11.2）。

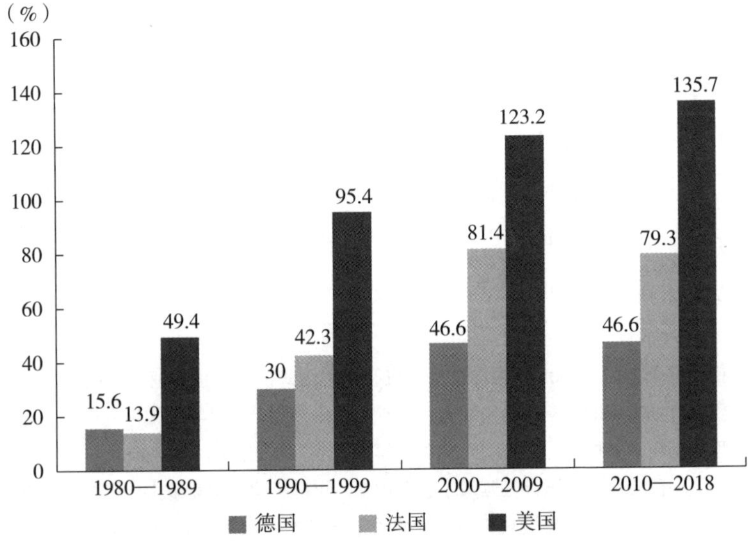

图 11.2　1980—2018 年德国、法国、美国证券化率

资料来源：世界银行数据库。

股票市场经历过大逆转

如果将时间进一步回溯至过去 150 年，德国股票市场的典型性事实则是“大逆转”。1870 年后，德国股票市场快速发展，并在一战前后达到顶峰。根据布尔霍普（Burhop et al.，2016），1913 年柏林证券交易所上市公司已达到 922 家，既高于同期纽约证券交易所

的水平，也比目前德国上市公司数多；1913 年德国证券化率已达到 44%，既高于同期美国 39% 的水平（Rajan and Zingales，2003），也与 100 年后的当前水平基本持平。也就是说，尽管目前德国股票市场发展滞后，远远落后于美国，但在一战前夕曾发展到相当高的水平，与美国旗鼓相当。一战和大通胀冲击了德国股票市场，19 世纪 30 年代纳粹上台后，德国股票市场出现明显倒退（详见第二章）。自此以后，德国股票市场才在发达国家中掉队并逐渐落后。

三种传统观点

对于德国股票市场发展滞后的解释，有三种较为流行的观点。[①]第一种观点可以被称为“工业化模式论”。这种观点认为，德国银行主导型金融体系是“弯道超车”工业化模式的遗产。维托尔斯（Vitols，2001）、莱文（Levine，2002）等学者认为，德国银行主导型金融体系与德国工业化模式密切相关。德国工业化晚于英美等国，工业企业缺乏原始积累，自有资金不足，内源融资不能满足企业创新和规模快速扩张的需要。由于缺乏发达的资本市场，有关投资者保护的法律法规尚不健全，投资者更加倾向于投资政府债券等较为安全的资产。因此，要实现工业化进程的“弯道超车”，银行主导的金融体系显然更为适配。尽管德国在一战前已经完成了工业化的“弯道超车”，但金融发展的路径依赖使得银行主导的传统一直在延续。

第二种观点可以被称为“机构代替市场论”。这种观点认为，

① 也有观点认为，德国投资者笃定“安全就是安全”，更乐于接受银行储蓄或黄金等低风险产品，而对股票等风险资产的接受度相对较低，这种保守投资行为难以对德国股票市场发展形成支撑。

德国大部分银行为全能银行，不仅可以提供存贷款业务，还可以经营资本市场、保险市场类金融服务，甚至可以持有非金融企业的股权。这一定程度上制约了资本市场功能的充分发挥，形成了典型的“机构代替市场”的现象，即全能银行机构相当于单一的资本市场，在其内部即可完成部分资本市场活动。在德国，企业明显感觉到，在资本市场上进行 IPO 没有贷款简单、方便，企业通常不愿意选择上市融资。同时，基于长期业务合作和公司治理，德国银行与企业联系紧密，银行贷款较上市融资更受企业青睐。

第三种观点可以被称为“大陆法系论”。这种观点认为，欧洲大陆法系更侧重保护债权人，对股东的保护相对薄弱。有学者甚至称，欧洲公司法的根本目的在于保护债权人（Enriques and Macey, 2000）。在德国，债权人的确受到了更多法律保护[①]。相比之下，英美法系在对股东的保护方面更具优势，促进了以资本市场为基础的金融模式的快速发展。

一种新假说：实体经济“大逆转”

无论上述三种观点在逻辑上如何自洽，一旦我们引入历史视角，就会发现它们与事实不符，更谈不上能揭示德国股票市场发展滞后的原因了。毕竟，19 世纪后期至一战前，德国快速推进追赶式工业化，而股票市场在为企业提供融资方面并不逊色于银行。1870—1913 年，股票市场为企业提供的融资占全部企业融资的 43%（Burshop et al., 2016）。虽然银行在推动德国追赶式工业化中发挥了关键作用，但

① 这有两方面原因。一方面，债权人相比股东，属于外部人，对公司内部经营信息存在信息不对称，更容易受到股东或经营管理层的欺瞒侵害。另一方面，德国是银行为主导的金融模式，债权融资占比远高于股票直接融资。

追赶式工业化本身并没有形成对银行主导型金融体系的过度依赖，更谈不上由此而延续的路径依赖了。同时，一战前德国已具备大陆法系和银行发达的特征，但无论是用上市公司数量还是用证券化率衡量，德国股票市场都与采用普通法系的美国旗鼓相当，银行也长期与股票市场和谐共存（Folin，2007；Burhop et al.，2016），甚至大银行在股票市场发展中还发挥了积极作用（Lehmann，2014）。银行并没有对股票市场产生挤出效应，大陆法系的传统也并没有阻碍德国股票市场在一战前达到与美国相当的发展水平。最近几十年的例子则是，同为大陆法系国家，法国证券化率也达到了 80% 以上的水平，日本则经常超过 100%。

经济决定金融。近几十年来，德国股票市场长期发展滞后，很可能主要源于需求层面，源于实体经济的“大逆转”。如果仅仅是金融供给层面而不是实体经济需求层面的原因，我们就可以观察到众多满足上市条件的德国企业“进口”国外股票市场服务，在纽交所、纳斯达克等全球领先股票市场上市。正如大量中国企业（特别是互联网企业）争先赴美国上市一样。实际情况却是，德国企业不仅较少在德国股票市场上市，赴美国股票市场上市的德国企业也寥寥无几（见表 1.8）。显然，我们需要将目光更多地转向实体经济层面。

近 30 年德国股票市场长期发展滞后，而 19 世纪后期德国股票市场却经历了大发展。比较这两个时期可以发现，实体经济的发展状态发生了逆转性变化。19 世纪后期，德国深度参与甚至引领了第二次工业革命，类型Ⅱ实体经济迅猛发展，电力、化学、汽车、制药等新经济蓬勃发展，新的明星企业不断涌现，企业纵向流动性强，整个德国经济是成长型经济。经济充满活力，新产业、成长性企业对股票市场需求大。而过去 40 年，尽管中小企业仍然保持了强劲竞争力，但德国参与第三次工业革命的程度有限。计算机、软件、通信、互联网等新兴产业发展滞后，创新创业活力明显下降，新创企业或小企业难以成长为大企业，企业纵向流动性大幅丧失，德国经济成为成熟型甚至固化型经济，或鲍莫尔意义上的大企业型经济（鲍莫尔等，2008）。根据德国复兴信贷银行的调查（KfW，2020），创新型中小企业比重持续大幅下降，2016—2018 年降至29%（见图 11.3）。在德国，我们随处可见“百年老店”，但已经很难看到新的明星企业崛起。德国经济对股票市场的需求远不如一个多世纪以前旺盛。

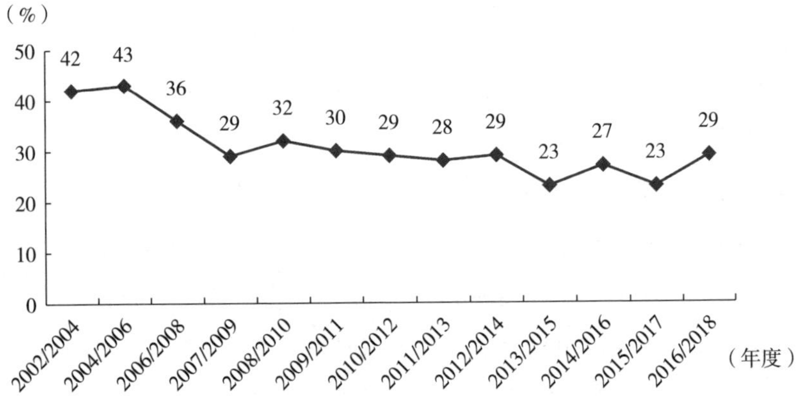

图 11.3　德国创新型中小企业比重

资料来源：KfW SME Innovation Report 2019。

与此同时，德国大多数成立时间较长的优质企业（如“隐形冠军”）的经营行为已趋于保守化。它们崇尚节制和适度，缺乏扩张动力。德国创新创业活力和企业扩张动力不足，可能与对失败的宽容度不够有关。“失败的企业家在德国很难有第二次机会……德国对待诚实但资不抵债的创业者多少有些像对待诈骗犯……在德国，失败的企业家要等上 6 年才有望重新开始……破产企业家通常可能被终身禁止在大型公司担任高管”（戴维·奥德兹和埃里克·莱曼，2018）。对于一个缺乏新兴产业、新创成长型企业的经济体，对于一个优质企业扩张导向度低的经济体，我们很难奢望其涌现出大量的上市公司和上市公司市值的大幅增加，很难奢望其股票市场得到快速发展。

德国实体经济对股市需求弱，也有金融自身的因素。一是德国的公司治理特征。从所有权特征看，大多数德国优秀中小企业为家族企业，强调对企业的控制权，普遍对上市融资不热衷。例如，成立于 1919 年的德国医疗器械公司奥托博克（OttoBock）发展至今已有百年历史，营业收入超过 10 亿欧元，虽在 2017 年向瑞典私募股权公司殷拓集团（EQT）出售 20% 股权，但仍未启动上市融资。从公司治理模式看，利益相关者导向仍是德国非上市公司的主流。上市意味着引入大量外来股东，对原有股东和其他利益相关者（如员工）可能带来冲击。二是德国股市本身的表现。1997 年设立的对标纳斯达克的“新市场”在经历股市泡沫、股市崩盘后，最终以关闭收场。股市大起大落和“新市场”的失败，加重了德国“隐形冠军”企业对股市的观望态度，它们厌恶投机者，担忧对冲基金，普遍认为股东只追求迅速获利（赫尔曼·西蒙，2015）。这些因素的综合作用，使德国企业对股市有着根深蒂固的怀疑，甚至怀有厌恶心理；相反，在许多其他国家，上市是许多企业主最大的梦想（赫尔曼·西蒙，2015）。

思考和借鉴

中国的经济金融结构与德国相似，同为制造业大国，居民储蓄率高，银行在金融体系中占据主导地位，资本市场不发达。过去

30 多年来，中德两国都致力于发展股票市场，推动金融结构向美英资本市场主导型模式转型，但均未达到预期效果。这是否意味着股票市场对中国不重要，中国可以不发展股票市场？是否意味着当前的经济金融结构决定了不可能发展出发达的股票市场？

德国股票市场发展史特别是“大逆转”的历史，很清晰地传递出三个重要信息。一是股票市场的重要性。19 世纪后期，股票市场快速发展，成为德国引领第二次工业革命的重要支撑。20 世纪 90 年代开始，德国认识到股票市场的重要性，致力于发展股票市场，推动金融结构转型。二是发展股票市场的艰巨性。德国过去 30 年左右的经历表明，股票市场发展并非只凭强烈的意愿就能实现。三是股票市场发展需要有经济产业基础。第二次工业革命期间，新兴产业和新创企业蓬勃发展，支持了德国股市大发展，股市发展又对新兴产业和新创企业形成了支撑。20 世纪 90 年代以来，尽管德国致力于发展股票市场，但由于新兴产业本身发展不起来，新创企业少或成长性不强，现有“隐形冠军”类中小企业扩张导向度低，股票市场也没有发展起来。

资本市场在我国金融体系中具有牵一发而动全身的重要作用。考虑到中德两国在经济方面的区别，德国股票市场发展史对中国的启示是：坚定地、有耐心地发展股票市场，打造一个规范、透明、开放、有活力、有韧性的资本市场。中国与德国最大的不同在于，中国是追赶型超大规模经济体。这决定了我们更有必要也更有条件发展股票市场。作为超大规模经济体，中国的经济追赶不可能仅仅依赖后发优势和参与全球市场，更需要依赖新兴产业和新创企业源源不断的追赶接力，这对股票市场的发展提出了远超德国的更紧迫需求。同时，作为一个人口规模达到 14 亿，GDP 规模超过 14 万亿美元的超大规模经济体，中国的新兴产业蓬勃发展，新创企业多且成长迅速，企业纵向流动性仍然较强，创新创业的空间很大，这为股票市场发展提供了坚实的产业基础。

近年来，我国资本市场尤其是股票市场，在改革完善基础性制度、推出科创板并试点注册制、推进创业板注册制改革、完善交易制度、提高交易效率、打击证券市场违法行为等方面取得了历史性进步。下一步，要坚持市场化、法治化原则，以“建制度、不干预、零容忍”为主线，促进资本市场健康发展（刘鹤，2020）。一是建制度。完善信息披露、发行、退市、持续监管等基本制度，健全鼓励中长期资金入市的制度体系等。其中，完善并实施好退市制度是重中之重。注册制把上市公司的判断权利交给了市场，就必须把实施最严格的退市制度作为保障，努力形成市场把好“入口”、监管畅通“出口”的持续监管体系。二是不干预。坚持发挥市场的自我调节作用，减少对市场交易的不必要干预和市场交易阻力，让市场对监管有明确预期，着力增强交易便利性、市场流动性和市场活跃度，最大限度地激发市场主体活力。三是零容忍。大幅提高对财务造假等违法违规行为的打击力度，形成行政执法、民事追偿和刑事惩戒互相支持的有效惩戒体系。强化对会计师、审计师、评级公司等市场中介机构的监管，加快推动证券代表人诉讼机制落地，提高上市公司质量，更好地保护投资者利益。

▶▶ 第十二章

德国金融的十个启示

我们研究德国金融，并非置身事外地观察德国金融的运行、变迁与规律，而是力求把自己摆进去，带有鲜明的中国视角和问题导向，探寻我们可以向德国金融学什么。德国金融远非完美，其政治经济文化背景也有独特性。但是，作为一种有别于美国和英国而又有效服务了德国现代化的金融体系，德国金融显然可以给我们带来诸多启示。

如何评价德国的金融体系

英美式金融体系有其优点，也有其缺点。德国金融体系也不例外。评价德国金融的优劣，既取决于德国金融体系的实际运行状况，也取决于我们使用的跨国比较分析框架。

"金融效率 - 金融稳定"框架是国际金融危机后越来越常用的一种分析框架。根据这一框架，德国金融无疑以稳定著称，而关于金融效率则呈现出混乱的印象。我们既可以看到德国金融在服务中小企业方面的高效，也可以看到它在服务新兴产业、成长性新创企业方面的低效。显然，关于德国金融"有稳定无效率"的观点是有失偏颇的。“金融深化－金融压抑”框架是绝大多数金融改革研究者所熟悉的框架。改革开放以来，中国金融发展的主线可以被理解为消除金融压抑，推进金融深化。根据这一框架，有观点认为德国金融是“温和的金融压抑”（李稻葵和罗兰·贝格，2015）。“温和的金融压抑”虽然与经典的金融压抑概念（肖，1989；麦金龙，1997）并不一致，但形象地概括了德国金融化程度低、金融受到节制这一特征性事实。金融结构框架即银行主导与市场主导的二分法，是金融体系国际比较研究的主流范式。根据这一框架，德国金融的显著特征是银行主导型，以三支柱银行体系和低利润导向度的银行闻名。关于中国和德国的金融体系有很多相似之处的观点，主要就是基于这一框架。

基于金融的本质属性和这些年来世界各国金融发展中暴露出的问题，我们更倾向于从“金融的本源是服务实体经济”这一视角来看待德国金融体系的性质。我们的基本结论是，德国金融体系是一个二重性的现代金融体系。这包含两层含义。第一层含义是：德国金融体系是现代金融体系。回顾德国经济史，可以发现金融在推动德国工业化、现代化过程中发挥了至关重要的作用。无论是在第二次工业革命中的脱颖而出，还是二战后创造的“经济奇迹”，我们都能感受到金融的驱动力。同时，在过去30年里，金融总体上没有拖累德国经济发展，德国仍然是欧洲最具竞争力的经济体。现代金融体系的实质，是适应现代化建设和促进经济发展。无论金融效率与金融稳定的具体组合如何，金融化程度是高还是不高，金融结构是银行主导型还是市场主导型，只要能够有效促进现代化建设和持续推动经济社会发展，就是现代金融体系。德国经济史已经雄辩地证明，德国金融体系就是现代金融体系。

第二层含义是：德国金融体系有适应性的一面，也有不适应之处，其现代性的可持续性面临挑战。金融结构分析框架从金融供给方的视角，将金融体系划分银行主导型和市场主导型两种。我们则从作为金融需求方的实体经济入手，先对实体经济做出区分，将其划分为类型Ⅰ实体经济（即传统产业和成熟企业）和类型Ⅱ实体经济（即新兴产业、新创及成长型企业）。基于这种两分法，德国金融体系是一个二重性的现代金融体系，服务类型Ⅰ实体经济效率高而服务类型Ⅱ实体经济效率低。[①] 面对类型Ⅰ实体经济，德国金融呈现出服务低成本、高可得性和稳定性等特征。面对类型Ⅱ实体经济，德国金融却难以提供风险偏好型股权融资，呈现出不善于“为未来融资”的短板。由于在服务类型Ⅱ实体经济方面的缺陷，德国金融未能阻止德国与美国差距的持续扩大。尽管德国经济在欧洲国家中表现尚可，但2018年德国人均GDP已降至美国的75.8%，较1990年下降了9.1个百分点。

德国的二重性现代金融体系，是面临现代性褪色隐忧的金融体系。类型Ⅱ实体经济代表未来和潜力。如果一个现代金融体系长期不能服务好类型Ⅱ实体经济，其现代性就会褪色甚至消失。这也正是目前德国金融体系最大的隐忧。在过去200年的德国金融史中，大发展时代——19世纪后期至一战前夕——的德国金融体系是最具现代性的金融体系，此后其现代性便有所褪色。20世纪90年代以来德国发展股票市场的各种努力，就是维护德国金融现代性的尝试。德国金融体系的现代性经受住了历史的检验，但在新工业革命孕育勃兴下，能否经受住未来的检验仍需观察。需要特别强调的是，德国金融现代性的褪色，不在于过去三四十年绝缘于全球性的金融

① 考虑到银行体系和股票市场的差异和比较优势，银行体系发达通常意味着金融服务类型Ⅰ实体经济效率高；股票市场和风险投资发达则意味着金融服务类型Ⅱ实体经济效率高。这一框架与金融结构框架有相似之处。

化浪潮和金融私有化浪潮，不在于三支柱银行体系的延续和大量公共银行的保留，主要在于“大逆转”后股票市场长期发展滞后。

如何看待德国金融对我国的可借鉴性

德国金融的启示意义毋庸置疑，其存在本身就极具启发性，它向我们展示了现代金融的多样性和大国金融的独特性。实际上，通过研究美国、日本、英国、法国等国的金融体系，都可以发现它们各自的优缺点和独特之处。对德国金融体系的研究和认识，有益于丰富我们的经验集，集各国之所长，建中国之现代金融体系。好的金融体系并不是固定不变的，没有一种金融体系适合所有国家的所有时期。

需要进一步思考的是，我们可以借鉴德国金融什么，能够在何种程度上予以借鉴。这首先需要回答：德国金融的优势和短板是否一体两面的关系，能否独立对待。特别是，德国股票市场发展滞后或德国金融不善于为未来融资的问题，是否德国银行体系占主导、三支柱银行体系和管家银行模式的必然结果？是否金融（在报酬结构上）服从于实体经济、金融化程度不高、住房金融市场审慎的必然结果？第十一章已讨论了银行主导和股票市场发展的兼容问题。19 世纪后期，德国股市大发展的经验表明，两者可以共存甚至相互促进。德国股票市场过去几十年长期发展滞后，主因不在于银行主导，而在于实体经济“大逆转”。关于金融服从于实体经济、金融化程度不高和住房金融市场审慎等特征，与其说强化了风险规避型文化，不如说呵护了崇尚实业的氛围，有利于培育潜在上市主体，其对德国国内股票市场的影响至少不是负面的。

“经济发展的历史往往有惊人的相似之处，但未来中国的变化不可能是以往任何国家和自身历史的重复和再现”（刘鹤，2008）。对德国金融的借鉴，显然要关注中德之间的国情差异。中德之间最大的差异可能在于：中国是追赶型超大规模经济体，德国是成熟型大规模经济体。中国是一个人口达到14亿，国土面积超过960万平方公里，经济体量超过14万亿美元的超大规模经济体，分别接近德国人口、国土面积和经济体量的17倍、27倍和4倍。按购买力平价衡量，中国的经济体量更是德国的6倍多。同时，中国经济仍处于赶超阶段，现价美元人均GDP仅超过德国的1/5，购买力平价人均GDP不足德国的四成。追赶型超大规模经济体的属性，意味着中国拥有更大的创新创业空间，经济可持续发展更依赖创新创业。中国有规模庞大的类型Ⅰ实体经济或传统产业，需要银行业的高效支持；也有蓬勃发展的类型Ⅱ实体经济，新产业新技术新商业模式层出不穷，“独角兽”企业大量涌现，企业成长空间大，需要股票市场和风险投资给予有力支持。考虑到19世纪后半期的德国也曾是追赶型超大规模经济体，中国和德国当前的差异不仅不妨碍我们借鉴德国经验，反而有利于我们从正反两方面，在历史与当前的比较中，更全面地借鉴德国金融的经验教训。当然，经济规模的差异也限制了德国经验的适用性。比如，超大规模经济体外溢性强，全球经济对超大规模经济体外部失衡的承受能力有限，这决定了中国不可能通过长期的高贸易盈余来维持企业部门低杠杆率和低宏观杠杆率。

此外，中国和德国在历史文化、法治水平、政治经济体制方面，在企业结构和企业行为、房地产市场结构、信用体系建设等方面也存在差异。这些都会影响德国经验的适用性。

德国金融的启示

建设适合国情、适应发展的现代金融体系

200 多年的德国金融发展史表明，德国金融体系走的是一条区别于前沿国家主流模式，富有德国特色的演进道路。这一道路总体上适合德国国情，适应了德国经济发展的需求。在第二次工业革命初期，英国仍是经济和技术全面领先的前沿国家，工业化渐进式发展、资金来源多元、融资需求较小，银行体系主要提供短期融资。作为后发追赶型经济体，德国工业化加速发展、融资需求巨大，仅能提供短期融资的银行并不能满足需要，善于提供长期融资的产业银行体系应运而生，并助推德国经济实现了赶超。20 世纪 80 年代以来，肇始于美国的经济金融化和金融机构私有化成为席卷全球的两大金融浪潮。金融与实体经济报酬结构普遍失衡，宏观杠杆率快速攀升，公共银行大量私有化。相反，由于政治环境、经济基础、社会氛围和国际环境等方面的差异，德国金融体系几乎隔离于经济金融化和私有化浪潮，金融业增加值占 GDP 比重长期低于 5%，金融业在报酬结构中处于从属地位，宏观杠杆率维持在较低水平，绝大多数公共银行并没有私有化。这使德国有效抵御了国际金融危机和欧债危机的冲击，并维持了实体经济的强劲竞争力。

评判一个金融体系到底是不是现代的，关键不在于其与前沿国家的相仿程度，而在于是否适合国情和发展需要，是否在推进本国经济社会现代化进程中发挥了重要而显著的作用。我国建设具有高度适应性的现代金融体系，关键是要适合我国新发展阶段的特征和超大规模经济体的国情，推动经济转型升级，构建新发展格局，推动全面建设社会主义现代化。当前，我国是一个正在迈入高收入水

平、面临新工业革命历史机遇的追赶型超大规模经济体，经济发展呈现出明显的追赶型、自立型、动力转换和多样性特征。追赶型特征决定了处于追赶阶段的中国的现代金融体系，不同于现阶段已高度发达的英国和美国，也不同于同属发达经济体的德国，仍将保有追赶型色彩。自立型特征和动力转换特征决定了中国的现代金融体系必然与过往存在较大区别，支持科技自立自强和创新创业的功能需要得到显著强化。多样性特征决定了中国现代金融体系本身的构成要素也应充分保持多样性。

推动金融与实体经济报酬结构再平衡

报酬结构决定着要素配置，进而影响着经济发展绩效。作为两类竞争优质要素的独立经济部门，金融与实体经济之间的关系也体现在报酬结构方面。谁在报酬结构中占优，谁就在吸纳优质要素方面占据优势。若遵循墨菲、施莱弗和维什尼（Murphy，Shleifer and Vishny，1991）的传统，将金融活动总体上归为非生产性活动，则实体经济占优或有利于实体经济吸纳优质要素的报酬结构是于经济发展有利的报酬结构。在二战后较长一段时间内，发达国家长期维持的便是这样一种报酬结构。20 世纪 80 年代以来，席卷全球的经济金融化浪潮逆转了金融与实体经济的关系，金融利润占比和金融从业人员收入水平大幅上升，金融在报酬结构中占优。不过，隔离于全球金融化浪潮的德国则给我们展示了金融与实体经济关系的另一番景象：金融业收益率长期低于实体经济，企业金融化程度有限，实体经济在报酬结构中占优，呈现出“小金融、大实体”“强企业、弱银行”的格局。这种格局的形成，得益于德国实体经济源于专注和欧元区红利的强劲竞争力，也得益于德国特定金融结构（存在大量利润导向度低的金融机构）和住房市场稳定下的金融节制倾向。

国际金融危机后，中国金融规模的过快膨胀已经导致金融与实体经济失衡，生产要素“脱实向虚”现象普遍。中国金融与实体经济失衡，本质上是两者在报酬结构方面的失衡。推动现代金融、产业和科技创新的良性循环（刘鹤，2020a），需要在推动报酬结构再平衡上下功夫，让包括人才、企业家才能、资本在内的更多优质生产要素配置到科技创新和实体经济，在重塑金融与实体经济秩序中实现现代金融、现代产业和科技创新的良性循环。从德国的经验看，推动报酬结构再平衡既要从实体经济着手，增强微观主体活力和产业竞争力；也要从金融着手，处理好金融、房地产与实体产业的关系，避免搞金融内部循环、形成金融泡沫和房地产泡沫（韩文秀，2020），建立起更着眼于长期、更注重风险与收益平衡的激励机制。此外，考虑到金融活动风险滞后性和利润、风险的期限错配特征，还需要前瞻性地计提拨备、确认损失，避免利润虚高导致的报酬结构失衡。

把促进经济良性循环与去杠杆有机结合

德国维持低宏观杠杆率并与其他发达国家“大分流”，并不单单是金融部门的功劳，而是国民经济良性循环的副产品。得益于金融与实体经济的良性循环，德国并未出现生产要素“脱实向虚”的现象，实体部门竞争力未受金融化的侵蚀。偏好自我融资的自立型企业未过度累积杠杆，利润导向度低的金融体系也无动力创造过量债务，企业部门杠杆率在股权融资不发达的情况下仍然位居主要经济体的最低水平。得益于金融与房地产的良性循环，德国住房金融市场和房地产市场均未出现泡沫，居民部门杠杆率以及银行体系房地产贷款风险均维持在低水平。企业部门和居民部门杠杆率的双低格局避免了金融和实体经济脆弱性的累积。面对国际金融危机和欧债危机的轮番冲击，德国政府部门杠杆率在阶段性升高后，依赖实体经济和金融的较快恢复而回落至国际金融危机之前的水平。诚然，德国低杠杆率也得益于欧元区红利。但是，其前提是德国维持了国民经济良性循环。毕竟，同处欧元区的法国、意大利和西班牙，其宏观杠杆率无一例外均失控了。

我国正在推进经济去杠杆。从德国的经验看，推进经济去杠杆的关键在于确保国民经济良性循环。这也符合理论逻辑。宏观杠杆率被定义为债务余额与 GDP 之比。去杠杆实际上就是降低经济增长对信贷扩张的依赖度，去杠杆进程就是推动国民经济良性循环，寻找经济增长的非信贷动力的过程。为此，推动去杠杆，要通过提高经济发展质量来改善债务质量，从宏观和微观两方面着手（韩文秀，2018）。一方面，要从金融着手，有序化解各类债务风险、完善金融激励约束机制、抑制金融部门过度膨胀。另一方面，也要从推动国民经济循环的视角出发，在推动金融与实体经济、金融与房地产、房地产与实体经济的良性循环中推动去杠杆，提高债务资金使用效率。

维护金融多样性和竞争秩序

德国金融保持韧性和服务类型 I 实体经济的高效率，得益于金融的多样性以及背后的竞争秩序。政策性银行和三支柱银行体系下的商业银行、储蓄银行、信用社，所有制不同、利润导向度不同、定位分工不同、规模差异大。这种多样性的结构内含稳定器机制，避免了金融机构行为同质化和顺周期性叠加，使金融体系保持了韧性。比如，面对国际金融危机的冲击，储蓄银行和信用社保持盈利，信贷投放维持增长，确保了银行业稳定和实体经济融资环境的相对稳定。这一多样性结构的背后，是有利于中小银行的竞争秩序，是区域经营原则、三支柱之间分离和政策性银行中立性原则。德国对竞争秩序的关注甚于竞争本身。区域经营原则使中小银行免于过度竞争的干扰，为其坚持审慎经营、聚焦当地和专注主业营造了良好了外部环境。三支柱之间的分离，使得商业银行、储蓄银行、信用社之间不能相互并购，限制了银行业集中度，有助于可能处于劣势地位的信用社或储蓄银行作为一个支柱长期存在。政策性银行的中立性原则，在弥补市场失灵的同时，避免了对正常金融秩序的干扰，还能通过转贷模式支持中小银行发展。

我国正着力构建多层次、广覆盖、差异化的银行体系。从德国的经验看，其关键是使银行体系具有多样性且内嵌良性竞争秩序。在银行业金融机构超过 4 000 家，机构类别已超过 20 种的背景下，多样性的核心是经营行为的多样性，是在顺周期性与逆周期性、期限导向、风险偏好、目标客户等方面的多样性。良性竞争秩序的核心则在于有利于中小银行持续健康发展，有利于开发性、政策性、商业性、合作性金融互补合作。为此，需要树立和强化区域经营原则，推动中小银行回归本源、聚焦当地和主责主业。需要建设资本充足、治理良好、法律保障、坚持中立性原则的开发性和政策性金融机构。

发展关系型融资和耐心资本

关系型融资和善于提供耐心资本是德国银行体系的重要特色，是德国银企关系富有韧性、银行“雨天少收伞”的秘诀所在。在关系型融资或管家银行模式下，银企关系是长期战略性互动关系。基于长期持续的战略性互动，银企之间从信息到信任、从信任到信用的转化链条畅通，银行可以在一个较长期限内进行风险与收益的跨期权衡，从而更有能力提供长期资金或耐心资本。这种战略性互动和对耐心资本的供给，既是工业化时代就形成的银行文化，也有特定公司治理模式、区域经营原则和重视抵押物等体制机制的保障。在德国，银行可以通过持有企业股权、行使代管股票表决权、享有监事会席位等方式参与贷款企业的公司治理，这赋予了银行信息优势和监督约束手段，推动了企业形成自我约束型的举债文化。区域经营原则使中小银行有条件、有必要与贷款客户建立长期互动关系。抵押物在对银行债权形成保护的同时，也提供了债权人协调行动的基础，降低了债务人在“雨天”被银行挤兑的风险。

我国银行业出现的抽贷、断贷、压贷现象以及银企关系的恶化，既与企业高杠杆相关，也与银行行为交易化、银企之间缺乏互信、银行对企业约束力不够相关。我国正在着力优化融资结构，提高中长期贷款比重。这有赖于发展关系型融资和培育耐心资本。从德国的经验看，关键是要形成银行对企业的必要约束、培育银企互信和具备风险有序处置的手段。为此，可以考虑探索建立中国特色的核心银行制度，由企业选择 1~2 家银行作为主要开户、结算和授信银行，银企之间确立长期合作关系，核心银行享有更多的信息知情权和一定的投资决策参与权，推动银企之间形成相互约束而又相互促进的良性循环。

确保住房金融的稳健发展

住房金融稳定是德国金融稳定的基石。得益于住房金融稳定，德国避免了经济泡沫化，房价长期保持稳定，经济竞争力得以保持；

避免了过度金融化，居民部门杠杆率和宏观杠杆率保持了稳定；避免了大规模金融危机，房贷业务占比高的储蓄银行和信用社经营保持稳健。德国住房金融稳定，主要是审慎住房金融制度对住房金融市场形成有效节制的结果。固定利率主导、以 MLV 方法进行抵押物价值评估、贷款价值比低、审慎的再融资制度是德国审慎住房金融制度的四大支柱，它们的共同作用避免了金融和房地产市场顺周期性叠加和螺旋式循环。此外，以保护货币为首要目标的货币政策、庞大而高效的住房租赁市场、多中心城市发展格局也是德国住房金融和住房市场稳定的重要前提。值得注意是，国际金融危机后，尽管德国住房金融保持了稳定，但住房市场仍出现了较快上涨。这也警示我们，住房金融稳定并非住房市场稳定的充分条件。

我国正在构建房地产市场健康发展长效机制，对金融提出了实现金融与房地产良性循环的要求。从德国的经验看，住房金融具有系统重要性，实现金融与房地产良性循环的关键在于保持住房金融稳定，而这又有赖于审慎性住房金融制度。在坚持“房子是用来住的、不是用来炒的”定位基础上，可参照 MLV 方法，审慎评估房产价值，避免房价上涨与房贷增长的叠加循环。可以对出表式的美国住房贷款证券化模式进行约束，更多地鼓励不出表的欧洲担保债券模式。可适当引导居民选择固定利率贷款，避免随经济环境变化高频调整的货币政策对房地产市场的扰动。

完善国有银行的现代公司治理机制和法治基础

在金融机构私有化浪潮下，德国仍维持了庞大的公共银行部门。面对国际金融危机的冲击，除过度膨胀和国际化的州立银行陷入困境外，储蓄银行和政策性银行总体保持稳健。其中，储蓄银行作为一个整体，在过去 50 多年里从未出现过亏损，也未发生信用紧缩，成为德国银行体系的稳定器。这与传统观念形成了巨大反差。毕竟，外界的印象是，德国的储蓄银行与地方政府关联度很高，超过 80% 的储蓄银行的监事会主席均由政府行政长官担任（Markgraf and Véron，2018），面临政治化风险和政府官员专业能力不足的风险。储蓄银行非但不存在普遍性的经营失败，还成为银行体系的稳定器，其原因在于储蓄银行拥有避免政府干预的机制，表现在以下几个方面。一是储蓄银行采用监事会成员和管理层成员相分离的双层次治理架构（Hallerberg and Markgraf，2018）。储蓄银行监事会中虽然有大量政府官员，且通常由政府行政长官担任监事会主席，但管理层中却无政府官员。这种分离既能保障储蓄银行履行公共使命，又不会对储蓄银行的专业运营产生影响。二是监事会成员中的政府官员以荣誉身份独立工作，并不需要向市政托管人或政府负责（DSGV，2018）。三是市政托管机制赋予了储蓄银行在法律和财务上的独立性，有利于避免政府干预。此外，对区域经营原则的遵守，有助于减少监事会成员专业能力不足的风险。德国的政策性银行则在法律规范下，坚持补充性原则和中立性原则，采用转贷模式和实施（政策性业务与商业性业务）业务隔离，与三支柱银行体系形成了互补合作的良性格局。

我国也存在庞大的国有银行部门。我们能从德国经验中学到什么？首先，必须坚定不移地推进国有金融机构的商业化和市场化改革，提高国有金融机构配置金融资源的效率，提高其国际竞争力。实践证明，唯有如此，国有金融机构才有自生能力，才会成为价值创造者，而不是历史上的公共注资和救助对象。其次，办好国有金融机构，必须着力构建完备的法治基础。德国公共银行之所以能够较好地履职，主要原因在于政府依法不干预公共银行的独立运营、董监事依法履职、公正选择信贷项目、少有关系贷款和贪污受贿。我国国有金融机构的健康发展，既需要有良好的外部法治环境，也需要自身依法合规经营，只有这样，才能更好地把坚持党的领导与建立现代企业制度有机统一起来，才能把国家战略内嵌到金融机构自身业务经营中。要通过立法确立政策性银行经营的中立性原则，形成政策性银行与非政策性银行互补合作的格局。

推动企业自立和内源性资本补充

德国金融与实体经济的关系，主要体现为管家银行与自立型企业的关系。德国金融与实体经济关系的诸多典型性事实，如融资可获得性高、融资环境稳定、银企关系富有韧性、50% 左右的中小企业不需要融资，均与企业的自立型特征或偏好自我融资有关。这种自立性，是企业强劲竞争力和自我约束的统一。强劲的竞争力既赋予了德国企业内源融资能力，也确保了银行提供（长期）融资的意愿。自我约束所体现的节制和适度，则避免了企业的无度融资需求和银行的过度放贷供给。

我国存在的融资难问题，很大程度上是高杠杆企业融资难。我国企业部门杠杆率高，固然与国有企业缺乏稳定持续的资本补充渠道、股票市场不发达等因素有关，但主因是缺少股本、盈利能力下降和缺乏举债约束机制。从德国经验看，解决企业融资难问题，重塑银企关系，促进金融与实体经济良性循环，要注重提升企业竞争力、改善实体部门盈利能力，奠定获取外源融资的财务基础。同时，引导企业确立以内源融资为先、量力而行的发展策略，并硬化举债约束机制。

国家无法靠货币超发创造繁荣

在20世纪，从来没有一个国家像德国那样不幸，经历了最彻底的货币失败，也从来没有一个国家像德国那样幸运，收获了最引人瞩目的货币成功。一战后，为偿还战时债务和巨额战争赔款，德国抛弃了财政货币纪律，大肆超发货币为财政赤字融资，导致恶性通胀，货币贬值近万亿倍，许多德国人的财富化为乌有。二战后，德国秉持社会市场经济理念实施货币改革，严格控制货币供应量，使长期压抑的通胀得以平稳有序释放，德国民众重拾对德国货币的信心，生产秩序和生产能力得到快速恢复，为20世纪50年代德国"经济奇迹"奠定了基础。此后，德国央行确立了"保卫货币"目标并成为最忠实的货币信徒，实现了为全世界瞩目的持续低通胀。

德国关于货币的正反两方面经验表明，货币超发无法创造繁荣，唯有货币稳定才能通向繁荣之路。不能仅仅将货币政策视为进行逆周期调节的短期工具，要更多关注货币政策对竞争秩序的基础性影响。在现代货币理论风头日盛的今天，德国的经验更显得弥足珍贵。两次全球大危机的教训（刘鹤，2013）也表明，金融危机通常能找到货币政策失误的影子。

有耐心地坚定发展股票市场

德国在股票市场方面也拥有正反两方面的经验。19世纪后30年至一战前，德国股票市场丝毫不逊色于美国，是德国引领第二次工业革命的重要支撑。20世纪20年代后，德国股票市场经历了"大逆转"，成为德国经济发展特别是新兴产业发展和新创企业成长的关键短板。德国认识到股票市场发展滞后的危害，从20世纪90

年代开始致力于发展股票市场，但收效甚微。其原因主要不在于大陆法系的制约和银行体系的挤出效应，而在于德国已成为一个缺乏新兴产业和新创成长型企业，优质企业扩张导向度低的经济体。

德国的经验和教训揭示了股票市场发展的重要性、艰巨性和前提条件。“资本市场对于优化资源配置，推动科技、资本和实体经济高水平循环具有枢纽作用”（刘鹤，2020b）。当前我国正面临新工业革命的历史机遇，需要发挥股票市场和风险投资为未来融资的优势，更好地支持新兴产业和成长型新创企业发展。尽管我国股票市场发展相对滞后，发展任务艰巨。在国务院金融委的大力推动下，坚持“建制度、不干预、零容忍”（刘鹤，2020a），近年来我国资本市场基础性制度改革取得突破性进展，信息披露和投资者保护不断得到强化。同时，我国拥有发展股票市场的产业基础，新产业、新技术和新商业模式蓬勃发展，大量“独角兽”企业涌现。为此，我们应坚定信心，通过完善股票市场基础制度，有耐心地推动股票市场发展，建立起一个规范、透明、开放、有活力、有韧性的资本市场。

▶▶ 附　录

德国金融体系概况

德国金融机构体系

德国拥有一个以银行为主导，保险公司、养老金和投资公司为补充的金融机构体系。其总规模较大但相对规模较小，机构数量众多且市场集中度较低。

金融机构相对规模较小，银行主导型特征明显

德国拥有欧元区第二大金融机构体系，银行业和保险业资产规模仅次于法国，养老金资产规模仅次于荷兰；拥有机构数最多的金融机构体系，银行业和保险业机构数量远远超过法国和欧元区其他国家。不过，德国金融机构的相对规模，即德国金融机构资产规模与 GDP 之比并不大。2018 年年底，德国金融机构资产规模与 GDP 之比为 453%，在主要经济体中只高于同期中国 436% 的水平，明显低于同期英国、日本和法国的水平，也低于美国的水平（见附图 1）。值得说明的是，德国金融机构资产规模与 GDP 之比在一段时间内高于美国，并不代表德国金融体系规模大于美国，原因在于美

国金融市场规模数倍于德国。

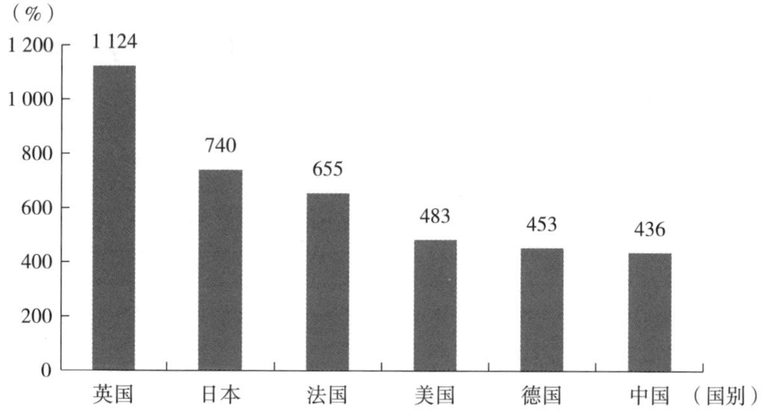

注：金融机构包括货币当局。

附图1　2018年年底主要经济体金融机构资产规模与GDP之比

资料来源：FSB非银行金融中介全球监测报告，2019。

德国金融机构体系具有明显的银行主导型特征。德国金融机构可分为银行（货币金融机构，MFI）、保险公司、养老金和投资公司四大类。从资产规模看，银行规模最大，占比超过60%。2019年10月底，德国银行业资产规模为8.5万亿欧元，占金融机构总资产比重为60.5%。保险公司和投资公司次之，资产规模分别为2.5万亿欧元和2.3万亿欧元，占金融机构总资产比重分别为17.7%和16.7%。养老金规模最小，资产规模为0.7万亿元，占金融机构总资产比重为5.2%（见附图2）。

过去10多年里，德国的银行主导型特征已明显弱化。国际金融危机爆发前夕，银行业资产规模占金融机构资产规模比重曾超过75%。受国际金融危机和欧债危机冲击，银行业资产规模两度萎缩，占金融机构总资产比重持续下降，并于2013年4月和2015年10月分别跌破70%和65%。随后，虽然银行业资产规模总体保持稳定，但保险公司和投资公司规模保持了较快增长，银行业资产规模占比继续下降，目前已降至61%左右。保险公司比重保持总体稳定并略有上升。投资公司和养老金规模增长较快，占比也出现比较明显的提升（见附图3）。

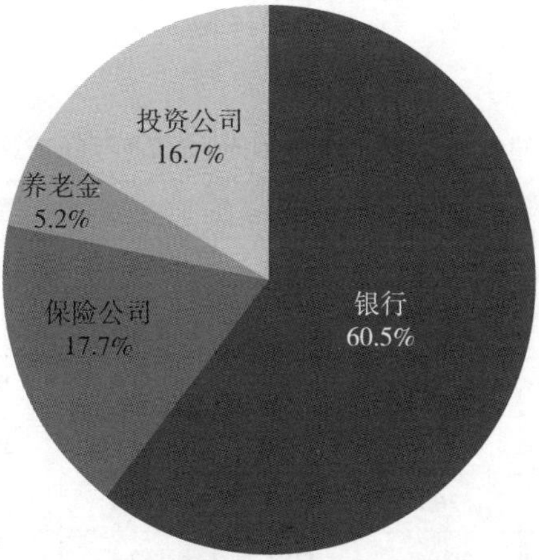

附图2 2019年德国金融机构结构：按资产规模

资料来源：德意志联邦银行。

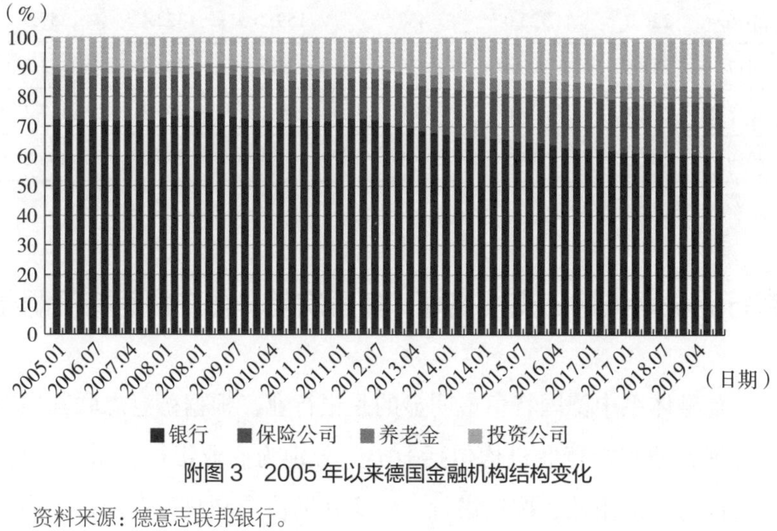

附图3 2005年以来德国金融机构结构变化

资料来源：德意志联邦银行。

银行主导型特征的弱化伴随着德国银行业相对规模和在欧元区地位的下降。2019 年年底，德国银行业资产规模与 GDP 之比已由 2008 年年底的 393.1% 降至 202.0%，远低于英国和法国等国的水平（见附表 1）。这一差异，也是德国宏观杠杆率远低于英国和法国水平的反映。2013 年后，德国银行业资产规模被法国超过，在欧元区退居第二。

附表 1　欧盟主要国家银行业总资产与 GDP 之比　　单位：%

	德国	法国	英国	意大利	西班牙	荷兰
2008	393.1	358.9	430.5	168.4	327.8	462.7
2009	352.8	326.2	431.5	171.9	349.1	423.8
2010	307.9	320.0	432.5	171.6	355.0	424.5
2011	296.8	324.3	433.5	169.5	367.9	435.5
2012	275.6	326.1	434.5	175.7	376.7	411.7
2013	239.6	299.6	435.5	163.1	341.9	368.4
2014	241.3	334.3	436.5	166.0	346.5	376.5
2015	229.5	315.7	437.5	164.5	340.1	366.4
2016	226.0	323.0	438.5	159.2	322.4	357.6
2017	211.5	302.4	439.5	151.6	304.4	333.7
2018	212.4	306.0	440.5	149.2	295.3	317.2
2019	202.0	315.1	441.5	161.0	295.2	306.8

资料来源：欧洲央行。

银行业长期维持三支柱格局，多层次差异化广覆盖特征明显

金融体系中德国特色最明显的是银行业。根据德意志联邦银行的统计，德国银行业机构包括七类，分别为商业银行、州立银行、储蓄银行、信用社、按揭银行、建房互助协会和政策性银行。商业

银行、州立银行、储蓄银行和信用社为全能银行，其他三类银行为专业性银行，其中按揭银行和建房互助协会为专营性住房金融机构。

三支柱是德国银行业最为人熟知的德国特色。所谓三支柱，就是指德国银行体系主要由三类银行构成，即私人所有的商业银行、公共银行性质的储蓄银行部门和合作制的信用社。其中，储蓄银行部门包括州立银行和储蓄银行。自 19 世纪后半期形成以来，三支柱格局已经维持了 100 多年。无论是从资产规模占比看，还是从机构数占比看，三支柱都在德国银行体系中占据着主导地位。20 世纪 50 年代以来，三支柱的机构数占比和资产规模占比分别在七成和九成以上（见附图 4）。2019 年年底，三支柱的机构数和资产规模分别为 1 487 家和 6.6 万亿欧元，占银行业比重分别为 96.9% 和 78.3%。

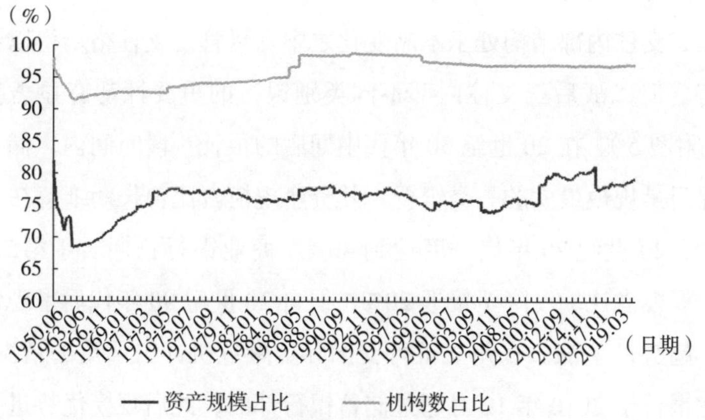

附图 4　德国银行业中三支柱占比

资料来源：德意志联邦银行。

在三支柱中，资产规模最大的是商业银行，机构数最多的是信用社，被直接赋予公共使命的是储蓄银行。从规模来看，2019 年年底商业银行资产总额为 3.4 万亿元，占银行业资产规模比重达

41.2%，其中 4 家大银行、145 家区域性商业银行、109 家外国银行分行，资产规模分别为 2.1 万亿欧元、1.0 万亿欧元和 0.4 万亿欧元。储蓄银行部门和信用社的资产规模小于商业银行，分别为 2.1 万亿元和 1.0 万亿元，占比为 25.7% 和 11.8%。从机构数来看，2019 年年底德国信用社为 842 家，占银行业机构数比重为 54.9%；储蓄银行部门和商业银行分别为 386 家和 259 家，占比为 25.2% 和 16.2%。其中，储蓄银行部门包括 380 家储蓄银行和 6 家州立银行。从所有制形式来看，德国存在大量公共银行性质的储蓄银行部门。在发达经济体中，私人所有银行已成为银行业的主体，合作制的信用社也广泛存在，而公共银行在 20 世纪 80 年代后兴起的私有化浪潮后，已很少见。不过，得益于储蓄银行的市政托管机制以及联邦主义传统，德国银行业抵御住了全球性的私有化浪潮，仍保有大量公共银行，成为德国银行体系的重要特色。

三支柱内部结构处于不断变化之中。尽管三支柱格局得以长期维持，但二战后三支柱内部不同类别银行的重要性却有显著变化（见附图 5）。在 20 世纪 50 年代中期后的很长一段时间内，储蓄银行部门是规模最大的一类银行，其资产规模占比曾长期维持在 35% 以上，20 世纪 70 年代一度达到 40%。商业银行长期居于第二位，资产规模占比一度降至接近 20%，但自 20 世纪 90 年代后呈现恢复性、趋势性上涨。在州立银行受国际金融危机冲击严重的情况下，商业银行于 2010 年 12 月超过储蓄银行部门，此后规模优势进一步扩大。2019 年年底，商业银行比重达到 41.2%，较同期储蓄银行部门的比重高 15.5 个百分点，分别较 2000 年年底和 2008 年年底的比重高 13.5 个和 10.3 个百分点。信用社规模相对最小，资产规模占比波动幅度较大，20 世纪五六十年代最低时曾低于 9%，20 世纪 80 年代中后期最高时曾达到 17% 左右。2019 年年底，信用社资产规模占比为11.8%。三支柱外的其他类银行的比重在保持大体稳定的同时，内部结构也发生显著变化，政策性银行比重呈周期性变化，专营性住房金融机构比重趋势性大幅下降。

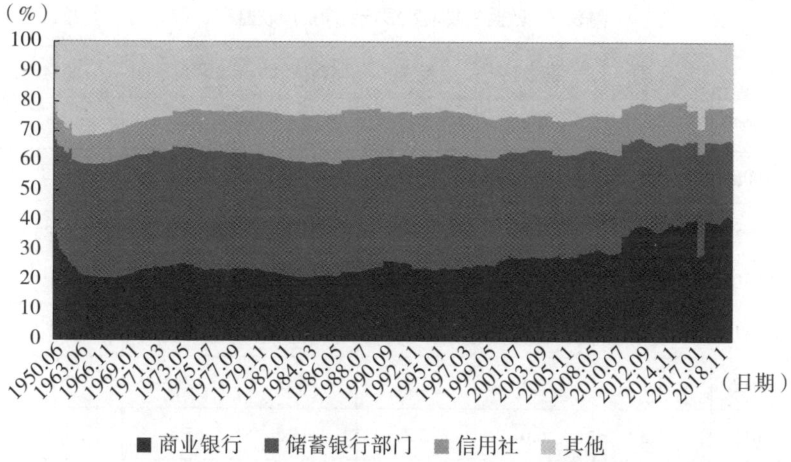

附图5 德国银行业结构：各类银行资产规模占比

资料来源：德意志联邦银行。

德国银行体系还具有明显的多层次、差异化、广覆盖的特征。商业银行、储蓄银行部门、信用社、政策性银行和专营性住房金融机构在所有制性质、平均机构规模、经营区域范围和业务定位等方面均存在明显差异。

银行业利润水平较低，抗风险能力较强

国际金融危机后，德国银行业的净资产收益率一直没有超过3%，明显低于欧盟平均水平，也低于除深陷银行业危机的意大利外的欧盟主要经济体的同期水平（见附表2）。德国银行业利润率低，直接原因是净息差低和成本收入比高。净息差方面，2008—2019年，

德国银行业净息差平均为 1.07%，在欧元区经济体中处于低水平。成本收入比方面，2010—2019 年，德国银行业成本收入比平均为 73.9%，远高于欧元区经济体平均水平，仅低于爱尔兰。

附表 2　欧盟主要国家银行业净资产收益率　单位：%

	德国	法国	英国	意大利	西班牙	荷兰
2007	—	9.8	—	9.2	—	—
2008	–9.8	2.9	–9.7	4.9	12.4	–12.1
2009	–2.2	4.7	0.4	4.0	8.9	–0.3
2010	1.9	8.3	4.4	3.7	8.5	7.5
2011	2.2	5.6	4.2	–13.0	0.2	6.0
2012	1.1	3.4	1.9	–1.0	–24.9	4.1
2013	1.3	6.0	2.2	–11.5	5.8	5.0
2014	2.5	4.4	3.8	–2.8	6.7	3.3
2015	1.7	6.8	3.2	3.1	6.6	7.0
2016	2.2	6.5	2.1	–7.7	5.0	7.3
2017	2.9	6.4	4.3	7.1	7.0	8.8
2018	2.4	6.5	5.5	5.8	8.2	8.1
2019	2.1	6.0	4.5	4.9	6.8	7.7

资料来源：欧洲央行。

德国银行业维持着较好的资产质量。面对国际金融危机和欧债危机的冲击，德国银行业保持了较强的韧性，不良贷款率长期处于最低水平行列，国际金融危机期间最高也仅为 2.7%，明显低于法国、意大利、西班牙等经济体（见附表 3）的水平。2019 年年底，德国银行业不良贷款率为 1.1%，低于欧盟绝大多数国家的水平，仅高于英国、卢森堡和瑞典的同期水平。

附表 3 欧盟主要国家银行业不良贷款率

单位：%

	德国	法国	英国	意大利	西班牙	荷兰
2007	—	2.6	—	4.4	—	—
2008	1.9	3.1	1.0	5.0	2.6	1.9
2009	2.7	4.3	2.0	7.5	3.6	2.6
2010	2.4	4.5	2.1	8.4	4.1	2.3
2011	1.6	4.6	2.2	9.5	5.2	2.4
2012	1.7	4.5	2.0	11.0	6.4	2.7
2013	1.8	4.6	1.8	12.9	7.9	2.7
2014	2.5	3.6	—	13.6	6.7	3.0
2015	2.0	3.5	—	13.6	5.3	2.4
2016	1.8	3.2	1.6	12.4	4.8	2.2
2017	1.6	2.8	1.3	9.4	3.8	1.9
2018	1.2	2.5	1.1	6.9	3.2	1.7
2019	1.1	2.2	1.0	5.4	2.7	1.7

资料来源：欧洲央行。

德国银行业资本充足。2019 年年底，德国银行业一级资本充足率为 16.1%，与法国同期水平相当，高于意大利和西班牙同期水平，低于英国和荷兰同期水平。国际金融危机后，德国银行业资本充足性显著提升，2009—2019 年一级资本充足率的增幅达 6.8 个百分点（见附表 4）。资本充足性的提高，主要原因在于银行业资产规模和加权风险资产规模增长速度较慢。

附表 4　欧盟主要国家银行业一级资本充足率　　单位：%

	德国	法国	英国	意大利	西班牙	荷兰
2008	9.3	8.4	8.2	6.9	8.1	9.7
2009	10.6	10.1	9.9	8.3	9.3	12.5
2010	11.4	10.8	10.9	8.7	9.6	11.8
2011	11.7	10.9	10.7	9.5	10.3	11.8
2012	13.8	13.3	12.3	10.6	9.8	12.3
2013	15.2	13.2	14.4	10.6	11.8	12.9
2014	14.8	13.1	—	11.8	11.8	15.4
2015	15.4	13.8	15.6	12.3	12.7	16.6
2016	15.6	15.0	16.9	11.5	13.0	17.9
2017	16.4	15.3	17.1	14.4	13.2	18.6
2018	16.3	15.6	17.9	13.9	13.5	19.0
2019	16.1	16.1	17.9	14.9	13.8	19.0

资料来源：欧洲央行。

银行业集中度低，双向开放程度相对均衡

与通常的印象相反，德国银行业的集中度不但不高，反而很低。德国大银行在德国经济金融发展史中的重要作用，以及商业银行内部的高集中度是德国银行业为人熟知的两个重要特点。根据 IMF 的数据，2016 年德国前三家商业银行资产规模占商业银行比重高达 66.94%，远高于同期美国、中国、日本和英国 35.12%、37.28%、44.06% 和 51.12% 的水平。由于德国银行体系中商业银行资产规模占比远低于美国、日本、英国和中国等国，[①] 尽管商业银行体系内部集中度高，但德国整个银行业的集中度却很低。2018 年

① 2016 年，德国银行业中，商业银行所占比重仅为 40.5%，而美国则在 90% 以上。

年底，德国前五大银行所占市场份额仅为29.1%，在欧盟内部仅高于卢森堡26.3%的水平，低于英国、意大利、法国和西班牙等国31.8%、45.6%、47.8%和68.5%的水平；同时，也明显低于同期美国和中国44.5%和36.7%的水平（见附表5）。历史上，德国银行业的集中度也不高。1913年，大银行资产规模占金融机构资产规模比重为9.2%（Goldsmith，1969），占银行业资产规模比重不足11%。①

附表5 欧盟各国、中国、美国银行业集中度：前五大银行市场份额

单位：%

	2018	2015	2010	2008	2005	2000	1997
德国	29.1	30.6	32.6	22.7	21.6	19.9	16.7
美国	44.5	44.3	47.5	45.7	42.2	—	—
中国	36.7	39.2	49.2	—	—	—	—
法国	47.8	47.2	47.4	51.2	51.9	46.8	39.5
英国	31.8	37.0	42.5	37.6	36.3	28.2	23.0
意大利	45.6	41.0	39.8	31.2	26.8	22.7	—
西班牙	68.5	60.2	44.3	42.4	42.0	45.4	31.4
荷兰	84.7	84.6	84.2	86.7	84.5	81.1	79.4
奥地利	36.0	35.8	35.9	39.0	45.0	42.8	43.9
比利时	73.4	65.5	74.9	80.8	85.3	75.3	53.9
波兰	49.5	48.6	43.4	44.2	48.5	46.5	—
保加利亚	59.7	57.6	55.2	57.3	50.8	—	—
塞浦路斯	86.9	67.5	64.2	63.8	59.8	62.8	65.0
捷克	64.5	62.5	62.6	62.1	65.5	66.1	66.6
丹麦	64.5	67.8	64.4	66.0	66.3	60.0	70.4

① 根据戈德史密斯（Goldsmith，1969），1913年德国金融业资产构成中，包括央行、保险公司和其他非银行金融机构占比合计15.9%；银行业占比84.1%。

续表

	2018	2015	2010	2008	2005	2000	1997
爱沙尼亚	91.0	88.6	92.3	94.8	98.1	98.8	—
芬兰	81.6	88.0	89.2	87.7	87.1	91.0	87.9
希腊	96.8	95.2	70.6	69.6	65.6	65.0	56.0
克罗地亚	79.4	72.7	—	—	—	—	—
匈牙利	50.0	49.4	54.6	54.4	53.2	51.8	51.9
爱尔兰	46.1	45.9	49.9	50.3	47.8	41.1	41.0
立陶宛	90.9	86.8	78.8	81.3	80.6	88.3	84.4
卢森堡	26.3	31.3	31.1	29.7	34.5	26.3	22.9
拉脱维亚	80.8	64.5	60.4	70.2	67.3	60.9	53.0
马耳他	77.5	81.3	71.3	72.8	75.3	82.0	—
葡萄牙	72.9	72.3	70.9	69.1	68.8	59.2	45.6
罗马尼亚	62.1	57.4	52.7	54.0	59.4	—	—
瑞典	54.3	57.8	57.8	61.9	57.3	56.7	57.6
斯洛文尼亚	60.8	59.2	59.3	59.1	63.0	61.0	65.7
斯洛伐克	75.6	72.3	72.0	71.6	67.7	63.0	63.3

注：欧盟各国银行业集中度数据来源于欧洲央行，中国数据为工行、农行、中行、建行和交行等五大商业银行的累计市场份额；美国数据为前五大商业银行占商业银行的市场份额，其中2010—2018年美国前五大商业银行为摩根大通、美国银行、富国银行、花旗银行和美国合众银行。

资料来源：欧洲央行，中国银保监会，美联储。

银行业呈现出明显的并购整合趋势。两德合并以来，德国银行业机构数持续减少。2019年年底，德国银行业机构数为1 534家，较1990年年底减少了3 104家。德国银行业机构数的减少，主要原因是储蓄银行部门和信用社的内部并购整合。2019年年底，信用社和储蓄银行机构数分别为842家和386家，分别较1990年年底减少了2 568家和392家，降幅达到75.3%和50.8%。银行业的整合，并不是德国所独有的。同期，美国的银行机构数也大幅缩减。

2019年年底，美国商业银行和储蓄银行机构数分别为4518家和659家，较1990年年底下降了73.4%和66.6%（见附图6）。美国的信用社也呈现类似趋势。2019年年底，美国信用社为5 236家，较2013年年底减少1 444家。

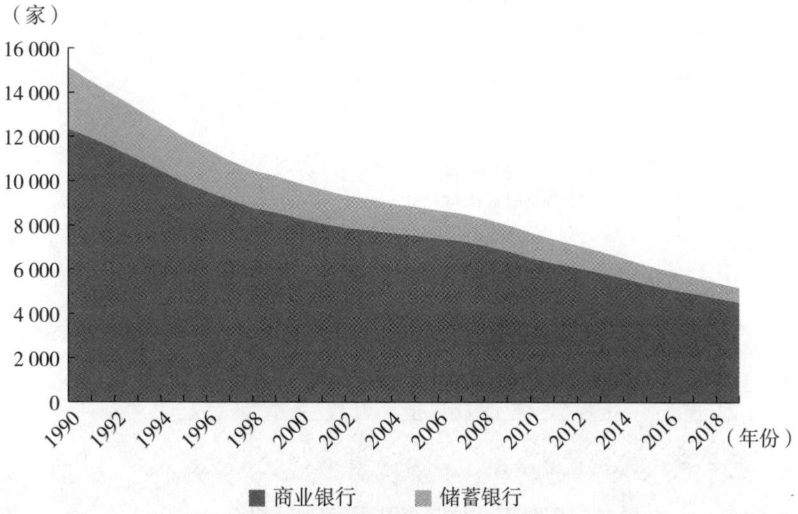

附图6　1990年以来美国商业银行和储蓄银行机构数

资料来源：美国联邦存款保险公司。

双向开放程度相对均衡。外资银行方面，2019年年底在德国经营的外资银行共142家，占银行机构数的9.3%，其中外国银行分行为108家，外资控股银行为34家；外资银行资产总规模1.2万亿欧元，占银行业总资产比重为14.1%。在21世纪之前，德国外资银行占比小，长期低于5%。2005年，意大利裕信银行收购德国裕宝银行（HypoVereinsbank，HPV），使外资占比大幅提高至10%以上。国际金融危机后，外资占比总体上保持上升态势（见附图7）。银行境外资产方面，2019年年底德国银行业境外资产占比为12.5%，略低于国内外资银行占比，在欧洲大陆范围内处于适中水平，虽然低于法国、卢森堡、爱尔兰、芬兰等国的水平，但明显高于意大利和西班牙的水平。过去 20 年，德国银行业国际化经历了一个潮涨潮落的过程。国际金融危机前，欧盟一体化进程促使德国银行业境外资产比重持续提高，曾一度超过 17%。受国际金融危机和欧债危机冲击，德国银行境外资产占比明显回落，在 2011—2012 年曾降至 12% 以下。

附图 7　德国外资银行资产规模占比

资料来源：德意志联邦银行。

保险业居欧洲大陆第二位，市场集中度相对低

德国保险业总规模居欧洲大陆第二位，但相对规模并不大。总规模方面，2019 年年底德国保险公司总资产为 2.49 万亿欧元，约为法国的八成（见附图 8）；2018 年德国保费收入为 2 024 亿欧元，低于法国的 2 194 亿欧元。相对规模方面，2019 年年底德国保险公司总资产与 GDP 之比为 72.4%，明显低于法国 124.7% 的水平；2018 年德国保险深度为 6%，明显低于英国 14.3% 和法国 9.3% 的水平，也低于意大利 7.7% 的水平。

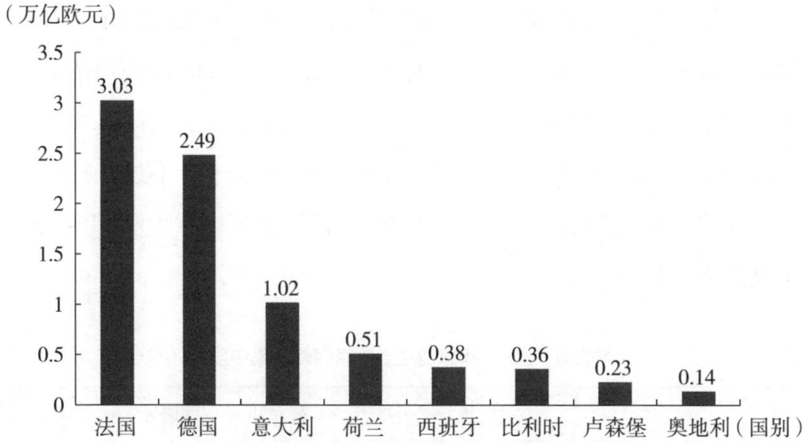

附图 8　欧盟主要国家保险公司资产总规模

资料来源：欧洲央行。

德国保险业机构众多，集中度低。德国是欧洲拥有最多保险公司的国家。2018 年年底，德国保险公司数为 528 家，多于英国，为法国的两倍，意大利的五倍多（见附图 9）。不过，德国保险业也呈现出整合的趋势，保险机构数持续减少，2004—2018 年已累计减

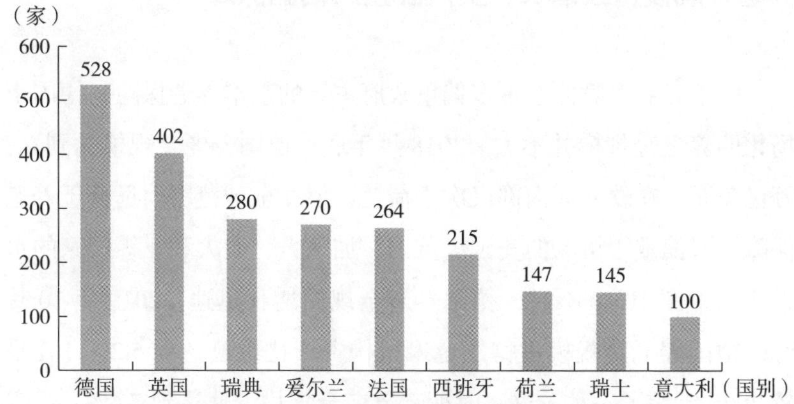

附图 9　2018 年欧盟主要国家保险公司机构数

资料来源：Insurance Europe。

少 116 家。与机构众多相关，德国保险公司平均规模较小，集中度低。2017 年，德国前五大、前十大、前十五大保险公司的合计市场份额分别为 43.0%、63.1% 和 72.6%，明显低于法国水平，在 Insurance Europe 的样本欧洲国家中处于最低水平。不过，德国第一大保险公司市场份额达到了 18.2%，高于法国、意大利和西班牙（见附表 6）。

附表 6　2017 年欧盟主要国家保险业集中度　　单位：%

	德国	法国	意大利	西班牙	荷兰
第一大保险公司市场份额	18.2	11.8	15.2	15.2	26.0
前三大保险公司市场份额	32.1	31.6	43.6	33.8	54.4
前五大保险公司市场份额	43.0	45.0	61.3	45.3	72.5
前十大公司市场份额	63.1	72.5	77.4	64.3	89.3
前十五大公司市场份额	72.6	86.8	85.8	74.8	93.1

资料来源：Insurance Europe。

养老金规模持续增长，资产配置风格偏保障

由于养老保障体系更多偏重政府主导的基本养老保险，德国市场化的养老金规模并不大。2018 年年底，德国养老金规模达到 0.7 万亿美元，在欧元区内部仅次于荷兰，但在全球范围内远低于养老保障体系偏重于市场的美国、英国、加拿大、澳大利亚等国家的水平（见附图 10）。不过，德国养老金规模增长迅速。2019 年 10 月底，德国养老金规模占德国金融机构资产比重已达到 5.2%，几乎较 2005 年翻了一番。这一时期，养老金年均增速达到 7.6%，远高于同期银行业和保险业的增速。

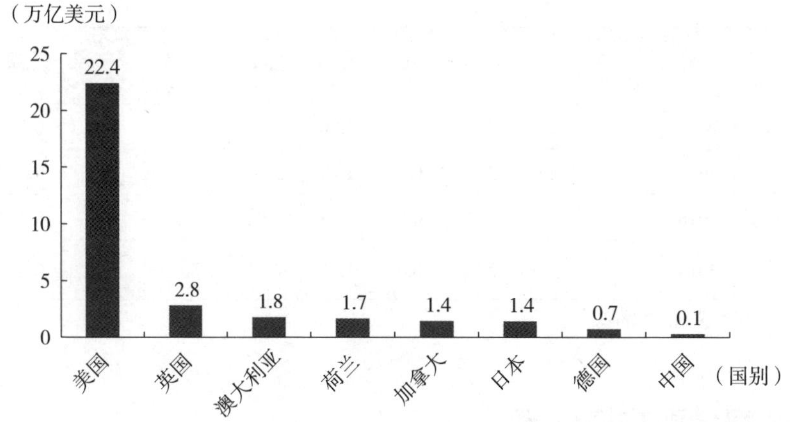

附图 10 主要经济体养老金规模

资料来源：FSB 非银行金融中介全球监测报告，2019。

德国养基金资产配置风格明显偏保障。这与欧元区内养老金规模最大的荷兰存在明显差别。一是基金类和存款类资产占比高。2019 年年底，德国养老金配置现金和存款、基金的比例分别为 11.8% 和 58.2%，较同期荷兰养老金高出 10.7 个和 11.9 个百分点。二是权益类资产占比小。2019 年年底仅为 4.1%，较荷兰低 8.4 个百分点。三是德国无金融衍生品投资，而 2019 年年底荷兰养老金投资金融衍生品的比例达到 8.4%。（见附表 7）。

附表 7 德国与荷兰养老金各类资产配置比例 单位：%

		现金及存款	贷款	债券	保险	权益	基金	金融衍生品	非金融资产	其他
德国	2016	17.5	4.9	10.0	1.1	3.3	53.8	0.0	6.1	3.4
	2017	14.9	4.6	10.1	1.1	3.9	55.7	0.0	6.4	3.3
	2018	13.7	4.7	9.7	1.2	4.1	56.8	0.0	6.6	3.3
	2019	11.8	4.5	10.3	1.2	4.1	58.2	0.0	6.5	3.4

续表

		现金及存款	贷款	债券	保险	权益	基金	金融衍生品	非金融资产	其他
荷兰	2016	0.8	2.1	24.1	0.8	13.6	51.6	6.0	0.6	0.5
	2017	0.8	2.9	25.9	0.5	13.2	51.0	4.8	0.6	0.3
	2018	1.1	2.1	28.0	0.5	11.8	49.2	6.3	0.6	0.4
	2019	1.1	2.0	28.4	0.4	12.5	46.3	8.4	0.5	0.4

资料来源：欧洲央行。

德国金融市场体系

德国的小金融特征在金融市场上的体现更明显，其股票市场、债券市场、外汇市场的规模不仅小于美国、英国和日本，在欧洲大陆也不如法国。2019 年年底，德国股票市场的国内上市公司为 470 家，总市值为 2.1 万亿美元，股票市值与 GDP 之比为 54.6%，显著低于法国的水平（见附图 11）。

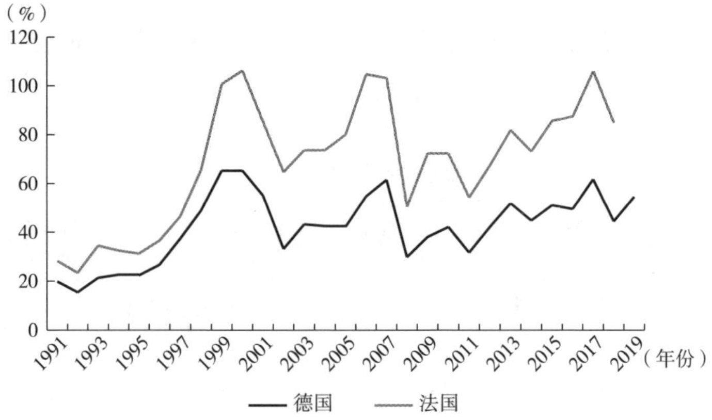

附图 11　德法股票市场市值与 GDP 之比

资料来源：世界银行。

德国债券市场为世界第六大、欧洲第三大债券市场。2019 年年底，德国债券市场规模达到 3.5 万亿美元，略高于加拿大和意大利的水平，但远低于美国、中国和日本的水平（见附图 12）。德国债券市场主要是服务政府部门和金融部门，对非金融企业服务较少。2019 年年底，德国债券市场的企业债券余额均为 2 080 亿美元，占全部债券余额的比重仅为 5.9%，与日本和意大利的水平大致相当，但远低于美国、中国和加拿大的水平（见附图 13）。德国国债是欧洲最受欢迎的国债，其国债收益率通常被作为其他债券的定价基准。近年来，德国国债收益率长期为负。

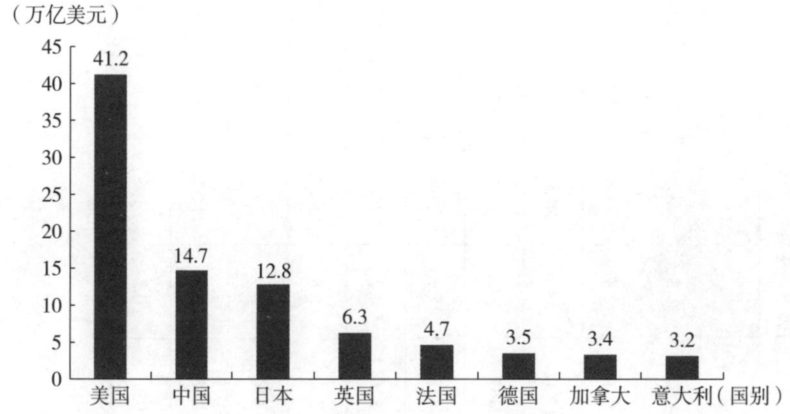

附图 12　主要经济体债券市场规模

资料来源：国际清算银行。

德国外汇市场规模较小且地位持续下降。过去 10 多年来，德国外汇市场规模变化不大，2019 年场外外汇市场日均交易额为 1 244 亿美元，与 2004 年的水平大致持平。在全球外汇市场交易规模较快增长的背景下，德国的“原地踏步”使得德国外汇市场占全球外汇市场的份额大幅下降，从 2004 年的 4.6% 降至 2019 年的 1.5%，外汇市场规模排名从 2003 年的第 5 位下滑至 2019 年的第 9 位（见附表 8）。

附表 8　主要经济体场外外汇市场交易规模

单位：亿美元

国家或地区	2004		2007		2010		2013		2016		2019	
	金额	占比	金额	占比	金额	占比	金额	占比	金额	占比	金额	占比
德国	1 204	4.6	1 014	2.4	1 086	2.2	1 109	1.7	1 164	1.8	1 244	1.5
英国	8 353	32.0	14 832	34.6	18 536	36.7	27 260	40.8	24 063	36.9	35 764	43.1
美国	4 986	19.1	7 452	17.4	9 044	17.9	12 628	18.9	12 721	19.5	13 701	16.5
新加坡	1 336	5.1	2 418	5.6	2 660	5.3	3 831	5.7	5 172	7.9	6 399	7.7
中国香港	1 060	4.1	1 810	4.2	2 376	4.7	2 746	4.1	4 366	6.7	6 321	7.6
日本	2 074	8.0	2 502	5.8	3 123	6.2	3 742	5.6	3 990	6.1	3 755	4.5
瑞士	853	3.3	2 536	5.9	2 495	4.9	2 164	3.2	1 564	2.4	2 757	3.3
法国	665	2.6	1 268	3.0	1 516	3.0	1 899	2.8	1 806	2.8	1 671	2.0
中国	6	0.0	93	0.2	198	0.4	443	0.7	728	1.1	1 360	1.6

资料来源：国际清算银行。

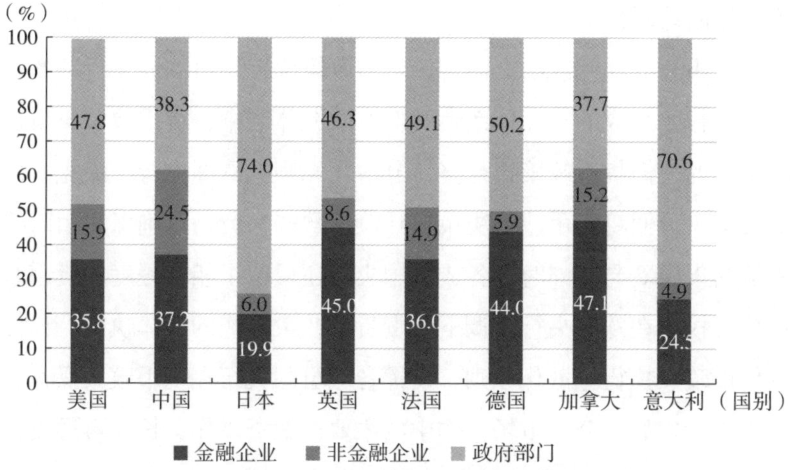

附图 13 主要经济体债券市场结构

资料来源：国际清算银行。

德国金融调控体系

德国金融调控体系是一个以货币政策调控为主、逆周期宏观审慎政策为辅，[①] 调控工具不断丰富，以维护物价稳定为主要目标，国内调控自主性相对较弱的双层次调控体系。

双层次货币政策调控架构，调控自主性相对较弱

所谓双层次，是指德国的货币政策调控架构由两个层次的机构组成，即欧元区层面的欧洲央行和德国层面的德国央行。这种双层次结构是由欧元区货币政策制度决定的，是所有欧元区国家货币政

① 这里的金融调控政策是指具有逆周期调控功能的金融政策，包括货币政策和逆周期性宏观审慎政策。

策调控的共同特征。

对所有的欧元区国家而言，货币政策调控均由欧洲央行和各成员国央行所组成的欧元体系负责。在欧元体系中，货币政策决策是集中化的，但货币政策执行坚持分散化原则。欧洲央行一成立，各成员国央行便将货币政策决策权让渡给欧洲央行，以确保货币政策决策的集中。与此同时，各成员国央行还保留了相当程度的货币政策执行权，在欧洲央行协调下负责货币政策操作的具体执行，以体现货币政策执行分散化原则，发挥各成员国央行在货币政策操作上的优势。比如，公开市场操作中的主要再融资操作、长期再融资操作均由成员国央行具体执行，微调操作（Fine-tuning operations）通常也由各成员国央行负责执行，只是在特定情况下才由欧洲央行负责执行。为了便利各成员国央行进行公开市场操作，银行的存款准备金也被要求存放到各成员国央行。除了拥有货币政策操作的执行权，各成员国央行还承担各国金融统计职能，并在就货币政策与市场进行沟通方面发挥着重要作用。具体到德国，就是由欧洲央行和德国央行共同承担货币政策调控职能，其中欧洲央行负责货币政策决策，德国央行负责货币政策执行，负责主要再融资操作、长期再融资操作等公开市场操作，德国银行的存款准备金也需要存放在德国央行。

双层次结构一定程度上削弱了德国货币政策调控的自主性。虽然欧洲央行总部设在德国法兰克福，欧洲央行货币政策调控理念与德国央行的传统也一脉相承，德国还是欧洲央行认缴资本比例最高的国家（17.99%），但德国在欧洲央行中并没有类似于美国在IMF和世界银行中的一票否决权和有制度保障的重大影响力。根据欧洲央行的决策机制，欧洲央行理事会负责货币政策决策。目前，欧洲央行理事会由6位执委会成员和19位欧元区成员国央行行长组成，总体上实行一人一票制，[①]遵循简单多数原则。在这种决策体制下，欧洲央行的货币政策着眼于整个欧元区而非德国，是根据整个欧元区而非德国的经济金融情况进行决策。国际金融危机后，尽管德国经济迅速复苏，但由于德国经济金融发展状况与欧元区整体情况相背离，[②]欧元区仍长期实施低利率政策和量化宽松政策，而不能根据德国的经济金融情况尽早启动货币政策正常化进程，这导致德国难以通过及时调整货币政策来治理内部失衡和对外失衡。[③]

以维护物价稳定为目标，采用价格型货币政策框架

长期以来，德国货币政策调控的主要目标一直是维护物价稳定。在欧洲央行成立之前，德国央行便以对物价稳定的执着和坚守著称，以至于“不是所有的德国人都相信上帝，但他们全都信任德国央行”。欧洲央行承袭了这一传统，将维持物价稳定作为货币政策的主要目标，认为“物价稳定是货币政策能够为经济增长和就业创造所做的最大贡献”。欧洲央行将物价稳定界定为消费者物价调和指数在2%以下。为了实现物价稳定目标，欧洲央行致力于在中期内将通胀率维持在低于但接近2%的水平。欧洲央行基于双支柱

---

① 自2015年立陶宛加入欧元区后，欧洲央行开始实施成员国央行投票权轮换制，将19个成员国根据经济金融规模分为两组，在组内按月轮换。一组由德国、法国、意大利、西班牙和荷兰5个国家组成，分享4张投票权；另一组由余下的14个国家组成，分享11张投票权。

② 2010年，欧债危机开始在希腊爆发，随后蔓延至爱尔兰、葡萄牙、西班牙和意大利等国；欧债危机告一段落后，欧元区复苏进程缓慢。

③ 国际金融危机后，德国房价出现持续快速上涨；经常账户盈余与GDP之比长期维持在7%以上，2011—2018年分别为6.11%、7.02%、6.73%、7.45%、8.90%、8.51%、7.97%和7.36%。

分析——经济分析和货币分析——来判断价格稳定面临的风险，并据此进行利率决策。欧洲央行认为，中短期内价格主要受商品市场和要素市场供给与需求互动的影响，而在更长时期内，高通胀与高货币增速相关，通胀最终是个货币现象。经济分析基于中短期视角，重点分析实体经济活动和影响价格的成本因素；货币分析基于中长期视角，重点分析中长期内货币增长与价格的关系，主要用于对经济分析的结果进行交叉检验。

德国的货币政策调控主要以价格型工具为中介目标。欧洲央行理事会负责设定主要再融资利率、存款便利利率和边际贷款利率三大政策利率（见附表9）。主要再融资利率是银行以抵押物为担保向欧元体系借入流动性的利率；存款便利利率是银行在欧元体系隔夜存款的利率，利率水平比主要再融资利率低；边际贷款利率是银行在欧元体系隔夜贷款的利率，利率水平比主要再融资利率高。存款便利利率和边际贷款利率构成银行间隔夜拆借利率的利率走廊，其中前者为走廊下限，后者为走廊上限。

附表9　2008年以来欧央行三大政策利率　　单位：%

利率调整生效日		存款便利利率	主要再融资操作利率	边际贷款便利利率
2008	7月9日	3.25	4.25	5.25
	10月8日	2.75	—	4.75
	10月9日	3.25	—	4.25
	10月15日	3.25	3.75	4.25
	11月12日	2.75	3.25	3.75
	12月10日.	2.00	2.50	3.00
2009	1月21日	1.00	2.00	3.00
	3月11日	0.50	1.50	2.50
	4月8日	0.25	1.25	2.25
	5月13日	0.25	1.00	1.75

续表

利率调整生效日		存款便利利率	主要再融资操作利率	边际贷款便利利率
2011	4 月 13 日	0.50	1.25	2.00
	7 月 13 日	0.75	1.50	2.25
	11 月 9 日	0.50	1.25	2.00
	12 月 14 日	0.25	1.00	1.75
2012	7 月 11 日	0.00	0.75	1.50
2013	5 月 8 日	0.00	0.50	1.00
	11 月 13 日	0.00	0.25	0.75
2014	6 月 11 日	–0.10	0.15	0.40
	9 月 10 日	–0.20	0.05	0.30
2015	12 月 9 日	0.30	0.05	0.30
2016	3 月 16 日	–0.40	0.00	0.25
2019	9 月 18 日	–0.50	0.00	0.25

注：2008 年 10 月 15 日前，主要再融资操作利率为浮动利率投标的最低利率。

资料来源：欧洲央行。

通过设定政策利率，欧洲央行可以直接影响货币市场利率和间接影响银行存贷款利率，并通过对未来政策利率变化的预期来影响中长期利率和经济主体对未来通胀的预期，对资产价格、汇率、货币信贷、工资和产品价格设定、商品市场和劳动力市场的供给和需求产生影响，从而对物价产生影响（见附图 14）。为了实现政策利率目标，欧洲央行通常使用三类货币政策工具，即公开市场操作、常备便利和法定存款准备金要求。其中，常规的公开市场操作工具主要包括每周进行的 7 天期主要再融资操作和每月进行的 3 个月期长期再融资操作，常备便利包括边际贷款便利和存款便利。

总体而言，在欧洲央行的货币政策调控下，德国物价保持了大体稳定。欧洲央行成立后，德国调和消费物价指数仅在 2007 年 11 月至 2008 年 9 月一度超过 3%。在 1997 年 1 月至 2019 年 6 月的 270 个月里，调和消费物价指数超过 2% 或低于零的月份有 74 个，占比为

27.4%；超过 2.5% 或低于零的月份有 32 个，占比仅为 11.9%（见附图 15）。

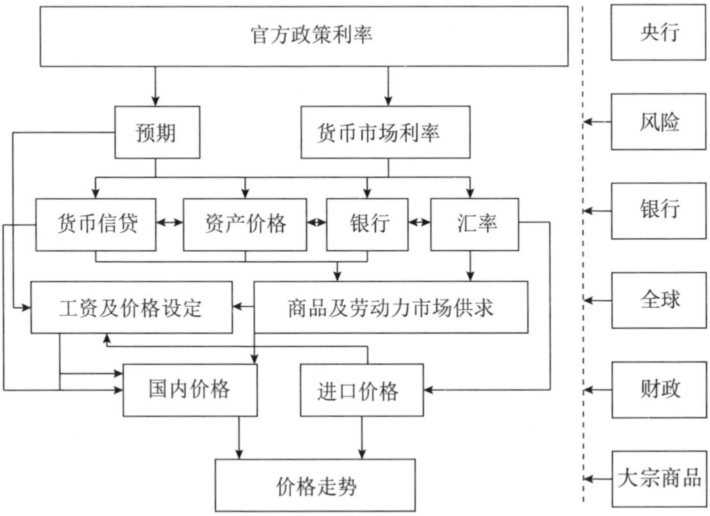

附图 14　欧洲央行货币政策传导机制

资料来源：欧洲央行。

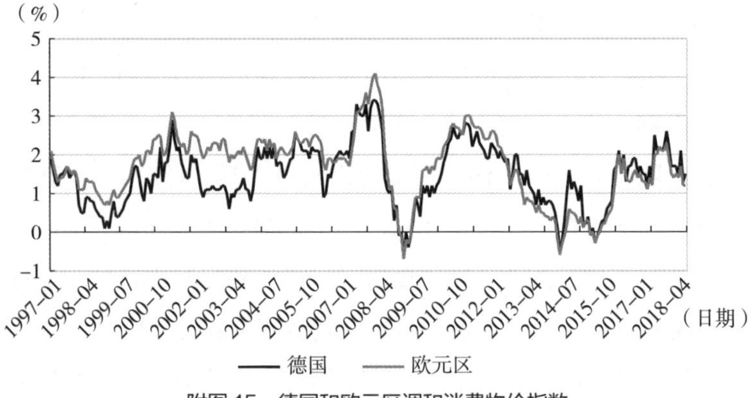

附图 15　德国和欧元区调和消费物价指数

资料来源：欧盟统计局。

国际金融危机后创设大量非常规货币政策工具

为应对国际金融危机和欧债危机、通缩风险和信用紧缩，欧洲央行创设并运用了一系列非常规货币政策工具。这些工具大致可以分为三类：危机应对类非常规货币政策工具、维护价格稳定类非常规货币政策工具和结构性货币政策工具（见附表 10）。

危机应对类非常规货币政策工具包括非常规流动性供给工具和托市类工具。非常规流动性供给工具主要有超长期再融资操作、固定利率全额分配、扩大合格抵押品范围和拓展货币政策合格交易对手范围等工具。托市类工具主要包括资产担保债券计划（CBPP）、证券市场计划（SMP）和直接货币交易计划（OMT），前两者通过购买债券维护债券市场稳定，后者通过购买陷入主权债务危机国家的主权债券来阻断市场恐慌的自我强化循环。

附表 10 欧洲央行非常规货币政策工具

<table>
<tr><th colspan="2">类别</th><th>工具</th><th>备注</th></tr>
<tr><td rowspan="7">危机应对类工具</td><td rowspan="4">非常规流动性供给工具</td><td>超长期再融资操作（VLTROs）</td><td>3 年期长期再融资操作（一年后可提前偿还）</td></tr>
<tr><td>固定利率全额分配（fixed-rate full allotment）</td><td>以固定利率为银行提供无上限流动性供给</td></tr>
<tr><td>扩大合格抵押品范围</td><td>——</td></tr>
<tr><td>拓展央行合格交易对手范围</td><td>——</td></tr>
<tr><td rowspan="3">托市类工具</td><td>证券市场计划</td><td>购买债券以维护金融市场稳定</td></tr>
<tr><td>资产担保债券购买计划</td><td>购买资产担保债券维护金融市场稳定</td></tr>
<tr><td>带条件的直接货币交易计划（Conditional OMT）</td><td>用于阻断欧债危机中主权债市场自我强化的市场恐惧</td></tr>
</table>

续表

类别	工具	备注
维护价格稳定类工具	资产购买计划（QE）	购买公共及私人部门证券以对利率期限结构形成下行压力
	前瞻性指引	与市场沟通欧央行如何预期未来货币政策的变化和改变货币政策立场的条件
	存款便利负利率	——
结构性货币政策工具	定向长期再融资操作（TLTRO）	支持银行对企业和个人放贷

维护价格稳定类非常规货币政策工具主要包括前瞻性指引、存款便利负利率和资产购买计划。资产购买计划也被称为欧洲版量化宽松，是欧洲央行在市场上购买公共及私人部门证券以拉低中长期利率。资产购买计划包括政府债券购买计划（PSPP）、第三期资产担保债券购买计划（CBPP3）、公司债券购买计划（CSPP）和资产支持证券购买计划（ABSPP）。从规模上看，政府债券购买计划规模最大，占80%左右；第三期担保债权购买计划和公司债权购买计划次之；资产支持证券购买计划规模最小。值得说明的是，与前两期资产担保债券计划和证券市场计划相比，资产购买计划虽然也是向市场购买证券，但目的明显不同。前瞻性指引是欧洲央行就未来货币政策立场与市场进行沟通。存款便利负利率是降低存款便利利率至零以下。

结构性货币政策工具主要指定向长期再融资操作。通过定向长期再融资操作，欧洲央行向符合条件的银行提供期限长达4年的融资，以激励银行向实体经济提供贷款。定向长期再融资操作的“定向”体现在额度和利率两方面，即银行可借资金额度与银行向非金融企业和居民部门的贷款规模挂钩；利率与银行发放的非金融企业和非房贷类居民贷款的额度挂钩，额度越大，利率越低。

货币政策调控与财政政策和金融监管的协调具有体制性保障

货币政策与严格但不失灵活的财政政策相协调。欧元区的宏观政策组合是一个货币政策与多个财政政策的组合，是集中性货币政策和分散性财政政策的组合。这种组合的一个天然优势是，货币政策不受各成员国财政政策干扰。《欧盟运行条约》的一系列制度设计也着力于避免财政政策给价格稳定带来风险。比如，禁止通过发行货币为财政赤字融资，避免政府过度赤字，设定3%的财政赤字率和60%的政府负债率警戒线。同时，德国财政纪律严格而财政政策又不失灵活。一方面，财政纪律严格，财政赤字率和政府负债率得到严格控制。2019年年底，德国政府部门杠杆率仅为66.3%，远低于法国、英国、美国、日本、意大利、西班牙等发达经济体。另一方面，面对国际金融危机冲击，德国财政政策在发挥逆周期调节功能时又不失灵活性，有力地配合了货币政策的实施。尽管有3%的赤字率警戒线，但德国赤字率仍在2001—2005年、2008—2009年超过了3%，发挥了财政政策的逆周期调节功能，避免了政府隐性债务和财政问题金融化。

货币政策与金融监管政策的协调具有体制性保障。德国是银行主导型国家，货币政策在德国的传导很大程度上取决于银行的行为，取决于监管规则和监管的实施。在欧元区层面，欧洲央行兼具货币政策和银行监管职能，这有利于对货币政策和金融监管进行协调。同时，为了避免货币政策和金融监管之间的冲突，欧洲央行坚持隔离原则，将两者的目标、决策程序和任务严格分开，包括严格分开理事会货币政策会议和银行监管会议。在德国层面，德国央行兼具货币政策和银行监管职能，特别是负责监管的实施，这也有利于加强两者的协调。

宏观审慎调控为双层次架构，已启动逆周期资本缓冲工具

德国宏观审慎调控架构由两个层面的三个机构组成，即欧盟层面的欧洲系统性风险理事会与德国层面的金融稳定委员会和德国联邦金融监管局。欧洲系统性风险理事会于 2010 年成立，负责对欧盟金融体系进行宏观审慎管理，以防控系统性风险。虽然欧洲系统性风险理事会不是欧洲央行的组成部分，但由于欧洲央行行长是欧洲系统性风险理事会的主席，欧洲央行行长和副行长是欧洲系统性风险理事会决策部门总务委员会成员，欧洲系统性风险理事会秘书处也设在欧洲央行，欧洲央行对欧洲系统性风险理事会有很强的影响力。金融稳定委员会在德国财政部内部成立，成员包括 3 名来自财政部的成员、3 名来自德国央行的成员和 4 名来自德国联邦金融监管局的成员（1 名成员无投票权），由来自财政部的成员担任主席。金融稳定委员会的主要任务是基于德国央行的分析，定期讨论对金融稳定具有决定性意义的事项，在发现风险时发出风险警告，并就如何防范此类风险提出建议，同时讨论欧洲系统性风险理事会提出的警告和建议。德国联邦金融监管局是德国宏观审慎调控的决策和执行部门。

值得强调的是，宏观审慎调控的双层次架构与货币政策调控的双层次架构存在较大不同。一是欧盟层面的欧洲系统性风险理事会并不是宏观审慎政策的决策机构，不具有法律约束力，只是对德国宏观审慎管理机构提出警告和建议，而欧元区层面的欧洲央行是货币政策决策机构，负责包括德国在内的欧元区的货币政策决策。二是在德国层面有两个宏观审慎调控机构，其中金融稳定委员会提出建议，德国联邦金融监管局负责决策和执行，而德国层面的货币政策机构仅为德国央行，且德国央行行使的是货币政策操作的执行权。

德国联邦金融监督管理局已经启动了逆周期资本缓冲工具。2015 年 12 月 15 日，德国联邦金融监督管理局宣布从 2017 年起启动逆周期资本缓冲工具但暂设定为零。2019 年 6 月 28 日，德国联邦金融监督管理局基于对风险的评估和金融稳定委员会的建议，认为德国金融市场存在周期性系统性风险，宣布自 2019 年 7 月 1 日起上调逆周期资本缓冲至 0.25%，并要求金融机构于 2020 年 7 月 1 日上调到位。

德国金融监管体系

德国金融监管体系是一个双层次，以综合监管、分工协作为特征，以行政监管为主、第三方审计为补充的监管体系。

双层次监管体系

双层次监管体系，是指德国金融监管由欧盟和欧元区层面的监管机构与德国层面的监管机构共同构成。这种双层次结构是由欧盟和欧元区金融制度安排决定的，是所有欧元区国家金融监管体系的共同特征。在欧盟和欧元区层面，监管机构包括“三局一会”和“一行”。在德国层面，金融监管机构主要包括联邦金融监管局、德意志联邦银行、州层面监管机构、金融稳定委员会，由联邦金融监管局主要负责与“三局一会”和“一行”对接。此外，财政部对金融监管也有重要影响。联邦金融监管局接受财政部的监管。金融稳定委员会设在财政部内，由来自财政部、联邦金融监管局和德意志联邦银行的代表构成，由财政部代表任委员会主席。

欧盟层面的“三局”被统称为欧洲监管局，包括欧洲银行业监管局、欧洲保险和养老金管理局、欧洲证券和市场监管局，分别负责欧盟层面银行业、保险和养老金、证券业的微观审慎监管。“三局”或欧洲监管局的主要任务是制定统一的审慎监管标准并确保该标准的实施，协调欧盟内的金融监管，在不同成员国之间创造公平的竞争环境。[①] 为此，欧洲监管局建立了上诉委员会和联合委员会。其中，上诉委员会由受欧洲监管局任命的 6 个成员和 6 个候补成员组成，负责受理受“三局”相关决定影响的主体的上诉。联合委员会由欧洲银行业监管局、欧洲保险和养老金管理局、欧洲证券和市场监管局的代表组成。鉴于“三局”形成的是分业监管框架，联合委员会的任务是进行监管协调和监管信息沟通，以确保制定和适用统一审慎监管标准时的跨行业一致性。此外，欧洲监管局还被授权评估金融部门的风险和脆弱性。

“一会”是指欧洲系统性风险理事会，负责欧盟层面的宏观审慎管理。“一会”由欧洲央行行长、副行长，各成员国央行代表和“三局”的主席组成，由欧洲央行行长担任主席。“一会”的主要任务是：收集和分析相关信息以识别系统性风险，在系统性风险被认为很严重的情况下发出警告，针对所发现的风险发布行动建议，监督警告和建议的后续行动，与“三局”和相关国际机构进行合作和协调。

“一行”即欧洲央行，承担对欧元区银行业的监管，职责包括：建立日常监督的共同方法，采取统一的监督行动和纠正措施以确保法规和监管政策的一致应用；在单一监管机制下负责直接监管欧元区内的系统重要性银行和间接监管非系统重要性银行。对于系统重

① 德国联邦金融监管局多次强调，赞成和支持欧洲金融监管组织（ESAs）定位为帮助各国金融监管部门提升监管能力的组织，在欧盟建立统一的监管规则和监管文化，但不赞成将其定位为“欧洲各国监管者的监管者”，深度干预各国金融监管部门的工作或赋予其直接采集各国金融机构经营管理信息的权力。

要性银行，日常监管由联合监督小组负责。联合监督小组由欧洲央行的工作人员和欧元区成员国监管人员组成，每家银行都对应有一个专门的联合监督小组。对于非系统重要性银行，通常由各国监管机构直接进行监管，欧洲央行主要是同各国监管机构合作，确保统一监管标准得到实施，同时也有权决定对任何一家非系统重要性银行进行直接监管。2020 年第三季度末，欧洲央行共监管 110 家系统重要性银行，总资产达 24.34 万亿欧元，占欧元区银行业资产规模的比重超过了 80%。其中包括 21 家德国银行，资产规模达到 4.19 万亿欧元，占德国银行业资产规模的比重为 45.7%。德国层面的金融监管机构直接监管约 1 500 家银行，资产规模占比超过 50%。

“三局一会”与各成员国的监管机构共同组成了欧洲金融监管系统，其主要职责是确保整个欧盟金融监管规则的一致性和合理性。“一行”与欧元区银行业监管机构共同组成了单一监管机制，是银行业联盟的两大支柱之一，[①]其主要职责是确保欧洲银行系统的安全性和稳健性，增强金融一体化和稳定性，确保监管一致性。在银行业监管层面，“一行”与欧洲银行业监管局协作，并基于该局制定的统一的监管标准对银行业进行监管。

在德国层面，联邦金融监管局和德意志联邦银行负责银行和金融服务公司的微观审慎监管，联邦金融监管局和州层面监管机构负责保险和养老金、证券交易所的微观审慎监管。宏观审慎监管由金融稳定委员会、联邦金融监管局和德意志联邦银行共同负责，其中联邦金融监管局享有决策权，金融稳定委员会和德意志联邦银行主要负责提供建议与数据和分析支撑。

---

① 银行业联盟的另一支柱是单一处置机制（Single Resolution Mechanism，SRM），主要用于确保有效处置问题银行，以降低纳税人和实体经济的成本。欧洲央行也在单一处置机制中扮演重要角色。

在金融监管双层次结构中，总体分工是欧盟和欧元区层面的监管机构制定统一监管规则和直接监管系统重要性银行，德国层面的监管机构负责实施监管规则，结合德国国情和监管规则精神做出具体规定，自行制定欧盟层面尚未制定的规则，直接监管非系统重要性银行。IMF 最近一次（2016 年）对德国的金融稳定评估结果显示，德国金融监管部门制定的监管制度涵盖了全部欧盟监管要求。值得说明的是，德国金融监管体系的双层次与金融调控的双层次存在一定差异。主要差异在于，德国金融监管体系的双层次由双层次欧洲金融监管系统和双层次单一监管机制构成，而德国金融调控体系的双层次主要由欧元体系的双层次构成。

综合金融监管体制

德国金融监管体系是综合监管体制，联邦金融监管局统一监管银行业、保险业和养老金、证券业，这与德国混业经营或综合经营的金融体制相匹配。

联邦金融监管局依据《设立联邦金融监管局法》（Act Establishing the Federal Financial Supervisory Authority）于 2002 年成立，承接了原联邦银行监管局、原联邦保险监管局、原联邦证券监管局的各项监管职责，德国金融监管体制由分业监管调整为综合监管。联邦金融监管局基于偿付能力监管，确保银行、金融服务机构和保险公司有能力履行其支付义务；基于市场监管，确保投资者对市场的信任。此外，作为投资者保护的一部分，联邦金融监管局还禁止金融机构从事未经授权的业务。2017 年年底，联邦金融监管局监管了约 1 630 家银行、720 家金融服务机构、42 家支付服务和电子货币机构、90 家外国分行、约 540 家保险公司、30 家养老金、约

6 300 家投资基金和约 400 家资产管理公司。此外，联邦金融监管局还是德国金融体系所有参与者的综合协调部门、代表德国参与国际金融监管组织的部门，负责推动德国金融监管部门在国际监管组织中发挥更大的作用。

联邦金融监管局下设一个执行委员会、三个监督管理委员会、三个跨行业的监管协调部门、四个专业委员会。其中，执行委员会为最高决策机构。三个监督管理委员会，即银行监督管理委员会、保险和养老金监督管理委员会和证券与资产管理监督管理委员会，分别对银行、保险公司和养老金、证券业机构实施监管。三个跨行业的监管协调部门，负责跨行业的同质同类业务的监管协调。四个专业委员会，即保险业咨询委员会、证券业咨询委员会、企业并购委员会、交易否决委员会，负责处理专门领域监管事务。

财政部对联邦金融监管局具有重大影响力。虽然联邦金融监管局的办公经费来源于被监管机构缴纳的监管费和服务费等，不由财政部拨款，但财政部可以通过监督和人事影响力对联邦金融监管局产生重大影响。一是《设立联邦金融监管局法》规定，由财政部负责监督联邦金融监管局的监管行为，并评估监管工作质量。二是财政部成立了一个管理委员会和一个咨询委员会，负责对联邦金融监管局具体事务进行管理。管理委员会由财政部主导，所有成员均由财政部任命，主要负责对联邦金融监督局的工作实施监督，对其费用预算进行审核，支持其在监管履职、监管立法和金融行业发展上保持平衡。管理委员会有 21 个委员席位，其中，财政部拥有主席席位和 3 个委员席位，联邦经济和劳工部、联邦司法部各有 1 个席位，联邦议会有 5 个席位，被监管机构（信贷机构、金融服务机构、保险机构）有 10 个席位。咨询委员会主要是为联邦金融监管局更好地履行监管职责提供金融业务领域的专业咨询服务，共有 24 名委员，分别来自德意志联邦银行、银行、保险公司、消费者保护协会和财经类大学。

银行业监管：分工协作密切的监管体系

德国银行业监管的分工协作既体现在德国金融监管部门与欧盟和欧元区层面，也体现为联邦金融监管局与德意志联邦银行之间的分工合作。德国银行业监管的法律基础主要是《德国银行法》（the German Banking Act，KWG）。[①] 根据《德国银行法》，联邦金融监管局与德意志联邦银行合作对银行进行监管，其中联邦金融监管局是《德国银行法》框架下监管银行的行政机关，但德意志联邦银行在银行日常监管方面发挥着重要作用。这与德意志联邦银行的金融统计职能以及分支机构众多有关。德意志联邦银行除总部设在法兰克福外，还设有 9 个区域性办公室，共下辖 30 多家分支机构，而联邦金融监管局仅在法兰克福和波恩设有机构。

联邦金融监管局和德意志联邦银行签订了合作协议，细化了《德国银行法》的有关分工规定。在行政许可方面，联邦金融监管局负责审核发放经营金融业务许可证。在非现场监管方面，德意志联邦银行负责编制统计报表，定期收集金融机构的经营数据和业务数据，对金融机构的资本充足率、流动性等监管指标进行监测分析。两部门允许对方登录本部门的监管信息系统，全面共享从金融机构采集的信息和数据，共享对金融机构的监管分析评价报告，充分交换监管意见。在现场检查方面，德意志联邦银行在各地区的分支机

① 除此之外，还有其他一些专门性法律，如潘德布雷夫债券法（Pfandbrief Act）、建房互助协会法（Building and Loan Associations Act）和储蓄银行法（Savings Banks Act），等等。

构负责对当地金融机构进行日常监管，或接受联邦金融监管局的委托开展专项监管工作。监管中发现的问题和监管建议向联邦金融监管局反馈，由该局采取相应的监管措施。在监管规章制度的制定方面，两部门都依据欧盟和德国的相关经济金融法律制定各自领域的监管规章制度，联合发布涉及金融行业风险管控和金融市场稳定的重大监管政策。在消费者权益保护方面，两部门在各自的业务领域均开展维护金融市场秩序、向消费者宣讲金融知识、处理投诉等保护消费者权益的工作。在监管协作方面，两部门互相参与对方的工作，如联邦金融监管局对金融机构（特别是业务规模较大的金融机构）采取监管措施前，需要征求德意志联邦银行的意见。在德意志联邦银行召开理事会研究涉及联邦金融监管局业务的事项时，联邦金融监管局局长有权参加该会议。德意志联邦银行向联邦金融监管局管理委员会委派代表，对该局的工作进行监督。两部门共同建立了“金融市场监管论坛”，在该论坛机制下协调两个部门在银行监管领域内的工作合作，并就混业监管中对金融系统稳定具有重要意义的问题交换意见。

保险业和交易所监管：联邦与州分工的监管体系

在德国层面，对保险业和证券交易所的监管存在联邦政府和州政府之间的分工。这与银行业监管是联邦政府事权，仅在联邦政府内部进行分工不同。

保险业监管的目的是保护投保人和受益人，法律基础是《保险监管法》（Insurance Supervision Act，VAG）。监管分工标准有三个：规模大小或经济重要性，经营区域是否跨州，公司性质。根据这些标准，联邦金融监管局负责监管经营规模较大的私营保险公司和跨州经营且参与竞争的公共保险公司。州政府层面监管机构负责监管州内经营的公共保险公司和小规模私营保险公司。

证券业监管的目的是确保金融市场的透明度和诚信，以及保护投资者，其法律依据包括《证券交易法》（WpHG）、《证券收购和收购法》（WpÜG）、《证券招股法》（WpPg）和《招股说明法》（VerkProspG）。从事证券业的银行和金融服务公司由联邦金融监管局和德意志联邦银行监管。证券交易所则主要由州层面的监管机构进行监管，联邦金融监管局也分享部分监管职能。州政府监管机构根据《证券交易所法》的规定监督交易所的交易，特别是与交易所自身的交易监督部门合作监控定价过程，还负责电子交易系统的注册和类交易所交易系统的监管。联邦金融监管局将交易所交易系统的运营商作为信贷机构或金融服务机构，进行偿付能力监管。联邦金融监管局还与证券交易所监管当局合作，履行国际证券交易所监管机构的职能。

外部审计和行业自律监管是重要补充

联邦审计院和审计师事务所的外部审计也是德国金融监管的重要补充。联邦审计院对金融机构经营状况的合法性、经济性和效益性进行审计（王宇，2016）。《德国商法典》明确了独立外部审计制度，德国拥有大量的审计师事务所。德国金融监管机构既依赖于外部审计师对金融机构和企业财务报表真实性的判断，也依赖于外部审计师关于金融机构合规性的审计结果。对外部审计师的使用已经成为德国金融监管机构用于确认合规性的一个重要方面。

德国金融稳定机制

基于对2008年国际金融危机和欧债危机的深刻反思，以及响应G20等国际组织关于宏观审慎管理的协定和倡议，德国宣布自2013年年初开始实施《金融稳定监测法》（Gesetzzurüberwachungder Finanzstability）。这部法律又被称为《金融稳定法》（Finanzstabilitäts gesetz），明确了德国金融体系的宏观审慎管理的框架、职责和工作机制，将新成立的金融稳定委员会（Auschussfürfinanzstabilitt）作为德国的最高宏观金融决策协调机构，为联邦政府、联邦金融监管局和德意志联邦银行在金融稳定领域的合作创造了新的体制结构。

德国金融稳定机制的成立背景

欧盟成立了金融稳定管理架构。在欧盟层面，欧洲系统性风险理事会在2011年年初开始履行职责，形成了新的覆盖欧元区的宏观审慎监管体系，并重新设计了包含欧洲银行管理局、欧洲保险和职业养老金管理局、欧洲证券和市场管理局在内的微观审慎监管体系。欧洲系统性风险理事会的职责：一是评估判断欧元区金融体系的脆弱性风险；二是督导欧元区各经济体建立完善有效的金融稳定监测和管理框架；三是在特定情况下，欧洲系统性风险理事会向欧盟机构、各国政府和超级监管机构发出警告和建议，针对已确定的金融稳定风险采取补救措施。

欧洲推进了宏观审慎管理的政策工具。鉴于欧盟的单一市场和宏观审慎措施往往具有跨境效应，欧盟发布了一系列适用于欧元区层面的统一政策工具。主要包括两部分：一是包含逆周期的资本要求指引；二是资本要求法规。这两套工具并非欧盟首创，而是源自巴塞尔银行监管委员会制定的《巴塞尔协议Ⅲ》框架，聚焦于逆周期、系统重要性机构等金融稳定议题。与此同时，欧元区各成员国宏观审慎机构也可以自行决定决策范围，具有一定程度的自由裁量权。允许各国在统一原则下采取微调措施，有助于避免金融危机和单个国家的遵从成本过高，确保宏观政策在一定时期相对稳定。

德国的金融稳定委员会架构

国际金融危机爆发后不久，德国开始将从金融危机中吸取的教训应用于金融监管，采取了多种手段维护金融稳定。例如，为信贷机构的不良资产设立了独立的清算机构，为金融机构的资本重组设立了托管救济基金，并对某些类型的证券实施了临时卖空禁令。最具标志性的事件，是 2013 年年初《金融稳定法》的正式生效。

职能设定。《金融稳定法》为金融稳定委员会提供了法律框架。金融稳定委员会的职能包括：一是讨论金融稳定的关键因素；二是在发生金融危机时，加强金融稳定委员会成员机构之间的合作；三是就欧洲系统性风险理事会发布的警告和建议的处理提供建议，以及对其他重大金融市场活动的监管提供建议。

职能分工。金融稳定委员会由来自财政部、德意志联邦银行和联邦金融监管局的成员组成。其中，财政部负责制定联邦政府经济金融政策；设立平准基金，及时稳定金融市场，提供主权担保，向系统重要性机构实施注资；发挥财税政策对金融部门的调控作用。德意志联邦银行负责开展金融稳定统计和信息监测，向金融稳定委员会提出意见和建议，牵头撰写年度金融稳定报告。联邦金融监管局负责保证金融机构遵守金融稳定委员会制定的标准，落实执行金融稳定领域的微观干预政策，联合德意志联邦银行确定系统重要性金融机构名单。

工作机制。第一，定期沟通机制。金融稳定委员会由主席召集，每季度召开一次会议。同时，每一位成员均可出于正当理由，要求委员会在接到通知后立即召开会议。主席可邀请第三方出席会议。第二，保障执行效率。采用“少数服从多数”的简单多数原则，各成员无条件执行已经通过的决议。决议执行情况须上报联邦议会和法院。第三，禁止单方面行动。金融稳定委员会辖属事权范围内的事项，未经委员会决议通过，不允许成员单位自行启动。如职权交叉，则须立即提请召开委员会审议。

德国“软硬兼施”的宏观审慎政策机制

宏观审慎管理也是德国金融稳定机制的重要组成部分。德国金融稳定委员会认为，宏观审慎工具的适用范围不仅限于银行业，也包括保险公司和金融市场等迄今监管较少的领域。与通常按照横向和纵向维度设计宏观审慎政策思路有所不同，德国金融稳定委员会结合本国特色，设计了一套按法律效力层次递进的作用机制框架。

软机制：沟通。德意志联邦银行认为，与其他政策领域一样，公共沟通是宏观政策的重要工具，作为一种“软”工具，它不涉及对市场参与者商业活动的直接干预，而是影响它们如何形成预期（Deutsche Bundesbank，2013）。[①] 因此，“软”工具应在风险形成的早期阶段使用，并且容易受到宏观审慎机构声誉的影响。财政部、德意志联邦银行、联邦金融监管局按照职责分工，以一定的频率，对外公布

① Deutsche Bundesbank，Macroprudential oversight in Germany：framework，institutions and tools，Monthly Report April 2013.

金融稳定领域的分析研究论文、新闻稿、会议纪要和演讲等。

中间机制：警告和建议。根据德国金融稳定委员会的解释，如果金融稳定面临的威胁变得更加具体，那么仅靠公众沟通通常是不够的，这时，宏观审慎政策制定者可以实施警告和建议。警告是提示金融稳定面临的现有风险，但没有给出任何解决这些风险的指示。建议是针对当前的金融稳定形势，就采取什么措施提供具体的指导。德国金融稳定委发出的警告和建议通常都是公开的。

硬机制：干预。干预层面的政策机制，实质上已经等同于法律条文，并通常要根据联邦议会的要求，履行法规生效的程序。例如，额外的资本缓冲或某些信贷债权的更高风险权重，被归类为“硬”工具。在具体干预工具选择上，德国基本沿用了国际组织建议的通行标准。

参考文献

第一章　德国金融的七个谜题

1. 冯兴元 . 德国地方储蓄银行的运作经验——如何规范政府与国有银行的关系［J］. 德国研究，2001（1）：34–37.

2. 弗兰克・芬策尔，彼得・图伊 . 储蓄银行私有化［M］// 何梦笔 . 秩序自由主义 . 北京：中国社会科学出版社，2002.

3. 富兰克林・艾伦，道格拉斯・盖尔艾伦 . 比较金融系统［M］. 北京：中国人民大学出版社，2002.

4. 韩文秀 . 学习党的十九届五中全会精神的几点体会［J］. 宏观经济管理，2020（12）：1-13.

5. 赫尔曼・西蒙 . 隐形冠军：未来全球化的先锋［M］. 北京：机械工业出版社，2015.

6. 刘鹤 . 新经济与资本市场和风险投资［J］. 网络与信息，2001（2）：18-20.

7. 刘鹤 . 全面深化经济体制改革，加快形成新的经济发展方式［J］. 紫光阁，2012（12）：17-19.

8. 米什金 . 货币金融学（第九版）［M］. 北京：中国人民大学出版社，2011.

9. 威廉・鲍莫尔，罗伯特・利坦，卡尔・施拉姆 . 好的资本主义　坏的资本主义以及增长与繁荣的经济学［M］. 北京：中信出版社，2008.

10. 亚历山大・格申克龙 . 经济落后的历史透视［M］. 北京：商务印书馆，2012.

11. 张晓朴 . 译者前言［M］// 乔安妮・凯勒曼，雅各布・德汗，费姆克・德弗里

斯 . 21 世纪金融监管 . 北京：中信出版社，2016.

12. 赵昌文，朱鸿鸣 . 如何建立一个创新导向型的经济结构［J］. 财经问题研究，2017（3）：3–10.

13. BURHOP C，CHAMBERS D. Initial Public Offerings：A Historical Overview［M］// CHAMBERS D，DIMSON E，Financial Market History：Reflections on the Past for Investors Today，CFA Institute Research Founadation，2016.

14. CALOMIRIS C W. The Costs of Rejecting Universal Banking：American Finance in the German Mirror，1870–1914［M］// LAMOREAUX N R，RAFF D.M.G（Eds.），Coordination and information – Historical perspectives on the organization of enterprises，Chicago：University of Chicago Press，1995：257–315.

15. CHIRINKO R，ELSTON J，Finance，Control，and Profitability：The Influence of German Banks［J］. Journal of Economic Behavior & Organization，2006，59（1）：69–88.

16. DETZER D，DODIG N，EVANS T，HEIN E，HERR H. The German Financial System［R］. FESSUD Studies in Financial Systems，2013，No. 3.

17. DETZER D，HEIN E. Financialisation and the Financial and Economic Crises：The Case of Germany［R］. FESSUD Studies in Financial Systems，2014，No. 18.

18. DSGV，Constitutive Elements of a（German）Savings Bank［R］. August 2012.

19. DSGV，Financial Report 2018 of the Savings Banks Finance Group［R］. 2019.

20. ECB & EC，Survey on the Access to Finance of Enterprises［R］. 2014.

21. EDWARDS J，OGILVIE S. Universal Banks and German Industrialization：a Reappraisal［J］. Economic History Review，1996，49（3）：427–446.

22. FOHLIN，C. Does Civil Law Tradition and Universal Banking Crowd out Securities Markets? Pre-World War I Germany as a Counterexample［J］. Enterprise & Society，2007，8（3）：602–641.

23. FOROOHAR R. Fifty Years of US Policy Come Home to Roost［N］. Financial

Times, March 30, 2020.

24. HACKETHAL A, SCHMIDT R, TYRELL M. The transformation of the German financial system [J]. Revue d'économiepolitique, 2006, 116 : 431–456.

25. HACKETHAL A. German Banks and Banking Structure [R]. Johann Wolfgang Goethe-Universität Frankfurtam Main, FachbereichWirtschaftswissenschaften, Frankfurt a. M Working Paper Series : Finance & Accounting, 2003, No. 106.

26. HALL P , SOSKICE D (eds.) . Varieties of Capitalism : The Institutional Foundations of Comparative Advantage [M]. Oxford : Oxford University Press, 2001.

27. International Monetary Fund, Germany Financial System Stability Assessment [R]. IMF Country Report No. 16/189, June 2016.

28. KfW, No Sign of Letting Up : SMEs are on a Path of Growth in Germany and Abroad [R]. KfW SME Panel 2018, 2018.

29. LA PORTA R, LOPEZ-DE-SILANES F, SHLEIFER A, VISHNY R. Law and Finance [J]. Journal of Political Economy, 1998, 106 : 1113–1155.

30. LA PORTA R, LOPEZ-DE-SILANES F, SHLEIFER A, VISHNY R. The Legal Determinants of External Finance [J]. Journal of Finance 1997, 52 : 1131–1150.

31. LAEVEN L, VALENCIA F, Systemic Banking Crises Revisited [R]. IMF Working Paper, 2018, WP/18/206.

32. LEHMANN S H. Taking Firms to the Stock Market : IPOs and the Importance of Large Banks in Imperial Germany, 1896–1913 [J]. Economic History Review, 2014, 67(1): 92–122.

33. LEHMANN - HASEMEYER S, WAHL F. The German Bank–Growth Nexus Revisited : Savings Banks and Economic Growth in Prussia [J]. Economic History Review, 2021, 74 (1) : 204–222.

34. LÜTZ S. From Managed to Market Capitalism? German Finance in Transition [R].

MPIfG discussion paper, 2000, No. 2.

35. MARKGRAF J, VÉRON N, Germany's Savings Banks are Uniquely Intertwined with Local Politics [Z]. PIIE, July 17, 2018.

36. MEMMEL C, SCHMIEDER C, STEIN I. Relationship lending: empirical evidence for Germany [R]. Deutsche Bundesbank Discussion Paper Series 2: Banking and Financial Studies, 2007, No 14.

37. RAJAN R G. and ZINGALES L. The great reversals: The Politics of Financial Development in the Twentieth Century [J]. Journal of Financial Economics, 2003, 69(1): 5–50.

38. RALF E, JAN PIETER K. Is relationship lending special? Evidence from credit-file data in Germany [J]. Journal of Banking and Finance, 1998, 22: 1283–1316.

39. SCHMIDT R H, BULBUL D, SCHUWER U. The Persistence of the Three Pillar System in German Banking [M] // BUTZBACH O, METTENHEIM K (eds.), . Alternative Banks and Financial Crisis, London: Chatto and Pickering, 2004: 101–121 & 256–259.

40. THEODOR B, CHRISTIAN F. Institutionelle Anleger und Publikums-gesellschaften: Eineempirische Untersuchung [J]. Die Aktiengesellschaft, 1995, 40: 97–112.

41. TILLY R. Banking Institutions in Historical and Comparative Perspective: Germany, Great Britain and the United States [J]. Journal of Institutional and Theoretical Economics, 1989, 145(2): 189–209.

42. TILLY R. Banks and Industry: Lessons from History? [M] // TILLY R, Welfens P (eds.), European Economic Integration as a Challenge to Industry and Government, Berlin and New York: Springer Publishing, 1996.

43. TILLY R. Universal Banking in Historical Perspective [J]. Journal of Institutional and Theoretical Economics, 1998, 154(1): 7–32.

44. WEIDMANN J, Bundesbank at 60 – Committed to a Stable Currency, Speech Delivered at the Reception Marking 60 years of the Bundesbank [Z]. Deutsche Bundesbank, 2017.

第二章 200 年德国金融史

1. 巴里·埃森格林. 嚣张的特权：美元的兴衰和货币的未来 [M]. 北京：中信出版社，2011.
2. 冯兴元. 社会市场经济德国的经验与意蕴 [J]. 公共管理与政策评论，2013，2 (1)：35–44.
3. 弗里德里希·鲁茨. 德国币值改革与经济复兴 [M] // 朱民，周弘，拉斯·菲尔德，彼得·荣根，主编. 社会市场经济：兼容个人、市场、社会与国家. 北京：中信出版社，2019.
4. 富兰克林·艾伦，道格拉斯·盖尔艾伦. 比较金融系统 [M]. 北京：中国人民大学出版社，2002.
5. 金德尔伯格. 西欧金融史 [M]. 北京：中国金融出版社，1991.
6. 科佩尔·卡森. 德国近现代史 [M]. 北京：商务印书馆，1987.
7. 刘鹤. 两次全球大危机的比较 [M] // 吴敬琏，主编. 比较 2012 年第 5 期，北京：中信出版社，2012.
8. 玛丽·弗尔布鲁克. 德国史：1918–2014 [M]. 上海：上海人民出版社，2018.
9. 曼弗雷德·诺曼. 币值稳定：威胁与考验 [M] // 周弘，彼得·荣根，朱民，主编. 德国马克与经济增长. 北京：社会科学文献出版社，2012.
10. 维尔纳·阿贝尔斯豪塞. 德国战后经济史 [M]. 北京：中国社会科学出版社，2018.
11. 西蒙·约翰逊，郭庚信. 13 个银行家 [M]. 北京：中信出版社，2010.
12. 亚历山大·格申克龙. 经济落后的历史透视 [M]. 北京：商务印书馆，2012.
13. BALDERSTON T. German Banking between the Wars : the Crisis of the Credit

Banks [J]. Business History Review, 1991, 65 : 329–554.

14. BAUM T, GRUON M, The German Banking System——System of the Future? [J]. Brooklyn Journal of International Law, 1993, 119 (1): 101–129.

15. BURHOP C, CHAMBERS D, CHEFFINS B. The Rise and Fall of German Stock Market Development, 1870–1938 [R]. Cambridge Working Paper in Economic and Social History, 2016, No. 25.

16. BURHOP C, CHAMBERS D. Initial Public Offerings : A Historical Over-view [M] // CHAMBERS D, DIMSON E, Financial Market History : Reflections on the Past for Investors Today, CFA Institute Research Foundation, 2016.

17. CASSIDY A W, TOWER E, WANG X, Manufacturing Fetishism : The Neo–Mercantilist Preoccupation with Protecting Manufacturing [M]// BATABYL A (ed.) The Region and Trade : New Analytical Directions, Singapore : World Scientific Publishing Company. 2015.

18. CULL R, SOLEDAD M, PERIA M, VERRIER J. Bank Ownership : Trends and Implications [R]. World Bank Policy Research Working Paper, 2018, No. 8297.

19. CULPEPPER P D., Institutional Change in Contemporary Capitalism : Coordinated Financial Systems since 1990 [J]. World Politics, 2005, 57 (2): 173–199.

20. DETZER D, DODIG N, EVANS T, HEIN E, HERR H. The German Financial System [R]. FESSUD Studies in Financial Systems, 2013, No. 3.

21. DIMSON E, MARSH P, STAUNTON M. Long–Term Asset Returns [M] // CHAMBERS D, DIMSON E, Financial Market History : Reflections on the Past for Investors Today, CFA Institute Research Foundation 2016.

22. DUNLAVY C A, WELSKOPP T, Myths and Peculiarities : Comparing US and German Capitalism [J]. Bulletin of the German Historical Institute Washington, 41, Fall 2007.

23. EDWARDS J, FISCHER K. Banks, Finance and Investment in Germany [M].

Cambridge：Cambridge UniversityPress，1994.

24. EDWARDS J，OGILVIE S. Universal Banks and German Industrialization：a Reappraisal［J］. Economic History Review，1996，49（3）：427–446.

25. ENGEL E. Die erwerbsthätigenjuristischen Personenimpreussischen Staate，insbesondere die Actiengesellschaften［J］. Zeitschrift des KöniglichPreussischenStatistischen Bureaus，1875，15：449–536.

26. FELDENKIRCHEN W. Banking and Economic Growth：Banks and Industry in the Nineteenth Century and Their Changing Relationship during Industrialization［M］// LEE W R（eds.）. German Industry and German Industrialisation，London：Routledge，1991.

27. FELDMAN G D. The Great Disorder［M］. Oxford：Oxford University Press，1993.

28. GERSCHENKRON A. Economic Backwardness in a Historical Perspective［M］. Boston：Harvard University Press，1962.

29. GOLDSMITH R W. Financial Structure and Economic Growth in Advanced Countries：An Experiment in Comparative Financial Morphology［M］// Capital Formation and Economic Growth，1955 National Bureau of Economic Research，Inc.

30. GOLDSMITH R W. Financial Structure and Development［M］. New Haven：Yale University Press，1969.

31. GÜNTER A. Von der Ersparungscassezur Sparkassen Finanzgruppe：Die deutsche Sparkassenorganisation［M］//Geschichte und Gegenwart，Stuttgart：DeutscherSparkassenverlag GmbH，1991.

32. HACKETHAL A，SCHMIDT R H，TYRELL M. The Transformation of The German Financial System［J］. Dans Revue D'économie Politique，2006，4（116）：431–456.

33. HALL P A, SOSKICE D (eds.) . Varieties of Capitalism : The Institutional Foundations of Comparative Advantage [M] . Oxford : Oxford University Press, 2001.

34. HENNING F W. Börsenkrisen und Börsengesetzgebung von 1914 bis 1945 in Deutschland [M] // POHL H. (eds.), Deutsche Börsengeschichte, Frankfurt/ Main : Fritz Knapp, 1992 : 211–290.

35. HETZEL R L. German Monetary History in the First Half of the Twentieth Century [J] . Federal Reserve Bank of Richmond Economic Quarterly, 2002, 88 (1) : 1–35.

36. HOLTFRERICH, C–L. The German Inflation 1914–1923 : Causes and Effects in International Perspective [M] . NewYork : Walter de Gruyter, 1986.

37. International Monetary Fund, Germany : Financial System Stability Assessment [R] . 2003.

38. JORDÀ Ò, SCHULARICK M, TAYLOR A M. Macrofinancial History and the New Business Cycle Facts [M] // EICHENBAUM M, PARKER J A. NBER Macroeconomics Annual 2016, Chicago : University of Chicago Press, 2017.

39. LA PORTA R, LOPEZ–DE–SILANES F, SHLEIFER A, VISHNY R. Law and Finance [J] . Journal of Political Economy, 1998, 106 : 1113–1155.

40. LA PORTA R, LOPEZ–DE–SILANES F, SHLEIFER A, VISHNY R. The Legal Determinants of External Finance [J] . Journal of Finance 1997, 52 : 1131–1150.

41. LÜTZ S. From Managed to Market Capitalism? German Finance in Transition [R] . MPIfG discussion paper, 2000, No. 2

42. MAURER R, SOMOVA B. German Insurance Industry : Market Overview and Trends [R] . Working Paper Series : Finance & Accounting, 2005, No. 156.

43. MCGOULDRICK P. Operations of the German Central Bank and the Rules of the Game 1879–1913 [M] // BORDO M, SCHWARTZ A.J (eds) . A Retrospective

on the Classical Gold Standard 1821–1931. Chicago：University of Chicago Press, 1984.

44. MEMMEL C, SCHMIEDER C, STEIN I. Relationship lending：empirical evidence for Germany [R]. Deutsche Bundesbank Discussion Paper Series 2：Banking and Financial Studies, 2007, No 14.

45. MICHIE R. The Global Securities Market：A History [M]. Cambridge：Cambridge University Press, 2006.

46. PEARSON R. Growth, Crisis and Change in the Insurance Industry：A Retrospect [J]. Accounting, Business & Financial History, 2002, 12：487–504.

47. RAJAN R G, ZINGALES L. The Great Reversals：The Politics of Financial Development in the Twentieth Century [J]. Journal of Financial Economics, 2003, 69 (1)：5– 50.

48. SCHMIDT R H, BULBUL D, SCHUWER U. The Persistence of the Three Pillar System in German Banking [M] // BUTZBACH O, METTENHEIM K (eds.), . Alternative Banks and Financial Crisis, London：Chatto and Pickering, 2004：101–121 & 256–259.

49. TADESSE S, KWOK C, National Cultural & Financial Systems [J]. Journal of International Business Studies, 2006, 37 (2)：227–247.

50. THEODOR B, CHRISTIAN F. Institutionelle Anleger und Publikums-gesellschaften：Eineempirische Untersuchung [J]. Die Aktiengesellschaft, 1995, 40：97–112.

51. TILLY R. An Overview on the Role of the Large German Banks up to 1914. [M] // CASSIS Y (eds.). Finance and Financiers in European History, 1880–1960. Cambridge：Cambridge University Press, 1992.

52. TILLY R. Banks and Industry：Lessons from History? [M] // TILLY R, Welfens P (eds.), European Economic Integration as a Challenge to Industry and Government, Berlin and New York：Springer Publishing, 1996.

53. VAN DER BORGHT R. StatistischeStudienüber die Bewährung der Actiengesellschaften [M]. Gustav Fischer , 1883.

54. WEIDMANN J, Bundesbank at 60 – Committed to a Stable Currency, Speech Delivered at the Reception Marking 60 years of the Bundesbank [Z]. Deutsche Bundesbank, 2017.

第三章 德国如何实现金融与实体经济良性循环

1. 戴维·奥德兹，埃里克·莱曼 . 德国的七个秘密：全球动荡时代德国的经济韧性 [M]. 北京：中信出版社，2018.

2. 冯兴元 . 德国的管家银行制度及其意蕴 [J]. 银行家，2019，207（01）：116–119.

3. 富兰克林·艾伦，道格拉斯·盖尔艾伦 . 比较金融系统 [M]. 北京：中国人民大学出版社，2002.

4. 赫尔曼·西蒙 . 隐形冠军 [M]. 北京：经济日报出版社，2005.

5. 卡尔·哈达赫 .20 世纪德国经济史 [M]. 北京：商务印书馆，1984.

6. 刘鹤 . 新经济与资本市场和风险投资 [J]. 网络与信息，2001（2）：18–20.

7. 刘鹤 . 就当前经济金融热点问题接受采访 [Z]. 新华网，2018-10-19.

8. 路德维希·艾哈德 . 来自竞争的繁荣 [M]. 北京：商务印书馆，1983.

9. 王彦明 . 论德国法中的股东表决权——基于德国《有关增强企业控制与透明度法》的研究 [J]. 社会科学战线，2007（5）：216–220.

10. 小艾尔弗雷德·钱德勒 . 规模与范围：工业资本主义的原动力 [M]. 北京：华夏出版社，2006.

11. 张晓朴 . 变革与稳健 [M]. 北京：中国金融出版社，2014.

12. 张晓朴 . 译者前言 [M] // 乔安妮·凯勒曼，雅各布·德汗，费姆克·德弗里斯 . 21 世纪金融监管 . 北京：中信出版社，2016.

13. ALLEN F，GALE D. Innovations in Financial Services，Relationships and Risk

Sharing [J]. Financial Management, 1999, 45 (9): 1239–1253.

14. BANNIER C E, GROTE M H. Equity gap? – Which equity gap? On the Financing Structure of Germany's Mittelstand [R]. Frankfurt School – Working Paper Series 106, 2008, Frankfurt School of Finance and Management.

15. BAUMS T. The German Banking System and Its Impacts on Corporate Finance and Governance [R]. Arbeitspapier 2/93.

16. BEHR P, SCHMIDT R H, The German Banking System : Caracteristics and Challenges [R]. SAFE White Paper, 2015, No. 32.

17. BESCHWITZ B, FOOS D. Banks' Equity Stakes and Lending : Evidence from a Tax Reform [R]. Deutsche Bundesbank Discussion Paper, No. 06, 2018.

18. BESSLER W, DROBETZ W. Corporate Finance in Germany : Structural Adjustments and Current Developments [R]. HFRC Working Paper Series, 2016, No.19.

19. BHATTACHARYA S, CHIESA G. Proprietary Information, Financial Intermediation, and Research Incentives [J]. Journal of Financial Intermediation, 1995, 4 : 328–357.

20. BRAUN B, DEEG R. Strong Firms, Weak Banks : The Financial Consequences of Germany's Export–Led Growth Model [J]. German Politics, Taylor & Francis Online, Dec 2019.

21. BRUNNER A, KRAHNEN J P. Multiple Lenders and Corporate Distress : Evidence on Debt Restructuring [J]. The Review of Economic Studies, 2008, 75 (2): 415–442.

22. CAMINAL R, MATUTES C. Can Competition in the Credit Market Be Excessive? [R]. CEPR Discussion Paper, 1997, No. 1725.

23. CHIRINKO R S, ELSTON J A, Finance, Control and Profitability : The Influence of German Banks [J]. Journal of Economic Behavior & Organization, 2006, 59

（1）：69–88.

24. CULPEPPER P D, Institutional Change in Contemporary Capitalism：Coordinated Financial Systems since 1990［J］. World Politics, 2005, 57（2）：173–199.
25. DEEG R, Industry and Finance in Germany Since Reunification［J］. German Politics and Society, Issue 95 Vol. 28, No. 2 Summer 2010.
26. DEEG R. Finance Capitalism Unveiled：Banks and the German Political Economy［M］. Ann Arbor：University of Michigan Press, 1999.
27. DETZER D, DODIG N, EVANS T, HEIN E, HERR H. The German Financial System［R］. FESSUD Studies in Financial Systems, 2013, No. 3.
28. DETZER D, HEIN E. Financialisation and the Financial and Economic Crises：The Case of Germany［R］. FESSUD Studies in Financial Systems, 2014, No. 18.
29. DEWATRIPONT M, MASKIN E. Credit and Efficiency in Centralized versus Decentralized Markets［J］. Review of Economic Studies, 1995, 62（4）：541–555.
30. DSGV, 2018a, Inside the Savings Group 2018, 2018, https：//www.dsgv.de/en.html.
31. DSGV, 2018b, The Legal Structure of Savings and Retail Banks in Europe［R］. September 2018.
32. DÜNHAUPT P. Financialization and the Rentier Income Share – Evidence from the USA and Germany［R］. IMK Working Paper, 2010, No. 2.
33. EDWARDS J, FISCHER K. Banks, Finance and Investment in Germany［M］. Cambridge：Cambridge UniversityPress, 1994.
34. ELSAS R, KRAHNEN J P. Universal Banks and Relationships with Firms［R］. CFS Working Paper, No. 2003/20, Center for Financial Studies.
35. ELSAS R, KRAHNEN J P. Collateral, relationship lending and financial distress：An empirical study on financial contracting［R］. CFS Working Paper Series,

No.2002/17, Center for Financial Studies.

36. EPSTEIN G, JAYADEV A. The Rise of Rentier Incomes in OECD Countries : Financialization, Central Bank Policy and Labor Solidarity [M] // EPSTEIN G. (eds.) . Financialization and the World Economy, Cheltenham : Edward Elgar, 2005.

37. European Central Bank, Survey on the Access to Finance of Enterprises in the Euro Area – April to September 2019 [R]. Nov, 2019.

38. FAUVER L, FUERST M E. Does Good Corporate Governance Include Employee Representation? Evidence from German Corporate Boards [J]. Journal of financial economics, 2006, 82 (3) : 673–710.

39. FDIC, FDIC Community Banking Study [R]. December 2012.

40. GERSCHENKRON A. Economic Backwardness in a Historical Perspective [M]. Boston : Harvard University Press, 1962.

41. GREENBAUM S I, THAKOR A V. Contemporary Financial Intermediation [M]. Orlando : Dryden Press, 1994.

42. GRUNDFEST J. Subordination of American Capital [J]. Journal of Financial Economics, 1990, 27 (1) : 89–114.

43. HACKETHAL A, SCHMIDT R, TYRELL M. The transformation of the German financial system [J]. Revue d'économiepolitique, 2006, 116 : 431–456.

44. HACKETHAL A. German Banks and Banking Structure [R]. Johann Wolfgang Goethe–Universität Frankfurtam Main, FachbereichWirtschaftswissenschaften, Frankfurt a. M. Working Paper Series : Finance & Accounting, 2003, No. 106.

45. HALL P A, SOSKICE D (eds.) . Varieties of Capitalism : The Institutional Foundations of Comparative Advantage [M]. Oxford : Oxford University Press, 2001.

46. HALLERBERG M, MARKGRAF J. The Corporate Governance of Public Banks

before and after the Global Financial Crisis [J]. Global Policy, 2018, 9 (S1): 43–53.

47. HALLETT G. West Germany [M] //GRAHAM A, SELDON A (eds.). Government and Economies in the Post–War World. London : Routledge, 1990.

48. HILFERDING R. Das Finanzkapital : Eine Studieiiber die jiingste-Errtwicklung des Kapitalismus [M]. Vienna, 1910.

49. HOMMEL U, SCHNEIDER H. Financing the German Mittelstand [R]. EIB Papers, 2003, No. 8/2003.

50. HÖPNER M, KREMPEL L. Ein Netzwerk in Auflösung : Wie die Deutschland AG zerfällt [R]. Max Planck Institute for the Study of Societies, 2006.

51. International Monetary Fund. Germany Financial System Stability Assessment [R]. IMF Country Report No. 16/189, June 2016.

52. Ipsos Mori, SME's Access to Finance Survey Analytical Report [R]. 2013.

53. JEIDELS O. Das Verhalttris der deutschen Groflbankenzur Industriemit-besonderer Beriicksichtigung der Eisenindustrie [M]. Leipzig, 1905.

54. JENS K, ROOS A. Entflechtung der Deutschland AG – Empirische-Untersuchung der Reduktion von Kapital– und Personal verflechtungenzwischendeutschenbörsenn otiertenGesellschaften [J]. M&A Review, 2006, 1 : 12–21.

55. KfW, No Sign of Letting Up : SMEs are on a Path of Growth in Germany and Abroad [R]. KfW SME Panel 2018, 2018.

56. KRAHNEN J P, SCHMIDT R H (eds). The German Financial System [M]. Oxford : Oxford University Press, 2004.

57. LOEFFLER Y, ELSAS R. Universal Banks, Corporate Control and Equity Carve–Outs in Germany [J]. Kredit und Kapital, 2008, 41 : 557–587.

58. LONGHOFER A D, SANTOS J A C. The Importance of Bank Seniority for Relationship Lending [J]. Journal of Financial Intermediation, 2000, 9 (1): 57–89.

59. MASSIS A D, AUDRETSCH D, UHLANER L, KAMMERLANDER N, Innovation with Limited Resources：Management Lessons from the German Mittelstand [J]. Journal of Product Innovation Management, 2018, 35 (1): 125–146.

60. MEMMEL C, SCHMIEDER C, STEIN I. Relationship lending：empirical evidence for Germany [R]. Deutsche Bundesbank Discussion Paper Series 2：Banking and Financial Studies, 2007, No 14.

61. MUKUNDA G, The Price of Wall Street Power [J]. Harvard Business School Review, 2014, 92 (6): 70–78.

62. NÖLKE A, JAMES P. The Power of Transnational Private Governance：Financialisation and the IASB [J]. Business and Politics, De Gruyter, 9 (3): 1–27.

63. NORDLINGER E. On the Autonomy of the Democratic State [M]. Cambridge：Harvard University Press, 1981.

64. ONGENA S, SMITH D C. What Determines the Number of Bank Relation-ships? Cross-country Evidence [J]. Journal of Financial Intermediation, 2000, 9 (1): 26–56.

65. PERLITZ M, KÜPPER H, LÖBLER H, Vergleich der Eigenkapitalaus stattungdeutscher, US-amerikanischer und britischerUnternehmen [J]. ZeitschriftfürUnternehmens- und Gesellschaftsrecht, 1985, 1：16–49.

66. PETERSEN M A, RAJAN R G. The Effect of Credit Market Competitionon Lending Relationships [J]. Quarterly Journal of Economics, 1995, 110 (2): 407–443.

67. PHILIPPON T. Financiers versus Engineers：Should the Financial Sector be Taxed or Subsidized? [J]. American Economic Journal：Macroeconomics, 2010, 2 (3): 158–182.

68. POWER D, EPSTEIN G, ABRENA M. (2003a), Trends In Rentier Incomes

in OECD Countries：Estimates，Data and Methods［R］. PERI Working Paper，2003，No. 58a.

69. POWER D，EPSTEIN G，ABRENA M.（2003b）：Individual Country Technical Notes for：Trends in the Rentier Income Share in OECD Countries，1960–2000［R］. PERI Working Paper，2003，No. 58b.

70. RALF E，PIETER J P. Is relationship lending special? Evidence from Credit–file Data in Germany［J］. Journal of Banking and Finance 1998，22（10–11）：1283–1316.

71. REDLEFSEN M，EIBEN J. Finanzierung von Familienunternehmen. INTES Akademie fur Familienunternehmen/WHU – Otto Beisheim School of Management，2007.

72. SCHAEDE U. The German Financial System in 2000［Z］. Harvard Business School Case，No. 9–700–135.

73. SCHMOLLER G，Das Verhaltnis der KartellezumStaat，Verhandlungen des Vereins fur Socialpolitik am 27. Und 28. September 1905 in Mannheim，1906.

74. SCHUMPETER J A. A Theory of Economic Development［M］. Boston：Harvard University Press，1911.

75. SHARPE S A.（1990）：Asymmetric information ，bank lending，and implicit contracts：A stylized model of customer relationships［J］. Journal of Finance，1990，45（4）：1069–1087.

76. SKOCPOL T，EVANS P，RUESCHEMEYER D（eds.）. Bringing the State Back In. New York：Cambridge University Press，1985.

77. SLOMKA L，RABE J，KOHNKE B，SCHUPP U，German SMEs：Investing in the Sweetspot of Corporate Germany［R］. Deutsche Bank Markets Research Made in Germany Special Report，April 2013.

78. STOCKHAMMER E. Financialization，Shareholder Value and the Theory of

the Firm：Financialization and Management Priorities［M］// The Rise of Unemployment in Europe. A Keynesian Approach，Cheltenham：Edward Elgar，2004.

79. STORM S，NAASTEPAD C W M. Crisis and Recovery in the German Economy：The Real Lessons［R］. Institute for New Economic Thinking Working Paper，2015，No. 10.

80. THEODOR B，CHRISTIAN F. Institutionelle Anleger und Publikums-gesellschaften：Eineempirische Untersuchung［J］. Die Aktiengesellschaft，1995，40：97–112.

81. THUROW L C. Fortune Favors the Bold：What We Must Do to Build a New and Lasting Global Prosperity［M］. Harper Business，2005.

82. WELCH I. Why Is Bank Debt Senior? A Theory of Asymmetry and Claim Priority Based on Influence Costs［J］. Review of Financial Studies，1997，10（4）：1203–1236.

83. YOSHA O. Information Disclosure Costs and The Choice of Financing Source［J］. Journal of Financial Intermediation，1995，4：3–20.

第四章　德国为什么可以维持低宏观杠杆率

1. 富兰克林·艾伦，道格拉斯·盖尔艾伦 . 比较金融系统［M］. 北京：中国人民大学出版社，2002.

2. 刘鹤 . 加快构建以国内大循环为主体、国内国际双循环相互促进的新发展格局［N］. 人民日报，2020-11-25.

3. ARCAND J，BERKES E，PANIZZA U，Too Much Finance?［R］. IMF Working Paper，2012，No.161.

4. BECK R，GEORGIADIS G，STRAUB R. The Finance and Growth Nexus Revisited［J］. Economics Letters，2014，124（3）：382–385.

5. BESSLER W，DROBETZ W，Corporate Finance in Germany：Structural Adjustments and Current Developments [R]. HFRC Working Paper Series，2016，No.19.

6. CECCHETTI S G，KHARROUBI E，Reassessing the Impact of Finance on Growth [R]. BIS Working Paper，2012，No. 381.

7. CECCHETTI S G，MOHANTY M S，ZAMPOLLI F，The Real Effects of Debt [R]. BIS Working Papers，2011，No. 352.

8. CORBETT J，JENKINSON T. How is investment financed? A study of Germany，Japan，the United Kingdom and the United States [J]. The Manchester School of Economic & Social Studies，1997，65：69–93.

9. DETZER D，HEIN E. Financialisation and the Financial and Economic Crises：The Case of Germany [R]. FESSUD Studies in Financial Systems，2014，No. 18.

10. Deutsche Bundesbank. Long–term Developments in Corporate Financing in Germany – Evidence Based on the Financial Accounts [R]. Deutsche Bundesbank Monthly Report，January 2012.

11. Deutsche Bundesbank. Public Finance，Intermediate Reflection：“Tax reform 2000” [R]. Monthly Report，August 2000：54–61.

12. GAMBACORTA L，YANG J，TSATSARONIS K. Financial Structure and Growth [J]. BIS Quarterly Review，March 2014.

13. LAW S H，SINGH N. Does Too Much Finance Harm Economic Growth? [J]. Journal of Banking & Finance，2014，41 (C)：36–44.

14. MYERS S C. Capital structure [J]. Journal of Economic Perspectives，2001，15：91–102.

15. VAN TREECK T，HEIN E，DÜNHAUPT P. Finanzsystem und wirtschaft-liche Entwicklung：neuereTendenzen in den USA und in Deutschland [R]. IMK Studies，May 2007.

第五章　德国中央银行如何保护货币

1. 巴里・埃森格林. 嚣张的特权：美元的兴衰和货币的未来［M］. 北京：中信出版社，2011.

2. 何广文. 德国联邦银行货币政策工具的改革与完善［J］. 德国研究，1994（4）：19–24.

3. 刘鹤. 两次全球大危机的比较［M］// 吴敬琏，主编. 比较 2012 年第 5 期，北京：中信出版社，2012.

4. 瓦尔特・欧根. 建立竞争秩序的政策［M］// 何梦笔，主编. 德国秩序政策理论与实践. 上海：上海人民出版社，2000.

5. 郑春荣. 德国经济治理中的稳定文化：评德国马克与经济增长［J］. 欧洲研究，2013，31（1）：127–140，159.

6. 周弘，彼得・荣根，朱民，主编. 德国马克与经济增长［M］. 北京：社会科学出版社，2012.

7. ANDRES J，HERNANDO I. Does Inflation Harm Economic Growth? Evidence from the OECD［M］// FELDSTEIN M（eds.）. The Costs and Benefits of Price Stability, Chicago：University of ChicagoPress, 1999.

8. BARRO R J. Inflation and Economic Growth［J］. Bank of England Quarterly Bulletin, May 1995.

9. BERNANKE B，MIHOV I. What Does the Bundesbank Target［J］. European Economic Review, 1997, 41：1025–1053.

10. CLARIDA R，GERTLER M. How the Bundesbank Conducts Monetary Policy［M］// ROMER C，ROMER D（eds.）. Reducing Inflation：Motivation and Strategy, Chicago：University of Chicago Press，1997：363–406.

11. Deutsche Bundesbank，Die Geldpolitik der Bundesbank［Z］. 1995，www.bundesbank.de.

12. Deutsche Bundesbank. Geschäftsberichet der Bank deutscher Länder für das Jahr

1959［Z］. 1960，www.bundesbank.de.

13. FRIEDMAN M. The Optimum Quantity of Money［M］//The Optimum Quantity of Money，and Other Essays，Chicago：Aldine Publishing Company，1969.

14. GERBERDING C，WORMS A，SEITZ F. How the Bundesbank Really Conducts Monetary Policy：An Analysis Based on Real-Time Data［R］. Discussion Paper Series 1：Economic Studies 2004，25，Deutsche Bundesbank.

15. HETZEL R L. German Monetary History in the First Half of the Twentieth Century［J］. Federal Reserve Bank of Richmond Economic Quarterly，issue Win：1–35.

16. HOLTFERICH C L. Geldpolitik bei festen Wechselkursen［M］// Deutsche Bundesbank，Fünfyig Jahre Deutsche Mark. Notenbank und Währung in Deutschland seit 1948，1998：347–438.

17. ISSING O，GASPAR V，ANGELONI I，TRISTANI O. Monetary Policy in the Euro Area—Strategy and Decision-Making at the European Central Bank［M］. Cambridge：Cambridge University Press，2001.

18. ISSING O. Die Geldmengenstrategie der Deutschen Bundesbank［M］// SIEBKE J，THIEME J（eds.）. Zwanzig Jahre Geldmengensteuerung in Deutschland，Baden-Baden，1995：586–611.

19. ISSING O. Why Price Stability?［Z］. 2004，www.ecb.eu.

20. LUCAS R E. On the Welfare Cost of Inflation［R］. CEPR Discussion Paper，1994，No.394.

21. McCANDLESS G T，Weber W E. Some Monetary Facts［J］. Federal Reserve Bank of Minneapolis Quarterly Review，1995，19（3）：2–11.

22. REID J. The History and Future of Inflation. Deutsche Bank Research，September 17，2018，www.dbresearch.com.

23. SHILLER R. Why Do People Dislike Inflation?［M］// ROMER C，ROMER D（eds.）. Reducing Inflation：Motivation and Strategy，Chicago：University of

Chicago Press, 1997 : 1–53.

24. SPITÄLLER E. The Revaluations and Exports of Manufacture [R]. International Monetary Fund Staff Papers, Vol. XVII No.1, Washinton, 1970.

25. SUMMERS P M. What caused the Great Moderation? Some Cross-Country Evidence [J]. Econometric Reviews, Federal Reserve Bank of Kansas City , 2005, 90 (3): 5–32.

26. VON HAGENJ. Hat die Geldmenge ausgedient? Plenumsvortrag zur Jahrestagung des vereins Für Socialpolitik [R]. 2003.

第六章　德国金融与房地产的良性循环是如何形成的

1. 阿代尔·特纳 . 债务和魔鬼：货币、信贷和全球金融体系重建 [M]. 北京：中信出版社，2016.

2. 刘鹤 . 两次全球大危机的比较 [M] // 吴敬琏，主编 . 比较 2012 年第 5 期，北京：中信出版社，2012.

3. 米什金 . 货币金融学（第九版）[M]. 北京：中国人民大学出版社，2011.

4. 任泽平，夏磊，熊柴 . 房地产周期 [M]. 北京：人民出版社，2017.

5. 宣昌能，王信 . 金融创新与金融稳定：欧美资产证券化模式的比较分析 [J]. 金融研究，2009 (5)：35–46.

6. 朱玲 . 德国住房市场中的社会均衡和经济稳定因素 [J]. 经济学动态,2015(2): 98–107.

7. AHEARNE A, AMMER J, DOYLE B, KOLE L, MARTIN R. House Prices and Monetary Policy : A Cross-Country Study [R]. FRB International Finance Discussion Paper , 2005, No. 841.

8. ALLEN F, GALE D. Comparing Financial Systems [M]. Cambridge : MIT Press, 1999.

9. BERNANKE B , Housing, Housing Finance, and Monetary Policy, Speech At the

Federal Reserve Bank of Kansas City's Economic Symposium [Z]. Jackson Hole, Wyoming, August 31, 2007.

10. BERNANKE B, GERTLER M. Monetary Policy and Asset Price Volatility. National Bureau of Economic Research Working Paper, 2000, No. 7559.
11. CARDARELLI R, IGAN D, REBUCCI A. The Changing Housing Cycle and the Implications for Monetary Policy [M] // IMF World Economic Outlook, April, 2008.
12. CRIMMANN W, RÜCHARDT K. Mortgage Lending Value [Z]. Verband Deutscher Pfandbriefbanken, 2009.
13. DÜBEL H, Back to the Roots : Can Contractual Savings for Housing Help Terminating the High-Leverage Housing Finance System? A missing piece in the U.S. housing finance reform debate [Z]. Study Commissioned by Bausparkasse Schwäbisch Hall , 2011.
14. European Central Bank. Housing Finance in the Euro Area [R]. March2009.
15. European System of Central Banks. Housing Finance in the Euroarea. European Central Bank Occasional paper series, 2009, No. 101.
16. GIMENO R, CARMEN M. The Interaction between House Prices and Loans for House Purchase. The Spanish Case [R]. Banco de España Working Paper 0605, 2006.
17. HÜTHER M, VOIGTLÄNDER M, HAAS H, DESCHERMEIER P, Die Bedeutung der Langfristfinanzierungdurch Banken [R]. IW-Analysen, 2015, NO. 101.
18. International Monetary Fund, Germany Financial System Stability Assessment [R]. IMF Country Report No. 16/189, June 2016.
19. International Monetary Fund, Lessons for Monetary Policy from Asset Price Fluctuations [M]. World Economic Outlook, October 2009.

20. International Monetary Fund. IMF Executive Board Concludes 2018 Article IV Consultation with Germany [R]. IMF Country Report No. 18/208, 2018.

21. JÄGER M, VOIGTLÄNDER M. Hintergründe und Lehrenaus der Subprime–Krise [J]. IW–Trends, 2008, 35 (3): 17–29.

22. JORDÀ Ò, SCHULARICK M, TAYLOR A M. Macrofinancial History and the New Business Cycle Facts [M] // EICHENBAUM M, PARKER J A. NBER Macroeconomics Annual 2016, Chicago : University of Chicago Press, 2017

23. JUST T, VOIGTLÄNDER M, EISFELD R, HENGER R, HESSE M, TOSCHKA A. WirtschaftsfaktorImmobilien 2017 [R]. July 2017.

24. LEVINE R. Bank–Based or Market–Based Financial Systems : Which Is Better? [J]. Journal of Financial Intermediation, 2002, 11 (4) : 398–428.

25. MCKINSEY GLOBAL INSTITUTE, Debt and (Not Much) Deleveraging [R]. 2015.

26. MUELLBAUER J. Anglo–German Differences in Housing Market Dynamics. The Role of Institutions and Macro Economic Policy [J]. European economic review, 1992, 6 (2): 133–49.

27. REINOLD K. Housing Equity Withdrawal since the Financial Crisis [J]. Bank of England Quarterly bulletin, 2011, 51 (2) : 127–133.

28. TSATSARONIS K, ZHU H. What Drives Housing Price Dynamics : Cross Country Evidence [J]. BIS Quarterly Review, March 2004, 65–78.

29. VOIGTLÄNDER M. Die Stabilität des deutschen Immobilienmarktes [J]. Grundstücksmarkt und Grundstückswert, 2010, 21 : 1–9.

30. VOIGTLÄNDER M. The Stability of the German Housing Market [J]. Journal of Housing and the Built Environment, 2014, 29 : 583–594.

31. VON CHRISTIAN D, KONSTANTIN A. Kholodilin, ZwischenImmob–ilienboom und Preisblasen : Was kann Deutschland von anderenLändernlernen? [R]. DIW

Wochenbericht, 2013, No.17.

第七章　德国银行为什么“雨天少收伞”

1. 富兰克林·艾伦，道格拉斯·盖尔艾伦 . 比较金融系统［M］. 北京：中国人民大学出版社，2002.

2. 冯兴元 . 德国的管家银行制度及其意蕴［J］. 银行家，2019，207（01）：116–119.

3. 赫尔曼·西蒙 . 隐形冠军：未来全球化的先锋［M］. 北京：机械工业出版社，2017.

4. 李稻葵，罗兰·贝格 . 中国经济的未来之路：德国模式的中国借鉴［M］. 北京：中国友谊出版公司，2015.

5. 林毅夫，王燕 . 新结构经济学：将“耐心资本”作为一种比较优势［J］. 开发性金融研究，2017（1）：5–17.

6. 张晓朴，朱太辉 . 金融体系与实体经济关系的反思［J］. 国际金融研究，2014（3）：43–54.

7. 胡琨 . 国际金融危机背景下德国银行体系刍议——功能结构主义的视角［J］. 欧洲研究，2016（34）4：116–116，6–7.

8. ALLEN F，GALE D. Innovations in Financial Services，Relationships，and Risk Sharing［J］. Financial Management，1999，45（9）：1239–1253.

9. AYADI R，LLEWELLYN D T，SCHMIDT R H，et al. Investigating Diversity in the Banking Sector in Europe：Key Developments，Performance and Role of Cooperative Banks［R］. CEPS Paperbacks. September 2010.

10. BANNIER C E，GROTE M H. Equity gap? – Which equity gap? On the Financing Structure of Germany's Mittelstand［R］. Frankfurt School – Working Paper Series 106，2008，Frankfurt School of Finance and Management.

11. BECK T，DEGRYSE H，DE HAAS R，et al. When Arm's Length Is Too Far：

Relationship Banking Over the Credit Cycle [J]. Journal of Financial Economics, 2018, 127 (1) : 174–196.

12. BEHR P, NORDEN L, NOTH F. Financial Constraints of Private Firms and Bank Lending Behavior [J]. Journal of Banking & Finance, 2013, 37 (9) : 3472–3485.

13. BEHR P, SCHMIDT R H. The German Banking System : Characteristics and Challenges [R]. White Paper Series 32, 2015.

14. BERGER A N, UDELL G F. A More Complete Conceptual Framework for SME Finance [J]. Journal of Banking & Finance, 2006, 30 (11) : 2945–2966.

15. BERNANKE B S, LOWN C S, FRIEDMAN B M. The Credit Crunch [J]. Brookings papers on economic activity, 1991, 2 : 205–247.

16. BERTAY A C, DEMIRGÜÇ–KUNT A, HUIZINGA H. Bank Ownership and Credit over the Business Cycle : Is Lending by State Banks Less Procyclical? [R]. The World Bank, 2012.

17. BREI M, SCHCLAREK A. Public Bank Lending in Times of Crisis [J]. Journal of Financial Stability, 2013, 9 (4) : 820–830.

18. BRUNNER A, KRAHNEN J P. Multiple Lenders and Corporate Distress : Evidence on Debt Restructuring [J]. The Review of Economic Studies, 2008, 75 (2) : 415–442.

19. BÜLBÜL D, SCHMIDT R H, SCHÜWER U. Savings Banks and Cooperative Banks in Europe [R]. White Paper Series, 2013.

20. CULPEPPER P D., Institutional Change in Contemporary Capitalism : Coordinated Financial Systems since 1990 [J]. World Politics, 2005, 57 (2) : 173–199.

21. DAHIYA S, SAUNDERS A, SRINIVASAN A. Financial Distress and Bank Lending Relationships [J]. The Journal of Finance, 2003, 58 (1) : 375–399.

22. DAVYDENKO S A, FRANKS J R. Do Bankruptcy Codes Matter? A Study of

Defaults in France, Germany and the UK [J]. The Journal of Finance, 2008, 63 (2): 565–608.

23. DETZER D, DODIG N, EVANS T, HEIN E, HERR H. The German Financial System [R]. FESSUD Studies in Financial Systems, 2013, No. 3.

24. DETZER D, HEIN E. Financialisation and the Financial and Economic Crises: The Case of Germany [R]. FESSUD Studies in Financial Systems, 2014, No. 18.

25. DORE R, LAZONICK W, O'SULLIVAN M. Varieties of capitalism in the twentieth century [J]. Oxford Review of Economic Policy, 1999, 15 (4): 102–120.

26. ELSAS R, KRAHNEN J P. Universal Banks and Relationships with Firms [R]. CFS Working Paper, No. 2003/20, Center for Financial Studies.

27. European Central Bank. Survey on the Access to Finance of Enterprises in the euro area – October 2018 to March 2019 [R]. May 2019.

28. European Central Bank. Survey on the access to finance of SMEs in the euro area – March to September 2010 [R]. May 2011.

29. FDIC, FDIC Community Banking Study [R]. December 2012.

30. GERN K, JANNSEN N. Do we face a credit crunch? [R]. Kiel Policy Brief, 2009, No. 15, Kiel Institute for the World Economy.

31. HALL P A, SOSKICE D(eds.). Varieties of Capitalism: The Institutional Foundations of Comparative Advantage [M]. Oxford: Oxford University Press, 2001.

32. HOMMEL U, SCHNEIDER H. Financing the German Mittelstand [R]. EIB Papers, 2003, No. 8/2003.

33. HÖWER D. The role of bank relationships when firms are financially distressed [J]. Journal of Banking & Finance, 2016, 65: 59–75.

34. HÜFNER F. The German Banking System: Lessons from the Financial Crisis [R]. OECD Economics Department Working Papers, No. 788, 2010.

35. LEHMANN E, NEUBERGER D. Do lending relationships matter? : Evidence from bank survey data in Germany [J]. Journal of Economic Behavior & Organization, 2001, 45 (4): 339–359.

36. LONGHOFER A D, SANTOS J A C. The Importance of Bank Seniority for Relationship Lending [J]. Journal of Financial Intermediation, 2000, 9 (1): 57–89.

37. MERILÄINEN J M. Lending growth during the financial crisis and the sovereign debt crisis : The role of bank ownership type [J]. Journal of International Financial Markets, Institutions and Money, 2016, 41 : 168–182.

38. MICCO A, PANIZZA U. Bank ownership and lending behavior [J]. Economics Letters, 2006, 93 (2): 248–254.

39. PETERSEN M A, RAJAN R G. The effect of credit market competition on lending relationships [J]. The Quarterly Journal of Economics, 1995, 110 (2): 407–443.

40. RALF E, PIETER J P. Is relationship lending special? Evidence from Credit-file Data in Germany [J]. Journal of Banking and Finance 1998, 22 (10–11): 1283–1316.

41. SCHMIDT R H, BÜLBÜL D, SCHÜWER U. The persistence of the three-pillar banking system in Germany [J]. Alternative banking and financial crisis, 2014 : 101–122.

42. SCHMIDT T, ZWICK L. In search for a credit crunch in Germany [J]. Ruhr Economic Paper, 2012 (361).

43. SCHMIDT T, ZWICK L. Loan supply and demand in Germany's three - pillar banking system during the financial crisis [J]. International Finance, 2018, 21(1): 23–38.

44. STORM S, NAASTEPAD C W M. Crisis and Recovery in the German Economy : The Real Lessons [J]. Structural Change and Economic Dynamics, 2015, 32 :

11–24.

45. SZIKSZAI S, BADICS T, RAFFAI C, STENGER Z, TÓTHMIHÁLY A. The Hungarian Financial System [R]. FESSUD Studies in Financial Systems, 2013, No.8.

46. VITOLS S. Are German banks different? [J]. Small Business Economics, 1998, 10（2）: 79–91.

47. VITOLS S. German Banks and The Modernization of The Small Firm Sector : Long–term Finance In Comparative Perspective [R]. 1995. Discussion Papers, Research Unit : Economic Change and Employment FS I 95–309, WZB Berlin Social Science Center, 1995.

第八章　为什么中小企业融资在德国并不难

1. 刘鹤 . 全面深化经济体制改革，加快形成新的经济发展方式 [J]. 紫光阁，2012（12）：17-19.

2. DSGV, Constitutive Elements of a (German) Savings Bank [Z]. August 2012.

3. DSGV, Financial Report 2019 of the Savings Banks Finance Group [R]. 2020.

4. European Central Bank, European Commission. Survey on the Access to Finance of Enterprises [R]. 2014.

5. European Central Bank, Survey on the Access to Finance of Enterprises in the Euro Area – April to September 2018 [R]. November 2018.

6. European Central Bank, Survey on the Access to Finance of Enterprises in the euro area – April to September 2019 [R]. November 2019.

7. KfW, KfW SME Panel 2018 [R]. October 2018.

8. KfW, KfW SME Panel 2019 [R]. October 2019.

9. KfW, M&A Deals in the German SME Sector – Manufacturers Are Most Sought After, KfW Research No. 228, 2018.

10. Sollner R. The economic importance of small and medium–sized enterprises in Germany［J］. Wirtschaft und Statistik，2014，1：1–11.

11. Statistical Office of the European Communities. Key figures on European business with a special feature on SMEs［M］. Publications Office of the European Union，2011.

第九章　德国政策性与商业性金融是如何互补合作的

1. 刘鹤．全面深化经济体制改革，加快形成新的经济发展方式［J］. 紫光阁，2012（12）：17-19.

第十章　信用社为什么能持续作为德国银行业的重要支柱

1. 何广文．德国金融制度研究［M］. 北京：中国劳动社会保障出版社，2000.

2. 谢平．中国农村信用合作社体制改革的争论［J］. 金融研究，2001（1）：1–13.

3. BVR，Business Performance of the Local Cooperative Banks in 2019［Z］. March 17，2020，https://www.bvr.de/Press/Facts_and_figures.

4. COELHO R，MAZZILLO J A，SVORONOS J，YU T，Regulation and Supervision of Financial Cooperatives［R］. FSI Insights on Policy Implementation No 15，January 2019，Bank for International Settlement.

5. DZ BANK. DZ BANK Corporate Presentation［Z］. https://www.dzbank.com/content/dzbank_com/en/home/DZ_BANK/profile/dz_bank_and_the_germancooperativefinancialnetwork.html.

第十一章　德国股票市场为什么发展滞后

1. 戴维·奥德兹，埃里克·莱曼．德国的七个秘密：全球动荡时代德国的经济韧性［M］. 北京：中信出版社，2018.

2. 刘鹤．在第十二届陆家嘴论坛开幕式上的书面致辞［Z］. 2020–6–18.

3. 威廉·鲍莫尔，罗伯特·利坦，卡尔·施拉姆. 好的资本主义　坏的资本主义以及增长与繁荣的经济学［M］. 北京：中信出版社，2008.

4. BECKER R，HELLMANN T. The Genesis of Venture Capital：Lessons From the German Experience［J］. Venture Capital，Entrepreneurship and Public Policy，2005：33–67.

5. BURHOP C，CHAMBERS D，CHEFFINS B R. Law，Politics and the Rise and Fall of German Stock Market Development，1870–1938［R］. European Corporate Governance Institute（ECGI）– Law Working Paper No. 283/2015，University of Cambridge Faculty of Law Research Paper No. 4/2015，2015.

6. DETZER D，DODIG N，EVANS T，et al. Regulation of the German Financial System［M］//The German Financial System and the Financial and Economic Crisis. Springer，Cham，2017：91–109.

7. ENRIQUES L，MACEY J R. Creditors versus Capital Formation：the Case Against the European Legal Capital Rules［J］. Cornell Law Review，2002，86：1165.

8. EY，Global IPO trends：Q4 2018，April 2019.

9. International Monetary Fund，Germany Financial System Stability Assessment［R］. IMF Country Report No. 16/189，June 2016.

10. KASERER C，KRAFT M. How Issue Size，Risk，and Complexity Are Influencing External Financing Costs：German Ipos Analyzed from an Economies of Scale Perspective［J］. Journal of Business Finance & Accounting，2003，30（3 - 4）：479–512.

11. KfW，KfW SME Innovation Report 2019［R］. Feburary 2020.

12. KOTZ H，SCHMIDT R H. Corporate Governance of Banks – A German Alternative to the “Standard Model”［R］. SAFE White Paper No. 45，2017.

13. LEVINE R. Bank–Based or Market–Based Financial Systems：Which Is Better?［J］. Journal of Financial Intermediation，2002，11（4）：398–428.

14. SNOWER D J. Toward Global Paradigm Change：Beyond the Crisis of the Liberal World Order [R]. Economics Discussion Papers 2019–6，Kiel Institute for the World Economy（IfW），2019.

15. STRESING C J，PARSONS C，BERGER R，Venture Capital：Fueling Innovation and Economic Growth [Z]. June 2018.

16. VITOLS S. The Origins of Bank–based and Market–based Financial Systems：Germany，Japan，and the United States [J]. Discussion Papers，Research Unit：Economic Change and Employment FS I 01–302，WZB Berlin Social Science Center，2001.

第十二章　德国金融的十个启示

1. 爱德华・肖 . 经济发展中的金融深化 [M]. 北京：中国社会科学出版社，1989.

2. 韩文秀 . 建言中国经济成长 [M]. 北京：中国言实出版社，2018.

3. 韩文秀 . 学习党的十九届五中全会精神的几点体会 [J]. 宏观经济管理，2020（12）：1–13.

4. 麦金龙 . 经济发展中的货币与资本 [M]. 上海：上海人民出版社，1997.

5. 经济合作与发展组织 . OECD 公司治理原则 [M]. 北京：中国财政经济出版社，2004.

6. 李稻葵，罗兰・贝格 . 中国经济的未来之路：德国模式的中国借鉴 [M]. 北京：中国友谊出版公司，2015.

7. 刘鹤 . 没有画上句号的增长奇迹 [M] // 吴敬琏，樊纲，刘鹤等主编 . 中国经济 50 人看三十年——回顾与分析，北京：中国经济出版社，2008.

8. 刘鹤 . 两次全球大危机的比较 [M] // 吴敬琏，主编 . 比较 2012 年第 5 期，北京：中信出版社，2012.

9. 刘鹤，2020a. 在第十二届陆家嘴论坛开幕式上的书面致辞 [Z]. 2020–6–18.

10. 刘鹤，2020b. 在深交所创业板改革并试点注册制首批企业上市仪式上的致辞［Z］. 2020-8-24.

11. DAVIS G F，KIM S. Financialization of the Economy［J］. Annual Review of Sociology，2015，41：203–221.

12. KRIPPNER G R. The Financialization of the American Economy［J］. Socio–economic Review，2005，3（2）：173–208.

13. European Central Bank，The Transformation of the European Financial System［R］. Second ECB Central Banking Conference，2002.10.

14. HÜFNER F. The German Banking System：Lessons from the Financial Crisis［R］. OECD Economics Department Working Papers，No. 788，2010.

15. WEIDMANN J. Of Credit and Capital–What is Needed for an Efficient and Resilient Financial System［Z］. Speech at the IIF（Institute of International Finance）Europe Summit，Frankfurt am Main，25 June 2015.

16. BARRO R J. Inflation and Growth［J］. Review–Federal Reserve Bank of Saint Louis，1996，78：153–169.

17. HORVÁTH R，MATĚJŮ J. How Are Inflation Targets Set?［J］. International Finance，2011，14（2）：265–300.

18. Economist，Inside Germany's central bank – Europe's monetary opposition，Economist，2012.10.

19. KINDLEBERGER C P. A Financial History of Western Europe［M］. Routledge，2015.

20. CAPRIO G，DEMIRGÜÇ–KUNT A. The Role of Long–term Finance：Theory and Evidence［M］. The World Bank，1999.

21. STORM S，NAASTEPAD C W M. Crisis and Recovery in the German Economy：The Real Lessons［J］. Structural Change and Economic Dynamics，2015，32：11–24.

22. DEEG R, HARDIE I, MAXFIELD S. What Is Patient Capital, and Where Does It Exist? [J]. Socio–Economic Review, 2016, 14 (4) : 615–625.

23. LEHRER M, CELO S. German Family Capitalism in the 21st Century : Patient Capital between Bifurcation and Symbiosis [J]. Socio–Economic Review, 2016, 14 (4) : 729–750.

24. MUNZIG P G. Enron and the Economics of Corporate Governance [R]. Dep. Of Economics Stanford University CA, 2003 : 94305–96072.

25. VINING A R, BOARDMAN A E. Ownership versus Competition : Efficiency in Public Enterprise [J]. Public choice, 1992, 73 (2) : 205–239.

26. International Monetary Fund, IMF Executive Board Concludes 2018 Article IV Consultation with Germany, IMF Country Report No. 18/208, July 5, 2018.

27. KfW, No Sign of Letting Up : SMEs are on a Path of Growth in Germany and Abroad [R]. KfW SME Panel 2018, 2018.

28. HORN G A, JOEBGES H, ZWIENER R. From the Financial Crisis to the World Economic Crisis (II) . Global Imbalances : Cause of the Crisis and Solution Strategies for Germany [R]. IMK Policy Brief, 2009.

29. MARKOVITS A S, REICH S. Should Europe Fear the Germans? [J] . German Politics & Society, 1991 : 1–20.

30. VITOLS S. The Origins of Bank–based and Market–based Financial Systems : Germany, Japan, and the United States [J]. Discussion Papers, Research Unit : Economic Change and Employment FS I 01–302, WZB Berlin Social Science Center, 2001.

31. HIKINO T, AMSDEN A H. Staying Behind, Stumbling Back, Sneaking Up, Soaring Ahead : Late Industrialization in Historical Perspective [R]. Convergence of Productivity : Cross–national Studies and Historical Evidence, 1994 : 285–315.

32. DSGV, The Legal Structure of Savings and Retail Banks in Europe [Z].

September 2018.

附 录 德国金融体系概况

1. Deutsche Bundesbank. Macroprudential Oversight in Germany：Framework, Institutions and Tools [R]. Monthly Report, April 2013.

2. GOLDSMITH R W. Financial Structure and Development [M]. New Haven：Yale University Press, 1969.

后 记

本书是在中国金融四十人论坛“德国金融体系比较研究”课题结项报告的基础上修改完成的，是课题组成员和每位课题参与者智慧的结晶。中国金融四十人论坛成员张晓朴作为课题组负责人，拟定了课题研究思路和报告框架，并负责全书统筹。张晓朴研究员、朱鸿鸣研究员逐章、逐节、逐段对课题内容进行了修订，并带领课题组从头到尾进行了统稿。各章执笔人分别为：第一章、第二章、第三章、第四章、第六章，张晓朴、朱鸿鸣；第五章，温永鹏、张晓朴；第七章，成晖；第八章、第十一章和附录，朱鸿鸣、宋光磊；第九章由张博提供了初稿，中国银保监会姚勇、郑建库做了较大幅度修改，张晓朴、朱鸿鸣做了后续补充和完善；第十章，臧松松；第十二章，张晓朴、朱鸿鸣、宋光磊。

本课题历时两年半，先后十余次修改完善稿件，及至最终成稿。课题研究伊始，我们是以学习小组的形式开始工作的，课题组成员分不同板块阅读文献、交流心得，先后学习了德国的历史，德国的政治、社会和经济制度，德国的管家银行、综合经营等金融制度，德国微观企业运行特点（如雇员参与决定制）和劳动力培训机制等。课题完成后，部分成果在中国经济 50 人论坛大讲堂上做了分享。可以说，本课题始于学习，阶段性终于学习。

在中国金融四十人论坛组织的课题评审会上，中国金融四十人论坛学术委员会主席黄益平，学术委员廖岷、隆国强、高善文、白重恩等对课题的研究重点、方法等提出了诸多有益建议；中国社会科学院农村发展研究所研究员冯兴元、中国银保监会政策研究局文竹博士、中国邮政储蓄银行战略发展部总经理周琼对书稿提出了详细的修改建议，特在此表示感谢。

中国金融四十人论坛为课题的评审、结项验收等付出了辛勤劳动，并与中信出版社一起为本书的出版做了很多细致的工作。在此对中国金融四十人论坛秘书长王海明先生和金石为、边慧等同志，对中信出版社黄静、丁媛媛、路姜波等同志表示感谢！

在中国金融四十人论坛组织的内部课题研讨会和课题评审会上，中国证监会副主席方星海，时任中国银行保险监督管理委员会首席风险官肖远企，国家外汇管理局副局长宣昌能，时任财政部金融司司长王毅，中国人民银行国际司副司长艾明，国务院发展研究中心金融所原所长张承惠，国务院发展研究中心研究员魏加宁，安信证券首席经济学家高善文，清华大学经济管理学院院长白重恩，北京大学国家发展研究院副院长黄益平，北京师范大学金融研究中心主任钟伟，泰康保险集团股份有限公司助理总裁张敬国，恒生银行（中国）有限公司副董事长兼行长宋跃升，长江证券首席经济学家、总裁助理伍戈，中国邮储银行授信管理部总经理彭作刚，中国金融四十人论坛研究部主任、中国社会科学院世界与政治研究所研究室主任徐奇渊，外交学院国际经济学院教授、国际金融研究中心主任欧明刚等对课题报告进行了评议或讨论，提出了很多有针对性和启发性的建议。在此，对以上专家、学者致以诚挚的谢意！

感谢中国社科院原副院长、国家金融与发展实验室理事长李扬拨冗为本书作序。感谢全国人大财经委原副主任委员、中国人民银行原副行长、清华大学五道口金融学院理事长吴晓灵，中国人民银行原副行长、IMF 原副总裁、清华大学国家金融研究院院长朱民，清华大学中国经济思想与实践研究院院长李稻葵教授抽出时间为本书撰写推荐序。

为了克服语言带来的障碍和偏差，课题组除了注重吸收熟悉德国金融体系和德语的同志参加外，我们还特别重视德国研究人员所著的英文和中文译文文献，向有德国留学或工作背景的专家学者咨询、求教，并专门就本书的部分章节请部分在德国工作或熟悉德国金融体系的专家、学者进行了审阅。这里要特别感谢中国农业大学何广文教授、中国农业银行法兰克福分行行长范刚先生、德意志资产管理量化投资经理俞晓帆博士、国务院发展研究中心市场所王立坤博士等。当然，本书很可能仍然存在一些对德国金融体系基本事实和细节描述不准确的地方，希望广大读者及时反馈给我们，联系邮箱是GFSYSTEM66@163.com。